U0459990

● 本书获中国社会科学院出版基金资助

当代中国国际法研究

DEVELOPMENT OF THE INTERNATIONAL
LAW STUDIES IN CHINA

陈泽宪　　主编

中国社会科学出版社

图书在版编目（CIP）数据

当代中国国际法研究／陈泽宪主编．—北京：中国社会
科学出版社，2010.12
ISBN 978 – 7 – 5004 – 9320 – 4

Ⅰ.①当…　Ⅱ.①陈…　Ⅲ.①国际法 – 研究　Ⅳ.①D99

中国版本图书馆 CIP 数据核字（2010）第 224749 号

出版策划	任　明	
责任编辑	孔继萍	
责任校对	刘　娟	
技术编辑	李　建	

出版发行	中国社会科学出版社		
社　址	北京鼓楼西大街甲 158 号	邮　编	100720
电　话	010 – 84029450（邮购）		
网　址	http：//www.csspw.cn		
经　销	新华书店		
印　刷	北京奥隆印刷厂	装　订	广增装订厂
版　次	2010 年 12 月第 1 版	印　次	2010 年 12 月第 1 次印刷
开　本	710×1000　1/16		
印　张	27.5	插　页	2
字　数	464 千字		
定　价	60.00 元		

主　编　陈泽宪

副主编　赵建文

撰写人　（以姓氏笔画为序）

王可菊　王翰灵　毛杭林　甘文霄　孙世彦　刘楠来
刘敬东　朱晓青　李庆民　沈　涓　张文广　杨力军
范宇文　赵建文　黄东黎　黄　晋　蒋小红　谢新胜
董　斌　廖　凡　戴瑞君

前　言

撰写新中国成立 60 年来的国际法学术史，回顾重要学术文献的发表或出版，总结重要学术观点的提出及其影响，明确已经取得的成绩和存在的问题，揭示当代中国国际法学术思想的发展轨迹，展望中国国际法学的光辉前景，是一项具有重要学术价值的活动。

从总体上讲，60 年来，中国的国际法学术队伍肩负起了神圣的历史使命。

在新中国成立初期，中国的国际法学的学术研究发展势头良好。以周鲠生为代表的老一代中国国际法学家，为依照国际法处理新中国成立后遇到的一系列重大国际问题、迅速打开新中国的外交局面作了大量的开拓性研究工作，为新中国的国际法学术研究事业奠定了坚实的基础。但从 20 世纪 50 年代后期到“文化大革命”结束，中国的国际法学术研究事业跌入低谷。即使是在“文化大革命”期间，老一代国际法学家们仍笔耕不辍，有所建树。周鲠生的名著《国际法》两卷本就是“文化大革命”期间完成的。“文化大革命”结束后，许多老一代国际法学者为恢复重建国际法事业奔走呼吁，为培养新人、著书立说呕心沥血、自强不息，将毕生的精力贡献给了中国的国际法学术研究事业。他们的功绩值得在中国国际法学术史上书写浓厚一笔。

在 1978 年 12 月邓小平同志在中共中央工作会议上明确提出“我们还要大力加强对国际法的研究”之后，中国的国际法学术研究事业迎来了明媚的春天，中国的国际法学术研究事业取得了长足进步。学术研究队伍不断壮大，学术组织、学术刊物应运而生，学术论文或专著的发表或出版呈现出了空前的繁荣景象。国际法的学术活动或会议丰富多彩，许多活动或会议已经形成机制。例如。中国国际法学会、中国国际私法学会、中国国际经济法学会、中国法学会国际经济法研究会、中国社会科学院国际法研究所、北京市国际法学会等学术团体或机构每年都举行卓有成效的学术年会和其他学术活动。

在近 30 年的时间里，尤其是进入新世纪以来，中国国际法学者紧追时代的发展步伐，承担了大量的国际法课题，国际法学的各个领域或分支的研究都取得了丰硕的学术成果。国际公法领域，如国际海洋法、国际人权法、国际环境法、国际刑法方向的研究为建立国际政治经济新秩序和国家对外交往的需要、国内法治建设需要提供了重要的智力支持；国际私法领域，《中华人民共和国国际私法示范法》集中了中国国际私法学者的集体智慧，在中国国际私法（冲突法）立法、司法等方面产生了重大的学术影响；国际经济法领域，WTO 法方面的研究取得了突出的成果，为我国入世和融入多边贸易体制、促进国际贸易和国内经济发展，提供了重要的理论指导。中国的国际法学术研究事业，如同我们国家的国际地位不断提升一样，展现出了蒸蒸日上的局面。

60 年来的中国国际法学术研究的历史表明，我们需要牢固树立服务于国家的内政外交大局的意识，坚持理论联系实际的方针，为外交外事工作服务，为改革开放服务，为经济社会发展服务，实现理论与实践的相互结合和相互促进；我们需要站在国际政治经济关系和国际法发展变化的最前沿，牢牢把握国际国内形势发展所带来的新问题、新趋势，使我们的研究工作与时俱进；我们需要扎扎实实地进行国际法基本理论和基本制度的研究工作，使我们学术研究根深叶茂；我们的研究工作应当胸怀祖国、放眼世界、立足当前、着眼长远，使学术之树常青，留下传世之作。

在新世纪头 10 年里，"9·11"事件、中国加入 WTO、国际金融危机等重大国际事件的发生，使国际关系和国际法发生了新的变化。与此同时，中国不断加大改革开放的力度，对外交往与合作的规模不断扩大，中国的国际地位和对外关系发生了历史性的变化。中国作为一个负责任的发展中大国在变动中的国际法律秩序中的角色定位和发展方向引起了国际社会的广泛关注。在这样的新形势下，中国更加需要根据国际法原则和规则建立和维护国际秩序，发展与世界其他国家的关系，切实维护自身利益与安全。时代赋予中国国际法学界新的任务，对中国国际法学界提出了新的更高的要求。中国国际法学者的担子更重、责任更大了。需要中国国际法学者认真研究的问题很多。在目前中国国际法学界已经开始研究的问题中，我们需要加强对属于我国重大关切的核心利益事项的研究，以维护和平正义的国际秩序，维护我国的核心利益；需要加强对国际法与国内法关系的研究，解决国际条约在我国国内的实施问题，完善已经基本形成的中国特色社会主义法律体系；需要加强对国际法发展趋势的研究，使国际法研究有前瞻性和预见性，提高我国处理国际关系问题的主动性；需要加强对国际政治经济新秩序问题的研究，特别是要从国际法的角度深刻阐述我国领导人在各种多边和双边国际场合积极倡导并反复阐述的构建和谐世界的重要思想的研究，推动建设一个持久和平、共同繁荣的和谐世界。目前，在这些问题的研究方面已经取得了一定的成果。

　　一个强大的中国需要世界一流的国际法学术研究队伍和研究成果。60 多年来，中国国际法学术研究事业取得了巨大成就，基本满足了国家的需要。但是，高质量的在国际上有较大学术影响的学术研究成果还不多，从总体上讲，我们的国际法研究和应用水平与中国的国际地位还不相称，与新形势新任务的需要还不相适应。其原因既有历史的、体制方面的客观制约，也有我们自身认识及努力方面的主观不足。因此，我们也迫切需要对中国国际法学术研究本身进行认真研究，找出和解决国际法学术研究领域存在的各种问题，从整体上谋划和全面推进中国国际法的学术研究事业。我们希望各级政府部门继续在相关领域加强对国际法学术研究事业的重视和支持，提供良好的科研条件。我们需要在政府部门、企业与科研机构之间搭建桥梁，实现互动，共同促进国际法学术研究事业的发展。

　　本书对中华人民共和国成立 60 年来中国国际法学术研究状况进行梳理和总结，以推进中国国际法学术研究进一步的繁荣和发展。但由于这样那样的原因，本书还是留下了一些遗憾。例如，本书包括国际公法、国际私法和国际经济法三大部分，但并不涵盖国际公法、国际私法和国际经济法的所有分支或问题。国际公法领域没有包括外交和领事关系法、空间法等，国际私法部分选取了几个专题，没有包括国际私法所有分支或问题；国际经济法不包括国际税法等分支。再如，本书述及的学术人物和学术文献基本上不涉及中国大陆以外的研究中国与国际法问题的学术人物及其著述。还有，即使是本书所述及的范围，对学术文献的总结概括，对学术观点的提炼，也会有遗漏或不准确之处。

写出一部全面系统的、实事求是地反映中国国际法学的真实学术面貌的、真正代表中国国际法研究的学术水平的、可以在国际学术对话中加强中国国际法学的影响力的学术史专著，绝非易事。本书是这方面的一次重要尝试。欢迎国内外同仁批评指正。

编者　2010 年秋于北京

目　　录

第一篇　国际公法学

第二篇　国际私法学

第三篇 国际经济法学

第一篇　国际公法学

第 一 章

中国国际法学术研究 60 年概述

第一节 中国国际公法学术研究 60 年的演进过程

新中国国际法学术研究的 60 年的历史，大致可以分为两个 30 年。

一 第一个 30 年（1949—1979）：奠基和萎缩阶段

至少从 1689 年中俄尼布楚条约的缔结开始，中国对欧洲国际法有所了解。1839 年林则徐广州禁烟时，组织翻译和参考了瑞士国际法学家瓦特尔的国际法著作的部分章节，中国政府在对外关系中开始运用国际法。1864 年美国传教士丁韪良把美国学者惠顿的国际法著作完整地翻译成中文，中国政府和学者们开始全面了解了西方国际法。后来，中国人自己又翻译了多本欧美和日本学者的国际法著作。到中华民国时期，中国人已初步掌握了西方的成体系的国际法。五四运动以后，中国政府和国际法学界开始了漫长的废除不平等条约的斗争。这个时期中国人有了自己的国际法著作。① 这其中杰出的代表作就是周鲠生教授的专著《国际法大纲》和一系列的国际法论文。

1949 年中华人民共和国中央人民政府成立后，中国的政治制度进入了一个崭新的阶段。以周鲠生先生为代表的中国国际法学界的学术人才基本上留在或回到了大陆。周鲠生、倪征燠、李浩培、王铁崖、陈体强、赵理海等人，成为新中国国际法学术研究的奠基者、开拓者和主力军。

新中国的成立使中国的国际法研究进入了一个崭新的阶段。由于当时我国实行向以苏联为首的社会主义阵营"一边倒"的政策，中国国际法的

---

① 参见端木正：《国际法发展史的几个问题》，黄瑶、赵晓雁编：《明德集——端木正教授八十五华诞祝寿文集》，北京大学出版社 2005 年版，第 492—495 页。

理论与实践也是全面地向苏联及其他社会主义国家学习。在以马克思列宁主义为指导思想的中国共产党的领导下，同其他社会主义国家一样，中国政府以马克思列宁主义的国际关系学说作为外交关系的指导思想，中国国际法学者也以马克思列宁主义为从事国际法理论研究的指导思想。中国政府在国际法的重大理论和实践问题上向苏联学习，与苏联政府保持一致。与此相适应，中国国际法学界全面移植苏联的国际法研究成果，即使在中苏关系出现裂痕或破裂之后，以马克思列宁主义的国际关系学说为指导、以苏联国际法理论为基础确立的国际法的内容体系也没有实质性的变化。[1]

新中国不断地受到帝国主义国家的侵略、干涉，长期遭受资本主义阵营国家的封锁。一系列紧迫的国际法的重大理论与实践问题摆在中国政府和国际法学者面前，其中包括政府承认问题、政府的财产、债务和条约的继承问题、边界争端问题、海外华人的国籍问题。中国国际法学者发表了许多有针对性的高水平的研究成果。如陈体强的《中国人民志愿军的道义与法律基础》、《美帝毒气战犯逃不掉人类正义的审判》、《我国承认日内瓦各项公约和议定书进一步巩固了世界和平》、《斥美国所谓"不强迫遣返"》、《为什么必须确定侵略定义》、《中华人民共和国与承认问题》等，[2]周鲠生的《我政府关于领海的声明的重大意义》、《驳印度对于中印边界的片面主张》、《国际法并不支持印度对中印边界问题的立场》等。[3] 李浩培的《论美国干涉中国及朝鲜的非法》，《社会主义国家的国籍法问题》、《东南亚华侨的双重国籍问题》、《华侨的概况及其国籍问题研究》，《中航及央航飞机在港被扣案的法律问题》等。[4] 这些论文，运用国际法基本原理，结合有关国家在相同或类似问题上的实践以及外国著名学者的著述进行严谨论证，为新中国处理有关国际法问题提供了国际法意见，为中国政府依照国际法处理对外关系、维护国家利益作出了贡献。

---

① 何勤华：《20 世纪 50 年代后中国对苏联国际法的移植》，《金陵法律评论》2001 年秋季卷。

② 王铁崖、李浩培主编：《中国国际法年刊》（1985），中国对外翻译出版公司 1985 年版，第 3—36 页；陈体强：《国际法论文集》，法律出版社 1985 年版，第 12—24 页、第 37—69 页、第 296—318 页。

③ 王铁崖、周忠海编：《周鲠生国际法论文选》，海天出版社 1999 年版，第 469—480、488—508 页。

④ 李浩培：《李浩培文选》，法律出版社 2000 年版，第 515—527 页、第 533—537 页，第 709—783 页。

新中国成立初期主要是翻译苏联的国际法教材和著作，但也翻译了西方学者的著作。如英国著名国际法学家劳特派特修订的国际法权威著作《奥本海国际法》（第七版上、下卷）由中国人民外交学会编译委员会翻译，1954—1955 年内部出版发行。1957 年出版了王铁崖（化名王强生）、陈体强等人合译的英国希金斯与哥伦伯斯合著《海上国际法》。

1957—1962 年间出版的王铁崖先生选编的《中外旧约章汇编》（1689—1949）三卷本，一直是中国国际法研究必不可少的学术资料。

这个时期没有看到中国学者自己的专著，除针对中国对外关系中遇到的亟待解决的问题而撰写的论文外，探讨国际法问题的论文也很少。

"在 1958 年以后，在左倾路线的影响下国际法［学术研究］几乎是名存实亡。1962 年到 1965 年这个时期，我们经过了一个很短的恢复期。1966 年以后这十年就不堪想象了。"[1]

1966 年开始的"文化大革命"中，法律虚无主义抬头，国内法和国际法的教学和研究工作都遭受了"浩劫"。在国际社会，这十年间国际法有突飞猛进的革命性发展。遗憾的是，在这十年间，国际法的理论队伍日渐缩小，我国的国际法学水平明显落后了。

在如此不利的条件下，周鲠生、王铁崖、陈体强、李浩培、倪征燠等中国国际法专家，仍为中国国际法的理论和实践的进展做出了不懈努力。例如：由王铁崖、陈体强翻译的《奥本海国际法》（第八版）1971 年由商务印书馆出版，周鲠生的遗作两卷本《国际法》1976 年由商务印书馆出版。

由于中苏关系破裂，中国过去的"一边倒"的外交政策不得不调整为"一条线"战略。1971 年联合国大会第 2758 号决议决定恢复中华人民共和国在联合国的一切合法权利，承认中华人民共和国政府在联合国的代表权。此后，美国总统尼克松访华，中美关系解冻。中国参加 1972 年斯德哥尔摩人类环境会议，积极参与联合国第三次海洋法会议，积极投入《联合国海洋法公约》的谈判进程。中国在外交关系上的进展促进了国际法的研究，比如这一时期国际法学界海洋法的研究开始复苏。

纵观新中国第一个 30 年的国际法学术研究，从 1949 年到 1957 年这个

---

① 端木正：《国际法发展史的几个问题》，黄瑶、赵晓雁编：《明德集——端木正教授八十五华诞祝寿文集》，第 496 页。

时期是全面学习苏联的国际法学、建立中国国际法学的起步或奠基时期，取得了一定成就。1957 年到 1971 年，受"左"的思潮和政策的影响、"文化大革命"的严重冲击，中国的国际法学术研究处于低迷萎缩时期。1971 年联合国恢复中华人民共和国政府的代表权、1972 年中美关系解冻之后，中国的国际法学研究气氛有所好转，但一直不景气。

这 30 年间，中国国际法学的一个突出特点是以马克思列宁主义为指导，对国际法采取有批判的接受的态度，即从总体上接受国际法，如接受联合国的宗旨和原则，但主张废除国际法中有利于帝国主义、殖民主义国家剥削、压迫和控制中小国家的那些内容。这与新中国的国情是分不开的。

二　第二个 30 年（1979—2009）：恢复和发展阶段

1978 年，中国共产党十一届三中全会前夕，邓小平高瞻远瞩，发出了"我们还要大力加强对国际法的研究工作"的号召。① 在邓小平的号召和党的十一届三中全会之后，中国的国际法学者受到了极大地鼓舞和鞭策，奋起直追。伴随着国家的改革开放政策逐步贯彻，中国的国际政治、经济和科学文化的合作不断拓展，缔结条约的数量大大增加，中国与其他国家的国际权益冲突事件也时有发生，给国际法学术研究提出了这样那样的需要研究的问题。国家的发展需要促使新中国国际法学术研究开始复苏、繁荣，中国国际法学术研究进入一个新的历史阶段。②

1980 年成立的中国国际法学会，是中国首个专门研究国际法的全国性学术团体，也是中国法学学科中成立的第一个研究会。

1980 年，中国社会科学院法学研究所设立了国际法研究室，外交学院恢复了 50 年代设立的国际法研究所，武汉大学和北京大学建立了国际法研究所。

1982 年，由中国国际法学会主办，王铁崖和陈体强担任主编的《中国国际法年刊》正式出版发行。1983 年，出版了《中国国际法年刊论文选》英文版。

这一时期与中华人民共和国的条约、财产和债务的继承有关的涉外案

---

① 《邓小平文选》（1975—1982），人民出版社 2002 年版，第 137 页。
② 王铁崖：《进一步推动国际法在中国的发展——江泽民主席关于国际法的讲话读后感》，王铁崖主编：《中国国际法年刊》（1996），第 6 页。

件仍时有发生，中国国际法学者写出了一系列犀利的国际法评论文章。例如，陈体强的《国家主权豁免与国际法——评湖广铁路债券案》，[①] 王铁崖的《光华寮案的国际法分析》等。[②]

以《中国国际法年刊》的统计资料为例，1979—1988 年九年间出版国际法图书超过 240 部。[③] 另据统计，"从 1979 到 1987 年这九年间，在我国刊物和报纸上发表的国际公法论文约 350 篇，相当于前 30 年论文总数的近六倍"。[④]

1979 年李浩培的《国籍问题的比较研究》的出版是这个阶段的开篇之作。1981 年，王铁崖主编、魏敏副主编的中国第一本全国通用的国际法教科书出版。该教材的撰稿人王可菊、王献枢、朱奇武、朱荔荪、邵津、汪瑄、赵理海、梁西等都是杰出的国际法专家。梁西教授 1984 年版的《现代国际组织》和李浩培 1987 年出版的《条约法概论》也都是这一时期的国际法学术著作中的上乘之作。

这一时期出版的译著也空前增加，如菲德罗斯的《国际法》（李浩培译，商务印书馆 1981 年版）、阿库斯特的《现代国际法概论》（汪瑄等译，中国社会科学出版社 1981 年版）、寺泽一/山本草二主编的《国际法基础》（朱奇武等译，中国人民大学出版社 1983 年版）、斯塔克的《国际法导论》（赵维田译，法律出版社 1984 年版）、科热夫尼科夫主编的《国际法》（刘莎等译，商务印书馆 1985 年版）、凯尔森的《国际法原理》（王铁崖 1958 年译，华夏出版社 1989 年版）。

1990 年王铁崖和李浩培应邀至海牙国际法研究院暑期班讲学。

随着东欧剧变与苏联解体，冷战时代终结。1991 年春海湾战争爆发，1994 年 4 月 15 日，历时 7 年半的"乌拉圭回合"谈判达成协议，1995 年初世界贸易组织成立，1997 年亚洲金融危机，1999 年以美国为首的"北约"在没有得到联合国安理会授权的情况下发动"科索沃战争"，2001 年

---

① 王铁崖、李浩培主编：《中国国际法年刊》（1985），中国对外翻译出版公司 1985 年版，第 3—36 页；陈体强：《国际法论文集》，法律出版社 1985 年版，第 12—24、37—69 页，第 296—318 页。

② 邓正来编：《王铁崖文选》，中国政法大学出版社 2003 年版，第 401—404 页。

③ 参见《1979—1988 年中国国际法书目》，王铁崖、李浩培主编：《中国国际法年刊》（1989），法律出版社 1990 年版，第 713—728 页。

④ 邵津：《国际公法学》，张友渔主编、王叔文副主编：《中国法学四十年》，上海人民出版社 1989 年版，第 542 页。

"9·11"事件，2003年美国入侵伊拉克，2004年印度洋海啸，2001年至今尚未达成协议的多哈回合谈判，2008年由美国次贷危机引发的全球金融危机爆发，G20的形成等重大国际事件使国际关系与世界形势再次发生重要变化，给国际法学者提出了重要的研究课题。

在这期间，2001年12月11日，经过近15年的艰苦谈判，中国成为世贸组织第143个成员，正式融入世界贸易体制，对世界贸易格局产生了影响。中国的国际地位和国际影响力不断上升。

国际关系的变化与中国的快速发展，为中国国际法学术研究的发展创造了一个良好的外部条件。中国的国际法研究，进入了历史最好时期。

2002年中国社会科学院设国际法研究中心。2009年该中心更名为"中国社会科学院国际法研究所"。该所自2003年起每年举办"国际法论坛"，邀请全国的有代表性的国际法学者进行深度的国际法学术交流，收到了良好的学术效果。

中国国际法学会每年都组织全国规模的综合性的学术研讨会和不同形式不同规模的专题研讨会，有效地促进了中国国际法的学术研究。

我国建立了各种不同层次的国际法学术团体，既有全国性的，也有地方性的，既有综合性的国际法学会，也有专门的国际法协会或学会。各类国际法学术团体的学术活动蓬勃发展。例如，北京市国际法学会每年举行年会并出版论文集。

除20世纪80年代创刊的《中国国际法年刊》和《国际法学论丛》外，自2002年至2008年我国还有十余种综合性或专业性的国际法书刊创刊，例如，《国际法研究》（中国社会科学院国际法研究所出版），《当代国际法论丛》（华东政法大学国际法学院出版），《北大国际法与比较法评论》（北京大学法学院出版），《国际法与比较法论丛》（湖南师范大学法学院出版），《武大国际法评论》（武汉大学国际法研究所出版），《跨国法评论》（上海交通大学国际法研究所出版），《国际法与比较法论坛》及《空间法评论》（哈尔滨工业大学法学院和空间法研究所出版），《国际法评论》（中国政法大学国际法学院出版），《中国海洋法学评论》（厦门大学法学院、上海交通大学法学院等出版）等。此外，2002—2004年曾连续出版《中国国际法学精粹》。

进入新世纪以来，国家哲学社会科学研究课题指南列出的国际法研究课题空前增多，2006—2009年每年都列入了十余项课题，从一个侧面显示了中国国际法学术研究的空前繁荣景象。①

进入新世纪以来，中国国际法学者出版和发表了大量的国际法学术研究成果，从教材教参、国际法辞典和百科全书等工具书到学术专著、译著，数以百计，数量空前。就专著而言，不仅有单本著作出版，而且有系列丛书，如北京大学出版社出版的《国际法文库》、《国际法论丛》；武汉大学出版社出版的《武汉大学国际法博士文库》；法律出版社出版的《华东政法大学国际法学文库》；人民法院出版社出版的《国际法前沿问题研究丛书》，等等。关于学术论文，从中国人民大学主办的《人大复印资料·国际法》每期主要论文"索引"来看，公开发表的各类国际法论文更是数千篇，数量巨大。从成果的内容上来看，从国际法的基本理论到具体的国际事务，从条约法、战争法、外交和领事关系法等传统的国际法分支，到国际海洋法、国际人权法、国际环境法、国际刑法等国际法新分支，都有大量的中国国际法学者的专著或论文，都有丰硕的研究成果。在译著中，曾令良、余敏友等翻译的英国国际法学家伊恩·布朗利的《国际公法原理》一书是我国十多年来为数不多的译著精品之一（法律出版社2003年版）。② 从整体上讲，经过长期历练的中国国际法学者，无论在理论水平还是在国际法的应用能力方面，都有显著的提高。

改革开放30年来的中国国际法学术研究的发展进程呈现"马鞍形"的态势。前十年是改革开放后的迅速恢复和发展时期，中间十年相对沉寂一些，后十年是空前繁荣和大发展的时期。

回头看我国改革开放30年来的法学研究事业，中国国际法的学术研究同法学其他学科相比，是恢复得最快的。中国国际法学会是第一个法学学会；国际法统编教材也是法学教材中的第一本教科书。中国国际法的学术研究始终走在中国法学研究的前列，引领法学研究现代化的潮流。"在我们中国的法学界里面，在我们中国的法学现代化这个过程里面，国际法是走在前面的，比国内法走在前面。"③

纵观新中国60年国际法研究的进程及其特点，一开始主要是紧密结

---

① 余敏友、刘衡：《新中国国际法60年——从和平共处到和谐世界》，载中国社会科学院国际法研究所第六届国际法论坛论文集。

② 同上。

③ 端木正：《国际法发展史的几个问题》，黄瑶、赵晓雁编：《明德集——端木正教授八十五华诞祝寿文集》，第491页。

合中国对外关系的实际问题进行研究，主要服务于国家的对外关系和维护国家的国际权益的需要，改革开放以来在研究范围方面有所突破，在人权、环境等问题上也与我国的国内法治进程中的重大问题相结合，以促进国内法治进程；一开始研究国际法的基本原则、国家基本权利和义务这样的问题较多，后来逐渐有了大量的研究具体的国际法问题的论著论文；一开始研究热点问题的论著论文较多，后来才有一定数量的研究国际法基础理论的论著论文；一开始主要是教学和科研单位的学者的著作论文，后来学者型的实务部门专家的论文论著也逐渐增多。

王铁崖先生在 20 世纪 90 年代曾经指出："近年来我国在国际法学方面极少有接近世界水平的研究成果，这种情况与我国的国际地位和国家发展对外关系的需要是极不相称的。"[①] 时至今日，十几年过去了，这种局面并没有全面的或根本的改观。

邵天任教授早就指出："建立具有中国特色的国际法理论体系，最重要的是要总结中国的实践和经验。"[②] 2008 年，史久镛法官也指出："这些年里，中国法学界在强调借鉴、接轨的同时，对中国法律人自己独创的一些理论和实践淡漠了，乃至不大提及了。"[③] 一概照抄照搬外国的国际法学成果是不行的。中国国际法学的创新必须有中国特色，不能不以中国的实践为基础。

不难看出，中国国际法的学术研究还有很多不足之处，其中包括：中国国际法学界对国际法的重大理论问题还未能进行全面、深入、系统的研究；对国际法的许多实践，特别是中国的实践，还没有进行系统的总结；国内的学术活动缺乏严肃的学术批评，有些国际法的著作或论文滥竽充数，实际上是"学术垃圾"；国际的学术活动缺乏与国外同行的不亢不卑的平等对话。

尽管在许多方面中国国际法研究与国际前沿水平有一定差距，特别是与中国的国际地位和改革开放、构建和谐世界的需要还不相适应，跟不上

---

① 王铁崖：《进一步推动国际法在中国的发展——江泽民主席关于国际法的讲话读后感》，王铁崖主编：《中国国际法年刊》（1996），第 10 页。

② 邵天任：《从实际出发开展国际法的研究工作》，外交学院国际法研究所主办：《国际法论丛》（2），法律出版社 1990 年版，第 12 页。

③ 史久镛接受《法制日报》记者采访的谈话：《中国人对国际法的贡献应该坚持》，《法制日报》2008 年 12 月 14 日，第 14 版。

国际社会的发展和国际国内法治对国际法的要求，但无论如何，国际法学的学术研究已经打下了坚实的基础。近期当选常设国际仲裁法院仲裁员的中国社会科学院荣誉学部委员刘楠来教授指出："过去的30年，是我国国际法研究走向繁荣，得到巨大发展的30年，是在理论探索、建立中国国际法理论体系和联系实际，为国家外交实践服务方面取得令人振奋的成就的30年。"①

中国于2005年提出了建立持久和平、共同繁荣的和谐世界的构想。2007年10月，胡锦涛在中国共产党第十七次代表大会的报告中阐述了"和谐世界"的内涵。2009年10月1日，胡锦涛主席在天安门城楼上向全世界宣告："我们将坚定不移坚持独立自主的和平外交政策，坚持和平发展道路，奉行互利共赢的开放战略，在和平共处五项原则基础上，同所有国家发展友好合作，继续同世界各国人民一道推进人类和平与发展的崇高事业，推动建设持久和平、共同繁荣的和谐世界。"

中国提出的构建和谐世界的目标，指引了国际法的研究方向。中国的国际法学术研究同我们国家在世界上的崛起一样，面临着更大的挑战同时也是更大的机遇。

第二节 新中国国际法60年学术史上的几位学术人物

在中国国际法学60年的学术史上，群星灿烂，人才辈出。周鲠生、王铁崖、李浩培、倪征燠、陈体强、赵理海、赵维田、盛愉、魏敏、汪暄、朱奇武等就是其中的杰出代表人物。限于本书篇幅，这里简单介绍周鲠生、王铁崖、李浩培、倪征燠、陈体强五位已故的国际法学家。

一 周鲠生的学术贡献

周鲠生（1889—1971），早年留学日本，后留学英法，获爱丁堡大学博士学位及巴黎大学国家法学博士学位。历任北京大学、东南大学教授以及武汉大学教授及教务长。1939年赴美国讲学，回国后任武汉大学校长。中华人民共和国成立后，任中南军政委员会委员兼文教委员会副主任、外交部顾问、外交学会副会长等职。主要著作有《国际法大纲》、《近代欧洲

---

① 刘楠来：《国际公法30年》，李林主编：《中国法学30年》（1978—2008），中国社会科学出版社2008年版，第344页。

政治史》、《不平等条约十讲》、《国际法》等。在中国，1925 年以后，凡学习国际法的人，无不是他的及门的或私淑的弟子。他一生致力于国际法的教学和研究，为国际法学在中国的建立和发展作出了不可磨灭的贡献。

《国际法大纲》（商务印书馆1929 年初版，1934 年修订）一书是周鲠生的代表作之一，是由中国人编写的第一部国际法教材，是当时国内各有关院校的基本读物和编写国际法教材的基本依据，还被日本东京帝国大学指定为必备参考书。全书由导论与本论二十二章组成。导论主要讲述了国际法的意义、性质、历史发展、根据、渊源和分类。本论分两部分，第一部分是实体法，包括国际法之主体、国际法之客体、国际交涉、国际交涉机关四编。第二部分是程序法，包括国际争端的解决、战争法两编。

《国际法》（商务印书馆1976 年出版），是新中国国际法学术史上的第一部有分量的国际法著作，也是新中国当时唯一的一本国际法教科书。该书逻辑严密、资料翔实、文字简练。

该书各章的顺序依次是：导论、国际法主体（国家、国家的承认和继承）、国家的基本权利和义务、国际法客体（居民、领土和公海）、外交关系（使领馆制度）、条约、国际组织、和平解决国际争端。该书原来还设想有战时法（战争法和中立法），但没有完成。该书将"外空"放在"领空"中、将"大陆架"放在"公海自由的行使"部分，是当时国际法发展的历史局限所致。

陈体强教授1982 年评价该书时指出："在一本中国的国际法教科书中，由此要阐明中国国际法学家的观点和中国的实践。在这一点上，本书具有很大的成就。作者熟悉旧中国所遇到的国际法问题，又有新中国的国际法斗争的亲身经历，掌握第一手材料。书中关于我国倡导的和平共处五项原则，关于新中国的承认、继承、国家责任、领海、外交方式、在联合国的代表权、华侨的国籍和保护等问题，以及关于旧中国的外国人特权制度和不平等条约等问题，都有详细精湛的论述。这些章节可以说是本书最精彩的部分，也是本书的最大特色。正因为如此，本书是中国学习国际法的人所不可不读的。"[①] 1989 年，在周鲠生诞辰100 周年时，国际法学界的评论指出："他的名著《国际法》一书，学术价值极高，系统地总结了新中国建立到60 年代初的一段时间内我国外交和国际法实践，代表了迄

---

① 陈体强：《国际法论文集》，法律出版社1985 年版，第 268 页。

今为止中国国际法学的最高成就。"① 1997 年倪征噢在接受采访时谈到周鲠生的《国际法》时说道："晚年，周老不顾年迈体弱，仍本着对国家、后代高度负责的精神，完成了两卷本学术大作《国际法》的撰写工作。这套著作不论是当时还是在现在乃至今后都有很高的学术价值，为新中国的国际法学奠定了基础，对我国的国际法研究有着深远影响。"②

周鲠生先生对国际法的教学和研究有两个突出特点：一是联系实际，特别是联系中国实际；二是理论探索，对有关问题进行透彻的理论分析，并提出自己的主张和意见。③

二 王铁崖的学术贡献

王铁崖（1913—2003），中国当代杰出的国际法学家、教育家、社会活动家。1929 年他考入复旦大学，1931 年转学进入清华大学政治系学习。1933 年毕业后被保送进清华研究院，师从周鲠生教授攻读国际法。1936 年获法学硕士学位，同年通过中美庚款留学考试。1937 年夏负笈西洋，远赴英国伦敦经济政治学院，师从国际法学家劳特派特教授，继续研读国际法。1939 年夏返国，曾短期任《世界政治》杂志编辑，并先后在武汉大学、重庆中央大学、北京大学工作。王铁崖先生曾担任中国国际法学会会长，北京大学国际法研究所创始所长，国际法研究院院士，世界艺术和科学院院士，联合国前南斯拉夫问题特设国际刑事法庭法官。自从 1930 年开始研读国际法以来，他七十年如一日，把自己的毕生精力无私地奉献给了国际法在中国的传播与发展，是半个多世纪以来对中国国际法学界产生深远影响的一代宗师。

1980 年王铁崖协助宦乡同志创立了中国国际法学会，始任副会长，1991 年任会长，2000 年任名誉会长。1981 年主编了新中国第一本国际法教科书——《国际法》。1982 年同陈体强教授共同创办了中国第一个国际法学术刊物《中国国际法年刊》，担任主编。还曾与陈体强组织、编写了《中国大百科全书：法学卷》中的国际法词条。1998 年出版了他的绝笔之作《国际法引论》，计划中的《国际法总论》和《国际法各论》则成了永

① 王铁崖、李浩培主编：《中国国际法年刊》（1990），法律出版社 1991 年版，第 300 页。
② 徐杰、徐永安：《回忆周鲠生校长——访外交部法律顾问倪征噢》，载《倪征噢法学文集》，法律出版社 2006 年版，第 506 页。
③ 王铁崖：《周鲠生国际法论文选》"序言"，第 2—5 页，王铁崖、周忠海编：《周鲠生国际法论文集》，海天出版社 1999 年版。

久的遗憾。①

王铁崖先生有一系列关于中国与国际法的论文，其中的代表作之一是他在海牙国际法学院发表的演讲——《中国与国际法：历史与当代》，其中分别论述了古代中国与国际法、近代中国与国际法和当代中国与国际法。这些论述丰富了此前他在 1981 年《国际法》中的有关论述。

关于古代中国与国际法，王铁崖先生认为，在中国的春秋战国时期，就有一些类似现代国际法规则的实践和惯例，但没有发展成为现代意义上的国际法。因为产生这些实践或惯例的社会环境并不是基于主权平等的国际关系。他指出，直到西方列强以武力打开中国的大门，中国一直以为自己是世界的中心，以为世界秩序是基于优越的中国文化的大一统状态。中国与邻国的关系是建立在儒家伦理规范的基础之上，而不是建立在主权平等的基础之上的。体现以中国为核心的世界秩序的典型表现是朝贡制度。这与西方的多国体制是不同的，所以中国与西方接触的过程中很不理解西方的多国体制。

关于近代中国与国际法，王先生认为，西方列强认为中国不是"文明"国家，不应当适用国际法。它们把一系列不平等条约强加到中国头上。对于中国来说，这一时期国际法的主要作用就是保障这些不平等条约的实施。这样的情况对中国对国际法的态度产生了深远的影响。

关于当代中国与国际法，在王铁崖教授主编的 1981 年版《国际法》统编教材第一章中作了高度的概括："首先，新中国并没有否定国际法，相反，却接受公认的国际法原则、规则，采用各国所一致采用的国际法规章、制度。例如，《联合国宪章》的宗旨和原则是新中国一贯支持的；条约制度、使领馆制度等是新中国一开始就采用的。""其次，新中国历来反对国际法中为帝国主义服务的原则、规则，摒弃那些具有反动本质的规章、制度。例如，新中国多次谴责侵略性的所谓以权利为依据的干涉原则，废除那种在合法外衣掩饰下的领土兼并制度，等等。""最后，新中国还不断地为国际法的发展作出自己的贡献。新中国和其他国家所共同倡议的和平共处五项原则就是一个显明的例子；五项原则已经成为国际法的基本原则。对于具体规章制度，如承认、国籍、条约、使节权、和平协商等，新中国也都有新的创造，为国际法补充新的内容。"

---

① 参见王铁崖：《国际法引论》，北京大学出版社 1998 年版，"序言"第 1 页。

　　王铁崖先生在国际法学术研究方面有很多具有指导意义的见解，例如：王铁崖先生在其主编的 1981 年《国际法》中指出："在整个意义上，可以说国际法是国际关系的一个方面，国际法学是国际关系学的一个部门。"他在 1999 年的《国际法引论》中又强调指出："国际法与国际关系及国际关系史有密切的联系：研究国际关系和国际关系史必须有一定的国际法知识为基础，而研究国际法则必须以国际关系和国际关系史为背景。这是作者历来的主张。"①

　　王先生认为："研究好、讲授好国际法要具备两个思想基础：一是爱国主义，要热爱自己的祖国；二是国际主义，要热爱和平和正义，反对侵略，反对战争，没有这样的思想基础是搞不好国际法的。"②

三　李浩培的学术贡献

　　李浩培（1906—1997），1928 年东吴大学法律系毕业，1936—1939 年在英国伦敦经济政治学院研究国际公法、国际私法、比较民法。回国后历任武汉大学教授兼法律系主任、浙江大学教授兼法学院院长。中华人民共和国成立后，担任中央人民政府法制委员会和国务院法制局外事法规委员会专门委员，国际关系研究所研究员，外交学院教授。1963—1993 年任外交部法律顾问。他还任中国社会科学院法学研究所兼职研究员和学术委员会委员，中国国际贸易促进委员会海事仲裁委员会副主任等职。他是《中国大百科全书》第 1 版法学卷编委会委员兼国际私法词条主编。1993 年当选联合国前南斯拉夫问题特设国际刑事法庭法官。主要著作有《条约法概论》（1973 年动笔 1985 年完成）、《国际法的概念和渊源》、《国籍问题的比较研究》等。

　　在《国际法的概念和渊源》一书中，李浩培教授指出，国际社会与国内社会有显著的不同，国内社会的权力集中于国家，是纵向的权力结构，而国际社会的权力则分散于主权国家，是横向的权力结构，每一个主权国家都是平等的，彼此之间没有管辖权。由于这种权力结构，国际社会没有国内法那样的立法、司法和行政机关，使国际法的实效受到减损，但国际法仍然是法，国际法的法律性质不容否定。针对以国家主权

---

　　①　王铁崖：《国际法引论》，北京大学出版社 1998 年版，"序言"第 2 页。

　　②　任建新：《在王铁崖先生九十华诞庆贺会上的讲话》，载任建新《政法工作五十年——任建新文献》，人民法院出版社 2005 年版，第 580 页。

为由否定国际法的论点，李浩培指出，这种观点所理解的国家主权是"绝对主权"，实际上，国家主权不是绝对的而是相对的，是可以和国际法相容的；针对以国内法的从属法（上位者对下位者的命令）的性质为标准否定国际法的法律性的观点，他指出，国际法是同位者共同制定以便共同遵守的平等者之间的法律（同位法），同位法同样是法。在国际实践中国际法的法律性得到体现，各国遵守国际法是一般情况，违反国际法是例外情况。

李浩培教授关于国际法渊源有非常深入的研究。关于条约，他在《条约法概论》中高度赞扬荷兰的条约优先于宪法的体制，认为这是条约与国内法关系上的最先进的制度，如果实践中加以贯彻，将对国际法的发展产生积极影响。关于习惯国际法，他在《国际法的概念和渊源》中指出，习惯国际法发生的原因和存在的理由在于国际社会的需要，由于国际社会各国都有主权，没有普遍性的高于主权国家的立法机关，习惯国际法就显得特别需要。关于一般法律原则，他认为这是国际法的渊源之一，不仅因为它为《国际法院规约》所承认，而且如果不承认这一渊源，将会在某些场合因无法可依而发生拒绝司法的后果。他关于司法判例的观点精辟独到，他认为，由于国际法院通常在判决中依循自己的先例，并且在判决中陈述和适用现行法与新创设一项新的法律规则之间很难区分，因此国际法院的判决实际上发挥了独立的国际法的形式渊源的作用。李浩培教授还认为，独立的单方法律行为，包括承诺、承认、放弃、抗议、通知等，属于国际法的第二位的渊源。这种渊源的效力根据，他认为是保护一方对他方意思表示信赖的一般法律原则。

李浩培先生在联合国前南斯拉夫问题特设国际刑事法庭法官和卢旺达问题国际刑事法庭上诉法庭法官任内案件的审理中发挥了重要作用，而且他撰写的有关意见书（个别意见和异议意见）获得了中外国际法学界的赞誉和钦佩。

"他的治学、做事和为人"，"可以作为法律工作者的楷模"。①

四 倪征燠的学术贡献

倪征燠（1906—2003），中国当代国际法学家。1928 年上海东吴大学毕业，1929 年获得美国斯坦福大学法学博士学位，1930—1931 年任

---

① 倪征燠：《李浩培文选》"序言"，见《李浩培文选》，法律出版社 2000 年版。

美国约翰·霍普金斯大学法学研究所荣誉研究员。1931—1945 年先后在上海东吴大学、大夏大学、持志大学讲授国际法、国际私法、比较民法、法理学等课程。1946—1948 年参加远东国际军事法庭对日本战犯的审判工作，对日本侵华主要战犯提出了有力的控诉。1948—1954 年任上海东吴大学教授兼法律系主任，1949 年上海解放后，兼任该校教务长。1956—1981 年先后任外交部条约委员会专门委员和条约法律司法律顾问，1982 年起任外交部法律顾问。1981 年在联合国大会第 36 届会议上当选联合国国际法委员会委员。1984 年 11 月经联合国大会和安全理事会选举，当选国际法院法官。1987 年当选为国际法研究院（欧洲）联系院士，1991 年转为正式院士。1994 年国际法院法官任满回国。1995 年起任中国海洋法学会会长。2000 年任中国国际法学会和中国海洋法学会名誉会长。

倪征燠先生的主要著作有：《法律的进化》（1929）、《法律的假设性》（1931）、《美国和英国的司法制度》（1947）、《国际法中的司法管辖问题》（1964）、《船舶碰撞事件中的法律问题》（1965）、《领海宽度问题的历史和现状》（1971）、《关于水域划界问题的实践》（1971）、《关于国际海底的法律制度》（1972）、《领海上空的法律地位》（1976）、《关于外层空间的国际法问题》（1982）、《关于国家管辖豁免的理论和实践》（1983）、《淡泊从容莅海牙》（2003）。

倪征燠先生是 1982 年《联合国海洋法公约》中文本的定稿人。

他在联合国国际法委员会任内的国际法编纂活动中和在国际法院法官任期内在参与判决的案件中都发挥了重要作用，树立了中国籍委员或法官的威望，赢得了其他法官的尊敬和赞誉。

五　陈体强的学术贡献

陈体强（1917—1983），中国当代国际法学家。他 1935 年以优异成绩考入清华大学政治学系，毕业后应钱端升教授之约，在西南联合大学从事研究工作，1943 年由商务印书馆出版《中国外交行政》一书。1945—1948 年他在牛津大学从事学习和研究工作，写出了极为优异的关于承认问题的博士论文，取得了博士学位。回国后，他不仅从事教学和研究工作，而且承担重要的实际工作。在教学与研究方面，他相继是清华大学、北京大学、外交学院的教授，是国际关系研究所、国际法研究所、国际问题研究所的研究员，是全球性学术团体国际法研究院的联系院士。他是外交部的法律顾问，还参加了中国人民外交学会、中国政法学会、中国国际法学会（副会长）、《中国国际法年刊》（主编之一）的工作。他还有很多社会活动。在陈体强的国际法工作生涯中，虽有坎坷，但始终信心满怀，认为在新中国从事国际法工作是有用武之地和发展前途的。他不放过一切机会，作出自己的贡献。"陈体强同志毕生致力于国际法的教学和研究工作，作出了很多重要的贡献"。他的许多文章"都是针对我国对外关系中发生的一些重大问题而写的，根据充分，说理透彻，很富有战斗性，对于从国际法的角度捍卫我国对外政策的立场和观点，起了很好的、积极的作用"，他是一位"卓越的国际法学家"。①

陈体强在其论文集自序中说："中华人民共和国成立以来和各国发生的关系十分复杂——友好的与非友好的、和平的与非和平的——都涉及许多国际法问题。我们国家按照我们所理解的国际法准则和其他国家打交道，有理、有力、有节。有些外国对国际法准则和我们有不同理解，有的则根本粗暴地违反普遍承认的国际法准则。我们除使用力量捍卫我们的权利以外，还要和它们进行说理斗争，使我们的行为理直气壮，为世界绝大多数国家和人民所理解、同情和支持。国际法是这种说理斗争的是非标准和有力武器。作为国际法学者，我们有责任阐明国际法准则，并据以评判某一事件中的是非曲直。"

陈体强用英文写成的 1951 年在英国伦敦出版的《关于承认的国际法》，是受到中外国际法学者高度评价的学术著作。

今天我们能看到的陈体强的主要国际法著述，是《陈体强国际法论文集》，该文集收集了陈体强自新中国成立直至他逝世前撰写的 40 篇文章，是由他生前选编的，他还写了自序。他去世后，法律出版社约请宦乡、王铁崖分别为文集写了序言和后记，1985 年出版了该文集。

陈体强的国际法研究工作的突出特点是从国际法的理论、原则、规则来分析、阐明和解决我国外交实践中遇到的问题，他发表的《从国际法论美国向台湾出售武器问题》、《中印边界问题的法律方面》等论文就是典型的例子。他是《中国大百科全书》法律卷国际法部分的大部分词

---

① 宦乡：《陈体强国际法论文集》序言，载《陈体强国际法论文集》，法律出版社 1985 年版，"序言"第 1 页。

条的定稿人。他的著述对于我国的外交斗争有帮助，对于我国新的国际法学的建立有贡献。他多次谈到建立有中国特色的国际法学，要通过总结我国外交实践中的国际法问题，从理论上加以阐述，才有可能创出一条路子来。①

---

① 王铁崖：《怀念体强同志》，载《陈体强国际法论文集》，法律出版社 1985 年版，第 319 页。

第 二 章

国际法的历史、基础理论和基本原则

第一节　国际法的历史发展

一　国际法的产生与发展

历史是一面镜子，透过对一事物历史发展的审视，可以比较清楚地认识这一事物的过去，也有助于更好地认识它的现在和瞻望它的将来。所以，如同许多西方学者一样，中国的国际法学者在全面、系统论述国际法的时候，也给予国际法的历史发展以相当的重视。新中国成立以来，从周鲠生的《国际法》到后来众多的国际法教科书，几乎无一不使用一定的篇幅来阐述作者对于国际法历史发展的认识的；此外他们还发表了不少有关国际法历史的论文和专著。

学者们关于国际法历史发展的讨论，往往是从国际法在何时产生的问题入手的。关于这一问题，西方学者中有一影响很大的理论认为，国际法是近代欧洲或近代基督教文明的产物；在古代，虽然已经有了国家和国家之间的交往，在它们之间不能不产生"在对外关系上应该遵守的某些相当一贯的规则和惯例"；但是，这些规则和惯例只是近代国际法的"根源"，因为，当时各国之间并没有结成一个国际社会，所以，不可能形成国际法。① 对于这一理论，中国多数学者持有不同看法。他们认为："国际法是随着国家的产生，在国际交往的过程中形成出来的。每一个时代凡属有国家林立，互相交往，自然就有适应这一时代社会经济制度的国际交往规则

---

① 《奥本海国际法》（上卷）第一分册，商务印书馆 1981 年版，第 47 页。

或习惯产生。"① 学者们依据大量的历史资料证明，无论在古代西方的希腊、罗马或是在古代东方的印度、中国都大量存在着这样的规则或习惯。在他们看来，远在古代就已经产生了国际法，尽管不像现在这样系统。

在当代的中国学者中也有几位认为国际法是近代以来才形成的。他们不否认古代存在得到一些国家共同接受的规则和惯例；但是认为，这些规则和惯例是分散、零散和无系统的，只是国际法的"萌芽"，对国际法的产生有"影响"。他们否定古代有国际法的另一个理由是国际社会的存在是国际法产生的先决条件，而一个包括各个不同区域的世界社会，只是从1648 年欧洲签订《威斯特伐利亚和约》开始到第一次世界大战结束才逐渐形成。② 应当认为，这两方面理由的事实依据是不成问题的；问题在于，用它们来论证古代社会不存在国际法的观点是否足够充分？首先，既然我们把国际法界定为国家之间的法律，而不是国际社会的法律，那么，在逻辑上就只能认定，国际法的存在是以国家及其相互交往的存在为前提，而不是所谓的国际社会。国际法理论和实践均承认两国之间缔结的双边条约是国际法，可资证明。何况在人类社会的不同发展阶段，"国际社会"这一概念所反映的现实世界是很不一样的。近代国际法所产生的、威斯特伐利亚和会所代表的国际社会也只是涵盖了欧洲部分国家，世界其他区域的国家没有包括在内，而这并没有妨碍人们将本来只是欧洲国家之间的法律称为国际法。其次，将国际规则不成体系作为否定国际法存在的理由也是很难成立的。国际法的发展经历了由零散的非系统的原则、规则和制度逐渐形成为一个规则体系的过程。我们似乎不能只将以体系形式表现出来的国际原则、规则和制度认作国际法，而不承认这一体系形成之前存在的，以及后来构成这一体系以单个形式存在的国际法原则、规则和制度也是国际法。当下，已经有一些学者在讨论国际法碎片化、不成体系的现象和趋势问题。在这一背景下，如果我们接受国际法的体系标准，那么，是否也就需要考虑承认国际法正在走向消亡，当代国际社会已经步入后国际法时代呢？

---

① 周鲠生：《国际法》，商务印书馆 1976 年版，第 40 页；王铁崖主编：《国际法》，法律出版社 1995 年版，第 33—34 页；梁西主编：《国际法》，武汉大学出版社 2001 年版，第 25 页；邵津主编：《国际法》，北京大学出版社 2005 年版，第 3—4 页；朱晓青主编：《国际法》，社会科学文献出版社 2005 年版，第 8 页。

② 白桂梅：《国际法》，北京大学出版社 2006 年版，第 7—9 页。

在国际法发展历史的研究中，受到学者们关注的还有一个分期问题。对于这一问题，西方学者有不同的观点，① 中国学者见仁见智，也提出了种种不同的看法，即使在国际法产生时间问题上持相同观点的学者间也存在分歧。主张国际法的历史从近代开始的学者中有一种观点认为，国际法的历史分为近代和现代两个时期，② 也有观点将其分为国际法的萌芽、近代国际法、现代国际法和当代国际法四个时期。③ 认为古代就有国际法的学者的观点更呈多元化，主要有：1. 分为古代、中古（中世纪）、近代和现代四个时期；④ 2. 将古代与中古合并为一个时期，分为古代、近代和现代三个时期；⑤ 3. 分为 19 世纪及以前的国际法和 20—21 世纪的国际法两个阶段。⑥

学者们在国际法历史分期问题上出现如此大的分歧，主要原因正如王铁崖教授指出的，在于国际法的历史是一个复杂的课题，内容复杂，资料繁多，难以掌握。究其具体原因，很可能与他们使用不同的分类标准有关，这一点，在他们用来作为现代国际法起始时间的不同上表现得尤为突出。目前，被用来作为这一起始时间的至少有 20 世纪初、1914 年第一次世界大战爆发、1917 年俄国十月革命爆发、1919 年第一次世界大战结束等时间点。此外，学者们埋头于自己的研究，彼此间缺少切磋交流，可能也是一个重要原因。应当指出，尽管中国学者在国际法历史的研究中有很多不同的观点，他们在许多问题上还是取得具有重要意义的共识的。例如，学者们都指出，《联合国宪章》的产生和联合国的建立在国际法的发展历史上占有重要位置，标志着国际法的发展进入了一个有历史意义的新阶段，国际法由此从传统的、以欧洲为中心的国际法逐渐演变成了现代的、以普遍性为特征的国际法。学者们还普遍认为，第二次世界大战结束60 年间，国际社会发生了巨大变化。一大批新独立国家出现并形成国际舞台上的一支重要力量，国际关系从传统的政治领域急剧地向经济、文化、环境等社会生活其他领域扩展，科学技术迅猛进步，等等，所有这些因素

① 参见王铁崖：《国际法引论》，北京大学出版社 1998 年版，第 251—254 页。
② 白桂梅：《国际法》，北京大学出版社 2006 年版，第 7—14 页。
③ 杨泽伟：《宏观国际法》，武汉大学出版社 2001 年版。
④ 王铁崖主编：《国际法》，法律出版社 1995 年版，第 33—41 页。
⑤ 邵津主编：《国际法》，北京大学出版社 2005 年版，第 3—8 页。
⑥ 梁西主编：《国际法》，武汉大学出版社 2001 年版，第 25—35 页。

共同作用的结果促使国际法获得了空前的大发展，而且还在推动国际法不断地发展变化。这些认识和论述，对于我们正确了解国际法的以往历史以至现在和将来的国际法都是很重要的。

二 中国国际法的历史

中国是一个文明历史悠久的国家。中外许多学者都认为中国自古以来就有许多国际法实践，并对此作了很多研究。新中国成立后，中国学者在前人研究成果的基础上，又将中国国际法历史的研究推进了一步，中国国际法的历史得到了比较全面、系统的阐述。

公元前一千年，周王朝实行分封制，在周王室的统治下，数以千计的诸侯分掌地方政权。随着周王统治权的衰微和诸侯兼并日盛，公元前 722 年以后，形成了十余个较大的诸侯国逐鹿中原的局面。在它们的交往中，出现了许多有关使节、会盟、条约、战争、争端解决等事项的规则和惯例。

公元前 211 年秦始皇统一了中国，除间或有短暂时间陷于分裂状态外，两千多年来，中国一直作为一个统一的多民族国家与其他国家发生关系。由于地理原因和封建国家固有的封闭性，在这一时期的大部分时间里，中国的对外关系基本上限于与高丽、琉球、安南、缅甸等周边国家的交往，而支配这些关系的主要是朝贡制度。按照这一制度，贡国的统治者向中国皇帝称臣，接受中国皇帝的册封和领受中国皇帝颁赐的印玺，从而取得对其国内统治权的承认和安全的保护；中国皇帝则在得到贡国统治者的尊崇的同时，扩展了对周边国家的影响，增进了边疆的防卫和安全。在经济上，贡国和中国之间通过进献贡品和回赠礼品，实际上在进行着物物交换形式的对外贸易。在这一过程中，贡使及其随从商人也获得了在中国进行贸易的机会。朝贡制度起始于周朝，最初适用于周王室与诸侯国之间，后来逐渐地扩及周边国家。至明、清两代，由盛而衰，随着 1911 年清王朝崩溃和中华民国的诞生，最终归于消亡。

17 世纪后半叶，欧洲国际法传入中国。1689 年，中国皇帝曾派出代表团与俄国签订了第一个近代国际法意义上的尼布楚条约。然而，这仅是一个偶然事件，并不意味着当时坚守其他国家都是化外之地的中央王国立场的中国统治者已经接受了以国家主权平等为基础的国际法。在以后的150 年间，在中国官方文献中，一直没有关于中国运用国际法处理对外关系的记载。

1840 年鸦片战争爆发，西方列强用大炮轰开了大清帝国的大门，并把南京条约、望厦条约等一系列不平等条约强加给了中国。根据这些不平等条约，它们在中国攫取了驻扎军队、设立租界、领事裁判、内河航行等特权。中国的主权和领土完整遭到了粗暴的践踏和破坏。学者们指出，中国这一阶段的国际法历史就是不平等条约史。面对外来的侵略和压迫，清朝的统治者曾接受维新派官员的建议，试图利用国际法"以夷制夷"，采取了翻译《万国公法》，将它们分发给各地官员以办理外交的措施，也有过运用国际法，迫使普鲁士释放在中国海域扣留的丹麦船舶的成功实践。后来的国民政府也曾有过在 1919 年巴黎和会和 1922 年华盛顿会议上多次要求修订和废除不平等条约，1933 年宣告建立 3 海里领海等运用国际法，主张和维护国家权益的努力。但是，西方列强并不把中国看做与他们地位平等的国际法主体，根本不愿意用国际法来规范它们与中国的关系。陈体强教授指出："当西方国家来到中国时他们首先用武力压下中国的反抗，然后将中国置于不平等条约制度之下。与中国的一切关系都是按照这些条约进行的，而并不适用它们之间适用的国际法。"① 中国的努力遇到了抵制和反对。直到 20 世纪 40 年代，只是因为参加了国际反法西斯战争，国际地位逐渐有所提高以后，中国才通过艰难的谈判，渐渐地摆脱了不平等条约的束缚。

1949 年 10 月 1 日中华人民共和国宣告成立，标志着中国开始作为真正独立自主的国家屹立于世界民族之林，中国的国际法历史进入了崭新的阶段。这一天，中央人民政府主席毛泽东在他发表的文告中向世界各国郑重宣布，"本政府为代表中华人民共和国全国人民的唯一合法政府，凡愿遵守平等、互利及互相尊重领土主权等项原则的外国政府，本政府愿与之建立外交关系"，② 开启了中国在国际法的基础上与其他国家建立和发展关系的新纪元。60 年来，特别是 1971 年恢复联合国合法席位和 1978 年实行改革开放政策以后，中国政府广泛地、多方位地开展了国际法活动，主要有：1. 创造性地处理了承认和继承问题，倡导和平共处五项原则，与 171 个国家建立了正常的外交关系；2. 在妥善处理旧条约的同时，与世界各国签订了 1 万余件双边条约和 300 多项多边条约，在宣告承认和尊重《联合

① 参见王铁崖：《国际法引论》，北京大学出版社 1998 年版，第 397 页。

② 《中华人民共和国对外关系文件集》第一集（1949—1950），世界知识出版社 1957 年版，第 4 页。

国宪章》的同时，先后参加了包括《联合国海洋法公约》、《世界贸易组织协定》等在内的许多重要的普遍性国际协定；3. 先后参加 100 多个政府间国际组织，积极参与在联合国以及其他国际组织和机构框架内开展的国际法的创制和适用活动；4. 积极参加安全、人权、经贸、社会发展、环保、气候变化、海洋权益等领域国际法律规则的谈判和制定，推动了国际法的发展进程；5. 运用国际法处理与其他国家的政治、经济、法律争端，向联合国国际法院、常设仲裁法院、国际海洋法法庭等国际司法、仲裁机构派出中国籍法官和仲裁员，参与国际司法和仲裁活动。通过这些活动，中国彰显了接受和遵守国际法，诚实履行国际义务的模范形象，维护了国家主权、安全和发展利益，也为世界的和平和发展事业，国际法的进步和发展作出了贡献。尤其值得指出的是，中国与印度、缅甸共同倡导的和平共处五项原则，已经载入《各国经济权利和义务宪章》等许多国际法律文书，被国际社会接受为国际法的基本原则。

在今天的世界，国家之间联系与交往日益频繁和密切，而这些联系和交往常常都是通过国际规则的制定和适用表现出来的。运用国际法处理国与国之间的关系成了当代国际社会的重要特征。在这一背景下，中国实行改革开放政策，扩大与世界各国的交流与合作，不能不重视和借助国际法，所以，改革开放总设计师邓小平在党的十一届三中全会前夕和会议过程中，多次提出"要大力加强国际法的研究"。进入 21 世纪后，国家主席胡锦涛继向世界各国首脑提出建设持久和平、共同繁荣的和谐世界的战略目标以后，又进一步指出，为了建设这一和谐世界，应该遵循《联合国宪章》的宗旨和原则，恪守国际法和公认的国际关系准则，将实行以《联合国宪章》为核心和基础的当代国际法作为建设和谐世界的重要途径和方法。客观上的需要和我们主观上对于国际法的重视，必将推动我国越来越广泛而深入地开展国际法活动，中国的国际法事业将得到更大的发展，中国的国际法学也将迎来繁花似锦、硕果累累的明天。

第二节　国际法的性质

一　国际法的定义

使用简明扼要的文字揭示国际法的本质特征，即对国际法下一定义，是国际法基本理论中一项重要而困难的课题，中外国际法学者为此付出了很多努力，但众说纷纭，至今未能取得能为大家普遍认同的结论。在西方国际法学者中，有关国际法定义的讨论，主要在国际法是国家之间的法律还是国际社会的法律和国际法效力的根据是什么这两个问题上存在争议。概括地说，一种观点认为国际法是国家之间的法律，是各国认为在它们彼此交往中有法律拘束力的原则和规则的总称，其法律效力的根据是各国的同意；另一种观点把国际法看成是国际社会的法律，是对各国有法律拘束力的原则和规则的总称，其法律效力来自于理性、正义等自然法则。这一分歧实际上是国际法理论中存在实在法学派和自然法学派之争的反映。

新中国成立后，周鲠生教授第一个对国际法下了定义："国际法是在国际交往过程中形成出来的，各国公认的，表现这些国家统治阶级的意志，在国际关系上对国家具有法律约束力的行为规范，包括原则、规则和制度的总体。"考虑到各国的统治阶级不可能设想抱有共同意志，他特别指出，这里所说的"国家统治阶级的意志"是指它们的"协调的意志"。[①]按照这一定义，国际法是在国与国之间交往过程中形成并得到各国公认的国家之间的法律，其法律效力的根据是各国统治阶级的协调意志。周鲠生教授关于国际法是国家之间的法律的观点得到了其他国际法学者的普遍赞同。例如，王铁崖教授指出，国际法"主要是国家之间的法律，也就是说，它是主要调整国家之间的关系的有拘束力的原则、规则和规章、制度的总称"。[②] 其他学者也大多用"在国际交往中形成的"、"主要调整国家之间关系"等词组来突出国际法是国家之间法律这一性质。由于第二次世界大战结束以后出现了国际组织、争取独立的民族等新的国际法主体，国际法已不再只是调整国家之间的关系，在这种情况下，将国际法仅仅界定为国家之间的法律已经不够准确。因此，后来的学者们在"国家之间的法律"或表明国际法调整对象的"国家之间的关系"词组前加上了"主要是"三个字。

关于国际法效力的根据问题，周鲠生教授的国际法定义没有直接地给予回答；但是，其中国际法表现各国统治阶级意志的表述和各国统治阶级的意志是指各国统治阶级的协调意志的说明表明，在他看来，国际法效力的根据在于各国统治阶级的协调意志。这一观点与西方学者认为国家的共

---

① 周鲠生：《国际法》，商务印书馆 1976 年版，第 3—8 页。

② 王铁崖主编：《国际法》，法律出版社 1981 年版，第 1 页。

同同意是国际法的根据不同，它并不认为不同政治、社会制度的各国统治阶级可能设想有共同意志，而只是认为在它们之间会有协调一致的意志。这一观点在中国学者中引起了关于国际法有没有阶级性的大争论。由于这一争论，后来提出的许多国际法定义均回避采取"国际法表现各国统治阶级（协调）意志"的提法，而只是一般的指出国际法是对国家有拘束力的原则、规则和制度的总称。其实，尽管这一提法确实存在问题，但是，其中国际法表现各国的协调意志这一核心思想是应当肯定的。王铁崖教授也曾指出："国际法的效力是依据于国家的同意的。当然，所谓国家的同意并不是一个国家的同意，也不是各国的共同同意，而是各国的意志经过协调而取得的一致。"① 在国际法定义中，为避免有关国际法阶级性的争论而不讲国际法表现各国的协调意志，未免有矫枉过正的嫌疑。一个不能为国际法效力的根据提供说明的国际法定义，显然是不能令人满意的。

二 国际法的阶级性、法律性问题

（一）国际法的阶级性问题

西方国际法学者一般都不承认国际法有阶级性，在他们的著述中很少见到有关国际法阶级属性的讨论。与他们不同，苏联的国际法学者基于马克思和恩格斯对于资产阶级的法不过是被奉为法律的资产阶级的意志的论断，普遍认为法律是一国统治阶级意志的表现，调整各国之间关系的国际法表现这些国家统治阶级的意志。

新中国成立后相当长的一段时间里，我国的国际法学者无一例外地认为国际法具有阶级性。最早对这一观点作了比较全面阐述的学者是周鲠生教授，他在其1964年脱稿、1976年出版的《国际法》一书中明白指出，"法律为政治服务，具有阶级性；国际法作为法律的一个部门也不例外"，并举例证明说，"海洋自由原则、不干涉内政原则以及战时保护中立商务的一些规则，就其起源来看，显然都是从资本主义的利益的考虑出发，通过资产阶级的主张和斗争而发展起来的"。② 这一观点在他所下的国际法定义中也作了表达，他说，国际法是"各国公认的，表现这些国家统治阶级的意志"的行为规范。③ 周鲠生教授的这一定义和关于国际法阶级性的论

① 参见王铁崖：《国际法引论》，北京大学出版社1998年版，第35页。
② 周鲠生：《国际法》，商务印书馆1976年版，第8页。
③ 同上书，第3页。

述影响很大，为后来的许多国际法教科书所采用。①

进入 20 世纪 80 年代，国内以阶级斗争理论指导法学研究的学术氛围发生了改变，国际法学界开始有人对国际法具有阶级性的观点提出了质疑。有学者认为，对于国内法的阶级性是容易理解的，但是，国际关系十分复杂，各国的利益关系非常微妙，其政策立场变幻莫测，在阶级意志问题上把国内法上的提法机械、生硬地套用于国际法，是令人费解的。② 王铁崖教授在他 1981 年主编出版的《国际法》中曾有一段论述国际法具有阶级性的文字："任何法律都有其阶级性，国际法作为法律的一个体系，当然也有其阶级性。""国际法的阶级性不在于一个统治阶级的意志，而在于各国的协议，也就是各国统治阶级的协议。"③ 这一段文字，后来在他 1995 年主编出版的《国际法》中被完全删除了。这一时期，除赵理海等个别学者外，多数学者实际上已经放弃了国际法具有阶级性的观点或者对这一问题采取了回避的态度。

国际法有没有阶级性是一个十分复杂的问题。对于这一问题，中国学者的认识有过很大的反复，现在还很难说已经有了比较清晰的科学的理论。王铁崖教授在他 1998 年出版的《国际法引论》中有一段文字可以用来说明这一状况，他说："国际法作为国家之间的法律，很难直接反映各国统治阶级的意志。如果肯定了国家的阶级性，国际法也只能间接地反映各国统治阶级的意志。"④ 很明显，从这一段文字中，我们很难引申出对于国际法有无阶级性的问题肯定的或者否定的答案。国际法的阶级性问题，仍然是一个需要我国国际法学界进一步加以探讨的课题。

（二）国际法的法律性问题

在西方国家的法学家中对国际法是不是法律的问题存在不同的观点。英国的奥斯汀认为，法律是主权政治权威所制定和执行的人类行为规则的总体，国际法是规定各主权国家间关系的规则的总体，在主权国家之上没有一个能够执行这种规则的主权政治权威，所以，国际法不能被称为法律，它是"实在道德"。除他以外，还有一些学者也持类似观点。但是，

---

① 张友渔主编：《中国法学四十年》，上海人民出版社 1989 年版，第 548 页。
② 程晓霞主编：《国际法的理论问题》，天津教育出版社 1989 年版，第 64 页。
③ 王铁崖主编：《国际法》，法律出版社 1981 年版，第 9 页。
④ 参见王铁崖：《国际法引论》，北京大学出版社 1998 年版，第 25 页。

这种否定国际法法律效力的观点遭到了奥本海、劳特派特、阿库斯特、斯塔克等许多国际法学者的批评。

中国国际法学者也在这一问题上作了许多研究，他们不仅对西方学者正反两方面的观点进行了仔细的梳理和分析，而且在理论和实际的结合上提出了自己的观点，并作了有力的论证。他们一致认为，国家在它们的相互交往中奉行的有国际道德、国际礼让、国际法等多类行为规范。国际法是法律，它与国际道德、国际礼让不同，对国家具有法律拘束力，而后者是没有这种拘束力的。事实上，自19世纪以来，国际法一直是作为对国家有法律拘束力的国际交往的行为规范在不断发展。第一，各国常常通过其议会和政府宣示愿意遵守国际法，很多国家在其宪法中明文确认国际法作为法律的效力；第二，各国在其缔结或参加的各种条约中承认国际法具有法律拘束力，接受条约下的权利和承担条约下的义务。例如，联合国家在《联合国宪章》的序言中郑重宣告，各国决心"尊重由条约与国际法其他渊源而起之义务"。1969年的《条约法公约》更明确规定，"凡有效之条约对其各当事国有拘束力"，"一当事国不得援引其国内法规定为理由而不履行条约"（第26、27条）；第三，在实践中，各国都要遵守国际法，履行国际法的义务；遇有破坏国际法的事情，违反国轻则受到其他国家的反对和谴责，重则要承担不同形式的国家责任；第四，自20世纪初第二次海牙和会关于陆战法规惯例的第四公约规定交战国违反陆战法规应负赔偿义务以后，国际法上出现了越来越多的制裁规定。1919年《凡尔赛和约》明文规定要组织特别法庭审判德皇威廉二世，以惩治他破坏条约尊严的罪行。第二次世界大战结束之际，《纽伦堡国际军事法庭宪章》和《远东国际军事法庭宪章》均规定，对于犯有违反国际法的战争罪行的罪犯有权加以审判和惩罚。《联合国宪章》确立了集体安全机制，明确规定对侵略行为可以实施制裁。① 此外，战后国际人权法、国际人道主义法、国际刑法的发展也在要求国家自愿遵守之外，建立了保障相应国际法实施的国际机制。学者们指出，所有这些都证明，国际法确实是有强制力保证其实施的法律，认为国际法不是法律的观点是与事实不符的。

---

① 参见周鲠生：《国际法》，商务印书馆1976年版，第5页；梁西主编：《国际法》，武汉大学出版社2001年版，第10—11页。

第三节　国际法基本原则

一　国际法基本原则概说

国际法是由众多国际法原则、规则、规章和制度构成的一个法律体系。在这一体系中，有一些原则地位特殊，它们适用于国际法的一切领域和所有国际法主体之间的关系，并构成整个国际法的基础，所有其他国际法原则、规则、规章和制度均派生于这些原则，而且受它们的制约不能有所违反。这些原则被称为国际法基本原则。

关于国际法基本原则，在西方国际法学者的著述中早就有所论及。但是，大多数西方学者对此并不是很重视。中国国际法学者与他们不同，十分重视国际法基本原则在国际法中的地位并对它进行了很多研究，不仅认为国际法体系中实际存在国际法基本原则，而且认为这些原则对于国际法的解释、适用与发展都具有不容忽视的指引作用，在国际法体系中是有重大意义的。

对于什么是国际法基本原则，学者们的观点大同小异，按照他们下的定义，国际法基本原则主要具有以下特征：（1）为国际社会公认，被所有国家接受为具有普遍约束力的原则，与只在部分国际法主体之间适用的国际法原则有所区别；（2）适用于国际法的一切领域，与仅在某一或某些国际法领域适用的国际法原则有所区别；（3）构成国际法的基础，所有其他原则、规则、规章和制度均派生于这些基本原则并受它们的制约。有一些学者认为，具有强行法性质也是国际法基本原则的一项特征，[1] 但是，有学者争论说，国际法基本原则是具有强行法性质，然而，有些并不是国际法基本原则的国际法原则和规则，如禁止酷刑，也被认为具有强行法性质，因此，不能说具有强行法性质是国际法基本原则的一个特征。[2] 还有学者认为，在国际法基本原则的几个特征中，最重要、最关键的是构成国际法的基础，这一特征决定了其他特征，从而使国际法基本原则与其他国际法原则区别了开来。[3]

---

[1]　程晓霞主编：《国际法的理论问题》，天津教育出版社 1989 年版，第 103 页。

[2]　朱晓青主编：《国际法》，社会科学文献出版社 2005 年版，第 24—25 页。

[3]　白桂梅：《国际法》，北京大学出版社 2006 年版，第 103 页。

关于国际法基本原则何时形成和现在有哪些国际法基本原则的问题，学者们指出，在近代国际法产生之后就出现了主权原则、国家平等原则、不干涉内政原则等国际法基本原则。第二次世界大战以后，国际法基本原则有了很大发展。《联合国宪章》在其序言、宗旨和第二条关于联合国会员国应予遵行的原则的规定中确立了一系列国际法基本原则。随后，联合国大会先后通过的1960年《给予殖民地国家和人民独立宣言》、1970年《国际法原则宣言》、1974年《各国经济权利和义务宪章》等重要国际文件又重申和发展了这些原则。根据这些文件，得到当代国际社会公认的国际法基本原则主要有：（1）主权原则；（2）国家平等原则；（3）国家领土完整不受侵犯原则；（4）不干涉内政原则；（5）人民自决原则；（6）尊重人权原则；（7）国际合作原则；（8）禁止使用武力原则；（9）和平解决国际争端原则；（10）善意履行义务原则等。此外，中国与印度和缅甸共同倡导的互相尊重主权和领土完整、互不侵犯、互不干涉内政、平等互利、和平共处五项原则，是在《联合国宪章》的直接启示下提出的，概括和发展了《宪章》所规定的各项原则。它们在提出以后立即得到了国际社会的广泛支持，在许多双边和多边条约、协定和其他国际文件中都作了规定。和平共处五项原则也已成为国际社会公认的国际法基本原则。

二　联合国宪章与国际法基本原则

《联合国宪章》是国际法产生以来最重要、最具普遍性的国际法律文件，它的制定和通过为当代国际法奠定了基础，与此同时，也在国际法历史上第一次系统地阐述和规定了国际法基本原则。中国的国际法学者在讨论国际法基本原则问题时，无一例外地都把《联合国宪章》，特别是其中的第二条规定作为国际法基本原则的主要渊源和法律依据。

《宪章》中有关国际法基本原则的规定主要集中在序言、联合国的宗旨和联合国的原则三个部分。在序言部分，《宪章》表述了联合国会员国成立联合国的共同意志，提出了消灭战争、尊重人权、国家平等、尊重国际义务、和睦相处、不使用武力等理念。在宗旨部分，《宪章》宣告了联合国要为其实现而努力的共同目的：（1）消除对于和平的威胁和制止侵略行为，和平解决国际争端，维持国际和平与安全；（2）尊重人民平等权利和自决原则，发展国际间的友好关系；（3）促成国际合作，解决国际间经济、社会、文化、福利问题，并激励对于全体人类的人权的尊重；（4）构成协调各国行动之中心，以达成上述目的，提出了反对侵略和武力威胁、和平解决争端、国家平等、人民自决、国际合作、共同发展、尊重人权、行动一致等原则要求。《宪章》在其第二条规定了联合国及其会员国为实现上述宗旨而应遵行的七项原则：（1）国家主权平等原则；（2）善意履行义务原则；（3）和平解决国际争端原则；（4）不使用武力或武力威胁侵害国家领土完整或政治独立原则；（5）对联合国的行动给予协助和对联合国对其采取行动的国家不给予协助原则；（6）保证非联合国会员国遵守联合国原则的原则；（7）不干涉内政原则。从上述内容来看，《联合国宪章》以国际条约的形式将国际法基本原则条文化、规范化，并赋予它们以普遍的法律拘束力。这三个部分在文字上有不少重复，实际上是在从不同的角度规定国际法基本原则的内涵和外延，相辅相成，为我们全面认识、准确解释和适用国际法基本原则提供了不可或缺的依据。

三　和平共处五项原则

互相尊重主权和领土完整、互不侵犯、互不干涉内政、平等互利、和平共处五项原则，自20世纪50年代中国与印度、中国与缅甸共同倡导以来，迅速地被国际社会接受为具有普遍约束力的国际法基本原则，在当代的国际法体系中占有十分重要的位置。这是新中国对于国际关系的正常化和国际法的发展作出的一大贡献。中国的国际法学者怀着很大的热情开展了关于和平共处五项原则的研究，对和平共处五项原则的提出及其发展成为国际法基本原则的过程，和平共处五项原则的内容及其与《联合国宪章》所确立的国际法基本原则的关系，和平共处五项原则作为国际法基本原则的重大法律意义及其在发展国际法方面的具体表现等问题作了十分认真的分析和论述。

学者们指出，和平共处五项原则的提出，一方面是同新中国成立初期《共同纲领》、中华人民共和国主席文告以及后来的1954年《宪法》宣告的反对侵略战争，在平等、互利、互相尊重主权和领土完整的原则基础上同任何国家建立和发展外交关系的外交政策联系在一起的，体现了新中国的外交理念和对外政策目标。另一方面，它也体现了新中国承认和尊重《联合国宪章》的宗旨和原则的立场和态度。和平共处五项原则是在《宪章》的有关规定直接启示下提出来的，其中多数原则均来源于《宪章》，同《宪章》所确立的国际法基本原则是一致的。

和平共处五项原则在文字表述上与《联合国宪章》和其他国际法律文件所宣告的国际法基本原则有许多共同之处，但是，这并不意味着前者只是后者的简单重复。学者们指出，和平共处五项原则在许多方面丰富和发展了原有的国际法基本原则，其主要表现有：第一，和平共处五项原则将一些最重要的国际法原则结合在一起作为一个整体提出来，"实际上是代表所有新兴国家提出了新的国际法基础"，"为国际法的改革和发展开辟了道路，标志着国际法的发展进入了一个新的阶段"。① 第二，和平共处五项原则将多项国际法原则联结成一个整体，说明各项国际法原则不是孤立存在的，在它们之间有着密切的联系，对于其中每一项原则都要与其他原则联系起来考虑。第三，和平共处五项原则对原有的国际法原则作了新的规定和说明，赋予了它们新的含义。例如，将传统国际法中的主权原则和领土完整原则结合成为一项新的原则，说明国家主权与国家领土不可分割的关系，侵犯一国的领土，就是侵犯该国的主权；和平共处五项原则的第二项在不使用武力原则的基础上提出了互不侵犯原则，突出了"侵犯"的非法性，而不只是一般的反对使用武力，从而为战后殖民地人民进行包括武装斗争在内的民族解放运动的合法性提供了法律依据；和平共处五项原则第四项，将"平等"和"互利"结合在一起，强调二者是密切联系的，国际关系应当是平等的，也应当是互利的；在一些国家对外实行侵略和颠覆活动，严重破坏正常的国际关系，威胁世界和平与稳定的情况下，国与国之间的和平共处成了当代国际关系的迫切要求。和平共处五项原则的提出适应了这一要求，也弥补了《联合国宪章》在这一方面的缺陷。第四，在传统国际法和现实的国际政治生活中，权利与义务的分离是经常发生的现象；针对这一状况，和平共处五项原则在前四项原则中都有一个"互"字，在第五项原则中有一个"共"字，科学地反映了国际关系具有相互性的特点，突出了国际法原则对于所有国家都有既享有权利又负有义务这两方面的要求，坚持了权利与义务相统一的原则。②

---

① 邵天任：《和平共处五项原则》，载《中国国际法年刊》（1985），中国对外翻译出版公司1985 年版，第 336 页。

② 参见赵建文：《论和平共处五项原则》，中国社会科学出版社 1996 年版，第 99—109 页；王铁崖主编：《国际法》，法律出版社 1995 年版，第 58—62 页。

第三章

国际法主体

第一节　国际法各类主体的地位或资格

国际法主体涉及的是独立参加国际关系并直接在国际法律关系中享受权利和承担义务，并具有独立进行国际求偿能力者。在国际法主体资格问题上，新中国国际法学说经历了只认为主权国家是国际法主体到肯定其他国际法主体的过程。

一　国家

（一）国家是唯一国际法主体的观点

在新中国成立后的一段时间内，国际法学界在国际法主体问题上的主流看法是：国家是唯一的国际法主体。

1976 年出版的周鲠生《国际法》一书指出，"国家是国际法主体，并且是国际法上唯一的主体"，其理由是"只有国家是享受国际权利和负担国际义务的人格者"。[①] 持这种观点一是沿袭了传统国际法主张，二是苏联国际法学对新中国国际法学的深刻影响。由于意识形态因素，后者可以说是主要的原因。

国家乃唯一的国际法主体之说是代表过去三个世纪以来的国际法的主导思想。奥本海《国际法》说，"主权国家是唯一的国际人格者，即国际法的主体"。[②] 实在法学派的代表人物李斯特（Liszt）说，唯有国家是国际法的人格者；唯有国家是国际权利义务的主体。国际法之构成权利义务的

---

①　周鲠生：《国际法》，商务印书馆 1976 年版，第 62 页。

②　Oppenheim, *International Law*, 1912, 2nd ed., Vol. 1, p. 107.

来源，只是就国家本身而言，而不是就国家的人民而言。①

20 世纪 50 年代苏联国际法教本的国际法的定义是："国际法主体是主权权利以及从国际条约或习惯发生的权利义务的承担者。在现代国际法上，通常只有国家才是国际法的主体。"②

（二）国家是国际法的基本主体

1. 国家是国际法基本主体的理由

进入 20 世纪 80 年代，中华人民共和国不仅恢复了在联合国的席位，与以美国为首的一系列西方国家建立了外交关系，而且实行了改革开放政策，与国际社会成员开展了多方面的交往活动。与此同时，人们看到，苏联国际法学界也改变了过去的观点，③ 肯定了主权国家以外的国际法主体的存在。

1981 年出版的王铁崖主编的《国际法》认为，国家是国际法的基本主体。该书认为，国家之所以成为国际法的基本主体，是由以下的情况决定的。首先，在国际关系中，国家始终居于最主要的地位和起着最重要的作用。其次，国际法既然是国家之间的法律，它所调整的对象当然主要是国家，它的主要内容也是关于国家之间的关系的原则、规则和规章、制度。最后，只有国家才拥有完全的法律行为能力和权利能力。④

2. 主权国家与其他国际法主体地位的差异

既然承认主权国家以外其他国际法主体的存在，那么主权国家与其他国际法主体的地位有何不同，对此问题李浩培在 1994 年的《国际法的概念和渊源》一书中做了全面的分析和阐述。⑤ 他认为，主权国家是原始的、完全的、创立国际法的最重要的国际法主体，而其他的国际法主体则是派生的、部分的或者是特别的国际法主体。

主权国家是原始的国际法主体，因为国际法正是由于主权国家的产生而产生的，而其他国际法主体可以称为派生的国际法主体，因为这些主体或者由于主权国家缔结条约而产生，如国际组织等，或者由于主权国家的

---

① Liszt, *Le Droit International*（*Traduction Fransaise*），1927, pp. 47—48.

② ［苏］科热夫尼科夫主编：《国际法》中译本，世界知识出版社 1959 年版，第 88 页。

③ 参见［苏］童金主编：《国际法》中译本，法律出版社 1982 年版，第 83 页。

④ 王铁崖主编：《国际法》，法律出版社 1981 年版，第 85 页。

⑤ 李浩培：《国际法的概念和渊源》，贵州人民出版社 1994 年版，第 5—6 页，第 18—19页。

承认而产生，如交战团体和红十字国际委员会①等。

主权国家是完全的国际法主体，因为国际法全部适用于它们，它们也享有和负担国际法上的全部权利义务，而绝大部分其他国际法主体只是部分的国际法主体，因为按照它们的性质和职能，国际法只是部分适用于它们，它们也只享有和负担国际上的部分权利义务。而且在这些其他国际法主体中，有些是特别的国际法主体，如罗马教廷（Holy See）。

主权国家是创立国际法的最重要的主体，而其他国际法主体或者不参加国际法的创立，或者虽然参加国际法的创立（如联合国和一些其他国际组织），然而其所创立的国际法仍然须经主权国家的批准或同意，才能生效。

该书还认为，既然国家与其他国际法主体都是国际法主体，它们就都有国际人格，都是国际人格者，都有国际法上的权利能力，只是各个国际法主体的权利能力在程度上有所不同而已。此外，一般的说，它们也有行为能力，如缔结条约的能力，负担国际责任的能力，作为诉讼原告或被告的能力。但是，有些国际法主体的行为能力受到限制或完全丧失。

二　国际组织

（一）政府间国际组织是国际法主体

20 世纪以前，国家政府间的国际组织为数甚少，所以传统的国际法一般不涉及国际组织是不是国际法主体的问题。20 世纪以来，特别是第二次世界大战以后，随着国家之间的经济、政治、文化等方面关系的迅速发展，政府间的国际组织遂大量出现。

1981 年出版的王铁崖主编的《国际法》一书在新中国国际法著述中首次指出，国际组织具有国际法主体资格，已成为现实的需要和必然的趋势。1969 年的《维也纳条约法公约》使用的"其他国际法主体"的概念"主要就是指政府间国际组织"。②

在此以前，周鲠生在其《国际法》一书中仅肯定了联合国具有法律人格。他说，"联合国组织根据《联合国宪章》以及该组织根据宪章而与会

---

① 李浩培认为，红十字国际委员会虽然在瑞士民法上只是一个法人，但根据 1949 年日内瓦公约，在战争或任何其他武装冲突中享有保护国（protecting power）地位并有权提出发展国际人道主义法的创议，促成有关公约的制定并监督其遵守，因而是一个部分的国际法主体。见李浩培《国际法的概念和渊源》，第 20—21 页。

② 王铁崖主编：《国际法》，法律出版社 1981 年版，第 96、97 页。

员国缔结的协定，确是表现其为具有法律人格，承担一定的国际权利和义务的个体"。但联合国"本身不具有主权，并不能体现一个国际法主体资格所具有的全部功能。不但它的权利来源出自会员国，而且它的生存和一切活动最后仍以会员国的意志为转移。所以联合国不能说是一个国际法主体（联合国组织既不是国际法主体，任何其他国际组织不待说，更不是国际法主体）"。[1]

李浩培指出了国际组织在国家以外的国际法主体中的重要地位。他在《国际法的概念和渊源》中说，在全部国际法主体中，国际组织地位的重要性仅次于主权国家，因为这些国际组织与其创立国及其他国家和国际组织进行种种往来，发生种种关系，以解决各国必须共同应付的种种问题。他认为，一般的说，国际组织如果没有国际人格是不能完成其目的、宗旨和职能的。关于国际组织可以成为国际法主体，国际法院在 1949 年对在为联合国服务中所受损害的赔偿问题的咨询意见中作了很详细的正确的论证。[2]

关于国际组织在国际法上的权利义务的能力，王铁崖主编的《国际法》做了如下的阐述：政府间国际组织既不受任何国家权力的管辖，而又具有独立参加国际关系和直接承受国际法上权利义务的能力。这种能力表现为：1. 它们在一定范围内有建立或维持国际关系的能力。例如，它们可以接受和派遣享有外交特权的使节，交涉和谈判与自己的职能有关的国际问题，协调有关的国际关系，调解有关的国际争端等；2. 它们在一定范围内有同其他国际法律主体缔结双边或多边的国际条约的能力；3. 它们有直接提起诉讼或采取其他合法手段保护自己的权益，以及要求国际索偿和负责赔偿的能力。[3]

（二）政府间国际组织作为国际法主体的依据及其局限性

王铁崖主编的《国际法》（1981）指出，国际组织不是国家，而是若干国家为了达到一定的共同目标而创立的国家之间的组织，它的国际法主体资格不是产生于国际组织自身，而是产生于国家之间通过缔结条约而制定的组织章程。国际组织的职能和活动范围必须严格按照有关条约和组织

---

① 周鲠生：《国际法》，商务印书馆 1976 年版，第 69 页。
② 李浩培：《国际法的概念和渊源》，贵州人民出版社 1994 年版，第 10、15 页。
③ 王铁崖主编：《国际法》，法律出版社 1981 年版，第 97 页。

章程的规定。①

李浩培在其《国际法的概念和渊源》中指出,关于国际组织的行为能力,依照决定其国际人格的原则决定。例如,关于国际组织缔结条约的能力。1986 年《维也纳国家与国际组织间和国际组织相互间条约法公约》第 6 条规定:"国际组织缔结条约的能力,依该组织的规则决定。"联合国因为按照其《宪章》有维持国际和平的任务,所以它有权组织维持和平部队。联合国按照其宪章第 81 条,才有成为托管领土的管理当局的职能,等等。国际组织没有领土和国民,所以关于国家对其领土和国民的那部分国际法规则就对它不适用。②

三 自然人和法人

(一) 个人在国际法上的地位——由来已久的话题

关于个人在国际法的地位,在第一次世界大战以后就已成为在全球范围内国际法学界争论的热点问题。传统国际法学说认为,国家是国际法上唯一的人格者,唯有国家才能成为国际权利义务的主体,个人唯有经过国家才能享受国际法带来的利益。不过,此种观点在 19 世纪已有人反对。在 20 世纪,主张个人是国际法主体者有两种情形:一是认为个人与国家同是国际法主体,二是是认为只有个人才是国际法主体。承认于国家之外赋予个人以法律上有限的国际人格的学者大有人在,而且越来越多。③ 如美国的杰塞普(Jessup)、奥地利的凯尔森(Kelsen)、英国的劳特派特(Lauterpacht)等。法国的连带主义法学家们认为,国际法的主体不是国家,而是组成国家的个人,法律的主体总是而且只能是个人。塞尔(Scelle)的结论是:国家或任何集合体均不能为国际法的主体。国际社会是法律的主体之个人的集合。④

周鲠生在其写于 1922 年的关于论述个人在国际法的地位的两篇论文中曾指出,"在现行国际法中,有许多规则直接关涉个人,已为不可否认之事实"。"个人直接受国际法规则支配的场合,现今有下列五大类:1. 个人行为的处罚,2. 个人权利的保护,3. 个人的国际出版权,4. 国际

① 王铁崖主编:《国际法》,法律出版社 1981 年版,第 98 页。

② 李浩培:《国际法的概念和渊源》,贵州人民出版社 1994 年版,第 15 页。

③ Korowicz, *The Problem of the International Personality of Individuals*, AJIL, 1960, pp. 537—538.

④ Scelle, *Précis de droit des gens*, *Première Partie*, 1932, pp. 7—13.

机关的规则，5. 个人行动的国际效果"。①

（二）否定自然人和法人具有国际法主体资格

新中国成立后，在相当长的时间内，国际法学界否定个人在国际法上享有主体地位。可以说，这种观点至今在国际法学界一直处于主流地位。周鲠生认为，"个人不是国际法主体"，其理由是："个人与国际法没有直接的法律关系，他们唯有通过国家才能享受国际法利益。"②

在王铁崖主编的《国际法》一书中，虽肯定主权国家以外存在其他国际法主体，但他认为，在国际法主体这个问题上有两种相反的倾向：一种是把国际法主体资格仍然局限于传统国际法的范围之内。这显然是与国际生活的现实相背离。另一种则是无限地扩大国际法主体的范围，主张赋予自然人和法人以国际法主体的资格，使它们超越国家管辖之外，并在国际法律关系中处于与国家平等的地位。这势必改变国际社会的结构，严重破坏国际法赖以存在的基础。该书认为，国际法主体必须是集合体。国际法主体是具有独立参加国际关系并直接承受国际法上权利和义务的能力的集合体。自然人属于个体，而国内法所规定的法人虽然也是一种集合体，但不是组成国际社会的集合体，所以都不属于国际法上的集合体的范围。作为自然人的个人和作为法人的公司、企业等，虽然是国内法的主体，但在国际关系中，它们不具有独立参加国际关系和直接承受国际法上权利义务的能力。

该书驳斥了以下为证明个人是国际主体，从国际法中援引的一些有关个人的规定的论证：1. 关于外交的特权与豁免。外交代表（包括国家元首和政府首脑）享有外交特权与豁免，"是由于代表国家，并以国家身份取得的"。2. 关于保障基本人权。"国际法加以保护的权利并不是个人可以直接享受的权利。"3. 关于惩处个人的国际犯罪行为。"在这种情况下，个人并不享受权利而仅仅是惩罚的对象"。"在特定情况下，个人应承担国际法上的刑事责任而成为惩罚的对象。""总之，不论是个人或与个人有同等地位的法人，都是处于它们所属国家的主权管辖之下，既不能独立参加国际关系，也没有直接承受国际法上权利和义务的能力，因此不具备国际

---

① 《周鲠生国际法论文选》，海天出版社 1999 年版，第 68 页。
② 周鲠生：《国际法》，商务印书馆 1976 年版，第 62 页。

法主体的资格。"①

（三）个人是部分国际法主体的观点

进入20世纪90年代后，李浩培在1994年出版的《国际法的概念和渊源》一书中打破了否定个人具有国际法主体资格在理论上一边倒的现象，对个人（Individual）的部分国际法主体地位做了较为系统的阐述。②

由于讨论国际法主体资格问题，与各自对国际法主体所下定义密切相关，因而这里首先要了解该书在这方面的观点。作者指出："国际法主体是其行动直接由国际法加以规定因而其权利义务直接从国际法发生的那些实体。"

该书认为，关于个人在国际法上的地位问题，存在着两个极端的学说。实在法学派的学者从主权思想出发，主张只有主权国家是国际法主体，个人绝不可能是国际法主体。有些学者还根据严格分离国际法和国内法的两元论观点，认为国际法规则如果涉及个人，必须被转变为国内法，才能使个人享受权利和负担义务。另一个极端的学说是在国际法学中有社会学——人类学倾向的学者，认为毕竟只有个人能主张权利和履行义务，国家只能通过其机关行动，而机关的行动实际上就是机关管理者个人的行动；而且一切法的最终目的在于建立人类生存的秩序，所以是个人而不是人为地创造的国家应被认为是国际法的真正主体。

该书认为，这两个学说都未能经受国际实践的考验。第一，主权国家作为国际法主要主体的事实是不容否认的，如果没有主权国家，国际法不可能发生和存在。第二，由于个人受国家主权的支配，原则上，个人与国际法只具有间接的关系。第三，例外地，个人也可以直接享受国际法上的权利和负担国际法上的义务，因而国际社会至少已趋向于承认个人为部分国际法主体。

该书举出了两方面的实例：（1）个人直接享受国际法上的权利的实例："1950年11月4日按照《欧洲人权公约》的规定……任何自然人、非政府组织或个人的集合体因一个缔约国侵犯其依该约所保证的权利时，也得通过欧洲理事会秘书长，申请该委员会处理。但该委员会的受理自然人、非政府组织或个人集合体的申请，以该缔约国曾预先作为承认其对这

---

① 王铁崖主编：《国际法》，法律出版社1981年版，第84、85、98、99、100页。

② 李浩培：《国际法的概念和渊源》，贵州人民出版社1994年版，第5、21—27页。

种申请的管辖权的声明为条件。实际上，该公约的大多数缔约国已声明承认这种管辖权。"（2）个人直接负担国际法上义务的实例：第二次世界大战后纽伦堡国际军事法庭的判决驳斥了只有国家是国际法主体，个人不可能因违反国际法而负担刑事责任的主张。该法庭的判决指出：法庭规约的本质的核心是"个人有国际义务"，"个人负有在其本国所加以服从义务之上的那种国际责任"。因而确立了除国家应为其国际不法行为负担传统的集体责任外，个人也应为其违反国际法的犯罪行为负担个人的刑事责任。这样，个人不能成为国际法主体的学说就很难维持。

该书指出，国际法是发展的，国际法的学说也应随着国际法的发展而发展。在 19 世纪以前，只有国家是国际法主体的学说尚有理由，因为那时在国际范围内行动的几乎都是国家。但是此后一百多年来，由于国际生活的需要，实际上已产生其他部分国际法主体，个人也有被国际社会承认为部分国际法主体的趋向。但是，这里还必须指出，个人的部分国际法主体的地位依赖于各主权国家的意志；由于一些主权国家以条约规定个人具有部分国际法主体的地位，个人才取得这种地位。

此外，曾任远东国际军事法庭法官的我国著名法学家梅汝璈（1904—1973）在 1950 年发表的文章中也认为，个人可以成为国际法上的主体。①他的这一观点是基于个人对国际法承担义务和责任而言。还有学者指出1982 年《联合国海洋公约》在有关国际海底制度的条款中规定了自然人和法人在一定条件下和一定范围内具有行为能力和诉讼能力，自然人和法人成为特定国际法律关系参与者的事实。

第二节　国际法上的承认

承认是国际法上的一项重要制度。在国际关系的实践上，遇有新国家或新政府的出现，就发生国际承认问题。对新国家的承认就是确认其国际法主体资格的事实，并与其进行国际交往。对新政府的承认是确认其代表它的国家的事实，并与其进行国际交往。

一　承认构成说和承认宣告说

关于承认的性质，在国际法理论上存在有两种学说。

---

① 《梅汝璈法学文集》，中国政法大学出版社 2007 年版，第 365—366 页。

（一）承认构成说（doctrine of the constitutive character of recognition）

根据"构成说"，承认是新国家作为一个国家存在的必要条件。自 19 世纪末叶以后，在国际法学上是实在法学派占优势的时期，法学家们认为承认是构成性的，具有创造的作用。但对于承认的创造作用又有大同小异的说法。一说认为新国家作为国家的存在不需要承认。承认的必要在于使得国家成为一个国际人格者。① 另一说认为国家作为一个法律事实的存在必须经过既存的国家来确定。承认对于新国家的法律的存在是根本必要的。②

新中国国际法学者都不认同"构成说"。他们认为，构成说在理论上和实践上的错误是显而易见的。因为新国家是先于和独立于外国的承认而早已实际上存在，因此认为承认行为具有创立新国家和构成新国际法主体资格的作用，从而断定未经承认的国家在法律上就不存在的观点，是十分荒谬的。③

周鲠生在《国际法》一书中认为，构成说的两种说法本质上是一样的。如果说新国家作为国际法主体的资格需要承认，等于同样地强调了承认的构成性。特别是凯尔森（Kelsen），根据他的纯粹法学说，一贯认为国家人格是法律的创造物，就是说国际法创造国家而不是国家创造国际法了。周鲠生说："不难看出，构成说在理论上是说不通的，而在实用上将导致法律上不可容许的后果。""一个新国家获得甲国的承认之后，对于甲国而言，它是国际法主体，具有国际权利义务，而对于不承认它的乙国而言则不是国际法主体。""更严重的是，新国家既然说是在被承认以前不能作为国际法主体，享有国际法的利益，那么，对于一个新产生的国家，凡是没有承认它的其他国家便可以侵犯它的主权、独立和领土完整而不算是违反国际法，这难道是国际法原则所容许的吗？""可以肯定，构成说本质上具有反动性，决不是现代国际法所能接受的理论。"④

（二）承认宣告说（declaratory doctrine of recognition）

根据"宣告说"，既存国家对新国家是否予以承认，对该新国家作为

① Strupp, *Elements du droit international public*, 1930, I. p. 82.
② Kelsen, *Recognition in International Law*, Oct., 1941, pp. 605—617.
③ 王铁崖主编：《国际法》，法律出版社 1981 年版，第 101 页。
④ 周鲠生：《国际法》，商务印书馆 1976 年版，第 123—125 页。

国家存在的事实没有任何影响，承认仅具有宣告的性质。瑞士的里维尔（Rivier）说，主权国家的存在依靠其他国家的承认，新的国际法主体具有的权利能力不依靠任何承认，但是只有在被承认之后它才能行使这些权能。① 英国的布赖尔利（Brierly）说，对新国家给予承认，与其说是法律行为，毋宁说是政治行为；它不是一个"构成性的"而是"宣告性的"行为；它并不把一个原来不存在的国家变成法律的存在；承认的主要作用是正式确认一个事实和宣告承认国愿意接受这个事实的正常后果。②

中国国际法学者多在其著述中支持宣告说。周鲠生说，宣告说比较合理而近乎事实，晚近国际法理论的趋势显然侧重这一说。一个最有力的实证就是国际法学会（Institut du Droit International）1936 年布鲁塞尔年会上通过的决议。该决议说，"承认具有宣告的效果"，"新国家的存在及其附着于这个存在的一切法律效果不因为一国或多国拒绝承认而受影响"。③

有的学者还指出，宣告说的实质，在于把承认行为当作承认者对被承认者的"宣示"。并且说，如果认为现存国家有承认的义务，那就与现实不符了，因为事实表明，在国际关系中，一个国家的存在这个事实是复杂的，是有赖于现存国家的判断的，因而承认是现存国家自由斟酌的行为，承认在时间上有先后，也是不可避免的。④

曾于 1951 年在英国发表关于承认问题名著的陈体强认为，承认问题在国际法上是一个比较复杂的问题。虽然它基本上是一个法律问题，但却渗透着政治因素。关于承认问题的文献非常丰富，然而能博得普遍接受的全面的学说却尚未出现。⑤

二 有效统治原则

有效统治原则（principle of effectiveness），可以说是现代国际实践一般奉行的承认一个国家的新政府的根据。在国际关系上，一个新政府获得承认通常必须具有的条件是"有效统治"（effective control），这就是说，新政府在其控制下的领土内行使有效权力。在国际法上，对一个国家的新政

① Rivier, *Principes du droit des gens*, 1896, p. 57。
② Brierly, *The Law of nations*, 4th ed., 1949, pp. 122—125.
③ 周鲠生：《国际法》，商务印书馆 1976 年版，第 125 页。
④ 王铁崖主编：《国际法》，法律出版社 1981 年版，第 101 页。
⑤ 陈体强：《中华人民共和国与承认问题》，载于《中国国际法年刊》（1985），中国对外翻译出版公司，第 3 页。

府的承认，意味着承认国正式表示认定这个政府具有代表它的国家的资格的事实，并愿意同它建立或继续正常的关系。

周鲠生认为，在有效统治原则的基础上对新政府的承认，一般不必再考虑有关政府的政权起源和法律根据。19世纪的正统主义（Principle of Legitimacy）、20世纪中美洲各国采行的托巴主义（Tobar Doctrine）及美国的所谓威尔逊主义（Wilson Doctrine）之类也只是代表一个或几个国家的政治立场或干涉政策，久已为国际实践所否定了的。

周鲠生指出，中国政府在承认政府上所奉行的政策，是建立在尊重各国人民选择政府的权利和不干涉内政的原则基础上的。"美国政府过去多年不承认苏联，现今又还不承认中华人民共和国，美国政府这样对待承认问题，既完全否定了现代公认的有效统治原则，更侵犯了尊重各国人民选择政府的权利和不干涉内政的原则。"①

三 中华人民共和国的承认问题

中华人民共和国成立后的30年中，常常遇到承认问题——承认别的国家和被别的国家所承认。"事实上，没有任何一个国家像中华人民共和国一样，其承认问题表现得如此重要，并且如此旷日持久和错综复杂。"②

（一）对中华人民共和国的承认是对中国的新政府的承认

新中国国际法学者们认为，一国社会和政治结构发生了根本变化，也仅引起政府的变更，并不影响该国的法律人格。中华人民共和国作为一个国际法的主体就是旧中国的延续，而不是一个新国家。周鲠生指出，中华人民共和国就是中国，承认中华人民共和国是承认中国的一个新政府而不是承认一个新国家。必须注意，1949年10月1日毛泽东主席发表的送达各国政府的公告上的措辞就是："宣告中华人民共和国中央人民政府的成立"，"本政府为代表中华人民共和国全国人民的唯一合法政府，凡属遵守平等互利及互相尊重领土主权等项原则的任何外国政府，本政府均愿与之建立外交关系。"从这个基本文告的措辞上看，当时的问题显然是中华人民共和国中央人民政府与外国政府的建交关系问题，简言之，就是作为中国的新政府的承认问题提出的。

---

① 周鲠生：《国际法》，商务印书馆1976年版，第127—128页。

② 陈体强：《中华人民共和国与承认问题》，载于《中国国际法年刊》（1985），中国对外翻译出版公司，第3页。

周鲠生说，中华人民共和国并不是作为一个新国家出现于国际舞台，在国际关系上当然具有作为原来存在的一个国际法主体应有的法律地位，根本不发生承认国家问题，除非帝国主义者要实现"两个中国"的阴谋。作为国际承认的对象只是中华人民共和国政府，这样理解中华人民共和国的承认问题，应该肯定是符合中国在国际关系上的立场和公认的国际法原则的。[①]

（二）中华人民共和国关于承认的实践的特点

在中华人民共和国关于承认的实践中，陈体强认为，有一些可以视为对承认法作出了创新的贡献。[②]

1. "逆条件"承认。中华人民共和国不仅拒绝按照其他国家作为承认的代价而提出的条件行事，甚至规定出它自己的有关承认的条件。他指出，美国对中华人民共和国的承认经历了长期而曲折的过程。美利坚合众国和中华人民共和国在1978年12月16日的联合公报中同意互相承认并自1979年1月10日起建立外交关系。美利坚合众国承认中华人民共和国是中国的唯一合法政府。在同日声明中，美国宣布它终止与台湾的共同防御条约，并将在4个月内从台湾撤出其军队，从而满足了中国提出的所有条件。他说，中华人民共和国提出的条件并不是真正严格意义上的条件，而仅只是承认的必然结果。

2. 相互承认。中华人民共和国关于承认的实践的另一特点，就是它认为承认是相互的。在解决以加拿大、奥地利、马里、美国为一方，中华人民共和国为另一方的承认问题中，承认是相互的，甚至不明确说出"承认"一词，双方表示建立外交关系的共同愿望也具有同样的效果。相互承认完全符合国家的平等原则，它也有力地证明了承认的宣告说理论。

第三节　国际法上的继承

国际法上的继承是指一个国际人格者的情况发生变更时，其国际权利和义务由另一国际人格者继承。从继承的主体来看，主要是国家继承。此

---

① 周鲠生：《国际法》，商务印书馆1976年版，第133—134页。
② 陈体强：《中华人民共和国与承认问题》，载于《中国国际法年刊》（1985），第24—27页。

外还有政府继承和国际组织继承。

国家继承是指由于领土变更而引起的一国权利和义务转移给另一国。引起领土变更的情形大致有：领土的转让和交换、合并、分离或解体，以及殖民地或附属国独立。政府继承发生在同一国际法主体继续存在的情况下，因为革命或政变导致代表该主体的旧政权为新政权所取代。

从继承的对象即国际法上的权利和义务，主要分两大类，即条约方面的继承和条约以外事项（国家财产、档案和债务）的继承。

一　关于国家继承理论和规则的看法

周鲠生在其《国际法》（1976）一书中的观点有：1. 国家继承是国际关系上一个很复杂的法律问题，它从各种不同的情况发生，涉及许多事项。2. 国际法上的国家继承和私法上的个人继承具有不同的性质。由于作为国际人格者的国家的情况变更，即使是完全消灭，同自然人的死亡在实质上是不同的，因而私法上关于继承的规则对国家的继承不能完全适用。3. 关于边界和边界条约一般认为在任何情况下是继承的。4. 与移转的那部分领土有关的地方性权利义务，如关于河流、水利、道路交通以及边境制度一类的协定，一般也是继承的。①

王铁崖主编的《国际法》（1981）提出国家继承必须符合两个基本条件：一是国家继承的合法性，即国家继承必须符合国际法，尤其是《联合国宪章》所体现的国际法原则，才具有合法性效果。二是被继承的条约和条约以外事项必须具有一定的领土性。国家继承既是由于领土变更而引起的，因而国家继承的权利和义务必须与所涉领土密切关联。该书举出"恶意债务"，如征服债务和战争债务等，从债务性质上看，由于不符合国际法基本原则，不属于国家继承的范围，不得移转给继承国。②

《中国大百科全书》"国家继承"条目释文在对《关于国家在条约方面的继承的维也纳公约》（1978）和《关于国家对国家财产、档案和债务的继承的维也纳公约》（1983）将"新独立国家"即从殖民统治下新独立出来的国家，单独列为一个类型，并给以比较有利的待遇，如新独立国家对于被继承国的债务，一般采取白板主义，即不继承，认为"是国际法上

① 周鲠生：《国际法》，商务印书馆 1976 年版，第 148—155 页。
② 王铁崖主编：《国际法》，法律出版社 1981 年版，第 111、117 页。

的一个进步"。①

陈体强认为在国家继承问题上，苏联关于"新的历史类型的国家"的论点是把马列主义理论中的"国家"（即阶级统治工具）和国际法上的"国家"（即国际法主体）这两个完全不同范畴的概念混淆了。一国的阶级统治改变了，它作为国际法主体并没有改变，所以从国际法角度来讲，"国家"没有变。既然国家没有变，又说是出现了"新的历史类型的国家"，这是自相矛盾的。苏联关于"新的历史类型的国家"的说法，目的是为摆脱沙俄政府接受的一些条约义务的束缚。但采用这一理论并不是达到这个目的的最好方法。废除旧条约可以根据条约本身的是非来决定。新中国政府，直截了当地宣布废止它认为不符合国际正义的不平等条约，根本不必借助于"国家"改变的理论。②

二　中华人民共和国的继承问题

中国国际法学者都认为，作为一个国际法主体，中华人民共和国是旧中国政权的延续，不发生国家继承问题，而只发生政府继承问题。中华人民共和国有权拥有旧中国政权的一切合法的国际权利。但是，由于政权性质的改变，对外关系有着本质的不同，因而它不能将旧中国政权承担的国际义务全部接受下来。③

1. 关于条约（包括债务）：中华人民共和国在对待清朝以来历届政府的旧条约采取了按其性质和内容区别对待的政策。1949 年《中国人民政治协商会议共同纲领》第 55 条规定了对旧条约"应加以审查，按其内容，分别予以承认，或废除，或修改，或重订"。任何旧条约未经过中国政府表示承认以前，外国政府不能据以提出要求来对抗中华人民共和国。过去清朝和中华民国时期历届政府所订的不平等条约都在应行废除之列。对于有利于国际和平、有利于在平等互利基础上进行国际交往的条约则予以承认。如对 1925 年《禁用毒气和细菌作战方法议定书》、1930 年《船舶载重线公约》，1949 年《日内瓦四公约》等的承认。

2. 关于国家财产：中华人民共和国对于 1949 年 10 月 1 日以前属于

---

① 王可菊：《国家继承》，载《中国大百科全书·法学》，中国大百科全书出版社 1984 年版，第 247—249 页。

② 陈体强：《国际法论文集》，法律出版社 1985 年版，第 269—270 页。

③ 周鲠生：《国际法》，商务印书馆 1976 年版，第 156—163 页。王可菊：《国家继承》，载于《中国大百科全书·法学》，中国大百科全书出版社 1984 年版，第 248—249 页。

中国的国家财产，包括动产和不动产，无论是否处于中国境内，一律归中华人民共和国所有，人民政府有权接收和处理。中华人民共和国有关部门曾明确宣布中国在香港和新加坡的船舶（1950）、中国在国际复兴开发银行的全部财产（1950）以及中国、中央两航空公司在香港的财产（1949）均属中华人民共和国所有。周鲠生指出，帝国主义者一贯企图阻挠中国政府接收境外的中国财产和对其行使主权。英国政府在"两航公司案"（关于中国、中央两航空公司在香港的资财，英国枢密院令其所有权由法院判决——作者注）中一方面侵犯了中华人民共和国作为中国新政府继承国家财产的权利，另一方面它违反了国际法上国家财产的司法豁免原则。[①]

3. 关于中国在联合国的代表权：中国在联合国及其机构的代表权在中华人民共和国成立后，当然属于中华人民共和国（1971 年 10 月 25 日联大决议恢复中华人民共和在联合国组织的一切权利——作者注）。

第四节　管辖权和豁免权

根据国际法，管辖权是国家的一项基本权利。每个主权国家可以按照自己的政策和法律行使根据属地和属人的优越权所具有的管辖权。

一　国家管辖权

（一）国际法对国家行使管辖权的影响

周鲠生在《国际法》一书中认为，国际法对国家行使其管辖权的影响，概括说来，有两个方面。他说，国家管辖权的行使范围和自由在某些方面受国际法或条约规定的影响，一方面，由于国际法或条约义务使得国家的管辖权的行使受到一定的限制；另一方面由于国际法或条约的规定，使得国家的管辖权的行使超出属地和属人范围。前一方面之例，可举出外国元首、外交官、外国军舰以及外国军队在领土内享有的一定的所谓治外法权或豁免权。后一方面之例，可以举出国家根据国际法有权在公海拿捕和惩罚海盗船，和根据保护海底电缆、禁止贩奴等协定，在公海上采取对待违犯协定的外国船舶的措施。[②]

---

① 周鲠生：《国际法》，商务印书馆 1976 年版，第 161—163 页。
② 同上书，第 217 页。

（二）国家的司法管辖权问题

关于国家的司法管辖权，倪征燠在其 1964 年出版的《国际法中的司法管辖问题》做了较为全面系统的阐述。该书内容涉及司法管辖的一般概念、刑事管辖、民事管辖和同行使司法管辖有关的几个问题（对在国外当事人的传唤、外国法院判决的执行、一事再理和一事两诉、反诉和互诉），其中包括：

1. 属地管辖是基本的

从国际公法的角度来看，行使司法管辖权是行使国家主权的一种具体表现。在各国的司法实践中，一般从属地管辖的原则出发，因此属地管辖是基本的，属人管辖是辅助的。同一事件，属地管辖和属人管辖有抵触时，通常是前者优于后者，因为在一般情况下，属地管辖可以立即行使，而属人管辖有时不能立即行使。①

2. 普遍承认的唯一准则是何时不能行使管辖

倪征燠说，虽然国际司法管辖问题是国际法所关心的问题之一，而且通过国际条约和实践存在着这些或那些概念和规范，但是国际法中还没有一整套公认的关于国际管辖的规则或惯例。获得普遍承认的唯一准则，不是规定什么时候可以行使管辖，而是什么时候不能行使管辖，那就是外国、外国元首及外交代表的司法豁免。除此以外，各国可以根据自己的主权，各自规定行使管辖的条件或标准，但是判决在国外能否获得承认，那是另一问题。②

3. 关于对外国人在外国犯罪行使刑事管辖问题

对外国人在外国犯罪行使管辖是属地管辖原则的例外。倪征燠指出，一国对于外国人在外国犯罪的管辖权是一个日益趋于复杂的问题，关于行使管辖权的根据，不是用简单分类的方法可以说明的。首先，应该肯定，对在国外实施危害一国安全和利益的犯罪行为该国是可以处罚的。但是同时也必须明确，这一管辖权不可以任意用来当作进行迫害的工具。其次，被害人所属国家对外国人在外国所犯罪行有进行追诉的权利，自从"荷花号"案判决以来，已经逐渐获得较为广泛的承认，最后，对海盗和战犯案

---

① 倪征燠：《国际法中的司法管辖问题》，世界知识出版社 1964 年版，第 3 页。

② 同上书，第 10—11 页。

件，各国都有权管辖，也已为一般人所承认。①

就这一问题，周鲠生认为，国际法并不禁止国家对外国人在国外所作犯罪行为行使管辖权；国家对于在本国领土外外国人所犯罪行是否行使管辖权，以及在什么限度内行使管辖权，一般是各国依国内法自行决定的事。②

二 国家豁免权：绝对豁免说和限制豁免说

绝对豁免说（doctrine of absolute immunity）和限制豁免说（doctrine of restrictive immunity）是关于国家司法豁免的两种不同的理论。国际法所说的国家司法豁免是指国家的行为和财产免受外国的法院管辖，换言之，是一国的法院不对外国国家的行为和财产行使管辖。

国家及其财产豁免原则形成于 19 世纪。基于国家主权平等——平等者之间无统治权（par in param non habet imperium），国家司法豁免原则得到了广泛的承认。这一原则的内容包括：1. 一国的法院不受理以外国国家为被告的诉讼，除非得到后者的同意；2. 如果外国作为原告向法院起诉，法院就可以受理对方（被告）与该案有直接关系的反诉；3. 即使外国在法院败诉，它也不受强制执行。

在这一原则的适用上，一般说来，英、美国际法学者持绝对豁免说，欧洲大陆一些学者持限制豁免说。绝对豁免说主张不论涉及外国国家行为和财产的性质如何，一律应享受司法豁免。限制豁免说则主张将国家行为按其性质分为主权行为（公法行为、统治权行为）和"商业交易行为"（私法行为、管理权行为），而只承认前类行为享受司法豁免。第二次世界大战以后，英、美学者日益倾向接受限制豁免说，特别是 1952 年美国官方发表泰特公函（Tate Letter）表明美国官方采用限制豁免主义之后。

1. 对限制豁免说的批评

新中国的对外实践中，在相当长的一段时间内采取了绝对豁免主义政策。与此同时，国际法学者在著述中表明了对限制豁免说的批评态度，尤其在 1979 年美国地方法院阿拉巴马州北区东部分庭受理就中国清朝政府于 1911 年发行的湖广铁路债券案并于 1982 年作出"缺席判决"（美国联邦地区法院后以 1976 年《外国主权豁免法》无追溯效力和"公共利益"

---

① 周鲠生：《国际法》，商务印书馆 1976 年版，第 229 页。

② 倪征燠：《国际法中的司法管辖问题》，世界知识出版社 1964 年版，第 55 页。

为理由撤销该"缺席判决"——作者注）之后，国家豁免问题一时成为国际法学界热议的话题。

　　早在周鲠生《国际法》（1976）一书中，作者就认为英、美转向限制豁免主义"显然其用意在于对付社会主义国家的对外经济活动，如国营对外贸易"。国家司法豁免原则是传统的国际法的原则，是从国家主权、平等、独立的原则出发的，尽管有些国家依片面的立法或司法行为限制这一原则，而对外国国家的所谓非主权行为行使管辖权，那仍然是不符合国际法的原则，可以引起有关国家的抗议而成为国际责任问题的。"所谓有限豁免主义树立在主权行为和非主权行为的区别的基础上，在国际法原则上没有根据，在实行上也有很大的困难，特别是对社会主义国家的经济活动。"①

　　1983年和1986年的《中国国际法年刊》集中发表了倪征　、陈体强、李泽锐、黄进和李浩培的有关论文。这些文章除对国家豁免原则的理论和实践作了许多阐述外，对限制豁免主义作了多方的批评。这些批评意见不仅表明作者当时支持绝对豁免主义的立场，同时也指出了限制豁免主义在实践中存在的问题。如说，限制豁免主义认为一个国家具有公私两种身份在理论不合逻辑，在实践中可以不断产生自相矛盾的结果；认为某一行为是否构成商业活动或私法行为取决于行为的性质，而不是其目的说法是主观武断。② 又如说划分主权行为和非主权行为的标准很成问题。由于各自所持标准（目的标准、性质标准和混合标准）不一，对主权行为和非主权行为的理解就不同。在坚持限制豁免主义的国家的实践中，不同国家的法院，甚至相同国家的法院对具体问题的处理是不一致的。③ 再如说，限制国家豁免原则是不必要的，外国求偿者可以求助于被求偿国法院的正常救济方法，在用尽当地救济方法以后，仍可以使用外交干涉。该原则是不合理的，因为它蔑视国家的主权、独立和尊严。该原则不是切实可行的。因为在两种行为之间没有明确合理的区别。④ 有的学者还建议说，在西方工业国家已经不可挽回地破坏了传统的外国国家豁免原则的情况下，新兴独

---

① 周鲠生：《国际法》，商务印书馆1976年版，第225—226页。
② 倪征　：《关于国家豁免的理论和实践》载于《中国国际法年刊》（1983），第27页。
③ 黄进：《论限制豁免理论》，载于《中国国际法年刊》（1986），第278—300页。
④ 李浩培：《论国家管辖豁免》，载于《中国国际法年刊》（1986），第301—205页。

立国家要主张绝对豁免，并希望以此来拒绝西方国家的管辖，已不可能，因为西方国家是使用自己的立法与司法自助措施来施行管辖权的。因此，新兴独立国家为了维护自己国家的独立、主权与尊严，为了坚决维护主权平等原则，它们有一条路可走，那就是"要管大家管"的道路，即它们也只能制定相应的"外国国家豁免法"，把西方工业国家的某些行为管起来。这样也许还会有助于建立新的国际经济秩序。①

2. 限制豁免主义是世界性趋势的主张

随着国内经济体制和对外经济贸易关系的进一步发展，近年来中国一方面坚持国家管辖豁免为基本原则的一贯立场，另一方面也表明了在具体问题上可以采取灵活处理的态度，2005 年 9 月 14 日中国政府签署了体现限制豁免主义的《国家及其财产豁免公约》（2004）。与此同时，近年来中国国际法学界对国家管辖豁免原则的研究也在不断发展。

龚刃韧 1994 年出版的《国家豁免问题的比较研究》是一部对国家豁免问题作了全面系统深入研究的专著。作者的结论可以说包括有：

（1）尽管国家豁免作为国际法上的一个原则或一般规则早已确立，但关于这一原则的适用范围，各国实践始终存在着对立和分歧。

（2）绝对豁免主义从来没有成为各国一般接受的国际习惯法规则。由于现代国家对外经济贸易等各种活动的日益增多，国家政府与外国私人或法人之间各种法律争端也随之大量增加。面对这些争端，如果继续适用绝对豁免主义，不仅可能使私人当事人得不到有效的救济，而且也会过重地加大政府外交机关的负担。

（3）限制豁免主义正在成为一种越来越有力的世界性趋势。"二战"后在东西方之间以及南北方之间错综复杂的国际关系中，欧美资本主义国家为了保护本国私人公司以至国家的基本利益，开始全面走向限制豁免主义。与此同时，部分发展中国家或者为了在法律上保持与原殖民国家一致的传统联系，或者因实行对等原则，也相继转向限制豁免主义。20 世纪80 年代末和 90 年代初，由于苏联的解体以及东欧国家的变化，从而使支持绝对豁免主义立场的国家明显减少。但即使是在采用限制豁免主义的国家之间，也存在着发展中国家与发达国家之间的分歧，存在着发达国家之

---

① 李泽锐：《国家豁免问题的回顾与前瞻》，载于《中国国际法年刊》（1986），第 249—277 页。

间不一致和混乱的状况。

（4）国家豁免问题的本质是处理好法院所在地国领土管辖权与外国国家豁免之间，以及国家与外国私人或法人之间的法律关系。为了平衡好这两组关系，既要防止国家或政府机关利用豁免特权任意逃避与外国私人或法人之间法律关系的义务和责任，也要防止通过无限扩大的国内法院管辖权限而对外国国家进行滥诉。①

---

① 龚刃韧：《国家豁免问题的比较研究》，北京大学出版社 1994 年版，第446—449 页。

第四章

国家领土与极地

第一节　国家领土的取得或变更方式问题

对传统国际法上的五种领土的取得或变更方式从中国人的视角作出评价的，1976 年出版的周鲠生先生的《国际法》中相关内容具有开创意义。在王铁崖教授主编的 1981 年版《国际法》统编教材中由汪瑄撰写的第四章《国家领土》中对国家领土的取得或变更方式问题的研究，又有一些新的进展。上述有关论述一直为中国的其他国际法教材所仿效。

这主要体现在以下四个问题上：

一　对传统国际法上的领土取得方式的评价问题

传统国际法认为，国家领土的变更有五种方式，即先占、时效、添附、割让和征服。

周鲠生先生指出："西方资产阶级国际法学家阐述的关于国家取得领土的理论和规则，一向是沿用罗马法中关于私有财产权的观念，并特别反映近代殖民主义、帝国主义掠夺土地的实践。"他具体分析了传统国际法上每种领土变更方式，认为先占对于解决领土纠纷还有一定意义，肯定了自然添附和"友好协议基础上的"割让，彻底否定了时效、征服。他的结论是：总的来说，传统国际法上的领土变更方式"决不能构成国际法公认的原则。因此，在现代国际法中，如果尚需要有关于国家取得领土的规则一部分的话，那是要根本重新制订的"。①

王铁崖、汪瑄教授在《国家领土》一章中的有关论述比周鲠生更为确切。

---

① 周鲠生：《国际法》，商务印书馆 1976 年版，第 444—456 页。

他们指出："这些方式，除添附外，都曾被殖民主义、帝国主义国家广泛利用，以达到兼并土地，争夺殖民地的目的。但是这些方式并不是毫无意义的。在尊重主权和领土完整原则的限制下，这些方式对确定国家领土和解决国家之间的领土争端还有一定的作用。特别是，有些方式如果在当时是有效的，那么，在现在也有加以考察的必要。因此，对于传统国际法上领土变更的五种方式（应）分别加以说明和评价。"①

他们接着指出：由于先占是占有无主地，先占在今天的最大作用是被用来解决某些历史遗留问题。由于时效取得的对象是别国领土和关于取得时效的期限未能确定这两个问题，作为领土取得方式的时效已经没有实际意义了。自然添附历来被认为是国际法上一项合法获取领土的方式。征服是以战争的合法性为前提的，已经被现代国际法所否定。割让是一国根据条约将部分领土转移给另一国。强制性割让已经失去其合法性，非强制性割让如交换领土等，仍然是合法有效的。

二　在领土取得问题上"法律"能否迁就"事实"的问题

王铁崖、汪瑄在《国家领土》一章中指出："有些西方学者虽然也承认以强力兼并他国领土是非法的和无效的，但是认为，只要国际社会未决心阻止侵略者享有其罪行的果实，侵略者不能取得对领土的有效权利的这种观念就容易产生法律和事实之间的严重脱节。他们认为，如果各国不准备采取行动去改变事实，那么，唯一的办法就是通过承认使法律和事实一致。因此，在他们看来，虽然侵略者的权利是无效的，但当其他国家予以承认时，它的缺陷就得到补救。这种意见是不能接受的。《联合国宪章》废止战争，正是为了纠正过去的强权政治，如果一旦发生侵略行为就使法律去迁就事实，岂不使宪章成为一纸空文？承认是国家的单方行为，允许以其单方行为去改变有拘束力的法律规则，是不合理的。事实上，国家给予侵略者以法律的承认，本身就违反了它在宪章下承担的制止侵略、保卫国际和平与安全的义务。从理论上赋予此种承认以'补救'国际不法行为的效力，肯定将被侵略者利用，客观上起着纵容侵略的效果，如果不说是鼓励侵略的话。"②

---

① 王铁崖主编：《国际法》，法律出版社1981年版，第148页。
② 同上书，第149页。

三 公民投票方式与居民意志的表达问题

王铁崖、汪瑄在《国家领土》一章中指出："最近几十年，由于民族自决原则被强调为国际法基本原则，在国际法上出现了一种新的领土变更方式。这就是公民投票。公民投票是指由居民以投票方式决定土地的归属。这本来是表达人民意愿的一种方法，但有时也被一些国家利用作为欺骗国际舆论的手段。……应当指出，公民投票作为领土变更的方式，其合法性决定于居民通过自由投票而自由表示自己的意志。这样的公民投票符合民族自决原则，是合法的。相反，如果没有自由投票的保证，而在实际上居民是在胁迫之下进行投票的，那么，这种公民投票是虚假的，是非法的，因而是无效的。"[①]

四 关于国际地役的理论和实践问题

周鲠生教授指出："国际地役就是为了使得一国的领土或其一部分满足别国的利益，依条约对前者的领土主权所加的限制。""而从现代国际法的观点看来，国际地役说更是应该完全从国际法排斥出去的。"他的理由是：第一，私法上的地役关涉私人权利，国际地役关涉领土主权问题，这是完全不同性质的两回事；第二，罗马法上的地役观念适用国家领土关系上原来是由于适应神圣罗马帝国时代欧洲封建领主的土地错综分散的特殊状态，"飞地"现象的存在自然在交通和管理上有通过别国领土的必要，而今这种状态已经不存在了；第三，国际地役概念的内容的不确定，甚至在外国驻军和设立军事基地都包括在国际地役之内而把它合法化了；第四，把条约加于领土主权的限制一律在国际地役的名义下使之合法化不符合主权原则；第五，即令在特殊情况下例外地对一国领土主权的行使有所限制，那也属于国家权力行使的限制问题的范畴，根本不需要引入国际地役的概念。[②]

王铁崖、汪瑄在《国家领土》一章中也指出："国际法上的地役在许多情形下是与国内法上的地役不同的。（一）国际地役的设定往往基于不平等的条约关系，不同于国内法上的地役基于双方自愿的意思表示。（二）国内法上的地役以相邻关系为必要，而国际法上的所谓地役则往往不是这样。"他们的结论和周鲠生相同："国际法上并不需要采取国际地役

---

① 王铁崖主编：《国际法》，法律出版社 1981 年版，第 149—150 页。
② 周鲠生：《国际法》，商务印书馆 1976 年版，第 460—462 页。

的概念。"①

在王铁崖先生主编的 1995 年版的《国际法》教材中，由邹克渊撰写的《国家领土》一章改变了关于国际地役的看法，比如承认《联合国海洋法公约》关于内陆国出入海洋的过境权属于国际地役的范畴。② 后来，邵津教授在其主编的教材《国家领土》一章中也指出："国内法上的国际地役与国内民法上的地役有所区别：它依据国际条约而设立，并不绝对地以相邻关系为前提，它对属地管辖权的限制具有相对永久性。"③

上述我国学者关于"国际地役"的观点的转变过程，是我国国际法学界如何对待国际法上的某些曾经被帝国主义国家利用来侵犯别国主权的制度的缩影。

第二节　中印边界问题

中印边界问题是中印关系发展中的主要问题，由此引发的 1962 年的中印边界武装冲突，对中印关系以及中国与一些周边国家的关系产生了深远影响，是中印关系史上乃至现代国际关系史上占有突出地位的重大事件之一。

印度政府和绝大多数印度学者都认为，中印边界要么是早已为边界条约所划定，要么是符合习惯国际法的习惯边界，不存在未划定的边界问题。印度政府坚持用法律方法，即仲裁或司法解决的方法来解决边界问题，不主张使用谈判方式。中国政府认为，中印边界从未经有效条约划定，中国政府希望双方通过谈判协商的方法解决边界问题。

一　周鲠生、陈体强的研究成果

周鲠生发表在《政法研究》1959 年第 5 期上的《驳印度对中印边界的片面主张》的论文、发表在 1961 年 7 月 26 日《人民日报》上的《国际法并不支持印度对中印边界问题的立场》的论文，陈体强发表在《国际问题研究》1982 年第 1 期上的《中印边界问题的法律方面》一文，从国际法的角度对中印边界问题进行了分析，论述了中国在中印边界问题上的主

① 王铁崖主编：《国际法》，法律出版社 1981 年版，第 153—154 页。
② 同上书，第 242 页。
③ 邵津主编：《国际法》，北京大学出版社、高等教育出版社 2000 年版。

张的合法性，得出了印度主张的"边界条约"和"传统习惯边界线"都不成立的结论。①

（一）边界条约问题

周鲠生先生指出，印度方面主张的所谓划定中印边界的条约主要属于三种性质：（1）条约的存在尚是疑问；（2）条约根本同边界问题无关；（3）条约本身是非法的、无效的。②

陈体强指出，用条约确立边界必须经过两个步骤，一是订立划界条约，在条约中描述边界的一般走向，并标在所附地图上；二是实地标界，在地面上竖立与地图上的定点相符的界标。他指出，在中印边界全线，包括西段、中段和东段，这两个步骤中的任何一个步骤都没有采取过。

关于西段的所谓条约，印度提出的关于中印西段边界的1684年条约，并无确切证据证明该条约的存在，更无证据证明该条约划定了边界；所谓1842年条约和1852年条约根本未提及边界线问题；1847年的外交信件往来以及中英官员对边界问题的看法都不支持印度的主张；1899年的印方建议中方根本没有接受；因此，中印西段边界从未正式划定。

关于中段的所谓条约，陈体强证明了印度所提及的条约都没有关于边界划分的内容。

关于东段边界，印度方面称已为1914年的西姆拉会议上产生的所谓"麦克马洪线"所划定。

参加西姆拉会议的中国代表的全权证书上根本没有提及中国西藏和印度之间的边界问题。中国代表在英国代表麦克马洪的强迫下草签了一份条约草案和一份解释性地图。会议期间，麦克马洪与西藏代表私下商定中国西藏和印度之间的界限，然后把这条线（被称为"麦克马洪线"）绘在地图上，并把该地图附在中国代表草签过的条约草案上。即使是不具有签署效力的草签，中国政府也立即声明该草签是个人行为，"未奉政府训"，还声明不承认英国和西藏代表可能签署的任何条约或类似文件。《印度官员报告》承认，"麦克马洪线"的事并没有告诉中国代表，因为印藏边界的讨论"同中国无关，因此不需要正式提交全体会议"。英国的行为构成条

---

① 陈体强：《国际法论文集》，法律出版社1985年版，第196—253页。

② 周鲠生：《国际法并不支持印度对中印边界问题的立场》，载1961年7月26日《人民日报》，另见王铁崖、周忠海编：《周鲠生国际法论文集》，海天出版社1999年版，第497—499页。

约法上的欺诈。英国还伪造条约集，把 1929 年出版的未收入"英藏协议"的《艾奇逊条约集》第 14 卷收回销毁，1939 年重印该卷并把"英藏协议"加进去，企图以此证明西姆拉会议后 1929 年首次出版条约集时"英藏协议"就收进去了，中国政府对该卷中的"英藏协议"从未提出异议。不过，英国的这种手法没有得逞，因为原版的《艾奇逊条约集》第 14 卷未能全部收回，反倒证明了英国在"麦克马洪线"问题上的虚伪的本质。

陈体强引用尼赫鲁关于"没有一个国家承认过西藏独立"的话，反驳了印度政府及有关学者关于西藏具有缔结国际条约的能力的观点。关于印度方面提出的中国、西藏、英国三方缔结的"西姆拉专约"属于多边条约，中方作为这个"多边条约的一方，不批准条约，并不影响条约生效"的主张。陈体强指出，三方条约属于数目很有限的条约，需要各方都批准才能实际履行。1969 年《维也纳条约法公约》就专门规定了缔约国数目有限的多边条约的生效问题。

（二）分水岭等地理特征与传统习惯边界线问题

1. 关于"分水岭原则"

分水岭原则是指两国谈判划定边界时，以山脉的分水岭的走向为边界走向的划界方法。分水岭这种地理特征对于传统习惯边界的形成有某些影响，但不是决定性的。中国人民世世代代住在喜马拉雅山的南麓，也就是生活在喜马拉雅山的分水岭的印度一侧。然而，印度方面宣称，"分水岭原则"是决定边界的有效与合法原则，它所主张的边界线一贯符合"分水岭原则"，因而是唯一正确的主张。周鲠生指出："以分水岭为界只是一种划界的方法，这也不是一国能够片面决定的。"[①] 陈体强认为，"分水岭原则"不是国际法的公认原则，在一定场合下，经有关国家同意，可以利用"分水岭原则"确定边界的具体划法。但该原则及其他任何地理原则，都不是可以先天地、不顾有关国家的意志而确定国家边界的原则。

2. 管辖权的范围

陈体强指出，在中印之间既不存在边界条约，而"分水岭原则"也无助于问题的解决，剩下的只有根据双方实际行使管辖权的情形来确定边界的位置了。他引证了印度作者贝因斯的话："有一个在传统上被接受为国

---

① 周鲠生：《驳印度对中印边界的片面主张》，载《政法研究》1959 年第 5 期。另见王铁崖、周忠海编：《周鲠生国际法论文集》，海天出版社 1999 年版，第 481 页。

际法理的一部分并被认为是比（分水岭原则）更为重要的指导原则，那就是有效性原则，即对领土行使有效管辖。有争议的领土属于印度或中国的范围的大小，必须在双方行使实际管辖的基础上加以确定。"他列举了大量的事实证明中国的管辖范围到喜马拉雅山的山麓，并说明决定性的因素是当时双方行使行政管辖权所及的范围。

二 其他学者的研究成果

杨公素在《中国西藏地方的涉外问题》一书中，对中印边界问题的历史由来作了比较详细的考察。作者认为，英国殖民主义者的侵略扩张政策是中印边界问题产生的历史根源，而独立后的印度继承这份侵略遗产的企图则是这一问题继续存在的现实原因。他同时论证了西姆拉会议与"麦克马洪线"的非法性。

刘学成的《中印边界争端与中印关系》一书，把中印边界问题的全貌展现在人们面前。他的研究充分利用了印度和英国方面现有的关于边界问题的资料，但不同于此前的此类研究的是，他更多的是基于中国方面的资料来进行分析的，具有更高的学术价值。刘学成认为，中印边界问题的持续存在，受到了法律分歧、国际环境和两国国内政治的影响。从国际环境方面来讲，"二战"后是受中、美、苏的大三角关系加上中国、印度和巴基斯坦的小三角关系的影响。从国内政治方面来讲，20世纪六七十年代印度政局的动荡和中国发生的"文化大革命"使得两国都无力在边界问题的解决上有所作为。刘学成还在进行充分论证的基础上，提出了一套解决中印边界问题的可能方案——以目前的实际控制线为基础，相互调整，逐步解决。应该说，这对于目前正在进行的中印边界问题谈判将不无借鉴意义。[1]

总体而言，中国学术界对于中印边界问题的研究成果少于印度与西方学者。中国方面有关中印边界问题的大量档案至今仍没有公布，学者们进行研究时缺乏必要的原始资料。这可能是一个原因。

第三节 所谓的台湾法律地位问题

台湾的法律地位根本不存在任何问题。台湾自古是中国领土。在1895

---

[1] 黄想平：《中印边界问题研究综述》，载于《南亚研究季刊》2005年第3期。

年以后的 50 年间曾被日本帝国主义侵占。1943 年 12 月 1 日《开罗宣言》规定中、英、美三国的目的是"使日本窃取于中国之领土，例如满洲（东北）、台湾、澎湖群岛等，归还中国"。1945 年 10 月 25 日中国人民打败日本侵略者以后由中国政府派员接收，台湾又在事实上和法律上恢复为中国领土。美国总统杜鲁门 1950 年 1 月 5 日的声明，以及同时期英国外交部的声明，都承认《开罗宣言》的效力，承认台湾属于中国。无论从国际法理论还是从英美政府的官方声明来看，《开罗宣言》都无可置疑的是一个具有拘束力的国际文件。尤其重要的是，这个协议是已经生效的和执行了的。1950 年 2 月 9 日，美国国务院就台湾问题回答美国众议院外交委员会的询问时，拒绝了"考虑以台湾作为日本领土，由战胜国管理，直至依对日和约作最后的处置为止"的建议，也否定了在国际监督下在台湾举行公民投票以确定该地居民意愿的建议。当时美国国务院指出，台湾"已包括在中国内成为一省"，各盟国均未提出质疑，"因为这些步骤明显地符合在开罗所作的并在波茨坦重予确认的诺言"。

然而，1950 年 6 月 27 日美国总统杜鲁门发表侵略台湾的声明，强词夺理地说："台湾未来地位的决定必须等待太平洋安全的恢复、对日和约的签订或经由联合国的考虑。"随之，美国以及追随美国的国家的政府，也有些学者开始捏造各种各样的荒谬论据，附和美国的论调。伦敦《泰晤士报》1954 年 9 月 6 日发表英国国际法学者乔治·施瓦曾伯格的文章声称："伦敦从未把开罗宣言当作国际法上具有约束力的东西；它只不过是一个关于意图的宣言，受当时情况的限制，而不是一个永久有效的具有约束力的保证。所以，当 1951 年台湾根据对日和约而正式脱离日本时，在英国眼中该岛已成为一块真空的土地。"这种论调显然是出于英美政府的授意。1954 年 11 月 16 日，美国国务卿杜勒斯在记者招待会上说，日本放弃了台湾和澎湖以后，"这些地区从没有被再转让给任何其他国家"。1955 年 1 月 26 日和 2 月 4 日英国外交大臣艾登在英国下院说："在本世纪内，台湾从来也不是中国的一部分。"显然，它们否认《开罗宣言》就是为了否认中国对台湾的领土主权。

1954 年 12 月 29 日，周鲠生教授在《人民日报》发表了题为《斥关于台湾局势的谬论》的文章，指出了《开罗宣言》和《波茨坦公告》的规定以及中国已经收复台湾的"举世皆知的无可否认的事实，很明显地说明了台湾的地位，肯定了中国对于台湾的主权"，美帝国主义占领台湾和阻挠中国解放台湾，"构成对中国内政的干涉，对中国领土完整的侵犯"。①

1955年2月8日，陈体强在《人民日报》发表题为《台湾的主权属于中国》的文章。②

陈体强在该论文中指出，上述"台湾地位未定论"的文章和声明都否认《开罗宣言》的法律效力，把《开罗宣言》中关于归还台湾的规定说成是"一种追溯性的道义谴责"，不影响1895年《马关条约》的"割让效力"。对此，陈体强指出："开罗宣言是一个庄严的国际条约。条约可以采用各种各样的形式，但它的本质是它表现着缔约国间的协议。"他引用了英国条约法专家麦克奈尔的著作和哈佛大学国际法研究部1935年草拟的条约法公约草案中关于"宣言"的定义之后说，"根据这些定义，开罗宣言是一个正式的国际条约，那是毫无疑义的。把开罗宣言说成是一种说明'意图的声明'，或者说它没有具备某种国内法上的手续，因而没有拘束力的说法是完全不能成立的。只要有权力代表国家的政府之间达成协议，便构成国家之间的条约"。没有人否认《波茨坦公告》的效力，该公告确认了《开罗宣言》。"开罗宣言是由中、美、英三国所签订，后来由于苏联参加了波茨坦公告而也成为开罗宣言的参加者。由于日本接受了波茨坦公告而无条件投降，开罗宣言也就成了中、苏、美、英、日五国之间的条约。"《开罗宣言》规定"使日本所窃取于中国之领土，例如满洲（东北）、台湾、澎湖群岛等，归还中国"。"事实上，中国于1945年10月25日接收了台湾，恰恰就是执行开罗宣言的规定。"

关于《马关条约》问题，陈体强指出："开罗宣言就是对日和约的基础。这个宣言当然取消和改变了和它相冲突的一切过去的条约和法律关系。1895年的马关条约是日本帝国主义侵略中国、逼迫中国订立的城下之盟，当然不可能再承认它有任何效力。中国于1941年12月8日已经正式宣布废止中日间一切条约，包括马关条约在内。如果在中国人民八年浴血抗战、打败日本帝国主义后的今天，还有人胆敢说这个中国人民认为奇耻大辱的马关条约有'割让'的效力，而中国对它固有领土的主权却是无效的，那是对中国人民的极大侮辱。开罗宣言说得很清楚，盟国进行战争的目的'在于制止及惩罚日本之侵略'。侵略的原则绝不许其维持，侵略的

---

① 王铁崖、周忠海编：《周鲠生国际法论文集》，海天出版社1999年版，第435页。
② 陈体强：《国际法论文集》，法律出版社1985年版，第100—105页。

条约绝不许其存在，侵略者所占据的领土必须归还原主。"接着，陈体强还通过引证时任国际法院法官的英国劳特派特教授的《国际法上的承认问题》中关于"违反国际法的行为是无效的，不能成为违法者法律权利的根据"的论断，指出："无论在19世纪末年在帝国主义的眼中马关条约是怎样'楷模足式'的，在第二次世界大战以后，在国际法上已经肯定地不能再承认这种条约还能成为侵略者保有侵占的领土的法律依据。开罗宣言说日本所'窃取'于中国的领土应该归还，绝不仅仅是一种'追溯性的道义谴责'，而是确立了一个新的国际法原则，这个原则不仅适用于过去的日本的侵略，并且也适用于今后的任何条约。"

陈体强指出："根据开罗宣言，是否可以解释为台湾澎湖是由日本放弃给盟国'共有'的呢？显然这在开罗宣言上是找不到任何根据的。施瓦曾伯格企图拿台湾的地位和第一次世界大战以后德国的海外属地相比拟，显然是拟于不伦。因为，和台湾澎湖相比拟的应当是阿尔萨斯—洛林，而不是德国海外属地。""既然开罗宣言已经成为中、苏、美、英、日五国间的有效条约，这五个国家都负有义务予以遵守。五个国家之中有一部分国家自己另外订立与开罗宣言相抵触的条约，自然是非法的、无效的。英国奥本海教授在他的《国际法》一书中说，缔约国'有义务不缔结与原先的条约的义务不合的条约。缔结这种条约是一种违法行为，不能够产生对违法者有利的法律后果'。因此，任何关于非法的旧金山单独'对日和约'可以决定把台湾和澎湖交给这个或那个国家的说法，都是和强盗分赃一样的非法行为，绝对不发生任何法律效力。"

陈体强在这篇论文的最后指出，"从法律上说，结论只有一条：台湾澎湖的法律主权属于中国"。

陈体强在1955年第3期《政法研究》上撰写题为《根本不存在的所谓"台湾法律地位问题"》一文，再次澄清了所谓的"台湾法律地位问题"。①

例如，在该文中，陈体强反驳了当时某些西方学者关于"没有经和约规定领土主权不能转移"的论点。这些学者力图证明：在旧金山对日和约签订以前，台湾的主权仍属于日本。该约仅规定日本放弃对台湾的主权，而未规定转移给谁，因此台湾是一种"真空地带"或"无主地"。

———————————

① 陈体强：《国际法论文集》，法律出版社1985年版，第125—132页。

　　对此，陈体强指出：（1）旧金山和约的相关内容因违背先前的开罗宣言而无效，因没有中国参加，违背当年的联合国家宣言而非法和无效。英美政府缔结的这种背信弃义的"条约"，当然丝毫不能影响中国对台湾的权利。（2）并不是所有的领土转移都须经过"和约"。第一次世界大战后法国收复阿尔萨斯—洛林，并没有等待凡尔赛和约。美国国务卿在其1950年1月5日的声明中也不赞成有"和约"才能转移领土主权的说法。他说："我们未在朝鲜问题上等候一项条约；我们并未在千岛问题上等候一项条约；我们也未在我们担任托管的岛屿问题上等候条约。"（3）实际上，包括开罗宣言的目的从而构成了对日和约的基础的日本投降条款，恰恰就是这样一个转移领土的条约。它构成了中国政府收复台湾以及其他所有被占领土的根据之一。（4）中国收复台湾是收复固有的领土主权，是恢复丧失的领土问题，是开罗宣言中所规定的"窃取"的东西的返还问题，与领土割让的情况是根本不同的。

　　因此，陈体强指出，任何"托管台湾"、"台湾中立化"、"台湾前途由联合国决定"、"台湾独立国"和承认"两个中国"的主张，都是对中国主权的侵犯，都是不可能被接受的。

第四节　南极地区

一　关于南极条约体系

　　脱稿于1964年、出版于1976年的周鲠生的《国际法》一书谈到"先占"时指出："今后这种取得领土的方式和规则实际适用的机会已不多（除在关于领土争端的仲裁或司法案件中可能援用以主张一方当事国的权利外），因为现今世界上已经很少可能找到无主之地供任何国家作为先占的对象（除非在南极、北极区域）。"他对此所加的注释是："关于南极、北极区域的占有问题，各国有不同的主张，迄今在国际法上尚没有公认的规则；奥本海教本第八版只是在脚注里略举了一些理论家的见解和某些国家的主张。"这显然是没有注意到1959年的《南极条约》。

　　王铁崖、汪暄教授在1981年《国际法》中指出："1959年12月1日在华盛顿签订的《南极条约》暂时冻结了各国的领土要求……维持了南极的一个暂时局面，但是，到了1991年条约失效而需要重订的时候，斗争就将更加激化了。"① 其实，根据该条约第 12 条第 2 款的规定，该条约生效 30 年后的 1991 年，是任何协商国都可以提出召开会议审议该条约的实施情况和协商该条约的变更或修改问题的会议的时间，并不是该条约失效的时间。

王铁崖主编、邹克渊撰稿的 1995 年《国际法》的《国际法上的领土》一章指出："南极尽管人迹罕至，但并不是法律真空，从 1959 年开始就有一种法律制度在规范着它。南极地区目前的法律地位也是由该法律制度所决定的。这一法律制度称之为'南极条约体系'。""南极条约体系是指以 1959 年《南极条约》为核心而发展起来的一个区域性国际法律制度。……南极条约体系的最新发展是 1991 年 10 月通过的《南极条约环境保护议定书》。"②

二　关于南极矿物资源问题

北京大学出版社 1996 年出版的邹克渊的《南极矿物资源与国际法》一书是中国学者研究南极条约体系的一本有分量的学术专著。

南极矿物资源制度无疑是南极法律制度中的一个重要组成部分。该书较为全面地探讨了南极矿物资源法律制度的各个方面。例如：南极矿物资源制度的形成，南极矿物资源制度的一般原则与南极环境的保护，南极矿物资源制度的组织机构，南极矿物资源活动的法律规定，南极矿物资源制度的遵守与遵行，南极矿物资源制度中的主权和管辖权，人类共同继承财产与南极矿物资源制度，南极矿物资源制度的未来等。

该书第八章论述了南极矿物资源制度中的主权和管辖权问题。该章介绍了南极领土主权要求的提出；南极条约体系关于主权和管辖权问题的安排；关于解决南极主权和管辖权问题的若干设想；南极《矿物公约》关于主权和管辖权的有关规定。该章介绍的关于解决南极主权和管辖权问题的若干设想包括：领土主权模式、国际共管、开放利用模式、斯瓦尔巴特群岛模式、世界公园、国际海底模式和故意模糊模式。

作者指出，故意模糊模式是沿袭南极条约体系的传统，绕开主权问题，而使矿物资源制度得以实施。该模式的实质在于协调领土要求国和非

---

① 王铁崖主编：《国际法》，法律出版社 1981 年版，第 162 页。

② 同上书，第 251—252 页。另外，这里把南极条约体系说成是区域性制度，"区域性"的概念是不准确的。

领土要求国之间的不同利益，使领土要求国感到其主权要求没有被否定，使非领土要求国感到这种安排并不等于对领土要求国的领土主权要求的承认。因此，该模式是最为上述两类国家接受的模式。《矿物公约》像《南极条约》一样，最终搁置了主权问题，仍然使南极的地位处于一种不确定的法律状态。但这种故意模糊模式却能成功地使缔约各国避免有关主权问题的可能的冲突，而使矿物资源制度得到有效执行。这实际上是南极条约体系内实用性和灵活性相结合方法的再一次体现或运用。

关于管辖权，作者指出，除有关矿物资源的活动都应服从依照公约设立的机构的管理外，缔约国应对其担保的经营者实行有效的管辖。《矿物公约》与《南极条约》一样，确立了专属的属人管辖权。

该书第九章论述了"人类共同继承财产与南极矿物资源制度"，内容包括人类共同继承财产的概念、人类共同财产概念适用于南极的要求的提出和人类共同财产的概念对南极及其资源的适用。

作者指出，尽管包括矿物资源制度的南极条约体系包含着若干人类共同继承财产的因素，但目前人类共同继承财产的概念要完全适用于南极是不可能的。因为一方面南极条约体系富有活力，能够承受联合国和该体系之外发展中国家对它施加的压力。但另一方面南极条约体系正日益朝着国际化的方向发展，并作了有利于整个国际社会的调整和改革，这在南极矿物资源制度中表现得尤为显著。这种调整和变革正是上述压力所带来的结果。这使得南极条约体系中人类共同继承财产概念的因素日益增强，与此相反，该体系中的另一重大因素——领土主权要求的作用则日益削弱。因此，从总的趋势来看，南极不断朝着人类共同继承财产的方向发展。

该书第十章论述了南极矿物资源制度的未来，其中包括自愿限制协议、矿物资源制度的发展趋向和南极条约体系的未来。

作者指出，展望南极条约体系的未来，可以预见：（1）南极条约体系将继续存在并不断发展，不会被任何其他制度（如联合国或国际海底制度）所取代。（2）和平利用、非军事化、科研自由、国际合作等南极条约体系的基本宗旨和原则将长期保留下来。（3）南极条约体系内关于南极领土主权问题上的各国的法律立场虽然日益削弱，但只要南极条约协商国内部没有统一认识，仍会继续维持。（4）南极条约体系将进一步开放，并将对《南极条约》关于取得协商国资格的科学研究标准作出较为宽松的解释，以便吸引更多的国家加入。（5）南极条约体系将进一步加强对南极环境的保护，最终形成全面的总体保护战略和法律制度。（6）20世纪不可能有大规模的南极资源开发活动，但如有此类活动，就应受南极矿物资源制度的制约，这就预先排除了在南极发生资源争夺的可能性。

第 五 章

国际海洋法

第一节　国际海洋法学术研究概述

我国的国际海洋法理论研究主要是在 1982 年《联合国海洋法公约》通过之后兴起的。我国国际法学界在 20 世纪 80 年代一度掀起一阵国际海洋法研究的热潮。究其原因，主要有以下几个方面：

第一，自第三次联合国海洋法会议 1973 年正式开始谈判以后，经过漫长的九年时间，终于在 1982 年通过了《联合国海洋法公约》。这是当时联合国历史上历时最长、规模最大的一次国际公约谈判会议。同时，也是中华人民共和国于 1971 年恢复在联合国的合法席位后参加的第一个最重要的国际公约谈判会议。我国政府及国际法学界非常珍惜这一参与重要国际立法活动的机会，怀着支持广大发展中国家维护海洋权益主张和要求，并反对海洋霸权主义这样一种心态参加会议及其有关问题的讨论。第二，当时改革开放不久，国际法研究及各种学术思潮开始活跃起来。在参加第三次联合国海洋法会议谈判过程中，我国有关部门及国际法学界感受到了我国海洋法基础理论研究的薄弱和缺失，有许多海洋法理论研究的空白需要国际法学界来填补。而且，内容庞杂的《联合国海洋法公约》通过后，需要学界对其规定的内容进行解释和论述。第三，《联合国海洋法公约》对我国与邻国的海洋划界及有关重要利益会产生影响，所以引起了学界的很大关注。由此，海洋法一度成为我国国际法研究的热点领域。除了海洋法理论研究以外，我国海洋法学界还积极参加国家海洋立法工作，先后参加起草了 1958 年《中华人民共和国关于领海的声明》、1992 年《中华人民共和国领海及毗连区法》、1998 年《中华人民共和国专属经济区和大陆架法》、2001 年《中华人民共和国海域使用管理法》、2009 年《中华人民共和国海岛保护法》等海洋法律的起草工作。此外，我国海洋法学界还积极参加海洋划界、海洋争端的解决、海洋执法、海洋资源与环境的利用和保护，以及其他关于维护国家海洋权益问题的讨论和研究工作，为我国的海洋事业提供理论支持，做出了应有的贡献。

1982 年《联合国海洋法公约》通过之前，我国的海洋法著述寥寥无几。除了周鲠生等人在其国际法著作中以篇章的形式述及海洋法①以外，几无其他海洋法专著。1965 年刘泽荣出版的《领海法概论》（世界知识出版社）可以说是处于维护领海主权时期的新中国的海洋法代表作。《联合国海洋法公约》通过以后的 20 世纪 80 年代，我国涌现了一批海洋法专著，为我国的海洋法学科的发展奠定了基础。1984 年赵理海的《海洋法的新发展》（北京大学出版社）问世，这是我国第一部海洋法著作，对大陆架制度和《联合国海洋法公约》的一些基本问题进行了较为系统的论述，为我国的海洋法研究开辟了道路。1986 年，刘楠来、王可菊等几位海洋法理论工作者和我国参加海洋法会议的代表共同撰写的《国际海洋法》（海洋出版社 1986 年）出版。它是我国第一部全面系统论述国际海洋法律制度的学术专著，是当时国内最全面、最系统，资料最全的国际海洋法专著。该书也是《联合国海洋法公约》通过后，国际上最早出现的解读该公约及国际海洋法律制度的论著之一。联合国出版的《海洋法公报》曾将该书列为国际海洋法领域的主要中文著作。可以说，它为我国海洋法学科的奠基作出了贡献。此后，魏敏主编的《海洋法》（法律出版社 1987 年版）、赵理海主编的《当代海洋法的理论与实践》（法律出版社 1987 年版）、周忠海的《国际海洋法》（中国政法大学出版社 1987 年版）、袁古洁的《国际海洋划界的理论与实践》（法律出版社 1987 年版）、陈德恭的《现代国际海洋法》（中国社会科学出版社 1988 年版）相继出版。20 世纪 90 年代以后，我国的海洋法著作以专题研究为主，这说明我国的海洋法研究在 80 年代主要对《联合国海洋法公约》进行阐释的基础上得以进一步发展，转向纵深的专题研究。主要的海洋法著作有赵理海的《海洋法问题研究》（北京大学出版社 1996 年版）、余民才的《海洋石油勘探和开发的法律问题》（中国人民大学出版社 2001 年版）、吴慧的《国际海洋法法庭研究》（海洋出版社 2002 年版）、傅崐成的《海洋法专题研究》（厦门大学出版

---

① 参见周鲠生：《国际法》（第六至第八章），商务印书馆 1976 年版。

社 2004 年版)、中国南海研究院的《历史性权利与历史性水域研究》(中国南海研究院 2004 年版)和《群岛问题研究》(中国南海研究院 2004 年版)、李金明的《南海争端与国际海洋法》(海洋出版社 2004 年版)、高健军的《国际海洋划界论——有关等距离/特殊情况规则的研究》(北京大学出版社 2005 年版)、萧建国的《国际海洋边界石油的共同开发》(海洋出版社 2006 年版)、张良福的《中国与邻国海洋划界争端问题》(海洋出版社 2006 年版)、金永明的《国际海底制度研究》(新华出版社 2006 年版),等等。此外,还出现了不少海洋法学术论文。

第二节　关于几个主要海洋法问题的学术思想

一　关于大陆架划界

由于我国与周边国家存在复杂的悬而未决的大陆架划界问题,特别是东海大陆架划界问题,大陆架制度尤其是大陆架划界问题成为我国海洋法研究的重中之重。1984 年赵理海的《海洋法的新发展》是我国大陆系统研究大陆架制度尤其是北部湾和东海大陆架等问题的最早的著述之一。该书共分两大部分,第一部分专门论述国际法上的大陆架制度。它概述了大陆架法律概念的发展,分析了 1945 年美国总统杜鲁门发表的《关于美国对大陆架底土和海床自然资源的政策宣言》(又称"杜鲁门公告"或"大陆架公告")以及各国的反应,并论述了国际法委员会关于大陆架的工作。第二章专门论述大陆架的外部界限,主要分析了 1958 年《大陆架公约》第一至第五条关于大陆架的规定,以及第三次联合国海洋法会议关于大陆架问题的讨论情况。第三章分析了有关大陆架权利的争端。它分析了北海、英吉利海峡、爱琴海以及地中海等一些典型的大陆架划界案例。经过对一系列的国际海洋划界案例进行分析后,赵理海指出,关于专属经济区和大陆架划界问题,《联合国海洋法公约》第 57 条已肯定了 200 海里专属经济区,如果认为就专属经济区达成协议,大陆架问题就可以迎刃而解,这种想法是不符合实际情况的。即使就 200 海里专属经济区达成协议,有关国家还存在一系列的划界问题。①

在《海洋法的新发展》中,赵理海运用有关国际法原则和大量的历史

---

① 赵理海:《海洋法的新发展》,北京大学出版社 1984 年版,第 50 页。

资料，全面分析了中国与越南、马来西亚以及菲律宾之间在中国南海权利问题上的争议。他指出，中国自古以来对南海诸岛拥有主权，这些岛屿附近的资源也属于中国所有。① 对于北部湾的大陆架和专属经济区的划界问题，他认为，越南主张以 1887 年中法《续议界务专约》规定的东经 108 度 03 分 13 秒作为中越北部湾的"海上边界线"，并把北部湾说成是中越两国的"历史性海湾"，企图把此线以西的三分之二的北部湾海域攫为己有，这是违反国际法常识的。他支持中国政府关于北部湾划界的立场：北部湾属于中越两国，其大陆架和专属经济区应按照国际海洋法的有关原则，公平合理地加以划分。②

关于东海大陆架，赵理海通过分析有关科学资料后指出，从地形特征或沉积物的分布上来看，东海大陆架和我国大陆是一脉相承的，是我国大陆领土的自然延伸。③ 从地质构造来看，东海大陆架和冲绳海槽是显然不同的两个地理单元，冲绳海槽是中国大陆领土自然延伸的陆架与琉球群岛岛架之间的天然分界线。④ 在对 1969 年国际法院北海大陆架案进行分析后，他指出，自然延伸原则是北海大陆架案所依据的主要原则，等距离原则不是一项强制性的习惯国际法准则。国际法院不否认等距离中间线是用以划分大陆架区域的一个简单方法，但不是唯一的，更不是主要的方法。相反，在某些地理环境下适用等距离原则，就会产生有损于一方而有利于另一方的不公平情况。根据 1958 年日内瓦公约，只是在无协定的情况下，作为"特殊情况"的例外才适用等距离原则。公约本身没有明确规定这项原则适用的具体情况。中国、日本和韩国都不是公约的缔约国，而且公约的上述规定也不是强制性的习惯国际法准则，因此，公约关于等距离的规定对这三个国家都没有法律约束力。日本政府有些人企图把等距离中间线作为划分所谓"日韩共同开发区"的依据，是不符合国际法的。所谓"日韩共同开发大陆架协定"是非法的、无效的，对第三国没有任何拘束力。⑤他认为，根据大陆架是沿海国陆地领土的自然延伸原则，我国对东海大陆架拥有不可剥夺的主权权利。东海大陆架涉及其他国家的部分，理应由我

① 赵理海：《海洋法的新发展》，北京大学出版社 1984 年版，第 42 页。
② 同上书，第 47—48 页。
③ 同上书，第 60 页。
④ 同上书，第 64 页。
⑤ 同上书，第 51—67 页。

国同有关国家之间进行协商解决。①

关于大陆架划界的规则，刘楠来则认为，自然延伸原则是主要的，而200海里距离标准是补充的和次要的。他指出，《联合国海洋法公约》为大陆架规定了两项标准，即自然延伸原则和200海里距离标准。其中，自然延伸原则被确认为有关大陆架的根本原则，沿海国正是根据这一原则，确定其大陆架的管辖范围和行使其对一直伸展到大陆边外缘的大陆架的主权权利。200海里距离标准应被视为仅仅是对自然延伸原则的补充，只有在沿海国按照自然延伸原则确定的大陆架的外部界线，从测算其领海宽度的基线量起不到200海里的情况下才予以适用。因此，自然延伸原则和200海里距离标准之间不是互相独立或平行的关系，而是有主次之分。毫无疑问，在划分大陆架的界限时，对于自然延伸原则的考虑应优先于对于200海里距离标准的考虑。接着，作者指出，我国一贯坚持大陆架是沿海国领土的自然延伸的观点，坚持主张按照自然延伸原则确定各国的大陆架范围。在第三次联合国海洋法会议上，中国代表团反复重申这一立场，并表示不反对在大陆架宽度不到200海里的地方，可以将大陆架扩展到200海里。但是，200海里规则的确立和实施，不应妨害自然延伸原则的实施。我国这一正确立场同《联合国海洋法公约》第76条关于大陆架定义的规定的精神是完全一致的。②

近年来，我国学界对有关国际海洋划界规则作了更进一步具体深入的论述。较具代表性的是高健军2005年出版的《国际海洋划界论——有关等距离/特殊情况规则的研究》（北京大学出版社）。该书以等距离/特殊情况规则为线索，系统深入地研究国际海洋划界的理论和实践。高健军指出，等距离/特殊情况规则是一个将等距离和特殊情况结合在一起的单一规则，要求以等距离作为划界的基础，并通过考察案件的特殊情况以及必要时调整或修改等距离线来避免产生不公平结果。他通过对大陆架、专属经济区、渔区以及单一划界等各类国家实践的研究，指出81%的划界条约都采用了某种形式的等距离边界。他分析了等距离/特殊情况规则和公平原则的关系，认为两者在等距离的法律地位、特殊情况与有关情况的功能以及划界程序方面有很大区别。但是，近来两者之间出现融合的趋势，主

---

① 赵理海：《海洋法的新发展》，北京大学出版社1984年版，第67页。
② 刘楠来等：《国际海洋法》，海洋出版社1986年版，第234—235页。

要表现为国际法院开始逐渐转向"等距离线/特殊情况/最终界限"的划界程序。他还研究将等距离作为划界出发点的理由以及特殊情况的标准，认为等距离最大的价值在于均分有关海岸之间的距离，因此，如果发生重叠的权利基础相同的话，那么等距离就是给予有关各国的海洋权利以平等对待的最公平办法。但如果导致大陆架划界的权利重叠是由自然延伸和距离标准共同引发的，则不应以等距离为划界出发点。特殊情况主要包括海岸地理和自然资源的公平分配。划界一般程序为"等距离/特殊情况/最终界限"。由于法律确信的缺失，"等距离/特殊情况"目前尚未成为习惯法规则。然而，如果能够从国家划界实践中发展出任何具体划界习惯规则的话，那么"等距离/特殊情况"无疑是最有可能成为这一规则的。

二　关于专属经济区及海洋法中的剩余权利问题

我国学界对专属经济区问题的研究，除了一般的涉及划界、海洋资源与环境的内容以外，还有一个备受关注的问题是外国在沿海国专属经济区从事军事活动的问题。进入 21 世纪以来，在我国专属经济区连续发生多起重大事件，包括美国间谍飞机在南海上空撞毁我军用飞机并入侵海南陵水机场，美国海军调查船多次到我专属经济区搞军事测量活动，日本在我专属经济区击沉不明国籍船只并打捞沉船等，这引发了国际法学界对有关国际法问题的关注和研究，其中一个重要的问题就是海洋法中的剩余权利问题。刘楠来曾指出，所谓剩余权利问题，是第三次联合国海洋法会议讨论专属经济区的法律地位时，由于存在着不同的主张而产生的一个问题。一些坚持专属经济区应是公海的一部分的国家主张，沿海国在专属经济区内的权利必须严格加以限定，所以其他剩余权利则应当归于国际社会。与此相反，许多发展中国家主张，沿海国以外的其他国家在专属经济区可以享有的权利应一一规定清楚，而一切未经特别规定让与这些国家的其他所有权利均归沿海国所有。《联合国海洋法公约》采取了折中的办法，用列举的方式分别规定了沿海国和其他国家在专属经济区内的权利和义务，但没有规定此外的剩余权利属于哪一方。为了解决由此可能引发的利益冲突，《联合国海洋法公约》第 59 条规定，"这种冲突应在公平的基础上参照一切有关情况，考虑到所涉利益分别对有关各方和这个国际社会的重要性，加以解决"。①

---

① 刘楠来等：《国际海洋法》，海洋出版社 1986 年版，第 200—201 页。

周忠海于 2003 年发表了《论海洋法中的剩余权利》①。他指出,《联合国海洋法公约》确立了调整和支配全面利用海洋及其资源的规则,建立起一种全面、公平和可行的世界海洋新秩序和法律制度,是海洋法的新发展,是发展中国家的杰出贡献。它的许多原则和规则已经成为习惯国际法,为世界各国所遵守。但是,由于国际法是动态的,是折中、妥协和协商一致的产物,《联合国海洋法公约》在扩大沿海国的管辖权和缩小公海自由的调整过程中留下了余地和空间,也就是海洋法中的剩余权利问题。尤其是在专属经济区内这一新的区域内,沿海国的主权权利和专属管辖权与公海自由及其他国家的权利划分不是十分确定。比如,剩余捕鱼权,"自由权利"的行使与"适当顾及"的关系,"用于和平目的"和军事用途等解释问题。他指出,海洋法中的剩余权利问题有以下几个主要方面值得关注:(1)进入专属经济区捕捞可捕量的剩余部分,即捕鱼剩余权利。沿海国在没有能力捕捞全部可捕量的情形下,应准许其他国家捕捞可捕量的剩余部分,尤其是关于其中所提到的发展中国家的剩余部分。(2)关于海洋污染的执行的剩余权利。《公约》虽然规定了船旗国、沿海国和港口国的执行管辖权,也规定了保障办法,同时,还有"干预"、"倾废"等防止海上污染的其他有关《公约》的补充,但是,又规定"避免在海上对船舶做不必要的实际检查","不应在形式上事实上对任何其他国家的船舶有所歧视",而且"应便利主管国际组织、船旗国或受任何违反行为引起的污染影响的任何国家的官方代表参与这种程序。参与这种程序的官方代表应享有国内法律和规章或国际法规定的权利义务"。(3)《公约》第88条和第 301 条关于"公海应只用于和平目的"的内涵和外延是什么?这一规定和宗旨是否适用于专属经济区?(4)《公约》第 56 条第 2 款规定,沿海国在专属经济区内根据本公约行使其权利和履行其义务时,应适当顾及其他国家的权利义务,并应以符合本公约规定的方式行事。第 58 条第 3 款规定,各国在专属经济区内根据本公约行使其权利和履行其义务时,应适当顾及沿海国的权利和义务,并应遵守沿海国按照公约的规定和其他国际法规则所制定的与本部分不相抵触的法律和规章。此处的"适当顾及"原则的确切意义是什么?(5)沿海国对于其专属经济区的活动明显影响到

---

① 《中国国际法年刊》,法律出版社 2003 年版;陈金池主编:《国际法、国际经济法论文集》,台湾五南图书出版公司 2003 年版;《政法论坛》2004 年第 5 期。

沿海国的经济资源或海洋环境，沿海国有权采取预防措施。但是，沿海国在行使管辖权时，不应干扰国际上认为是合法的用海活动。（6）在专属经济区内，所有国家，不论为沿海国或内陆国，在本公约有关规定的限制下，享有第87条所指的航行和飞越自由，铺设海底电缆和管道的自由，以及与这些自由有关的海洋其他国际合法用途。其中"自由"与"限制"是什么，"国际合法用途"指哪些用途？（7）在专属经济区内不允许从事什么活动，等等。

周忠海指出，上述严重事件表明，有些国家不顾国际法，在专属经济区进行军事和情报收集活动，在和平的海洋上掀起了海洋权益争端的波涛。值得质疑的是，外国舰机在其他国家专属经济区进行军事侦察及情报收集活动是否为"和平"行为。他认为，美国把专属经济区称为"国际水域"，屡屡派出军用飞机和舰船在中国管辖海域及上空进行情报收集活动，并对海洋"应只用于和平目的"提出质疑，这背离了《联合国海洋法公约》。美国不是《联合国海洋法公约》的缔约国，但是，早在20世纪80年代就以国际习惯法为由宣布了美国的专属经济区，而至今不承认别国的专属经济区，视其为"国际水域"。"9·11"事件以后，美国加强了对海上飞机及船舶的检查，可同时又在中国或其他国家的专属经济区空域进行军事和情报收集活动。遇到别国的抵制后，又对"和平"和"武力威胁"这些根本不需要解释的常识问题提出质疑，并且反对国际社会就有关问题做出有约束性的安排或制定有约束力的行为准则。

三 军舰在领海的无害通过问题

关于外国军舰在沿海国领海的无害通过问题，在国际海洋法学界一直有争议。我国国际法学界有一种观点认为，《联合国海洋法公约》关于领海无害通过的第17条的规定应解释为不包括军舰的无害通过。[①] 然而，刘楠来、王可菊等著的《国际海洋法》一书表达了一种不同的观点。作者在深入分析第一次和第三次联合国海洋法会议就有关问题的讨论记录及有关文献的基础上指出，1958年在西方大国的压力下，《领海与毗连区公约》规定一切船舶均享有无害通过领海的权利，而没有区别商船和军舰。《联合国海洋法公约》在美国和苏联等海洋大国的影响下，沿袭了《领海与毗

---

① 参见邵津：《关于外国军舰无害通过领海的一般国际法规则》，载于1989年《中国国际法年刊》。

连区公约》的这一规定，承认所有国家的船舶均享有无害通过领海的权利。这项观点是在不允许保留的情况下，与该公约的其他条款一起被表决通过的。这意味着，从《联合国海洋法公约》第 17 条规定的字面意思来解释，所有国家的军舰与商船一样享有无害通过领海的权利。然而，这并不意味着军舰的无害通过可以不受沿海国的限制。在第三次联合国海洋法会议第十一期会议上，包括中国在内的主张外国军舰通过领海须事先通知沿海国或经沿海国批准的 30 多个国家提出共同修正案，要求在有关沿海国制定关于无害通过的法律规章的条款中增加"安全"的内容，以防止外国军舰在行使无害通过领海的权利时威胁沿海国的安全。为了避免会议分裂，会议主席召集了共同提案国和美苏两国的代表进行协商，最后达成一项谅解，由会议主席在会上作了一项声明：提案国同意不将修正案交付表决，但这不妨碍沿海国根据公约有关条款的规定，采取保障安全措施的权利。这项声明肯定了沿海国可以对通过其领海的外国军舰采取安全措施。在实践中，许多国家的法律，包括不少西方国家的法律都规定外国军舰必须事先取得沿海国的许可才能进入或通过其领海。有的国家还限制一次通过领海的军舰数量和总吨位。有些国家准许外国的军舰无害通过领海，则是出于国际睦谊和礼让，与商船通过领海的国际惯例根本不同。《联合国海洋法公约》关于军舰通过领海的规定，显然是不符合一般接受的国际法理论和实践的。[①]

四　南海问题

关于南海问题，我国学界从历史和国际法的角度对南海诸岛自古以来属于我国的事实和证据作了较多的论述。然而，关于南海九段线或"U"形线的含义和法律地位问题，我国学界至少有以下几种不同的主张和解释：（1）国界线说，认为该线划定了中国在南海的领土范围，线内的岛、礁、滩、沙以及海域均属于中国领土，我国对它们享有主权；线外区域则属于其他国家或公海。（2）历史性水域线说，认为中国对于线内的岛、礁、滩、沙以及海域均享有历史性权利，线内的整个海域是中国的历史性水域。（3）历史性权利线说，认为该线标志着中国的历史性所有权，这一权利包括对于线内的所有岛、礁、滩、沙的主权和对于线内内水以外海域和海底自然资源的主权权利，同时承认其他国家在这一海域内的航行、飞

---

① 刘楠来等：《国际海洋法》，海洋出版社 1986 年版，第 80—81 页。

越、铺设海底电缆和管道等自由。换言之，这种观点在主张线内的岛、礁、滩、沙属于中国领土的同时，把内水以外的海域视同中国的专属经济区和大陆架。（4）岛屿归属线或岛屿范围线说，认为线内的岛屿及其附近海域是中国领土的一部分，受我国的管辖和控制。①

刘楠来认为，将"U"形线解释为岛屿归属线或岛屿范围线的观点，既符合国民政府内政部当年所以决定标绘"U"形线的原有意图和新中国成立之后中国政府采取的一贯立场，也是与当代的国际海洋法关于岛屿应有自己的领海的规定相一致的。同时，它也不会妨碍我国在南海诸岛领海以外建立自己的专属经济区和大陆架。只要我们坚持南海诸岛的主权属于中国这一基本立场，我国在南海的合法权益就一定会有保障。②

傅崐成主张历史性水域说，并提出了南海水域三层级论。第一级：南海作为一个半封闭海，依照《联合国海洋法公约》第123条的规定，周边国家就有关海洋生物资源、海洋环保和科学研究等事项进行合作。第二级：中国在"U"形线内的历史性水域享有历史性权利，在生物资源的养护利用，人工岛屿、设施和结构的建造和管理，海洋科学研究，警察执法权（尤其是缉拿海盗方面），军事使用以及航道划定和部分水域的污染控制等方面享有优先权。越南基于贸易、行军、缉盗和捕鱼方面的历史利益，也享有一定程度的优先权。菲律宾、泰国、柬埔寨仅在贸易航行方面享有历史利益。其他周边国家在"U"形线内不具有历史利益。该水域内的合作必须以享有历史性权利的国家为主导，由享有历史性权利的国家优先协调。第三级：南海诸岛及12海里领海内，依照《联合国海洋法公约》及其他国际法规范，主权明确属于中国，合作必须依照中国国内法进行。③

2006年张良福出版的《中国与邻国海洋划界争端问题》（海洋出版社）一书中指出，任何国家以"邻近"或《联合国海洋法公约》为由侵占中国岛礁的行为没有任何法理依据。《公约》允许沿海国建立200海里

①　刘楠来：《从国际海洋法看"U"形线的法律地位》，载于海南南海研究中心：《南海问题研讨会论文集（2002年）》。

②　同上。

③　傅崐成：《海洋法专题研究》，厦门大学出版社2004年版，第325页。另见傅崐成：《南海的主权利与矿藏——历史与法律》，台北幼狮文化公司1981年版；傅崐成：《南（中国）海法律地位之研究》，台北123资讯公司1995年版，第208—209页；中国南海研究院：《历史性权利与历史性水域研究》，2004年，第274—276页。

专属经济区和大陆架，但并不允许因此而损害别国的固有领土主权。中国的邻国行使本国的海洋管辖权应以不损害中国的岛屿领土主权和海洋权益为前提。中国与邻国的海洋边界应通过协议划定，按照公平原则，并考虑到所有有关情况，通过协商共同确定，达到公平的结果。单纯地采用某一特定划界方法如"中间线"进行划界，不能达到公平的结果。任何邻国单方面地确定海上边界线和实施单方面的强制管辖的行为都是违反国际法的。关于南沙群岛争端和南海划界问题，他指出，中国最早发现、命名南沙群岛并将其纳入中国的领土主权范围之内，行使主权管辖。南海海域划界应按照公平原则谈判解决。中国在南海海域所享有的历史性权利应得到尊重。同时，南海周边国家根据《联合国海洋法公约》所应享有的海洋权益也不应受到损害。比较公平的南海海域划界方案设想是，以传统海疆线作为我国在南海的岛屿主权及海域的主权管辖要求的范围。该线内水域为中国的"历史性水域"，该水域的法律制度可不同于内水或领海的法律制度，可比照专属经济区和大陆架的法律制度来建立。在南海争端最终得到解决之前，有关各方就"搁置争议，共同开发"达成协议，是当前和在今后相当长的一段时间内，中国与有关国家处理南沙争端的最为切实可行的方法。

五　海洋共同开发

对于我国与邻国的岛屿归属及海洋划界争端，我国一贯奉行和平解决的立场，积极倡导并推动"搁置争议，共同开发"。我国海洋法学界对共同开发的法律问题作了一些探讨。其中，萧建国的《国际海洋边界石油的共同开发》一书对此问题的研究较为系统、深入。它论述了共同开发的定义、法律特征、国际法依据、合作原则、共同开发制度的框架内容以及国际实践，包括我国与邻国的有关实践。萧建国认为，共同开发是指主权国家基于协议，就跨越彼此间海洋边界线或位于争议区的共同矿藏，以某种合作形式进行勘探或开发。① 共同开发具有如下法律特征：（1）任择性，即共同开发不是基于法律上的要求而必须采取的强制行动，它是一项任意性规则，是由有关国家之间基于政治或经济上的考虑而采取的行动。（2）国家主体性，即共同开发是以国家间的协议为基础，其主体是国家，这不同于经济实体间的商业性一体开发。（3）客体共享性，即共同开发协

---

① 萧建国：《国际海洋边界石油的共同开发》，海洋出版社 2006 年版，第 16 页。

定的权利和义务所指向的对象是两国间的共同矿藏，它跨越了国家间海域分界线或位于主张重叠区。（4）临时性，共同开发是一种临时安排，一般的共同开发协定均载有有效期的规定。共同开发一般随着跨界商业性石油的生产期的结束而终止。在重叠主张的海洋区域，共同开发不是对边界问题的永久安排，它一般随着海洋边界线的最终划定或设立的共同开发区不再成为必要而终结。（5）功能性或实用性，即它是从现实考虑的一种功能性安排，主要源于有关国家保护和利用石油资源的经济需要，不涉及划界本身或领土问题，亦不妨碍最后划界协议的达成，有关国家保留各自的权利主张。[①] 从国际实践来看，共同开发一般都是由于有关国家无法解决海洋划界问题而采取的一种积极的变通办法。[②]

至于共同开发的法律依据，他认为，大陆架制度是共同开发的法律依据；双边划界条约中的"单一地质构造条款"和《联合国海洋法公约》临时安排的规定分别是跨界共同开发和争议海域共同开发的直接法律依据。多边条约和习惯法均不存在处理共同矿藏的明确规则，共同开发尚未形成习惯法。[③] 共同开发的理论基础是国际法上的合作原则。共同矿藏的统一性使有关国家处于一种权利和义务相互影响、相互制衡的关系中，因而有关国家对共同矿藏负有一定程度的合作义务。但是，合作原则在法律上尚未发展到要求有关国家必须共同开发的程度。[④]

共同开发制度的框架内容，具体地说，是共同开发协定的主要内容，一般包括：（1）不影响主权和划界立场的条款。（2）第三方权利的处理。一般要考虑到第三国的主权权利要求，使共同开发区仅限于两国之间的争议区。（3）共同开发区的划定。共同开发区可能是已发现的跨界矿藏，也可能是存在潜在资源的争议海域。（4）开发区的管理制度。有关国家在谈判共同开发区的管理模式时，主要从经济角度出发，以求合理、有效地开采共同矿藏，所采用的管理模式主要有强制合资模式、超国家管理模式和一国代理制模式。（5）共同开发区合同制度的选择。有关国家可参照国际石油界较普遍的租让合同或产品分成合同等。（6）共同开发区的税收及收

---

① 萧建国：《国际海洋边界石油的共同开发》，海洋出版社 2006 年版，第 19 页。
② 同上书，第 56 页。
③ 同上书，第 57—78 页。
④ 同上书，第 79—104 页。

益分配。共同开发区的税收及关系到国家主权，又关系到投资者的利益，有关国家需就此进行协商。(7) 防止对海洋环境的污染。共同开发协定一般都对此作出原则性规定，双方可据此制定具体的防污条例。(8) 法律适用及管辖权的分配。共同开发协定通常规定每个国家在共同开发区内其边界线一侧行使管辖权并适用自己的法律，或由作业者所属国管辖。(9) 争端解决方法。共同开发协定一般规定的争端解决方式有谈判、协商、仲裁、调解、国际法院或其他和平方式，有关国家可自由选择，不受限制。①

萧建国还对学界关于我国与海上邻国的海洋共同开发的理论及具体方案等问题进行了概括和分析。他认为，准确把握"主权归我"与共同开发的关系十分重要。邓小平同志从实际出发，创造性地提出了"主权属我，搁置争议，共同开发"的思想。我们坚持主权立场，绝不放弃争议岛屿和相关海域的主权，但也应从实际出发，相互承认争议，搁置争议，搞共同开发。②

六　国际海底区域

国际海底区域（简称"区域"）制度是《联合国海洋法公约》确立的一项新的海洋法律制度，其核心是人类共同继承财产原则。公约第 1 条规定："'区域'是指国家管辖范围以外的海床和洋底及其底土。"第 136 条规定："'区域'及其资源是人类的共同继承财产。"第 137 条规定："1. 任何国家不应对'区域'的任何部分或其资源主张或行使主权或主权权利，任何国家或自然人或法人，也不应将'区域'或其资源的任何部分据为己有。任何这种主权和主权权利的主张或行使，或这种据为己有的行为，均应不予承认。2. 对'区域'内资源的一切权利属于全人类，由管理局代表全人类行使。这种资源不得让渡。但从'区域'内回收的矿物，只可按照本部分和管理局的规则、规章和程序予以让渡。3. 任何国家或自然人或法人，除按照本部分外，不应对'区域'矿物主张、取得或行使权利。否则，对于任何这种权利的主张、取得或行使，应不予承认。"人类共同继承财产原则的确立，是海洋法发展史上的一个重大变革。由于这一原则及其相关制度维护了世界上大多数国家的共同利益，我国和广大发展中国家是这一原则的主要支持者和推动者。与此相呼应，我国国际法学界

---

① 萧建国：《国际海洋边界石油的共同开发》，海洋出版社 2006 年版，第 105—156 页。
② 同上书，第 187—222 页。

产生了一些关于这一原则及制度的著述。其中，最具有代表性的是王铁崖于 1984 年发表的《论人类的共同继承财产的概念》。① 该文回顾了人类共同继承财产概念及原则的历史发展，指出，自 20 世纪 60 年代该原则在外空法和海洋法等领域经历了萌芽、发展到取得国际法地位的过程。在海洋法上，从理论上说，19 世纪末拉美国际法学者就提出，海洋中的物产可以属于人类的承袭财产，但不属个人所有。此后十几年，法国国际法学者拉普拉德尔同样建议海洋资源应由国际社会来管理。1967 年 8 月，马耳他常驻联合国代表帕多建议联合国大会将国家管辖范围以外的海底及其资源宣布为人类的共同继承财产，并设立国际管理机构对之进行管理。这一提议推动了新的修订海洋法的运动。1970 年 12 月联大会议通过了《关于各国管辖范围以外海床洋底与下层土壤的原则宣言》的决议及其他关于海洋法问题的决议，宣布国家管辖范围以外的海底及其资源为人类的共同继承财产。在第三次联合国海洋法会议上，在第三世界国家大力支持和推动下，该原则最终在《联合国海洋法公约》中取得了它的地位。王铁崖指出，"人类的共同继承财产"不是一个空洞的政治概念或口号，而是一个法律概念，包含着特定的法律原则和规则。以这一原则为基础的"区域"开发要有一个国际制度，由国际机构来管理，所获得的利益在原则上必须是为了全人类的。人类共同继承财产概念及原则作为海洋自由原则的补充，或者与海洋自由原则平行适用，也许在将来还有可能代替海洋自由原则而成为新的海洋法的唯一基础。海洋法的这种变革还将影响到一般国际法的发展，它将使一般国际法的理论和实践跟着发生革命性的变化。

王铁崖还批评美国等一些西方国家关于深海底资源可以自由开采的论调。他指出，美国等少数国家主张公海制度适用于深海底，认为虽然深海底是公有物，但其自然资源却是可以自由开采的。对此，他认为，无论在理论上或实际上，深海底资源勘察的权利与深海底本身的法律地位是分不开的。他说，第三次联合国海洋法会议并没有把深海底的勘探和开发看做公海自由。硬要把国家管辖以外海床洋底的勘探和开发看做公海自由，是一种牵强附会，目的在于在理论上支持那些有技术和资金的海洋大国掠夺深海底资源的自由，鼓励对深海底进行殖民主义掠夺竞赛的行为。

---

① 载于《中国国际法年刊》(1984 年) 另见邓正来编：《王铁崖文选》，中国政法大学出版社 1993 年版，第 83—117 页。

　　王铁崖强调，中国与广大第三世界国家一贯支持人类共同继承财产的概念及原则。

　　继王铁崖的上述文章之后，我国还出现了一些关于人类共同继承财产的概念及原则的著述，其中较为突出的是金永明的有关系列著述。在"区域"制度方面，金永明系统地阐述了人类共同继承财产原则概念的内涵，包括其法律属性、一般要素、基本原则、主要内容和重要特征。他指出，人类共同继承财产概念是法律概念，而不是政治概念。其概念的主体是全人类，客体是财产，即指国家管辖范围以外的海床和洋底或其底土的任何部分及其资源；其财产的所有权性质是共同的，而这种共同所有的性质是特殊的，要求国际社会统一管理"区域"内财产，包括"区域"内资源和从"区域"获得的利益。关于人类共同继承财产概念的基本原则，主要包括不得据为己有原则、遵守《联合国宪章》原则、共同使用发展原则与和平使用原则、国际机构管制原则。同时，指出了人类共同继承财产概念的共同共有、共同管理、共同参与和共同获益的特征。另外，重点分析了人类共同继承财产概念的性质，剖析了国际社会的五种有关观点，即人类共同继承财产概念性质为一般法律原则、强行法规则、政治性质、哲学性质和习惯法性质的观点，指出其为具有法律性质的具有习惯法属性的概念。[①]关于"区域"资源开发制度，他分析了单一开发制、国际注册制和国际执照制和平行开发制的优缺点和问题，认为平行开发制在《联合国海洋法公约》"区域"制度中的确立是暂时的和有条件的，待条件成熟后，会过渡到单一开发制。同时，他指出了中国在"区域"制度方面的实践和主要成就。[②]

　　此外，我国海洋法学界还对国际海洋渔业法律制度、水下文化遗产保护法律制度等问题进行了有益的探讨，并取得了一些研究成果。

---

① 金永明：《人类共同继承财产法律性质研究》，载于《社会科学》2005 年第 3 期。
② 金永明：《国际海底资源开发制度》，载于《社会科学》2006 年第 3 期。

第 六 章

国际环境法

中国的国际环境法学产生于 20 世纪 80 年代初，是一门典型的新兴学科。在国际环境法迅速发展的背景下，中国的国际环境法学研究也从无到有，取得了长足的进步。本章简要回顾了中国国际环境法学发展的历史进程，介绍和总结了中国国际环境法学领域中代表性、前沿性的研究成果，并在此基础上展望了这一学科的未来发展。

第一节　中国国际环境法学的发展

目前，具有中国特色的环境保护法律体系已经基本形成，这一法律体系一方面考虑了中国的经济、社会发展与环境保护的实际需要，另一方面又充分反映和包括了中国承担的国际法律义务，表明中国积极履行了落实国际环境条约的国内立法工作，使国内环境法与国际环境法相衔接、相协调。

中国的国际环境法学是在紧随国际环境法的发展过程、中国积极参与国际环境法律实践的过程以及国内环境法发展的过程中而产生和发展起来的。

在 20 世纪 70 年代，尽管中国已经开始参与国际环境法律活动，但由于国内情况的制约，中国并没有国际环境法方面的重要研究成果可言。到 20 世纪 80 年代，随着中国的改革开放以及法学研究与教学的恢复，国际法环境法学也开始受到国际法学者的关注——例如在国际法教材中，已经开始包括有关国际环境法的章节，[①] 但是还没有成为国际法学中一个相对独立的学科。

---

① 例如，高树异主编：《国际法》，吉林大学出版社 1987 年版。

　　1992 年联合国里约环境与发展大会之后，环境保护成为世界性的潮流，国际环境法得到了迅猛发展，中国学者以此为契机，初步建构了中国国际环境法学的理论体系。1995 年，王铁崖教授主编的"九五"规划高等学校法学教材《国际法》（法律出版社 1995 年版）中将"国际环境保护"专列为一章。鉴于该教科书在国际法学界的影响力，标志着中国国际法学界正式把国际环境法作为国际法的一个分支和组成部分，此后国内出版的国际法教材中几乎都包括了国际环境法的内容。① 在环境法的教科书方面，自韩德培主编的《环境保护法教程》第 2 版（法律出版社 1990 年版）中包括了"国际环境保护法"的专章后，中国环境法学界一直把国际环境法学作为环境法学的一个组成部分。②

　　1990 年张崙青编著的《国际环境法概论》（武汉大学出版社 1990 年版）则是中国第一部国际环境法学教科书，此后，专门的国际环境法教材相继出版，③ 表明国际环境法学在中国成为一个相对独立的学科。其中，王曦教授编著的"九五"规划高等学校法学教材《国际环境法》（法律出版社 1998 年版）④ 为中国国际环境法学的教学建立了一个比较完备、严谨的框架，标志着中国国际环境法学科体系的进一步完善。首先，该书将整个国际环境法学分成了总论和分论两大部分。凡属国际环境法的基础理论、对国际环境法各个分支具有指导意义和普遍影响的问题，适用于国际环境法一切效力范围的原则和制度，均归于"总论"。而那些在某一专门领域具有较成熟的法律或理论体系的部分，均归于"分论"。其次，该书在认真考察国际环境法的历史及其发展的基础上，利用法学（特别是国际法学）、环境科学和生态学的研究方法和研究成果，对国际环境法的概念、

---

　　① 例如，端木正主编：《国际法》，北京大学出版社 1997 年第 2 版；梁西主编：《国际法》，武汉大学出版社 2000 年修订第 2 版。

　　② 例如，程正康：《环境法》，高等教育出版社 1990 年版；金瑞林主编：《环境与资源保护法学》，北京大学出版社 1999 年版；刘健编写：《环境与资源保护法》，龙门书局 2001 年版；周珂主编：《环境与资源保护法》，中国人民大学出版社 2007 年版；张梓太主编：《环境与资源法学》科学出版社 2007 年版。

　　③ 例如，韩健、陈立虎：《国际环境法》，武汉大学出版社 1992 年版；江伟钰等编：《国际环境保护法学》，中国环境科学出版社 1993 年版；马骧聪：《国际环境法导论》，社会科学文献出版社 1994 年版；戚道孟编：《国际环境法概论》，中国环境科学出版社 1994 年版；以及欧阳鑫、吕忠梅：《国际环境法》，陕西科学技术出版社 1995 年版。

　　④ 在该书 2005 年第 2 版中，又增加了国际环境法在中国的实践的相关内容，并对国际环境法 7 年来的新发展作了更新和补充。

渊源、主体和客体、基本原则、实施及国际环境责任等国际环境法的基本问题进行了比较详尽深入的探讨，从而形成了关于国际环境法的基础理论。

在 20 世纪的最后 10 年中，中国学者在国际环境法领域还出版了若干专著，涉及的问题包括海洋环境保护、国际环境条约、国际环境责任等，① 而且还整理出版了有关国际环境法的文件资料，② 为国际环境法的进一步发展提供了资料基础。

进入 21 世纪以后，中国的国际环境法学进一步发展，迈入了一个新的阶段。第一，出版了更多的国际环境法教材和专著，教材如王曦主编/译的《环境法教程》（法律出版社 2002 年版）、戚道孟主编的《国际环境法》（科学出版社 2004 年版）、林灿铃著的《国际环境法》（人民出版社 2004 年版）、蔡守秋、常纪文主编的《国际环境法学》（法律出版社 2004 年版）、许健著的《国际环境法学》（中国环境科学出版社 2004 年版）、那力编著的《国际环境法》（科学出版社 2005 年版）等；代表性专著如李耀芳著的《国际环境法缘起》（中山大学出版社 2002 年版）、万霞著的《国际环境保护的法律理论与实践》（经济科学出版社 2003 年版）、庄贵阳、陈迎著的《国际气候制度与中国》（世界知识出版社 2005 年版）、杨兴著的《气候变化公约研究——国际法与比较法的视角》（中国法制出版社 2007 年版），等等。这些教材和专著进一步体现了中国学者在国际环境法学领域中的成就和水平。

第二，出现了较有影响力的国际环境法文集：王曦主编的《国际环境法与比较环境法评论》第一卷于 2002 年由法律出版社出版，该书是国际自然保护同盟在中国开展的"促进中国环境法"项目的重要成果，在 2005 年和 2008 年又相继出版了第二、三卷。这一系列出版物向中国环境法学界引介了世界范围内国际环境法学和比较环境法学的前沿动态和重要研究成果，为环境法的研究、教学工作提供了有益的参考。

第三，出现了国际环境法的专门研究机构。2005 年，中国政法大学成

---

① 例如，杜大昌：《海洋环境保护与国际法》，海洋出版社 1990 年版；盛愉、周岗：《现代国际水法概论》，法律出版社 1987 年版；欧阳鑫、窦玉珍：《国际海洋环境保护法》，海洋出版社 1994 年版；杨国华、胡雪娟：《国际环境保护公约概述》，人民法院出版社 2000 年版；林灿铃：《国际法上的跨界损害之国家责任》，华文出版社 2000 年版。

② 比较具有代表性的有：王曦编：《国际环境法资料选编》，民主与建设出版社 1999 年版；国家环境保护总局政策法规司编：《中国缔结和签署的国际环境条约集》，学苑出版社 1999 年版。

立了国际环境法研究中心。此前，武汉大学已经成立了环境法研究所，并于1999年成为教育部普通高等学校人文社会科学重点研究基地之一，而国际环境法是该研究所一个重要的研究方向和领域。

第四，这一时期还出现了学科发展回顾类的著作，例如金瑞林、汪劲编著的《20世纪环境法学研究评述》（北京大学出版社2003年版）中，第八章专门回顾了对国际环境法若干问题的研究，对国际环境法的概念、主体和客体、基本原则、国际环境法的发展与渊源以及国际环境争端及其解决、国际环境责任、国内环境法与国际环境法的关系等问题的研究做了总结。

在中国国际环境法学发展的过程中，对外交流与合作是非常重要的一个组成部分，对于中国国际环境法研究水平的提高作出了很大的贡献。早在1981年，韩德培教授就率团出席了在乌拉圭召开的联合国"环境法专家与官员会议"，这是中国学者参与国际环境法学发展的代表性事件。此后，中国国际环境法学界与国际机构和同行进行了大量的学术交流与合作，体现为学术会议、互访交流、人员培养、专题研究等许多方面。特别需要提到的是，在最近20年间，中国学者翻译和出版了一批国外学者撰写的高质量的学术著作，[①] 这对中国国际环境法学的发展起到了巨大的推动作用。其中，亚历山大·基斯教授于1989年所著的《国际环境法》是世界上全面介绍国际法这一新分支的第一部专著，其2000年的第2版——其中反映了20世纪90年代以来国际环境法领域的重要发展——由张若思翻译成中文出版（法律出版社2000年版）后，引起了中国国际环境法学界的较大关注，成为引用率极高的参考书籍之一。

可以看出，在短短的20多年间，中国国际环境法学已经从一片空白发展成为一个非常繁荣、成果颇多的研究领域，取得了较为显著的成绩，其中有的研究成果填补了中国环境法制建设领域的空白，为环境法制建设起到了指导、服务作用；有的研究成果提出、探讨了重要的理论问题，对构建国际环境法学的理论体系奠定了基础。下面仅就研究成果较为集中的

---

① 例如，［美］罗杰·W.芬德利著，杨广俊等译：《环境法概要》，中国社会科学出版社1997年版；［美］爱蒂丝·布朗·魏伊丝著，汪劲等译：《公平地对待未来人类：国际法、共同遗产与世代间衡平》，法律出版社2001年版；汪劲等编译：《环境正义：丧钟为谁而鸣——美国联邦法院环境诉讼经典判例选》，北京大学出版社2006年版；［英］波尼、波义尔著，那力、王彦志、王小钢译：《国际法与环境》（第2版），高等教育出版社2007年版。

几个领域进行简要的介绍和总结。

第二节 中国国际环境法学研究的重点问题

国际环境法的内容非常广泛，一方面与国际法的所有部门一样，包括性质与特点、基本原则、主体和客体、实施与责任等基本问题，另一方面又涉及大气、海洋、生物、土地等多个领域，并与经济发展、能源利用和开发、贸易和运输等问题有紧密的联系。因此，国际环境法学的研究范围也颇为繁杂。经过 20 多年的发展，中国的国际环境法学对这些问题基本都有所涉及，尽管深度和广度不一。

一 国际环境法的基本原则

国际环境法的基本原则是指被各国公认和接受的，在国际环境法领域具有普遍指导意义的、体现国际环境法的特点、构成国际环境法基础的原则。根据王曦教授的分析，国际环境法的基本原则具有如下特征：首先，这些原则应是环境保护工作指导思想和基本政策的体现，应是贯串整个国际环境法体系的、具有普遍指导作用的基本准则；其次，这些原则是国际社会公认的、必须遵守的、具有指导性的行为准则，是国际环境法的具体法律规则或法律规范的基础，因而高于具体法律规则或规范；再次，这些原则是国际环境法体系的重要组成部分，应该得到国际环境法律文件的直接规定或间接体现，或者应该得到国际环境条约的体现和反映。[①] 对国际环境法基本原则的研究，有利于对国际环境法的总体理解和研究，因此得到了中国学者的普遍关注。但是，对于国际环境法的基本原则究竟有几项，中国学者的观点则不尽一致。[②] 有学者认为，国际环境法的基本原则有共同关心及为全人类利益保护环境的原则、国家的环境主权与不损害国外环境原则、共同但有区别的环境责任原则、风险与损害预防原则、国际环境合作原则五项；[③] 也有学者从宏观角度出发，认为国际环境法的基本原则只包括全人类生存环境的总体利益原则、可持续发展原则、人类和大

---

① 王曦编：《国际环境法》，法律出版社 2005 年第 2 版，第 75 页。

② 外国学者的观点，例如，［法］亚历山大·基斯著，张若思编译：《国际环境法》，法律出版社 2000 年版，第 83—108 页。

③ 王曦编：《国际环境法》，法律出版社 2005 年第 2 版，第 77—93 页。

自然和谐发展原则三项。① 在这些原则中，中国学者讨论较多的是可持续发展原则和共同但有区别的责任原则，值得着重介绍和分析。

（一）可持续发展原则

1992 年联合国环境与发展会议后，"可持续发展"逐渐成为国际环境法的一项基本原则并得到了广泛的承认，中国学者对该原则的研究主要集中在以下几个方面：

首先是可持续发展原则的定义。正式提出可持续发展概念的，是世界环境与发展委员会于 1987 年发表的《我们共同的未来》的报告。根据该报告的观点，"可持续发展是既满足当代人的需要，又不危及后代人满足其需要的能力的发展"，这是对"可持续发展"的较早的权威定义，也是一个发达国家基本认同的定义。同年，第 15 届联合国环境规划署理事会经过反复磋商通过了《关于可持续的发展的声明》，其中对可持续发展所下的定义是："可持续的发展，系指满足当前需要而又不削弱子孙后代的满足其需要之能力的发展，而且绝不包含侵犯国家主权的含义。"这一定义是一个发展中国家基本认同的定义。由于种种原因，尤其是发达国家和发展中国家的分歧，1992 年联合国环境与发展大会通过的《里约宣言》没有对可持续发展的概念作出定义。

对于如何认识可持续发展原则，中国学者所作的一种比较全面的总结是：第一，它是一种社会、经济、生态等协调一致的整体发展而不仅仅是经济的成长；第二，这种发展就当代人类生存的横向关系而言，应能维护和促进人与自然的和谐一致；第三，就当代与后代人类相互联系的纵向关系而言，可持续发展应能保证后代生存与发展的充分潜力；第四，实现可持续发展也应充分尊重国家主权，不能以干涉国家内政和损害国家主权为前提。在以上认识的基础上，可持续发展可以被定义为：既能促进人与自然的和谐一致又能保证后代充分发展的永久潜力，既有利于社会、经济、生态等的全面发展又不损害国家主权的发展。②

其次是可持续发展原则的性质。对此，中国学者分析了存在的不同观点。美国对该原则一直持反对态度，认为可持续发展是一个人类要实现的

---

① 潘抱存：《国际环境法基本原则的宏观思考》，载《法学杂志》2000 年第 6 期。

② 石磊：《可持续发展与现代国际法》，载《武汉大学学报》（社会科学版）2002 年第 55 卷第 4 期。

共同"目标";而发展中国家则坚决认为可持续发展是一种"权利"。尽管"权利"和"目标"之争系出自发达国家与发展中国家之间在环境与发展问题上的深刻矛盾,但是如果从建立新的全球伙伴关系来看,以上分歧并非不可协调:既可以将可持续发展看做一项权利,也可以同时将实现可持续发展作为追求的目标,二者并不矛盾,相反从某种意义上讲权利论与目标论都具有合理的成分,应该将二者有机结合。①

再次是可持续发展的基本内容。国际环境法学界尚未对可持续发展原则的基本内容形成统一认识,中国国际环境法学界一般认为代际公平、代内公平、可持续利用和环境与发展一体化是可持续发展原则的四个基本要素。②

（二）共同但有区别的责任原则

1992 年联合国环境与发展会议的《里约宣言》正式提出共同但有区别的责任的概念,这一概念在随后的《二十一世纪议程》、《联合国气候变化框架公约》和《生物多样性公约》等文件和公约中得到了进一步确立。由于共同但有区别的责任要求发达国家和发展中国家承担不同的环境保护义务,而且与中国的国家利益有密切联系,因此中国学者格外重视对这一问题的研究。

对于共同但有区别的责任的基本内容,中国学者认为分为两个方面:一方面是共同的责任,即承担保护和改善全球环境的责任主体是世界所有的国家和人民,发达国家、发展中国家及其人民既应当采取措施保护和改善本国的环境,又应当立足于本国的基本国情承担起保护和改善全球环境的责任。共同责任的重心指向发展中国家,强调发展中国家不得以经济、技术等不足来推脱责任。③ 共同的责任并不是相同的责任,共同责任并不意味着责任承担的平均与相等。从原理上说,所要求承担的是一种公平的共同责任。另一方面是有区别的责任。发达国家和发展中国家在承担保护和改善全球环境责任的范围、大小、时间、方式、手段等方面是有所差别的,在确定各国的具体责任时,应从历史与现实的角度,统筹兼顾、全面考虑各国对环境问题的发生所起的作用、各国的经济实力,以及防止和控

---

① 石磊:《可持续发展与现代国际法》,载《武汉大学学报》(社会科学版) 2002 年第 55 卷第 4 期。

② 王曦:《论国际环境法的可持续发展原则》,载《法学评论》1998 年第 3 期。另参见黄莹、刘洋:《论国际环境法中的可持续发展原则》,载《法制与社会》2006 年第 4 期。

③ 陶迎:《对美国拒绝批准京都议定书的法理分析》,载《重庆环境科学》2001 年第 6 期。

制环境危害的能力等多种因素。发达国家的区别责任主要表现在，它们必须改变目前的不可持续的发展方式，在可持续发展方面作出表率，通过资金援助和技术转让帮助发展中国家在经济上得到发展，从而使发展中国家在经济发展的基础上有能力保护和改善环境。但是，有区别的责任不是简单的发达国家的责任。尽管发展中国家现阶段不应该承担与其国情不相符的保护和改善全球环境的义务，但不排除发展中国家未来发展到一定程度以后，在其资金和技术承受能力限度内，承担越来越多的保护全球的国际环境义务；而且，发展中国家也必须贯彻和实施可持续发展战略，在工业化进程中不应走西方发达国家走过的"先污染后治理"的老路。因此，在共同责任和区别责任的关系上，共同责任是一个前提条件和基础，区别的责任则是关键与核心。[①]

二　国际环境保护条约

作为国际法中的一个新兴领域，国际环境法的主要渊源是条约，这些条约规定了环境领域中绝大部分的国际法律权利和义务以及相应的实施机制，因此是国际环境法学研究的一个重点。杨国华、胡雪编著的《国际环境保护公约概述》（人民法院出版社 2000 年版）是一部集中、全面介绍国际环境保护条约的著作，其中首先介绍了国际环境法的历史发展，之后分别对大气、海洋、生态保护、废物和危险物质及南极五个方面的国际环境保护条约进行了评述。国际环境条约数量很多，但中国学者关注较多的主要是如下两个领域的条约：

（一）《气候变化框架公约》及其《京都议定书》

1992 年《联合国气候变化框架公约》是控制温室气体排放、防止气候变暖方面的最重要的国际公约。由于该公约的实施将影响一国的能源结构、产业结构、经济发展水平，因此自其开放签署并生效以来，一直受到中国学者的高度重视。[②]

中国学者认为，《气候变化框架公约》作为人类社会控制温室气体

---

①　杨兴：《试论国际环境法中的共同但有区别的责任原则》，载《时代法学》2003 年第 1 期。

②　代表性成果可见，杨兴：《气候变化框架公约研究——国际法与比较法的视角》，中国法制出版社 2007 年版；庄贵阳、陈迎：《国际气候制度与中国》，世界知识出版社 2005 年版；刘大群：《〈联合国气候变化框架公约〉评述》，《中国国际法年刊》（1995），中国对外翻译出版公司 2006 年版。

排放的第一份国际条约，主要具有如下特点：它是一个框架性的条约，为发展中国家和发达国家规定了有关控制温室气体的不同义务，对于具体措施则留给各国的国内法或缔约国在未来另行议定；该公约是第一个由国际社会成员充分参与谈判的国际环境条约，具有最广泛的国际社会基础；该公约的影响非常广泛，几乎所有的人类活动都要受到公约的影响。[①]

《公约》过于原则性，作为其后续成果的《京都议定书》主要是就《公约》所规定的限制二氧化碳的排放进行了更为明确具体的规定，为更好地履行《公约》铺平了道路。《京都议定书》之于《公约》在法律制度上的发展主要体现在以下几个方面：明确量化限制和削减温室气体排放的共同政策和措施；确定温室气体削减总量目标、量化限制数量及其承诺期限；"全球升温潜能值"的引入；联合执行；所有缔约方包括发展中国家缔约方的义务承诺；保证发展中国家履行义务的资金机制；清洁发展机制及排放交易。[②]

就《气候变化框架公约》对国际环境法的影响，有学者将之总结为：发展和实践了共同但有区别的责任原则、风险预防原则、可持续发展原则，为这些原则在未来发展成为国际习惯法规则奠定了相应的基础，提供了更多的佐证。[③] 另有学者认为，《公约》规定国际承诺的关键条款都是要求发达国家做出承诺及履行义务，如限期限量进行温室气体的排放削减，对发展中国家的财政援助和技术转让等；而发展中国家履行《公约》以发达国家达到温室气体排放削减目标和为发展中国家提供了必要的财政援助和技术转让为前提，强调了发展中国家的生存权优先。如此集中规定发达国家的义务、充分体现发展中国家利益的国际公约在国际环境法上是鲜有前例的，因此可以说《气候变化框架公约》是对国际发展法的又一次重大跃进和突破。[④]

（二）《生物多样性公约》

[①] 王曦：《国际环境法》，法律出版社1998年版，第163页。

[②] 王曦编：《国际环境法》，法律出版社2005年第2版，第528页。

[③] 杨兴：《〈气候变化框架公约〉与国际法的发展：历史回顾、重新审视与评述》，载《环境资源法论丛》（第5卷），第148页。

[④] 杜志华等：《气候变化的国际法发展从温室效应理论到〈联合国气候变化框架公约〉》，载《现代法学》2002年第5期。

为了保护生物多样性、持续利用生物多样性的组成部分并公平分享利用遗传资源产生的利益，国际社会于 1992 年签署了《联合国生物多样性公约》。

中国学者首先对有关保护生物多样性的国际法的发展问题进行了详细的回顾与梳理，认为国际生物多样性保护已从单纯的物种保护转到全面系统的保护；从区域性保护转向全球性保护。这个发展过程，根据其保护理念来看，大致可分为以下三个阶段：利用价值保护阶段、内在价值保护阶段和生态系统保护阶段。生物多样性保护不仅是纯粹的生态问题，而且是关系到全球可持续发展的前景问题，也关系到国家利益的分配问题，特别是南北关系问题。[①]

国际法对生物多样性的保护的内容主要集中在生物安全、外来物种入侵、遗传资源获取与惠益分享以及生物多样性的保育等方面。其中生物安全问题是生物多样性问题的一个重要组成部分，是国际社会关注的热点问题，中国学者对国际社会生物安全的国际法律控制以及国际立法的进展及焦点问题进行了介绍，并就中国为履行国际公约的义务、加强对生物安全的管理而建立健全生物安全管理法规体系进行了研究和探讨。[②]

中国政府重视生物多样性保护，积极参与了《生物多样性公约》的起草、修订和谈判，是最早的签署国之一。学者提出，中国作为《生物多样性公约》的缔约国，应在维护国家权益的前提下与国际社会加强合作，加快能力建设，加大生物安全管理力度，切实履行自己应承担的义务，为全球的生物多样性保护作出更大的贡献。中国已基本上形成了保护生物多样性的法律体系，但尚不够完善和健全。为更好地保护和持续利用生物多样性资源，有必要完善中国的生物多样性保护法律体系。[③]

三　环境与贸易的关系问题

当今人类社会面临着一个环境保护与贸易自由化之间的两难选择：一方

[①] 徐再荣：《生物多样性保护问题与国际社会的回应政策（1972—1992）》，载《世界历史》2006 年第 3 期。

[②] 刘标、薛达元：《国际生物安全立法的进展及焦点问题》，载《农村生态环境》1998 年第 14 卷第 2 期；王灿发：《创建框架性法规体系——生物安全管理立法初探》，载《国际贸易》2000 年第 7 期。

[③] 孙中艳：《论中国生物多样性保护法律体系的完善》，载《中国发展》2006 年第 4 期。另见朱广庆：《生物多样性公约与中国的生物多样性保护》，载《世界环境》1999 年第 3 期。

面，人类活动给全球环境带来了严重影响，为了人类的生存与发展，有必要禁止或限制人类的各种易对环境造成损害的活动，包括经济活动。另一方面，则是国际社会——以关税及贸易总协定（GATT）及 1995 年取而代之的世界贸易组织（WTO）——为代表一直致力于消除对国际贸易的种种限制，促进国际贸易自由化和全球化。这使得环境保护与贸易自由化之间出现了矛盾。由于这两个问题都与中国密切相关，因此成为中国国际环境法学研究的一个重点。

（一）GATT/WTO 与环境保护

环境保护与自由贸易规则的冲突集中表现为环境保护与最惠国待遇、国民待遇、关税约束义务、禁止数量限制等非歧视原则的冲突和对 GATT 一般例外条款构成的挑战。事实上，这种冲突正在不断引发贸易摩擦和争端。因此，如何平衡发展中国家和发达国家的不同利益并在 WTO 框架内努力化解矛盾并消解冲突，从而有利于整个人类的可持续发展，已是国际社会所必须直面的一个严峻议题。

西方学者认为，国际贸易政策的目标在于消除贸易障碍，实现贸易的自由化和全球化，并因此强调减少政府的管制和干预，实行权力的下放和分散化；而环境保护的目标是防止贸易对环境造成的消极影响，并因此要求一定程度和形式的政府管制和干预，实行一定范围的权力集中。中国学者认为，贸易与环境的矛盾往往与其背后的、更深层次的发展中国家与发达国家在经济上的差距和利益冲突紧密相连。在现实的国际关系中，贸易与环境的冲突，更准确地说是以自由贸易为基本原则的国际贸易体制与国际环境条约以及各国国内环境政策的冲突，更多地表现为发展中国家的贸易需求与发达国家的环境政策的冲突。[①]

WTO 法律规则在环境保护规定方面的局限是导致贸易与环境冲突的直接原因；各国固守经济利益和环境主权是当前与环境相关的贸易争端接连不断的内在原因。中国学者认为，WTO 处理贸易与环境的努力应当包括：调整角色定位、明确环境保护目标、允许特定情况下的单边贸易限制措施、努力促成国际合作、充实专家组环境专业人选。[②] WTO 与各国政府均

---

① 赵蕊：《国际环境法中的贸易与环境问题解读》，载《科技情报开发与经济》2006 年第 16 卷第 17 期。

② 孙法柏：《环境保护与 WTO 自由贸易规则之冲突及其消解》，载《云南大学学报》2005 年第 18 卷第 4 期。

积极寻求"绿化"WTO 法的方法。有学者根据贸易与环境委员会的研究和各国政府与学者的建议，将实现 WTO 法"绿化"方法总结为豁免义务法、解释术语法、增补修订法和专门协定法。①

（二）"入世"后中国环境保护的法律对策

有学者认为，加入 WTO 对中国的可持续发展、环境法规、环境管理、环保产业等方面产生了深远的、全方位的历史性影响。这种影响既包括严峻的挑战和巨大的压力，也有难得的历史机遇。为了抓住机遇、迎接挑战，有必要从国际法和国内法两个层面采取相应的法律对策。② 其中最主要的一点是，中国要想在世界范围内的环保浪潮下保护中国的利益并实现中国的进一步发展，就必须进一步积极参与国际环境规则的制定以及贸易措施的讨论等各种国际立法活动。③

第三节　总结与展望

除了以上较为详细地介绍的研究领域，中国学者对于国际环境法的实施④、国际环境法责任⑤等国际环境法基本理论以及海洋环境保护⑥、国际贸易中的绿色壁垒⑦等问题也都有比较集中的研究成果，由于篇幅所限，另有很多成果甚至无法简短提及。所有这些研究成果表明，中国学者经过

---

① 秦天宝：《世界贸易组织关于环境保护的法律与实践》，载《国际论坛》2000 年第 1 期。

② 王曦、秦天宝：《入世对中国环境保护的影响及其法律对策》，载《甘肃政法学院学报》2000 年第 3 期。

③ 孟飞：《WTO 新议题：环保与贸易及中国的对策》，载《云南财贸学院学报》（社会科学版）2003 年第 3 期；万霞：《对环境与贸易国际法律问题的初步研究——兼论中国加入 WTO 面临的相关问题与对策》，载《外交学院学报》2001 年第 2 期。

④ 例如，毛庆国、吴有妹：《论国际环境条约在中国各法域的适用》，载《可持续发展国际环境法学国际研讨会论文集》1999 年；王健：《国际环境争端解决机制探讨》，载《可持续发展国际环境法学国际研讨会论文集》1999 年。

⑤ 例如，李伟芳：《国际环境责任法律问题初探》，载《法学》1997 年第 7 期；赵建文：《越境转移危险废物的国际责任》，载《中国法学》1997 年第 6 期；赵秉志、王秀梅：《国际环境犯罪与国际刑事责任的承担》，载《法学》1998 年第 4 期；江伟钰：《跨国污染构成国家责任和国际赔偿责任初探》，载《世界环境》2000 年第 3 期；刘丹、赵军：《国际环境污染问题中的国家责任》，《当代法学》2000 年第 3 期。

⑥ 例如，何卫东：《跨界海洋污染损害国家责任》，武汉大学 2000 年博士学位论文；宿涛、刘兰：《海洋环境保护：国际法趋势与国内法发展》，载《海洋开发与管理》2002 年第 2 期；陈小云、屈广清：《当代国际海洋环境保护法完善之理论考量》，载《河北法学》2004 年第 1 期。

⑦ 例如，张梓太：《"绿色贸易壁垒"成因探析》，载《法学杂志》1997 年第 5 期。

多年的努力与发展，已出版了一批较好的教材和专著，发表了大量专业性较强的学术论文；拥有了一支年富力强的研究队伍，为将来的发展打下了基础；对于国际环境法的基础理论和重要的专题领域都进行了较为广泛、深入的研究、取得了相当的发展；同时，国际环境法学领域的国际交流增多，在国际上产生了一定的积极影响。可以说，在中国已经建立了较为完善的国际环境法学学科体系。

总体而言，中国的国际环境法学研究有如下几个主要特点：首先，中国学者对环境问题的研究体现出较强的交叉学科特点，不仅是在国际法学与国内法学之间的交叉，也是在法学与环境科学之间的交叉、在国际关系学与国际法学之间的交叉。这是由环境问题的客观特性和规律决定的，中国的国际环境法学研究也体现了这一特点。其次，中国的国际环境法学研究具有很强的时代性和现实性，极为关注国际环境问题和中国环境保护事业的具体发展，能够随时针对出现的新现象、新问题进行研究。再次，中国国际环境法学具有较强的实践性，这不仅体现在国际环境法的研究一直受到国家有关部门的高度重视，也体现在学者的研究为中国参与国际环境法律活动、发展国内环境法律制度提供了有力的理论根据和支持。最后，中国国际环境法学是整个国际法学中，发展最为迅速的领域之一，这一方面是由于国际环境法本身在最近 30 多年间有了很大的变化，另一方面也是因为中国学者付出了很大的努力。

但是，中国的国际环境法学还存在一定的缺陷和不足，需要在将来的发展中加以克服和弥补。第一，在国际法学领域中，国际环境法学依然比较边缘化，很多研究国际法中的环境问题或环境问题的国际法方面的，是在通常意义上所说的国内法领域中的环境法学者。为此，需要进一步打破国际法与国内法的界限，对国际环境法律问题进行更为全面的、综合的研究。再推而广之，应继续加强对环境问题的交叉研究，加强与环境问题有关的各学科之间的交流，并培养更多的复合型人才。第二，研究的问题还不够全面，研究的方法还不够科学。例如，对于国际环境法领域中的"软法"以及国际环境法律实践，有关研究还相当不充分；还例如，很多研究局限于对有关国际环境法律问题的浅显介绍的层次上，并没有能够对所涉问题进行更为深入的研究或取得理论上的突破，实证性的研究成果也不多。这都是需要在今后的研究中加以改进和提高的。第三，在国际上的影响较小。中国学者就环境法律问题在国外出版的著作、发表的文章数量极少，这与中国的国际地位以及中国在环境问题中取得的成就、发挥的作用是极不相称的。第四，目前的人才培养还远远不能满足需要。全国能培养国际环境法专门人才的高校和机构数量很少，开设成规模的国际环境法课程的高校也不多，国际环境法学在各高校和研究机构中的地位也不高，这都使得国际环境法领域的人才培养非常艰难。因此，加大对国际环境法学科发展的支持，加强科研梯队建设和专门人才培养，增进各高校和研究机构间的交流与合作，形成高素质的国际环境法学研究群体，应该是今后努力的一个方面。

从中国国际法学以往 60 年的发展过程，特别是国际环境法学最近 30年的巨大进步可以看出，中国的国际环境法学有能力在理论研究上取得更大、更多的突破，对于国际环境法律发展和中国的环境法律建设作出更大、更多的贡献。

第 七 章

国际法上的居民

新中国成立 60 年来，我国的国际法学界借鉴现代国际法理论和实践，结合我国的具体情况，对于涉及国际法中居民的法律问题开展了深入的研究，并为我国相关法律的制定与实施、解决对外交往中的法律问题作出了贡献。

第一节　国籍

我国国际法学者对于国籍涉及的法律问题从不同角度进行了研究。

一　国籍的定义

周鲠生教授对于国籍做了如下定义："从国际法的观点说，一个人的国籍是他同一个国家的永久法律联系，基于这个联系，他服从国家（国籍国）的属人优越权，对国家负有效忠的义务，而在国际方面享有国家的外交保护。"[1] 这个定义对于中国国际法学者研究国籍问题产生了深刻影响。

王铁崖教授主编的《国际法》中对国籍的定义是："国籍是指一个人属于某一个国家的国民或公民的法律资格。具有一国国籍的人，与其国籍所属的国家有着稳固的法律联系，基于这种法律联系，他接受该国的法律管辖，享有和承担该国法律为本国人们规定的权利义务。同时，这种法律联系也是国家对本国公民实行外交保护的法律依据。"[2] 该定义指明了国籍对国家和个人所产生的法律效果和意义，为我国国际法学界广为接受和援引。

李浩培教授的《国籍问题的比较研究》，是我国研究国籍制度的里程

---

[1]　周鲠生：《国际法》（上册），商务印书馆出版 1976 年版，第 248 页。
[2]　王铁崖主编：《国际法》，法律出版社 1995 年版，第 167 页。

碑。李浩培教授指出："国籍直接同国家的利益有重要关系，因为它确定任何国家所不能缺少的人口；如果一国的国籍法对国籍的规定并不妥善，就会对它发生不利的影响。"① 在这一思想指导下，该书对于国籍的取得、丧失、国籍的冲突以及冲突的防止和消除等法律问题均予以论述，并通过比较研究的方法，对世界各国国籍立法进行了介绍、总结，为制定1980年我国《国籍法》做出理论上的准备，该书系新中国成立以来我国第一部论述国籍问题的法学专著。

二　国籍的取得和丧失

针对国籍取得的法律问题，周鲠生教授指出："最大多数的人是本生的国民，他们依出生取得国籍。在何种条件下出生的儿童成为本国的国民是国籍法上一个根本重要的问题。而关于这个问题，各国法律所采取的原则，有的是血统主义，有的是出生地主义……第二种取得国籍的方式是归化（入籍）。广义的归化指外国国民或无国籍的人取得一国的国籍。这可以实现于各种不同的情况。婚姻是取得国籍的一种主要方式……最后尚有一种归化，即由归化的外人申请，取得归化的许可。这是狭义的、严格意义上的归化，是主要而通行的使得外人取得一国国籍的方式。"②

李浩培教授将国籍分为原始国籍和继有国籍两大类，这两类国籍代表了两种取得国籍的法律形式，他强调说："在一个人取得原始国籍以前，他原来是没有国籍的，所以原始国籍有创始的性质。在一个人取得继有国籍以前，他已经取得了原始国籍，所以继有国籍有更新的性质，它意含着国籍的变更。"③

谈到国籍取得的问题时，王铁崖教授强调了加入取得国籍的多样性，即除了申请入籍、婚姻、收养等原因可以取得国籍外，还可以由于认领（对非婚生子女）、领土转移、选择、取得住所等方式实现。④

关于国籍的丧失，周鲠生教授指出："一个人的国籍也是可以丧失的。各国法律规定有丧失国籍的各种不同情况或条件。有的国家准许本国人有自请脱籍的权利，个人脱籍的请求得到许可后即丧失原国籍。有的国家基

① 李浩培：《国籍问题的比较研究》，商务印书馆1979年版，第6页。
② 周鲠生：《国际法》（上册），商务印书馆1976年版，第250—252页。
③ 李浩培：《国籍问题的比较研究》，商务印书馆1979年版，第45页。
④ 王铁崖主编：《国际法》，法律出版社1995年版，第172页。

于某些理由，如个人继续居住国外或对国家不忠，剥夺本国人的国籍。又有的国家如美国（依 1952 年国籍法）认为在外国归化的结果当然丧失国籍。又依有的国家的法律，一个女子与外国人结婚即丧失国籍。"①

王铁崖教授则强调了国籍的丧失与国籍的取得之间的关系，他指出："一般地说，取得新国籍与丧失旧的国籍有着密切联系，取得国籍的几种情况（入籍、婚姻、收养及其他方式）均可能引起国籍的丧失。"②

李双元、蒋新苗两位学者所著《现代国籍法》成为李浩培教授《国籍问题比较研究》一书问世后另一本关于国籍问题的重要专著。该书的一大学术创新点在于，将国籍问题的研究不仅限于自然人的国籍，而是将法人、船舶及民用航空器的国籍问题纳入研究范围，作者指出："过去在讨论国籍问题时，包括李先生的这部经典之作在内，多仅限于自然人，而关于法人、船舶及民用航空器等主体或准主体的国籍制度，则只在相关的立法或著述中分别零散地加以涉及。但因国际交往的日益发达，法人、船舶及民用航空器却常常涉及国际上的管辖权与各种法律地位上的待遇制度等与国籍有着直接关系的问题。"③ 此书将研究范围扩大至法人、船舶以及民用航空器的做法，适应了我国对外开放事业蓬勃发展、涉外经济法律事务增多的新形势要求，该书的出版标志着中国学术界对国籍问题的研究逐步走向深入。

三 国籍冲突之解决

国际法学界将国籍冲突分为积极冲突和消极冲突两种情况。国籍的积极冲突，是指一个人同时具有两个或两个以上国籍。我国学者认为，双重（多重）国籍是一种不正常的法律状态。陶正华教授指出："双重国籍既使双重国籍人由于必须同时向两个国籍国履行义务而处于困境，又因两个国籍国都对之行使管辖权和保护权而使有关国家间经常发生纠纷。"④ 在涉外民事关系法律适用法上，双重国籍不仅给自然人民事主体资格的确定和民事权利的保护带来许多不便，也给国际民事关系的法律适用带来许多困难。

---

① 周鲠生：《国际法》（上册），商务印书馆 1976 年版，第 253 页。
② 王铁崖主编：《国际法》，法律出版社 1995 年版，第 172 页。
③ 李双元、蒋新苗主编：《现代国籍法》，湖南人民出版社 1999 年版，第 2 页。
④ 陶正华：《中国公民双重国籍问题研究》，载于《国际法研究》第二卷，第 14 页，中国人民公安大学出版社 2008 年版。

　　周鲠生教授在 20 世纪 60 年代曾指出，鉴于各国立法的分歧和国际协议的困难，在现今情况下，解决双重国籍问题还是由有关国家依双边协定作个别解决较为切实可行。① 陶正华教授认为，这一论断至今并未过时。②

　　新中国成立后，我国政府对于世界各国的华侨国籍问题，在坚持和平共处五项原则的基础上，通过友好协商、缔结双边条约的方式加以解决。此间，李浩培教授发表了《东南亚华侨的双重国籍问题》论文，为我国政府成功解决华侨国籍问题提供了重要理论依据。③

　　1955 年，中国与印尼两国政府经多次谈判缔结了《中华人民共和国和印度尼西亚共和国关于双重国籍问题的条约》，明确一人一个国籍的原则，采用自愿选择国籍的方式，对消除历史上遗留下来的双重国籍问题和避免今后发生此类现象作出具体规定，解决了中国印尼国家关系上的一个困难问题。李浩培教授指出，这个条约的签订表明中国政府解决华侨双重国籍问题的决心，在国家间防止国籍积极抵触的问题上做出了创造性的贡献。④此后，中国政府又同马来西亚、菲律宾、泰国、缅甸等国家协商并达成了解决华侨双重国籍问题、边民国籍问题的协议，增进了与这些国家之间的信任和友谊。⑤

　　1980 年 9 月 10 日，新中国第一部国籍法《中华人民共和国国籍法》由第五届全国人民代表大会第三次会议通过，并于同日公布实施。我国学者认为，该法既继承历史传统、又与时俱进，既吸收了国际上国籍立法的成功经验、又考虑到中国的具体国情，是一部具有中国特色的国籍法。陶正华教授指出："《国籍法》总结了新中国成立 30 年来中国政府处理国籍问题的原则和经验，考察了国际上有关国籍问题的立法和实践，全面考虑了国籍问题的复杂性和中国当时处理国籍问题面临的主要任务，正确规定了中国处理国籍问题的基本原则，并对国籍的具有、取得、丧失、恢复以及有关程序等作了明确具体的规定。它是一部符合中国国情并代表国际进

　　① 周鲠生：《国际法》（上册），商务印书馆 1976 年版，第 262、263、266 页。
　　② 陶正华：《中国公民双重国籍问题研究》，载于《国际法研究》第二卷，第 17 页，中国人民公安大学出版社 2008 年版。
　　③ 李浩培：《李浩培文选》，法律出版社 2000 年版，第 727—744 页。
　　④ 李浩培：《国籍问题的比较研究》，商务印书馆 1979 年版，第 228 页。
　　⑤ 陶正华：《中国公民双重国籍问题研究》，载于《国际法研究》第二卷，第 21 页，中国人民公安大学出版社 2008 年版。

步方向的社会主义类型的国籍法。"①

对于备受关注的双重国籍问题，我国学者认为，尽管《国籍法》规定了不承认双重国籍的法律原则，但中国公民具有双重国籍的现象不可能彻底消除和防止，因为双重国籍问题涉及两个国家，不是仅仅由其中一个国家颁布国籍法做出某些规定就可以完全解决的。对于那些按照国籍法不能单方面解决的中国公民双重国籍问题，必须通过与有关国家进行外交协商、订立双边条约的办法予以解决。②

中国实施对外开放后中国公民的双重国籍问题更加复杂，因此，在坚持现行国籍法基本原则的前提下，应根据当前国内外形势的发展对国籍法进行适当修订，并以法规形式制定某些变通办法，使我国处理双重国籍问题的法律原则与规定更加合理、科学和可行。③

近些年，国内各界对"不承认双重国籍"原则的去留问题发生了争论。随着我国改革开放事业的不断深入，广大海外华人、华侨回国置业、投资、就学、定居等事务日益增多，许多身居国外的中国移民、留学生等纷纷表示，他们在加入别国国籍时不愿意放弃中国国籍，希望国家考虑形势的变化，取消《国籍法》中不承认双重国籍的规定，正式承认他们的双重国籍。在此背景下，一些学者、社会人士或团体多次建议立法机关取消《国籍法》中不承认双重国籍的规定，一些政协委员以及民建中央等团体还向全国政协提出若干建议案，主张修改《国籍法》的上述规定、承认双重国籍。④ 对此，一些国际法学者提出质疑。他们认为，在当前情况下，承认双重国籍不符合中国国情，也不符合国际法原则，因此反对取消《国籍法》中不承认双重国籍的原则和规定。

总的来说，建议承认双重国籍的学者认为，广大中国移民、留学生期望双重国籍，其中有感情的因素，更有利于大量引进海外华裔人才、技术、资金和管理经验。目前，中国出国留学人员按保守估计已有 100 多万

---

① 陶正华：《中国公民双重国籍问题研究》，载于《国际法研究》第二卷，第 22 页，中国人民公安大学出版社 2008 年版。

② 同上书，第 26 页。

③ 同上书，第 37 页。

④ 1999 年全国政协九届二次会议上，12 名政协委员曾联名提出"关于撤销'不承认中国公民具有双重国籍'规定的建议案"；2005 年全国政协十届三次会议上，来自民建中央的全国政协委员提交的编号为 545 的提案也建议修改《国籍法》，承认双重国籍。

人，再加上新中国成立以来移居国外的人口，包括大量的技术移民，也有
几百万人之多。这批人熟悉外国文化，掌握现代科学技术和管理知识，是
各国竞相争夺的人才。但对于吸引更多的留学人才来说，由于国籍的限
制，使他们不能自由方便地回到中国来，在签证、定居、人才回流后的家
庭安排、子女读书、创业办公司和服务的手续等方面，仍然很是烦琐，如
果承认这些人的双重国籍，则会给他们提供更大便利，有利于国家吸引海
外人才回国支援国家建设。还有学者提出，承认双重国籍将有利于增强中
华民族凝聚力。对承认双重国籍国家的中国移民，允许其自愿保留中国国
籍，不仅可以激励中国移民身居海外，胸怀祖国，以主人翁姿态维护祖国
利益，而且还可以吸引海外移民以公民身份对国家事务发表意见，为民族
振兴献计献策，同时还有助于建立海外爱国统一战线。基于以上因素，许
多人士和团体主张修改《国籍法》、取消不承认双重国籍的规定。①

对于以上建议和呼吁，陶正华教授提出反对并撰文指出："不承认双
重国籍，是新中国成立后中国政府的一贯主张和立场，在实践中也取得了
很好的效果。"② 陶教授之所以反对此议，主要基于以下理由："第一，人
人都有国籍而且应只有一个国籍，已成为公认的国际法原则。如果中国从
不承认双重国籍的原则后退而承认中国公民可以具有双重国籍，在国内法
和国际法上都是一种倒退行为，将会损害中国政府的国际形象；第二，
《国籍法》集中反映了中国政府处理双重国籍的一贯政策与多年的实践和
经验，如果现在承认中国公民可以具有双重国籍，不仅推翻了《国籍法》
的一项基本原则，实际上也就否定了新中国成立以来中国政府处理双重国
籍问题的政策、实践及其历史意义；第三，不承认双重国籍有利于中国处
理和发展与有关国家之间的关系，如果现在承认中国公民可以具有双重国
籍，将使中国与有关国家在对这些双重国籍人行使管辖权和保护权上产生
冲突，引起有关国家对中国的疑虑和恐惧，并容易被国际敌对势力利用作
为反华的一个借口；第四，允许中国公民具有双重国籍对中国国家利益有
害而无益，在政治上无益于中国的对外关系，在经济上不会给中国带来更
大好处；第五，中国公民具有双重国籍，除回国和在国内时取得某些便利

---

① 翁里：《国际移民法理论与实践》，法律出版社 2001 年版，第 227—228 页。
② 陶正华：《中国公民双重国籍问题研究》，载于《国际法研究》第二卷，第 27—35 页，中
国人民公安大学出版社 2008 年版。

外，对其本人并无太大好处，相反他们由于必须同时向两个国籍国履行义务而处于困境。"①

面对广大海外中国移民、留学生回国创业、投资、定居，甚至参政、议政等有利于祖国现代化建设的行为，国家可通过对此类人士予以精简出入境手续、给予永久居留权等方式加以解决，而"不承认中国公民具有双重国籍"的《国籍法》原则必须坚持。

第二节 外国人的法律地位以及引渡和庇护问题

一 外国人的法律地位问题

外国人法律地位的核心问题之一是外国人的待遇标准问题，究竟应当给予外国人何种待遇，国际法上并没有统一的规定。

新中国成立前，帝国主义在华特权泛滥，我国许多学者对于外国人的特殊待遇十分反感，因而大多支持国内标准主义，反对西方国家的国际标准主义。周鲠生教授的观点具有代表性，他认为如果在处理外国人的事件上给予了外国人与本国人的平等待遇和保护，国家就不承担任何责任。②改革开放后，随着我国对外交往的日益增多，外国人在华待遇日益多样化，我国学者提出一些创新观点，梁淑英教授认为："实践证明，片面地、绝对地强调任何一种标准的结果，都无益于维护国家的平等和外国人的权益，并且损害国际交往与合作。"③她指出："如何正确认识和理解外国人待遇标准呢？我们认为各国在遵守一般国际法的原则基础上，应通过签订条约或协定，或通过其他形式，承担有关外国人待遇的国际义务，这些义务的承担就是确定外国人待遇内容的标准，国家违反这一标准则应承担国际责任。"④

从我国政府签订的双边条约、多边条约的法律实践来看，在涉及外国人待遇问题上我国主要采纳了国民待遇、最惠国待遇两种方式。梁淑英教授1997年发表的《外国人在华待遇》一书研究并总结了我国关于外国人

---

① 陶正华：《中国公民双重国籍问题研究》，载于《国际法研究》第二卷，第27—35页，中国人民公安大学出版社2008年版。

② 周鲠生：《国际法》（上册），商务印书馆1976年版，第282页。

③ 梁淑英：《外国人在华待遇》，中国政法大学出版社1997年版，第24页。

④ 同上书，第25页。

地位的立法、司法和行政管理的实践，不仅涉及外国公民在华待遇，而且还涉及外国人在华投资、房地产投资、证券交易、知识产权保护、涉外保险、外国人在华婚姻家庭关系、继承关系、对外司法协助等广泛领域，该书系我国研究外国人待遇问题的代表性著作。①

二　引渡问题

周鲠生教授指出："引渡是指国家把一个当时在其国境内而被他国指控为犯罪或判刑的人，依该国的请求，移交该国审判或处罚。在国际法上，国家有驱逐外国人的权利，国家却没有引渡罪犯的义务，除非它根据条约承担了这种义务。在没有条约约束的情况下，国家要不要向他国引渡罪犯，在何种条件之下引渡罪犯，完全是它根据主权可以自由决定的事。"②

我国学者认为，引渡需要以下几个法律上的必备要素：1. 居住在居留国的外国人受到他国的追捕、通缉或审判；2. 对该外国人行使刑事管辖权的国家提出正式的引渡请求；3. 该外国人所在居留国与该请求国之间存在引渡条约，而该项引渡请求符合引渡条约规定的条件。除此之外，我国学者还主张引渡外国人应遵循国际上的"双重归罪原则"，即外国引渡请求所列举的行为依照该外国法律和我国法律规定均构成犯罪。若依双方任何一方的法律规定，请求所举行为不构成犯罪，则我国不应引渡。③

在我国决定是否引渡外国人的问题上，梁淑英教授建议，应遵循两项原则："一是引渡外国人不得损害我国的主权、安全和社会公共利益。凡有损我国主权、安全和社会公共利益的引渡请求，均应拒绝……二是引渡外国人按对等原则进行，即任何外国对我国的引渡请求加以限制的，我国在引渡时也加以限制。"④ 此外，梁教授提出，在符合"双重归罪原则"的前提下，我国决定引渡外国人还须符合以下两个条件之一："1. 对旨在追究犯罪嫌疑人刑事责任的引渡请求，请求国的法律和我国法律就该项请求所依据的犯罪规定最高刑罚应达到一定的期限；2. 对旨在对罪行执行刑罚的引渡请求，则按请求国法院所作判决，对该犯罪尚未执行的刑期至少

---

① 梁淑英：《外国人在华待遇》，中国政法大学出版社 1997 年版。

② 周鲠生：《国际法》（上册），商务印书馆 1976 年版，第 304—305 页。

③ 梁淑英：《外国人在华待遇》，中国政法大学出版社 1997 年版，第 173 页。

④ 同上书，第 172 页。

为 6 个月有期徒刑。"①

三　庇护问题

周鲠生教授认为："就其一般意义说，庇护是指国家对于因被通缉或受迫害而来避难的外国人，许其入境和居留，给予保护。在国际法上庇护权是指国家有给予个人庇护的权利，不是指个人有受庇护的权利……具体地说，庇护的对象主要是政治犯，所以一般叫做政治避难。"② 朱奇武教授在其著作中强调说："庇护的对象主要是政治犯，而不是普通刑事犯罪。"③

与周鲠生教授的扩大解释不同，其他国际法学者也赞同朱奇武教授的观点，认为庇护就是针对政治犯而产生的。朱荔荪教授指出："国际法上的庇护权是指国家有给予因政治原因遭受追诉的外国人以庇护的权利。国家根据自己的政策和法律，准许因政治原因遭受追诉而来避难的外国人入境、居留，并给予保护。"④ 魏敏教授认为："庇护是指一国对于那些因政治理由而遭受追诉的外国人，准其入境、居留、给予法律保护，并拒绝将其引渡给任何国家。"⑤ 此外，他强调说，庇护是一国主权范围内的事，一般由国内法加以规定。⑥ 梁西教授认为，庇护也应被称为"领土庇护"，因为它是国家的属地优越权引申出来的一项权利。

国际法学者曾经提出所谓的域外庇护制度。对于域外庇护或外交庇护，我国学者一般持反对态度，认为域外庇护或外交庇护尚未形成一项国际法规，我国既不实行域外庇护，也反对别国在我国境内行使域外庇护权。梁淑英教授认为："我国接受政治避难的人仅限于中国境内，拒绝在中国驻外的使、领馆及其他享有特权与豁免的机构寻求避难的人。"⑦

我国《宪法》第 32 条规定："中华人民共和国对于因为政治原因要求避难的外国人，可以给予受庇护的权利。"这是我国政府实施庇护的最高法律依据。与此同时，我国学者指出："在华避难的外国人与一般外国人

---

① 梁淑英：《外国人在华待遇》，中国政法大学出版社 1997 年版，第 174 页。

② 周鲠生：《国际法》（上册），商务印书馆 1976 年版，第 308 页。

③ 朱奇武：《中国国际法的理论与实践》，法律出版社 1998 年版，第 261 页。

④ 朱荔荪等：《国际公法》，中央广播电视大学出版社 1985 年版，第 108 页。

⑤ 魏敏等：《国际法概论》，光明日报出版社 1986 年版，第 251 页。

⑥ 同上。

⑦ 梁淑英：《外国人在华待遇》，中国政法大学出版社 1997 年版，第 169 页。

地位相同，他们在中国居留要服从中国的管辖，遵守中国法律，享有与外国人相同的待遇，他们不得从事违反联合国宗旨和原则的活动，包括不得从事反对其本国的活动。"①

---

① 梁淑英：《外国人在华待遇》，中国政法大学出版社 1997 年版，第 169 页。

第 八 章

国际人权法

无论在世界还是在中国，国际人权法学都是一门新兴学科。在世界范围内，这一学科是随着国际人权法的出现和发展而兴起和繁荣的；在中国，这一学科则是随着政府和民众的人权观念的改变、尊重和保障人权事业的进步以及对于国际人权活动的参与，作为范围更大的人权研究的一部分而发展起来的。本章简要回顾了中国国际人权法学发展的历史进程，介绍和总结了中国国际人权法学领域中代表性、前沿性的研究成果，并在此基础上展望了这一学科的未来发展。

第一节　中国国际人权法学的发展

与其他许多国际法学部门不同，中国的国际人权法学的发展不仅与世界范围内国际人权保护的进程有关，而且受到国内氛围的强烈影响。因此，有必要追溯人权理论在中国的发展过程，以便了解中国的国际人权法学是在怎样的背景中发展起来的。

对于中国的人权事业和人权理论的发展阶段，曾提出过不同的划分和讨论，① 但大致而言，可以说有三个主要阶段。第一个阶段是从 1949 年到 1978 年，即从新中国建立到改革开放之前。"新中国成立后，中国政府和人民开展了一系列规模宏大的运动，迅速荡涤了旧社会遗留下来的污泥浊水，建立了促进和保护人权的基本社会政治制度，使国家和社会的面貌焕然一新，开创了中国人权发展的新纪元。"② 但也是在这一时期，尤其是在

---

① 参见陈佑武：《中国人权意识三十年发展回顾》，《广州大学学报》（社会科学版）2008 年第 7 期；曲相霏：《改革开放 30 年我国人权原理主要学说回顾》，《人权》2009 年第 4 期。

② 国务院新闻办公室：《中国人权发展 50 年》2000 年 2 月。

"文化大革命"时期，中国的法制遭到严重破坏，人权也被严重践踏。这个阶段人权概念没有被中国的法学理论所接受，因此也基本没有任何对人权的研究或国际人权法学可言。①

第二个阶段是从 1978 年到 1991 年。在这一阶段早期，曾经出现过一个争论人权究竟"姓资姓社"问题的高潮。大多数讨论者对人权这一概念持否定态度，认为这是资产阶级的口号和意识形态。② 但是，也有一些学者提出要客观、公正地对待作为一个历史的范畴的人权，不能简单、武断地将人权视为资产阶级口号，无产阶级也可以而且应该使用人权口号。③ 随着争论的深入，马克思主义也讲人权、无产阶级也重视人权的观念逐渐得到了普遍接受。从 1988 年到 1990 年，又一次出现了人权理论研究的高潮。在这一时期，学者除了对马克思主义和无产阶级人权观进行论证，对资产阶级人权观进行批判外，还涉及了很多其他方面，特别是人权与国际政治的关系问题。可以说，这一阶段中，在全国范围内对人权问题进行了非常热烈的讨论，对于此后的研究打下了一定的基础。④ 但是，这一阶段的人权理论的总体研究状况是不到位的，很多关于人权问题的理论禁区无法突破。⑤

中国学者在这一阶段也开始了对国际人权问题的研究。早在 20 世纪 80 年代初，就有学者撰文介绍了国际法中的人权保护问题。⑥ 其中，李泽锐教授于 1983 年在《中国国际法年刊》上发表的《关于国际人权法的理论探讨》一文

---

① 相关介绍和论述，见罗玉中、万其刚、刘松山：《人权与法制》，北京大学出版社 2001 年版，第 228—247 页；莫纪宏等：《人权法的新发展》，中国社会科学出版社 2008 年版，"前言"第 2 页。

② 例如，《"人权"不是无产阶级的口号》，《北京日报》1979 年 3 月 22 日；《"人权"是资产阶级的口号》，《文汇报》1979 年 4 月 8 日；《"争取人权"决不是无产阶级的口号》，《广州日报》1979 年 5 月 7 日；肖蔚云等：《马克思主义怎样看"人权"问题》，《红旗》1979 年第 5 期。

③ 例如，蓝瑛：《"人权"从来就是资产阶级的口号吗？——同肖蔚云等同志商榷》，《社会科学》1979 年第 3 期；吴大英、刘瀚：《对人权要作历史的具体的分析》，《法学研究》1979 年第 4 期。

④ 对这一阶段的更为详细的介绍和分析，见李林、朱晓青：《十一届三中全会以来人权问题讨论概要》，载中国社会科学院法学研究所主编：《当代人权》，中国社会科学出版社 1992 年版，第 375—379 页。

⑤ 参见郭道晖、李步云、郝铁川主编：《中国当代法学证明实录》，湖南人民出版社 1998 年版，第 176 页。

⑥ 例如，俞晓：《国际法人权问题简介》，《法学杂志》1980 年第 3 期；史达心：《论人权和人权的国际保护》，《安徽大学学报》1982 年第 3 期；沈宝祥：《关于国际领域的人权问题》，《红旗》1982 年第 8 期。另外，在王铁崖主编的高等学校法学教材《国际法》（法律出版社 1981 年版）中，也以专节讲述了国际法上的人权问题，见该书第 261—269 页。

是这一阶段中国学者研究国际人权法的代表性著作，文中首先提出了研究国际人权法的重要意义，然后从联合国人权文件角度分析了人权法的三个组成部分即"自决权法"、"发展权法"和"个人人权法"的性质以及个人人权法的执行问题，最后讨论了国际人权法与不干涉内政的关系问题——这是中国学者对这一问题的最早讨论。① 在结论中，作者明确地提出，"就世界范围而言，当前国际社会中最基本的人权是第三世界国家人民的发展权"，此时距联合国大会通过《发展权宣言》还有三年，显示出了作者的远见卓识。在这一阶段，有两个纪念日也促使中国学者关注国际人权法的发展：1986 年是联合国人权两公约通过 20 周年，一些学者撰文对该两公约进行了介绍；② 1988 年则是《世界人权宣言》通过 40 周年，中国学者不仅讨论了《世界人权宣言》的意义、作用以及中国对待这一宣言的态度等问题，还从国际法的角度论述了国际人权的产生与发展、理论与实践以及中国在国际上对人权问题的原则和立场。③ 在此阶段值得一提的一项重要成果是，有学者汇集出版了国际和国内的重要人权文书，④ 为中国的人权研究工作打下了宝贵的资料基础。不过，总体而言，这一阶段中国的国际人权法研究依然处于起始阶段，以介绍为主，⑤ 但也涉及了一些此后成为热点的问题和领域，例如国际人权保护与国际主权的关系问题。⑥

---

　　① 在这一阶段，就此问题的专门论述还可见吴慧：《不干涉内政原则与人权的国际保护的关系》，《安徽大学学报》1990 年第 1 期；刘文宗：《论人权与不干涉他国内政》，《外交学院学报》1990 年第 2 期；郑勇：《国际人权问题的起源与发展——兼论人权国际保护与不干涉内政的关系》，《中国法学》1990 年第 4 期。

　　② 例如，徐宏：《尊重基本人权，要求社会进步：纪念〈经济、社会和文化权利国际公约〉和〈公民权利和政治权利国际公约〉通过二十周年》，《中国法制报》1986 年 12 月 15 日；张大昕：《国际人权公约简介》，《中国法制报》1986 年 12 月 15 日；邵津：《高举人权旗帜：纪念联合国两个人权公约通过二十周年》，《世界知识》1986 年第 23 期。

　　③ 例如，马骏：《〈世界人权宣言〉简介》，《法制日报》1988 年 11 月 7 日；魏敏：《探讨有关人权的几个问题：纪念〈世界人权宣言〉通过四十周年》，《人民日报》1988 年 12 月 3 日；郑勇：《国际人权保护的重要文献：纪念〈世界人权宣言〉通过四十周年》，《法制日报》1988 年 12 月 7 日；刘楠来：《〈世界人权宣言〉的诞生及其意义》，《人民日报》1988 年 12 月 8 日；马骏、赵理海：《〈世界人权宣言〉四十周年》，《人民日报》1988 年 12 月 10 日；朱奇武：《纪念〈世界人权宣言〉四十周年》，《政法论坛》1989 年第 1 期。

　　④ 董云虎、刘武萍主编：《世界人权约法总览》，四川人民出版社 1990 年版；董云虎、刘武萍编：《世界人权约法总览》（续编），四川人民出版社 1993 年版。

　　⑤ 例如，赖彭城、袁铮：《重视当代国际人权的研究》，《当代法学研究》1988 年第 2 期；郑勇：《论国际人权的几个问题》，《未定稿》1988 年第 9 期；田进：《国际人权活动的发展和存在争议的问题》，《国际问题研究》1989 年第 1 期；王作龙：《关于国际法人权若干问题的探讨》，《青海法学》1989 年第 3 期；张海鸥：《略论国际法上的人权问题》，《中央政法管理干部学院学报》1990 年第 1 期。

　　⑥ 例如，邱在珏：《国际人权保护和国家主权原则》，《河北法学》1985 年第 4 期。

　　第三个阶段从 1991 年至今。20 世纪 80 年代末，中国面临着极为复杂、严峻的国际人权斗争局面，人权理论工作亟待加强。1991 年的有关进展标志着中国的人权研究进入了一个新的发展时期：3 月 2 日，中宣部召开了人权问题座谈会，传达了中央领导对研究人权的高度关注，组织落实了一系列人权项目的研究工作；《中国法学》1991 年第 3 期发表了一篇《深入开展人权与法制的理论研究》的评论员文章；11 月 11 日，国务院新闻办公室发表了《中国的人权状况》白皮书。中国在人权问题上的研究禁区自此被真正打破，研究的广度和深度都有了极大的发展，进入了一个高速发展的时期。法学成为研究人权问题的一个最重要学科，人权也成为包括国际法学在内的整个法学学科的一个热点领域。[①] 在这一阶段中，中国的人权法治建设方面的一些进步和成就也极大地推动了人权研究的发展，其中最主要的就是 1997 年和 1998 年分别签署了《经济、社会和文化权利国际公约》与《公民权利和政治权利国际公约》这两项最重要的国际人权条约并于 2001 年批准了前者，以及 2004 年 3 月 14 日第十届全国人民代表大会第二次会议通过修正案，将"国家尊重和保障人权"写进了《中华人民共和国宪法》第 33 条。中国在国际人权法研究领域的主要成就，也是在这一阶段取得的。

第二节　中国国际人权法学研究中的重点问题

　　人权研究的范围极其广泛，涉及哲学、社会学、历史学、国际关系学等几乎所有人文社会科学领域。由于人权与法律的紧密联系，因此法学对人权的研究又是最重要的。即使在法学领域，也涉及人权的不同方面和不同领域。如果以研究对象区分，对人权的研究大致可以分为对人权基本理论的研究、对具体人权的研究以及对人权保障和实施机制的研究；如果以涉及的法律领域分类，则可以分为涉及国际法和不涉及国际法的研究，其中，涉及国际法的人权研究，即涉及国际法中有关保护和促进人权的规则和机制的研究，可以称为广义上的国际人权法学。这种广义上的国际人权

---

　　① 在 20 世纪 90 年代初，已经开始出现以"国际人权法"为题的专著，例如，郝明金：《国际人权法》，山东大学出版社 1993 年版；万鄂湘、郭克强：《国际人权法》，武汉大学出版社 1994 年版。

法学又可以略分为几类：第一类是有关国际人权法但并非对这一领域内的问题的研究，例如对人权与主权的关系、人权的普遍性与相对性、人权的分类与性质、人权与国际关系等问题的研究。这些研究在某种程度和意义上也可划归对人权基本理论的研究，对于认识国际人权法以及该领域内的许多问题，具有基础性价值。第二类是完全或主要以国际人权法领域中的某个问题——例如某一公约或权利为研究对象，而基本或较少涉及中国的相关问题的研究。第三类是从国际人权法出发，但重点在于中国的相关问题的研究，例如有关中国批准和实施国际人权公约的研究。第四类是在一般性的人权研究中，将国际人权法中的有关内容作为参照标准和论证依据的研究，这种方式多见于对具体人权的研究。这四类研究中，第二类和第三类可以归入狭义的国际人权法学，也将是本章评介的主要方面。

中国学者的研究成果，无论是在整个人权领域，还是人权法领域，还是更为狭窄的国际人权法领域，数目都是极为庞大的，而且多集中在最近20年间。因此，以下只能选择国际人权法研究中成果最为集中、观点最为突出的若干问题和著述进行评介。

一　对《世界人权宣言》的研究

1948年通过的《世界人权宣言》"作为所有人民和所有国家努力实现的共同标准"，是人权领域中最为重要的国际文书，与《联合国宪章》共同构成整个国际人权法律制度的基础。在《世界人权宣言》通过40周年纪念时，中国学者曾对其进行了较为集中的介绍和分析；在《世界人权宣言》通过50、60周年之际，中国学者又对《宣言》的诞生背景和过程、历史意义、地位和作用进行了一些针对性的研究。① 尽管《世界人权宣言》在道德和政治上具有极高的权威性，但就其法律效力，学者有不同的观点。有些学者认为《宣言》毕竟只是联合国大会的一项决议，本身并没有

---

① 例如，江国青：《保护人权：现代法治的一个主题——纪念〈世界人权宣言〉五十周年》，《外交学院学报》1998年第4期；徐宏：《当前国际人权法的一些情况和特点——纪念〈世界人权宣言〉通过50周年》，《外交学院学报》1999年第1期；王在邦、邱桂荣：《21世纪世界人权面临的挑战——纪念〈世界人权宣言〉50周年》，《现代国际关系》1998年第11期；张晓玲：《〈世界人权宣言〉与中国的人权观》，《中共中央党校学报》1998年第3期；徐俊忠：《作为历史文献的〈世界人权宣言〉》，《中山大学学报》（社会科学版）1999年第4期；张爱宁：《浅议〈世界人权宣言〉》，《政法论坛》1999年第4期；孙平华：《〈世界人权宣言〉诞生的背景和过程》，《人权》2008年第5期；刘海年：《会通中外文化　共建和谐世界——纪念〈世界人权宣言〉发表60周年》，《人权》2008年第6期。

约束力；而且，并非《宣言》中宣告的所有权利现在都已取得了习惯国际法的地位，即使一国政府对《宣言》给予高度的评价，也很难证明这些赞同就会导致该国对《宣言》内容的法律确信的存在。① 但也有学者认为，虽然《宣言》不是一项条约，但却是一份具有法律约束力的文件，是对《联合国宪章》关于人权规定的权威性解释，其中许多规定获得了习惯国际法的效力并包含了大量的一般法律原则，因此已经成为国际人权法的基石。② 但是，也有学者指出，《宣言》内容的抽象性导致了其不确定性，致使人们容易对人权内涵的理解发生歧义。③ 另外还有学者认为，《宣言》将人权总的来源归诸上天；将个人作为绝对的人权主体，不承认集体可享有人权，甚至将集体视作个人人权的对立面，忽略了发展权和集体权。④

二 对国际人权两公约的总体研究

在中国于 1997 年签署《经济、社会和文化权利国际公约》、1998 年签署《公民权利和政治权利国际公约》并于 2001 年批准前者之后，中国学者对该国际人权两公约进行了大量的研究，基本可以分为三大类——有关研究成果的数量也是依类递增的：第一类是对两公约作为一个整体的研究，第二类是对两公约作分别研究，第三类是对两公约中规定的权利或涉及的方面的具体研究。在本部分中，将着重评介第一类的研究，而后两类的研究，则将放在随后的部分中。

对于中国签署和（已经和即将）批准的人权两公约，学者们普遍持肯定和欢迎的态度。例如，有学者认为，中国签署人权两公约是为实现联合国尊重人权的宗旨和原则作出的一个重要贡献，同时表明中国认同国际人权准则的态度以及重视开展人权领域国际合作的诚意，也有利于进一步健全中国的人权保障机制和提高人权保障水平。⑤ 中国学者在对两公约的研究中，除了介绍两公约的内容和意义之外，几乎都将重点放在两公约对中

---

① 参见徐显明主编：《国际人权法》，法律出版社 2004 年版，第 63—64 页；张爱宁：《国际人权法专论》，法律出版社 2006 年版，第 117—119 页。

② 赵建文：《国际人权法的基石》，《法学研究》1999 年第 2 期。类似但有差别的观点，见白桂梅：《〈世界人权宣言〉在国际人权法上的地位和作用》，《中外法学》1998 年第 6 期。

③ 张爱宁：《浅议〈世界人权宣言〉》，《政法论坛》1999 年第 4 期。另见白桂梅：《〈世界人权宣言〉在国际人权法上的地位和作用》，《中外法学》1998 年第 6 期。

④ 范国祥：《〈世界人权宣言〉之意义与局限》，《政法论坛》2004 年第 22 卷第 2 期。

⑤ 常欣欣：《中国签署国际人权两公约的背景及意义》，《中共中央党校学报》1999 年第 1 期。

国法律制度的作用和影响上。莫纪宏在其专著中，除了介绍人权的一般理论问题、人权国际保护的历史发展及保护机制、人权在中国宪法和法律制度中的历史演变及特征以外，着重分析了两公约在中国实施应解决的问题。其中，作者分析了国际法与国内法关系的理论及其新发展，指出在实施两公约的问题上，应正确认识国际法与国内法的关系；详细分析了两公约与中国宪法的关系，指出应将两公约所保护的普遍人权有机协调地纳入到中国以宪法为核心的国内法所保障的人权体系中；详细分析了中国提交实施《经济、社会和文化权利国际公约》报告应当注意的重点以及批准《公民权利和政治权利国际公约》应当注意的重点问题，在这两部分中，还就两公约所规定的一些权利在中国国内法中的实现方式提出了具体的建议；最后，作者在介绍和分析立法目的和宗旨、法律依据、主要调整范围、结构以及主要法律原则的基础上，提出了《中华人民共和国人权保障法》的专家建议稿，其中绝大部分实体性规定参照了两公约的内容。这是中国学者提出的首份人权保障专门立法的草案，对于中国将来的人权立法工作具有一定的参考价值。①

中国学者研究两公约的一个重点，是其与中国宪法制度的比较。有学者提出，以往的比较宪法学主要是在平行的宪法制度之间进行的，而"国际人权宪章"与中国法律体系特别是宪法文本的比较则是一种纵向的比较，而且意义更为重大。作者在简要介绍了"国际人权宪章"和中国《宪法》的内容与特点之后，比较分析了这两者的人权立论逻辑，然后将人权分为不同的群类，分析了它们在"国际人权宪章"和中国《宪法》中的不同规定，最后就"国际人权宪章"在中国的实施提出了许多建议。② 批准人权两公约使中国面临着人权宪政体制与人权两公约的整合问题。在人权宪政理念上，需要对关于人权的传统主流观念重新审视；在人权宪政规范上，以批准人权两公约为契机，修正中国《宪法》公民基本权利的某些条

---

① 莫纪宏：《国际人权公约与中国》，世界知识出版社 2005 年版。关于《人权保障法》，另见莫纪宏主编：《人权保障法与中国》，法律出版社 2008 年版。关于更大范围内对国际人权公约与中国法制建设的关系，见谭世贵：《国际人权公约与中国法制建设》，武汉大学出版社 2007 年版；班文战：《国际人权法在中国人权法制建设中的地位和作用》，《政法论坛》2005 年第 23 卷第 3 期。

② 刘连泰：《〈国际人权宪章〉与我国宪法的比较研究——以文本为中心》，法律出版社 2006 年版。

款，重构中国的人权宪政体制；在人权宪政的运作上，对两个人权公约采取保留、克减措施，发挥中国宪法解释机制的功能，同时，以宪法的司法化为前提，以人权两公约作为中国司法审判的直接依据并建立宪法判例制度。① 有学者认为中国作为两个人权公约缔约国，有义务不断完善本国以宪法为核心的人权保障制度，以充分实现公约规定的各项人权。与两个人权公约的规定相比，中国人权的宪法保障在立法上比较完备，而在司法上却相对滞后，宪法诉讼在人权的宪法保障制度中仍是空白，宪法实施的监督机制尚不健全。解决这两个问题是完善中国人权宪法保障制度乃至整个人权保障制度的当务之急。② 还有学者对人权两公约缔约国的义务进行了研究。强调两个国际人权公约下缔约国的义务是多层次的，包括程序上和实体上的义务、签署行为和批准行为产生的义务、强制性和非强制性的义务、明示和默示的义务等，是一个内容丰富、结构完整的义务体系。对于缔约国来说，只有根据两个国际人权公约的不同要求来履行自身应尽的义务，才能通过履行两个国际人权公约来促进本国人权保护水平的提高。作者在总结和分析中国履行国际人权公约义务的特点基础之上指出，在中国，要正确地履行两个国际人权公约下的义务，应当采取"转换"模式，实行以我为主的人权保护策略；与此同时，应当不断提高人权保护的法治化水准，特别是应当尽量发挥宪法在保障基本权利方面的作用，建立科学和规范的人权保护体系。③

三 对《经济、社会和文化权利国际公约》的研究

尽管在中国批准《经济、社会和文化权利国际公约》之前，已经有一些泛泛的介绍性文章，但是中国学者对于这一公约及其权利和机制的研究成果主要集中在最近 10 年间。

（一）对《经济、社会和文化权利国际公约》的概述性研究

中国学者对《经济、社会和文化权利国际公约》的研究首先是从概述性的介绍开始的。葛明珍的《〈经济、社会和文化权利国际公约〉及其实

---

① 韩大元、王世涛：《"两个人权公约"与我国人权宪政体制的整合》，《法律与科学》2001年第2期。

② 田军：《两个人权公约和我国人权宪法保障制度的完善》，《国家行政学院学报》2001年第2期。

③ 莫纪宏：《两个国际人权公约下缔约国的义务与中国》，《世界经济与政治》2002年第8期。

施》在对相关理论考察的基础上，梳理了该公约的历史、结构、规定的重要经济、社会和文化权利、公约的实施机制以及对公约本身的理解和实施极其重要的权利限制的问题。① 也有若干专著对于这一公约内容的某些方面进行了专题研究，如刘海年主编的《〈经济、社会和文化权利国际公约〉研究——中国挪威经社文权利国际公约研讨文集》收录了中国和挪威学者有关这一公约的研讨会的专题论文，涉及工作权、社会保障权、适当生活水准权、妇女地位以及保留在批准这一公约中的作用等。该书所收入的专题论文既有关于公约内容的阐述，也结合中国和挪威的具体情况分析了有关方面的理论和实践问题。② 而杨松才等撰写的《〈经济、社会和文化权利国际公约〉若干问题研究》一书则从公约的起源及其基本原则、北欧国家的理论与实践、劳动基本权利、中国妇女、儿童的权利保护、中国社会保障法律制度、中国公民的最低生活保障权、公民健康权、中国残疾人的社会权利及其实现、中国公民的受教育权、文化权利的内涵及其保障的国家义务、公约的监督与执行等几个方面进行了论述。③

（二）对《经济、社会和文化权利国际公约》之下的义务的研究

对于国家在国际人权条约下的义务，曾有学者做过一番论述。④ 柳华文则以专著论述了国家在《经济、社会和文化权利国际公约》下义务的不对称性。在概括了国家在这一公约下法律义务的性质和特点的基础上，作者阐明了国家实质性义务的多层次性和丰富性以及国家程序性义务（提交报告并接受审查）的单一性和薄弱性，分析了国家实质性义务和程序性义务之间不对称性的成因，介绍了国际社会为了改变这种不对称性而进行的努力以及面临的机遇和挑战。该书通过对区域性国际人权机制和国际劳工组织人权机制的分析和比较，借鉴辅助性原则理论，对国家在该公约下义务的不对称性进行了创造性的解读，并提出了解决这种不对称性的理论见解。最后，该书还论述了国家在公约下义务的不对称性对中国人权实践的

---

① 葛明珍：《〈经济、社会和文化权利国际公约〉及其实施》，中国社会科学出版社 2003 年版。

② 刘海年主编：《〈经济、社会和文化权利国际公约〉研究——中国挪威经社文权利国际公约研讨文集》，中国法制出版社 2000 年版。

③ 杨松才等：《〈经济、社会和文化权利国际公约〉若干问题研究》，湖南人民出版社 2009 年版。

④ 参见孙世彦：《论国际人权法下国家的义务》，《法学评论》2001 年第 2 期。

启示。①

（三）对经济、社会、文化权利可诉性的研究

经济、社会和文化权利的可诉性是多年以来国际社会和国际人权学术领域极为关注的一个问题，中国学者在这一方面也进行了卓有建树的研究，其中有两本著作值得推介。

柳华文主编的《经济、社会和文化权利可诉性研究》②一书是联合国人权事务高级专员办公室和中国社会科学院法学研究所共同主办的中国有关这一主题的首次国际研讨会的论文选集，其中既载入了包括联合国经济、社会和文化权利委员会秘书在内的国外学者的文章，也收录了十几篇中国学者撰写的论文，集中展示了中国学者对经济、社会和文化权利可诉性问题的观点和成果。该书除了涉及经济、社会和文化权利可诉性问题在国际层面的标准与实践、发展与趋势之外，还着重研究了在加强经济、社会和文化权利的可诉性方面，中国存在的问题、实践的经验和发展的路径，提出了许多值得思考的建议。各位作者对促进《经济、社会和文化权利国际公约》在中国的实施，包括加强司法机制和申诉措施的作用，具有广泛的共识，但同时对于经济、社会和文化权利可诉性的认识和理解也存在差异和不同。作为中国学者对经济、社会和文化权利可诉性问题的初步认识，该书既是一个阶段性的成就，其中呈现的认识差异和理解不同又为今后的进一步研究提供了起点和基础。

在经济、社会和文化权利可诉性问题研究方面，还值得一提的是黄金荣在其博士论文的基础上完成的《司法保障人权的限度——经济和社会权利可诉性问题研究》一书。③该书对这一问题进行了非常系统的论证，从有关经济、社会和文化权利的性质的一般理论着手，介绍了可诉性问题的由来以及这一问题在国际和国内法律制度和实践中的发展，分析了实现可诉的难题、可能与限度，最后展望了中国法律语境中可诉性问题。该书的最大优点是其研究方法，即融会贯通了与经济、社会和文化权利及其可诉

① 柳华文：《论国家在〈经济、社会和文化权利国际公约〉下义务的不对称性》，北京大学出版社 2005 年版。另参见柳华文：《国家在〈经济、社会和文化权利国际公约〉下的义务》，载沈涓主编：《国际法研究》（第 1 卷），中国人民公安大学出版社 2006 年版。

② 柳华文主编：《经济、社会和文化权利可诉性研究》，中国社会科学出版社 2008 年版。

③ 黄金荣：《司法保障人权的限度——经济和社会权利可诉性问题研究》，社会科学文献出版社 2009 年版。

性有关的理论、法律和实践，其中既关注了国际层面的发展，也详细地考察了有关国家的国内法律和实践。与中国的很多人权研究成果仅关注有关问题的某一层面（或国内或国际）而忽视另一层面，或者只关注有关问题的某一方面（或理论、或法律、或实践）而未能关注所有这些方面相比，该书提供了人权研究方法的一个值得借鉴的例证。

（四）对具体经济、社会、文化权利研究

除了这些综合性的研究外，中国学者还对具体的经济、社会和文化权利进行了专题研究。在这些权利中，比较受重视的是受教育权。杨成铭认为，从现代国际人权法的视角来看，无论国内法如何作出规定，受教育权在国际人权法上已经成为一项权利，而不是一种权利和义务的复合体，更不再是个人的一项义务，相应的义务是由国家承担的。作为一项授权性权利，确定受教育权的性质是切实促进和保护该项权利的前提。中国应顺应国际人权法发展的要求，在条件成熟时对宪法的相关条款进行修改，删除公民有受教育的义务的提法。[①] 他还在国内外专家学者对受教育权的研究成果的基础上，建立了受教育权保护国际标准的模型，并用这些模型"测量"了中国承认和保护受教育权的实践。[②]

此外，中国学者还对劳动权利、[③] 水权利、[④] 性权利、[⑤] 艾滋病毒感染者和艾滋病人的人权、[⑥]《经济、社会和文化权利国际公约》的实施机制[⑦]等问题进行了研究。

四 对《公民权利和政治权利国际公约》的研究

尽管中国只是签署而尚未批准《公民权利和政治权利国际公约》，但

---

① 杨成铭：《国际人权法中受教育权的性质：权利或义务?》，《法学评论》2004 年第 6 期；杨成铭：《从国际法角度看受教育权的权利性质》，《法学研究》2005 年第 5 期。

② 杨成铭：《受教育权的促进和保护》，中国法制出版社 2004 年版。

③ 参见叶静漪、魏倩：《〈经济、社会和文化权利国际公约〉与劳动权的保护》，《北京大学学报》（哲学社会科学版）2004 年第 41 卷第 2 期；周慧：《透视我国公民平等就业权的法律保护——以国际法与比较法为视角》，《时代法学》2006 年第 4 卷第 4 期。

④ 参见胡德胜：《水人权：人权法上的水权》，《河北法学》2006 年第 5 期。

⑤ 参见彭文华：《性权利的国际保护及我国刑法立法之完善》，《法学论坛》2002 年第 17 卷第 5 期。

⑥ 参见蔡高强：《艾滋病人的国际人权保护》，《求索》2005 年第 1 期；蔡高强：《艾滋病人与人权保护》，中国法制出版社 2008 年版。

⑦ 陈寒枫等：《〈经济、社会和文化权利国际公约〉及其实施》，《外交学院学报》2001 年第 3 期；江河：《〈经济、社会和文化权利国际公约〉实施机制研究》，《河南省政法管理干部学院学报》2007 年第 3 期。

是包括国际法学界在内的中国法学界对于这一公约予以了高度关注。可以说，中国学者有关这一公约的研究成果有三个特点，即数量多、具有超前性、具有广泛性。第一，有关这一公约的研究成果的数量，甚至超过了对中国已经批准的其他主要国际人权公约的研究成果的数量总和。第二，所有这些研究成果都是在中国尚未批准这一公约的情况下取得的，任何其他中国已经批准的国际人权公约都没有这样的"待遇"。第三，有关这一研究并不局限于某一法学领域，来自国际法、法理、宪法、刑法、诉讼法等不同学科背景的学者均有从各自的专业角度或甚至是跨学科的对《公约》的研究成果，而其他主要国际人权公约往往只得到某一或某些法学领域的学者的关注。

中国学者有关《公民权利和政治权利国际公约》的研究的理论价值在于加深对这一公约的理解，但同时具有很高的现实价值、意义和作用：一方面，由于这一公约具有与国内法联系紧密、需要在国内法律制度中加以实施，因此中国学者的有关研究可以为中国批准这一公约的决策从学术角度提供参考资料；另一方面，由于这一公约具有与缔约国管辖下的每个人的诸多权利有关的性质和特点，因此中国学者的有关研究也起到了宣传这一公约、让更多的人更深入地了解这一公约的内容的作用，具有极大的宣传和传播效应。

如果从与《公民权利和政治权利国际公约》的联系程度来看，中国学者发表的有关研究成果基本可以分为三大类：一类是专门以这一公约或其某部分内容为对象的研究，如对中国批准和实施问题的研究；另一类是以这一公约规定为根据和基准对某些问题的研究，如根据其第14条对公正审判权的研究；还有一类是在研究具体的法律问题——主要是某种权利时，将这一公约的规定作为一种参照的标准、一个论证的依据，如在论及死刑问题时涉及其第6条。当然，这种划分是非常粗略的，有些研究成果不易确定地只归入其中某一类别。如果从与中国法律的联系程度来看，中国学者发表的有关这一公约的研究成果的内容基本可以分为两大方面：一方面是对这一公约本身规定的研究，另一方面是依据这一公约的规定研究中国法律中相应的问题或在研究中国法律中的问题时参考《公约》的规定。大部分研究成果都是兼及两个方面，只有很少一部分成果（以及几乎所有的译著和译文）只关注这一公约本身的规定而不涉及中国的情况，但其主观目的或客观效果仍在于加深在中国对这一公约的了解，促进中国对这一公约的批准以及相关知识的传播。

由于中国有关《公民权利和政治权利国际公约》的研究成果众多，因此以下部分仅就中国学者关注较多、成果较为丰富的领域和问题进行评介。

（一）对《公民权利和政治权利国际公约》的概述性研究

在中国签署这一公约后不久，即有学者对于这一公约进行了较为全面的概述。例如，朱晓青、柳华文合著的《〈公民权利和政治权利国际公约〉及其实施机制》将这一公约放在国际人权法的大背景下进行了整体考察，并介绍了主要的相关理论以及国际和国内实践，内容涉及公约的产生背景、制定过程、主要宗旨和原则、公约保障的各项基本人权在国际法上的含义和相关法律渊源、公约及其任择议定书规定的国际监督机制以及公约在缔约国的实施等重要问题。[1] 杨宇冠的《人权法——〈公民权利和政治权利国际公约〉研究》一书的主题内容也大致类似。该书分为两部分：第一部分为绪论性质，讲述这一公约的渊源、签署和批准、加入和保留，以及人权事务委员会的组成、性质和作用；第二部分对这一公约的实质性权利条款进行了逐条诠释和论述，其中较为广泛地使用了在这一公约的实践中产生的第一手资料。[2]

另外还有一些文章则研究了这一公约的某一方面。例如，赵建文对《公民权利和政治权利国际公约》的保留和解释性声明等问题进行了讨论，认为保留有利于实现这一公约的普遍性，但与公约的完整适用相矛盾，影响其充分实施。这一公约既未明文规定许可保留，也未明文规定禁止保留，这意味着允许缔约国提出不与这一公约的目的及宗旨相冲突的保留。任何国家提出的保留或声明都有自己的法律或政策依据，都是为了维护其国家利益。[3] 还有学者结合保留问题，探讨了这一公约中的限制性条款和

---

[1] 朱晓青、柳华文：《〈公民权利和政治权利国际公约〉及其实施机制》，中国社会科学出版社 2003 年版。该书的作者之一早在 2000 年就曾撰文介绍和分析了这一公约的实施机制，包括缔约国为履行公约义务而应采取的措施，参见朱小青：《〈公民权利和政治权利国际公约〉的实施机制》，《法学研究》2000 年第 2 期。

[2] 杨宇冠：《人权法——〈公民权利和政治权利国际公约〉研究》，中国人民公安大学出版社 2003 年版。

[3] 赵建文：《〈公民权利和政治权利国际公约〉的保留和解释性声明》，《法学研究》2004 年第 5 期。

克减条款。①

（二）对中国批准和实施《公民权利和政治权利国际公约》的研究

以上著述仅对《公民权利和政治权利国际公约》本身作为一个整体或其某一方面进行了介绍和分析，对全面而深入地理解这一公约起到了很好的作用，但是并没有具体地与中国的情况结合起来。而在中国签署这一公约之后，中国面临的一个迫切任务是如何加以批准和实施的问题。因此，在中国批准和实施这一公约的语境中进行的研究，具有格外重要的现实意义。

在与中国相关的研究方面，同样有两本专著值得推介，即由陈光中主编的《〈公民权利和政治权利国际公约〉批准与实施问题研究》（中国法制出版社 2002 年版）以及陈泽宪主编的《〈公民权利和政治权利国际公约〉的批准与实施》（中国社会科学出版社 2008 年版）。这两本书的着眼点——正如其书名所显示的——是中国批准和实施《公约》的问题，因此除了在论述各项实质权利时，均专门将中国法律中与所分析的权利有关的规定进行了对比分析，指出了两者的一致、差异或冲突之处以外，还就如何解决中国法律中与《公约》规定存在差异或冲突之处，提出了针对性的具体建议（改进中国法律或提出合适保留）。在陈光中主编一书中，除了将这些建议融入正文中的论述之外，还特别附载了中国政法大学刑事法律研究中心和中国法学会研究部合作完成的"关于批准和实施《公民权利和政治权利国际公约》的建议书"的中英文本，其中提出必须在中国的具体国情和现有条件的基础上，确立一个总的指导思想。这种指导思想应当包括以下四个方面：中国批准和实施的条件；这一公约与中国国内法的协调；对这一公约的条款的保留；关于批准的时间问题等。最后提出，应当积极创造条件，认真做好各项准备工作，以争取尽快批准《公约》。② 这是迄今为止唯一一份公开发表的法律专家建议书，在一定程度上代表了中国学者对于中国批准和实施《公约》问题的总体态度和研究水平。另外，由于这一公约涉及众多的权利和不同的法律部门，因此这两本专著均是集体研究的成果，这也是目前中国法学界研究人权的一个特点。

---

① 何鹰：《ICCPR 及其任择议定书的保留、限制和克减》，《社会科学研究》2005 年第 3 期。
② 另见中国政法大学刑事法律研究中心、中国法学会研究部：《关于批准和实施〈公民权利和政治权利国际公约〉的建议》，《政法论坛》2002 年第 20 卷第 2 期。

另外，还有一些论文也从宏观角度——即将《公民权利和政治权利国际公约》作为一个整体而非针对其某一或某类具体权利——分析了中国批准和实施这一公约的条件、问题和前景。有学者认为，中国政府签署这一公约是中国人权事业发展合乎逻辑的结果，是水到渠成的，将对国际人权事业产生积极的影响，也将对中国民主与法制建设和政治权利的更充分实现产生积极的促进作用。① 针对批准问题，有学者列举了中国的有利因素以及中国批准之后的权利和义务，并详细地分析了存在的困难和相应的解决途径，还有学者从法治与人权两种不同的价值选择出发，分析了中国批准的两种不同进路。② 有学者认为，这一公约将在下面几个方面对中国的法制提出挑战：关于"条约优先适用"、关于"即刻适用"、关于"克减条款"、关于适用的监督机制。③

总的来说，学者们普遍认为，中国批准《公民权利和政治权利国际公约》的条件已经基本成熟，在中国法律规定和机制与这一公约的规定和要求之间，不存在本质的差异和矛盾；对于少数有差异和矛盾之处，或者可以通过修改国内法中的有关规定来克服，或者——在必不可免之时——可以通过提出少量的保留和解释性声明来协调。

（三）对《公民权利和政治权利国际公约》与中国刑事法律制度的比较研究

在《公民权利和政治权利国际公约》第三部分规定的实体性权利中，有近一半的条文涉及刑事司法制度，几乎涵盖了刑事实体法和程序法的最重要的内容。因此，在有关这一公约的研究中，中国学者关注最多的也是这些规定对中国刑事法律制度的作用、影响与意义。相关研究成果中，既有对这一公约与中国刑事法律制度的总体关系的全面分析，也有仅就中国刑事法律制度的某一方面与这一公约之规定的具体比较分析。当然，很多研究成果对于所涉及的问题，不仅援引了这一公约，而且还大量地使用了其他国际人权文书和标准，甚至区域性人权制度和其他国家的法律制度的

---

① 田丹：《中国签署〈公民权利和政治权利国际公约〉的背景和意义》，《真理的追求》1999 年第 3 期。

② 杨宇冠：《批准〈公民权利和政治权利国际公约〉相关问题研究》，《甘肃社会科学》2008 年第 4 期；莫纪宏：《批准〈公民权利和政治权利国际公约〉的两种思考进路——关于法治与人权价值次序的选择标准》，《首都师范大学学报》（社会科学版）2007 年第 6 期。

③ 周洪钧：《〈公民及政治权利国际盟约〉对我国法制的挑战》，《法学》1999 年第 4 期。

理论、规则和实践，来作为分析中国刑事法律制度的参照尺度。

在这一方面，除了以上提到的对《公民权利和政治权利国际公约》的综合性研究中包括的大量有关中国刑事法律制度的论述以外，还有若干在最近几年出版的专著值得重视。早在 1998 年，陈光中与丹尼尔·普瑞方廷就合作主编了《联合国刑事司法准则与中国刑事法制》一书，其中首先介绍了联合国刑事司法准则及其历史沿革，以及与联合国准则相对应的中国刑事法律规定及其改革的情况，然后就刑事司法制度中与人权有关的几乎所有方面，均在联合国准则与中国法律之间进行了较为系统的比较探讨。[①] 这是中国学者对国际刑事司法准则与中国刑事法律制度进行的首次全面的比较分析和探讨。杨宇冠在此之后 10 年出版的《国际人权法对中国刑事司法改革的影响》一书则更多地着眼于如何借鉴国际人权标准来改革中国的刑事法律制度。该书在介绍了与人权有关的刑事司法准则、阐释了这些准则与中国的刑事司法关系的基础上，对于刑事司法中的若干重要方面进行了深入阐述和论证，并提出了改进中国刑事诉讼制度的若干建议。[②]

另有两本专著则主要从《公民权利和政治权利国际公约》的规定出发，研究中国的刑事法律制度。其中，陈光中主编的《〈公民权利和政治权利国际公约〉与中国刑事诉讼》一书不仅指出批准和实施这一公约必将对中国的刑事法律制度产生重大影响，并对照这一公约研究了中国刑事诉讼制度的重要领域和方面，而且明确提出，在中国的刑事诉讼中，包括这一公约在内的有关国际条约应居于优先地位。[③] 而岳礼玲撰写的《〈公民权利和政治权利国际公约〉与中国刑事司法》一书则就刑事司法中的重要领域和方面，层次清楚地介绍了这一公约的规定和要求，并对照分析了中国的现行法律规定，最后在每章结尾处，概括提出了法律修改和实施的建议，这对刑事诉讼法和相关法律的修改以及批准和实施公约均具有相当的参考作用。[④]

---

① 陈光中、［加］丹尼尔·普瑞方廷主编：《联合国刑事司法准则与中国刑事法制》，法律出版社 1998 年版。

② 杨宇冠：《国际人权法对我国刑事司法改革的影响》，中国法制出版社 2008 年版。

③ 陈光中主编：《〈公民权利和政治权利国际公约〉与我国刑事诉讼》，商务印书馆 2005 年版。

④ 岳礼玲：《〈公民权利和政治权利国际公约〉与中国刑事司法》，法律出版社 2007 年版。

学者普遍认为，中国已经签署并可望批准的《公民权利和政治权利国际公约》必将对中国的刑事法律制度产生重大影响；① 这一公约将推进中国刑事诉讼制度的改革；② 至少从刑事法律制度的角度来看，中国加入这一公约的刑事诉讼立法条件已经成熟。③

在其他一些主要是属于刑事法律领域的论著中，也涉及了《公民权利和政治权利国际公约》和其他的相关国际人权文书和标准。④ 可以说，目前在对刑事法律问题的研究中，以这一公约中的相关规定为代表的国际人权标准已经成为一个重要的研究领域、具有很大的参照意义。

（四）对《公民权利和政治权利国际公约》与具体刑事法律问题的比较研究

除了以上所述的对《公民权利和政治权利国际公约》与中国刑事法律制度的总体性比较研究以外，还有很多著述以这一公约为参照，专门研究了若干具体的刑事法律问题与人权的关系。

在与这一公约有关的刑事法律问题中，最重要的一个方面是刑事审判，其中涉及的一项核心权利是公正审判权。因此，在这一公约与具体刑事法律问题的比较研究中，公正审判权就成为了一个主要方面。熊秋红曾撰文从刑事司法角度解读了公正审判权，认为公正审判的国际标准作为对多元法律文化的规制，体现出原则性与灵活性的结合，中国有必要明确树立保障公正审判权的观念，并在有限的条件下，最大限度地促进现行刑事司法制度与国际标准相协调。⑤ 该文尽管在相当程度上以《公民权利和政

---

① 马长生、王尚文：《〈公民权利和政治权利国际公约〉将对我国刑事司法产生的影响》，《政法论坛》2001 年第 5 期。

② 陈光中、张建伟：《联合国〈公民权利和政治权利国际公约〉与我国刑事诉讼》，《中国法学》1998 年第 6 期。

③ 樊崇义、锁正杰：《我国加入联合国〈公民权利和政治权利国际公约〉的刑事诉讼立法条件已经成熟》，《政法论坛》1998 年第 3 期。

④ 例如，陈光中主编：《审判公正问题研究》，中国政法大学出版社 2004 年版；林劲松：《刑事诉讼与基本人权》，山东人民出版社 2005 年版；陈卫东主编：《羁押制度与人权保障》，中国检察出版社 2005 年版；陈瑞华主编：《刑事辩护制度的实证考察》，北京大学出版社 2005 年版；陈光中主编：《刑事再审程序与人权保障》，北京大学出版社 2005 年版；陈光中主编，程味秋、[加] 杨诚副主编：《刑事一审程序与人权保障》，中国政法大学出版社 2006 年版；黄立、杨松才：《刑事司法公正与人权保障》，湖南人民出版社 2006 年版；柯葛壮：《刑事诉讼中的人权保障制度》，上海交通大学出版社 2006 年版；罗昌平主编：《中瑞刑事法中的人权保护比较研究》，上海人民出版社 2007 年版；等等。

⑤ 熊秋红：《解读公正审判权——从刑事司法角度的考察》，《法学研究》2001 年第 6 期。

治权利国际公约》第 14 条为依据，但是并没有对这一条作详细的分析。赵建文则专门研究了该公约第 14 条，认为公正审判权是人权司法保障中的核心权利，该文分析了法庭前的平等权利、由独立和无偏倚的法庭进行审判的权利、无罪推定的权利、刑事审判过程中的最低限度程序保证、上诉或复审的权利、被终审误判时获得赔偿的权利和不因同一罪行受双重处罚的权利等方面。[①] 该文的一个主要优点是使用了有关公正审判权的大量第一手实证资料，使得论证极为充分和扎实。朱立恒所著的《公正审判权研究——以〈公民权利和政治权利国际公约〉为基础》一书与其他参照国际人权标准研究公正审判问题的著述相比，则更为明确、具体地以这一公约的第 14 条为出发点，介绍了公正审判权的概念与发展、性质与价值，然后以对第 14 条诸款项的分析为基础，研究了中国刑事诉讼中保障公正审判权的情况，指出了中国刑事诉讼与该公约第 14 条所体现的公正审判权国际标准之间的差距，并提出了改革中国刑事诉讼制度以实现公正审判权的必要性与可行性。[②]

另外，对于刑事审判中涉及的罪刑法定原则、[③] 沉默权、[④] 一事不再理原则[⑤]等方面，也有学者以《公民权利和政治权利国际条约》中的相关规定以及其他国际人权标准为基础，进行了分析，并提出了改革中国法律制度中相应方面的建议。

近年来，死刑问题成为中国法学研究中的一个热点领域，其中死刑与人权的关系是一个非常重要的方面。尽管很多研究是在法哲学和法理学的层面上展开的，或者更多地关注对其他国家的死刑问题和制度的平行比较

---

① 赵建文：《〈公民权利和政治权利国际公约〉第 14 条关于公正审判权的规定》，《法学研究》2005 年第 5 期。

② 朱立恒：《公正审判权研究——以〈公民权利和政治权利国际公约〉为基础》，中国人民公安大学出版社 2007 年版。

③ 张杰：《国际人权法上的罪刑法定与中国刑事制度研究》，《新疆社会科学》2006 年第 3 期。

④ 房君、高英彤：《论我国沉默权制度的确立——兼与联合国〈公民权利和政治权利国际公约〉比较》，《社会科学战线》2005 年第 3 期；沈玉忠：《沉默权的国际人权标准与国内现实》，《南京审计学院学报》2008 年第 5 卷第 2 期。

⑤ 苏彩霞：《从〈公民权利和政治权利国际公约〉看我国刑事再审程序改革》，《环球法律评论》2004 年春节号。

研究，① 但在顾及和指向中国国情的情况下，参考和借鉴《公民权利和政治权利国际公约》有关死刑的规定以及其他相关国际标准仍有重要的意义，因此也受到了学者的一定关注。② 学者的普遍认识是，中国现行的死刑立法与国际标准相比尚存在一定的差距，在短时期内不可能废除死刑的情况下，目前中国应尽可能减少适用死刑的罪名、限制适用死刑的对象、严格死刑适用的证明标准、完善死刑的复核程序和减刑制度。

在人权与刑事司法的关系中，一个非常重要的方面是禁止酷刑的问题。这一问题的重要性体现在两个方面：一方面，酷刑本身是一种应予禁绝的严重侵犯人权的行为；另一方面，刑讯逼供对于刑事司法具有非常不利的影响。与死刑问题一样，中国学者对于酷刑问题也从法理学、刑事法学、比较法学等角度进行了许多研究，这些研究成果在一定程度上也考虑了有关禁止酷刑的国际人权标准，包括《公民权利和政治权利国际公约》第 7 条和专门针对酷刑的《禁止酷刑和其他残忍、不人道或有辱人格的待遇或处罚公约》（简称《禁止酷刑公约》）。③ 实际上，早在中国于 1988 年批准《禁止酷刑公约》之后不久，就有学者撰文对《禁止酷刑公约》进行了评述，并对中国的相关立法与司法实践进行了反思。④ 但是，除了在对《公民权利和政治权利国际公约》或者关于刑事司法的国际人权标准的综合性论述中对酷刑问题的涉及之外，相对而言，专门关注禁止酷刑的国际标准的研究成果并不多，其中比较突出的是王光贤的专著和论文。他在其专著《禁止酷刑的理论与实践——国际和国内监督机制相结合的视角》中，对禁止酷刑和其他残忍、不人道或有辱人格的待遇或处罚问题作了全面、深入的研究。该书以《禁止酷刑公约》为基础，论述了"酷刑"与

---

① 例如，陈泽宪主编：《死刑——中外关注的焦点》，中国人民公安大学出版社 2005 年版；陈兴良：《死刑备忘录》，武汉大学出版社 2006 年版。

② 例如，邱兴隆：《国际人权与死刑——以国际人权法为线索的分析兼及我国的应对》，《现代法学》2001 年第 2 期；黄芳：《论死刑适用的国际标准与国内法的协调》，《法学评论》2003 年第 6 期；杨高峰：《国际人权法与我国的死刑政策的调整》，《甘肃社会科学》2004 年第 5 期；马长生、罗开卷：《论死刑的立法限制——基于国际标准的分析》，《时代法学》2005 年第 1 期。

③ 例如，陈云生：《反酷刑——当代中国的法治和人权保护》，社会科学文献出版社 2000 年版；赵秉志主编：《酷刑遏制论》，中国人民公安大学出版社 2003 年版；夏勇、莫顿·凯依若姆、毕小青、泰莉主编：《如何根除酷刑——中国与丹麦酷刑问题合作研究》，社会科学文献出版社 2003 年版。

④ 周洪钧、王虎华：《"禁止酷刑公约"评述——我国禁止酷刑的实践及反思》，《法学》1989 年第 3 期。

"其他残忍、不人道或有辱人格的待遇或处罚"的概念的界定及其相互关系，阐述了缔约国承担的义务，剖析了国际反酷刑监督机制的缺陷，总结了各国的经验，考察了中国反酷刑相关制度与实践中存在的问题，并提出了构建相应制度、措施的建议。① 另有学者专门对《公民权利和政治权利国际公约》第 7 条的基本含义做了解释，并对本条的中文表述提出了修正意见，认为第 7 条中的"刑罚"应该翻译成"处罚"；还介绍了国际社会关于禁止酷刑和其他残忍、不人道或有辱人格的待遇或处罚的立法与司法概况，以及中国为此所做的努力。②

五　对集体权利的研究

中国学者一向重视包括自决权、发展权和环境权等权利在内的集体权利或"第三代人权"的研究，并有丰富的成果面世。可以说，重视对集体权利的研究是中国国际法学和人权法学的一个突出特点，相关研究成果中也提出了许多富有中国特色的理论和观点。

（一）对自决权的研究

自决权是一个与人权有关，但又相对独立并与国际关系和国际政治有紧密联系的国际法问题。由于联合国人权两公约共同第 1 条规定了自决权，因此任何对该两公约的综合性研究都涉及了自决权问题。除此之外，还有一些学者专门从国际法角度对自决权进行了研究。③

主要从国际法角度对自决权进行研究的专著只有一本，即白桂梅很早就完成但直到 1999 年才出版的《国际法上的自决》。④ 该书结合国际法中的实践和学者的各种观点，分别对自决原则的历史发展、自决的概念、自

---

① 王光贤：《禁止酷刑的理论与实践——国际和国内监督机制相结合的视角》，上海人民出版社 2007 年版。在该书出版之前，作者对于酷刑、残忍、不人道和有辱人格的待遇或处罚还专门进行了分析，参见王光贤：《"酷刑"定义解析》，《国家检察官学院学报》2002 年第 2 期，其中认为中国刑法没有必要单独设立"酷刑罪"罪名；王光贤：《残忍、不人道和有辱人格的待遇或处罚：几组概念的辨明》，《中国刑事法杂志》2006 年第 4 期。他还曾对联合国禁止酷刑的监督机制进行过研究，参见王光贤：《联合国反酷刑监督机制的未来》，《武汉大学学报》（社会科学版）2002 年第 5 期。

② 王平：《禁止酷刑——对〈公民权利和政治权利国际公约〉第 7 条评析》，《中国刑事法杂志》2002 年第 2 期。

③ 比较早的从国际法的角度对于自决权的定义、内容、主体、国际法地位、实现和分歧等问题的分析，参见高燕平：《从国际法角度看民族自决权》，《政法论坛》1990 年第 4 期。

④ 白桂梅：《国际法上的自决》，中国华侨出版社 1999 年版。另有一本主要从政治学角度探讨自决权的专著，即李红杰：《由自决到自治》，中央民族大学出版社 2009 年版。

决权的持有者、自决与分离等问题进行了深入、细致的分析和研究，探讨了关于由谁自决、自决什么和如何自决等重要而复杂的问题；该书还从不同的层面阐述了作为国际法原则的自决在非殖民化过程中基本结束后所面临的问题，对现行国际法上的自决权是否包括分离权、主权国家内的民族是否享有国际法上的自决权等重大理论和实践问题进行了分析和讨论。另外，白桂梅还曾探讨过内部与外部自决的问题，论述了自决权的概念以及外部自决和内部自决的理论发展演变，对相关概念进行了界定和区分。①她还对国际法上的自决权与少数者权利的关系进行了研究，认为国际法上的自决权并不适用于主权国家领土范围内的少数者，自决权不能用作分裂国家的法律依据；而且，自决权是公认的集体权利，少数者作为集体尚未得到国际法的承认，所以至少依据实在国际法，少数者不是自决权的持有者。②

另外，有学者研究了民族自决权和国家主权之间的一致性与矛盾性。文章认为，国家主权和民族自决权对于民族国家的产生和巩固起过非常积极的作用，因而成为国际政治中两项最基本的原则。然而，国际形势的变化，特别是主权国家布满整个世界的现实，进一步突出了国家主权原则的重要性，因为在这种情况下过分强调民族自决权原则自然与国家主权原则相矛盾，它直接关系到一个主权国家的稳定与统一。因此，必须重新界定民族自决权的含义，使之与国家主权原则协调起来，以顺应国际社会发展的需要。③ 有学者研究了殖民体系瓦解后的民族自决权。文章认为，殖民体系瓦解后，人们对民族问题及相关的民族自决权产生了新的认识和思考，尤其是各国国际法学界对民族自决权问题予以了新的关注与评价。民族自决权与非殖民化、民族分裂、分离权及国家主权等问题息息相关。总之，在殖民体系瓦解后，就主流而言民族自决权与国家主权仍然是一致的，而不是对立的。④ 有学者讨论了人民自决权的主体范围。文章认为，

---

① 白桂梅：《论内部与外部自决》，《法学研究》1997 年第 3 期。

② 白桂梅：《国际法上的自决权与少数者权利》，《中外法学》1997 年第 4 期。

③ 孙建中：《论国家主权与民族自决权的一致性与矛盾性》，《北京大学学报》1999 年第 2 期。另参见德全英：《自决权、主权及其发展权理论》，《新疆大学学报》（哲学社会科学版）2005 年第 4 期。

④ 慕亚平、许楚敬：《论殖民体系瓦解后的民族自决权》，《吉林大学社会科学学报》2000 年第 4 期。

自决权是国际社会所有人民的权利，即所有主权国家的人民和所有其他领土上的人民的权利。具体而言，人民自决权的主体范围包括殖民地人民、外国占领或统治下的人民、主权国家的全体人民和少数者人民这四种类型。国际法上的自决权的主体是人民而不是民族。殖民地人民和外国占领下的人民作为人民自决权的主体应当是暂时的或例外的情形，主权国家的全体人民和少数者人民作为自决权的主体才是长期的和正常的情形。①

（二）对发展权的研究

在"第三代人权"或集体人权中，发展权是一项非常重要的权利，也是中国提倡的首要人权之一。汪习根对于发展权进行了大量的研究。他认为，发展权的主体既包括国家、民族之类的由个体的人所组成的集合体，但又不应囿于集体主体，单个的、实在的人更应是发展权的首要的、最终的享有者；发展权是个体主体与集体主体相对独立又相互沟通的历史产物。他还认为，发展权是对传统人权观的超越，必然要求重新审视宪法人权的主体、含义、构成要素，特别是集体主体人权的法律确证和司法救济问题，这些问题又必然给宪法哲学和宪政实践的发展带来巨大的机遇和挑战。最终，他提出，发展权是"法治社会的基本人权"，这一权利尽管首先是在国际法律层面上提出的，但应该成为宪法人权原则和具体人权法的实然内涵，并具体化为法定基本权利形式。②

还有学者认为，发展权是发展中国家提出的新的法律概念，是新旧国际经济秩序斗争的产物，是民族自决权的必然延伸，其核心是经济发展。随着发展权概念的发展，发展权已经超越了国际人权法的特定范围，而成为指导国际关系各个领域的一般国际法原则。发展中国家要真正实现自己的发展权，必须坚持与其他国家的国际合作，通过平等参与国际决策，建立起新的国际经济秩序。③另有学者论述了个人的发展权问题，指出个人发展权是在集体发展权概念形成之后发展起来的。个人发展权的实现以生

---

① 赵建文：《人民自决权的主体范围》，《法学研究》2008年第2期。

② 汪习根：《发展权主体的法哲学探析》，《现代法学》2002年第1期；汪习根：《论发展权与宪法发展》，《政治与法律》2002年第1期；汪习根：《法治社会的基本人权——发展权法律制度研究》，中国人民公安大学出版社2002年版。另参见汪习根：《发展权法理探析》，《法学研究》1999年第4期。

③ 朱炎生：《发展权的演变与实现途径——略论发展中国家争取发展的人权》，《厦门大学学报》（哲学社会科学版）2001年第3期。

存权与自由权利为保障、以个人能力的扩展与个性的充分发挥为导向，平等地参与发展以及公平地分享发展成果是实现个人发展权的主要手段。发展权的个体性特征既有理论的基础，也有现实的意义，个人发展权的实现以集体发展权的实现为基础，但集体发展权并不必然带来个人发展权的实现。[①]

（三）对环境权的研究

对于晚近出现的一项集体人权——环境权，中国学者也进行了研究，但并没有专门的著作问世，而多体现为文章和散见于其他著作中的章节。有学者指出，人权发展的历史经过了初创期、发展期和升华期，三个时期的核心性人权分别是自由权、生存权和环境权。自由权的实现要求国家履行消极不妨碍的义务，生存权的实现要求国家或社会积极地提供保障，而环境权是自得权，是保有和维护适宜人类生存繁衍的自然环境的人类权利。这项人权的权利主体是人类，义务主体也是人类，是人类的分体及这些分体的各种形式的组合。它的实现以人类履行自负的义务为条件。[②] 有学者认为，环境权已经得到越来越多的认同，国际社会以及一些国家开始用立法和法律解释的方式对环境权加以确认，这是环境权从应有权利向法定权利的转化。但是，环境权要成为一项实有权利，还是前路漫漫。该学者还探讨了环境权与生存权和发展权之间的密切联系，认为它们之间有着许多不同之处，但是，既不应把环境权与生存权对立起来，也不能把它们看做是同一项权利。[③]

六　对少数者人权和弱势群体人权的研究

社会中处于边缘化或不利地位人群的人权也是国际人权法的重要内容，中国学者对这一方面也进行了很多研究。大体而言，这些人群可以分为少数人和弱势群体，这两类的人权既有共同点，也有不同点：共同点主要在于他们在社会中均处于边缘或不利地位；不同点在事实上体现为少数人需要以数量为衡量标准之一，当然，他们在社会上的力量也是较弱的，而弱势群体则不一定在数量上是少数，在法律上则体现为他们

---

① 夏清瑕：《个人发展权探究》，载沈木珠等：《国际法最新问题研究》，法律出版社 2005 年版。

② 徐祥民：《环境权论——人权发展历史分期的视角》，《中国社会科学》2004 年第 4 期。

③ 李艳芳：《论环境权及其与生存权和发展权的关系》，《中国人民大学学报》2000 年第 5 期。

的权利受到不同的国际法律文书的保护，而且具有不同的权利和实现方式。有关少数人和弱势群体的差别在学术界并没有一个权威性的界定。

（一）对少数者人权的研究

少数人权利的国际保护问题是近代以来国际社会关注的一个重要方面。然而，在不同的历史时期，国际社会在此方面的政策体现出了不同的特点，从最初的宗教宽容精神——具体地体现为对宗教少数群体成员的保护，到"一战"后扩展到对宗教、语言、文化、族群等少数群体成员的保护，以至"二战"之后扩展为对人权的倡导。与此同时，在国际法中也发生了相应的变化。有学者从国际法的角度对上述变化进行了深入的剖析，揭示了近代以来国际社会在少数人群体保护方面的发展历程及其特点。①另有学者指出，普遍性国际人权公约中涉及少数人权利保护的条款措辞比较模糊，多为原则性、宣言性的规定，大量有关少数人权利保护的国际文书是以没有法律约束力的联合国大会决议的形式存在的。尽管如此，这种努力有助于提请各国对本国以及世界范围内存在的少数人群体的权利应予以关注并加强保护。②

专门从国际法角度论述少数人权利的专著并不多见，其中最具有代表性的是周勇所著的《少数人权利的法理：民族、宗教和语言上的少数人群体及其成员权利的国际司法保护》。该书上编是对少数者权利的传统意义上的研究，中编对有关少数者权利的国际案例进行了述评——即不仅对这些案例的案情进行了较为详细的介绍，而且加上了作者自己的评注，下编非常全面地载列了有关少数者权利的国际文献。作者指出，在现代国际法文献中，与少数人（或少数者）概念相关联的术语有"人民"（people）、"民族"（nation）、"少数民族"（national minorities）、"土著人民"（indigenous）等，但是，给少数人下一个定义是件困难的事情。保护少数人作为一个群体的存在，其前提条件也是其群体成员希望继续作为一个具有特性的群体而不被同化于其他社群。少数人群体最重要的特性就是，它是一种具有文化特性和认同的群体，这是一个事实

---

① 茹莹：《从宗教宽容到人权保护——国际法中关于少数群体保护规定的演变》，《世界经济与政治》2006 年第 3 期。

② 朱贞艳：《浅论少数人权利的国际保护》，《昆明师范高等专科学校学报》2008 年第 30 卷第 1 期。参见赵琪：《论少数人权利的国际保护》，《行政与法》2006 年第 8 期。

问题。尽管在理论层面上定义少数人是相当重要的，但是它并没有成为国际社会采取各种措施保护少数人群体及其成员的主要障碍。国际社会对于要求一个定义明确并且普遍认可的"少数人"概念已不如先前那么强烈和受人关注，因为定义的缺乏并不妨碍少数人权利国际保护实践的推展。①

（二）对弱势群体人权的研究

有学者提出，弱势群体——又称为"劣势群体"（disadvantaged groups）或"易受侵害群体"（vulnerable groups）一般是指从政治、经济、社会、文化、生理等各个方面来衡量，在社会上都处于相对不利地位的那些人，通常包括儿童、妇女、老年人、残疾人、劳工、难民、农民等，少数人群体也可包括在内。对弱势群体的权利的保护是国际人权保护的重要内容。弱势群体是一个历史性范畴，随着社会的变迁，可能还会有更多的人成为弱势群体，像同性恋者、消费者、艾滋病患者和肝炎患者等。有学者就弱势群体的生存现状、法律的发展演进、各国立法与研究现状进行了较全面的介绍之后，深入分析了弱势群体权利保护所面临的问题和法律发展趋势，以期能引起人们对弱势群体权利保护状况的关注与重视，并努力改善之。文章指出了弱势群体权利保护的三个发展趋势，即对弱势群体权利保护的加强、相关法律的趋同化、国际社会本位观念的贯彻执行。②

在对弱势群体人权的研究中，中国学者对妇女权利的保护进行了深入而广泛的研究，相关著述的数量和质量方面都是较为突出的。

有学者指出，联合国自1945年成立起就对妇女人权的保护给予了关注。经50多年的努力，它已建立起了由国际人权立法、人权国际保护执行措施和国际人权机构组成的三位一体的妇女人权保护机制，成绩斐然。但是，由于国际人权公约规定的不明确、执行措施本身的缺陷、妇女人权保护机构在处理人权事务上的乏力以及各国在适用妇女人权国际保护执行措施时的种种考虑等原因，这一机制的实际效果较为有限。为了改善这种

---

① 周勇：《少数人权利的法理：民族、宗教和语言上的少数人群体及其成员权利的国际司法保护》，社会科学文献出版社2002年版。

② 蒋新苗、李赞、李娟：《弱势群体权利保护国际立法初探》，《时代法学》2004年第4期。对于弱势群体权利的全面研究，参见齐延平主编：《社会弱势群体的权利保护》，山东人民出版社2006年版。

状况，健全和完善妇女保护机制就成为联合国及其会员国不可回避的责任。① 1999 年 12 月 10 日，规定了个人来文机制的《消除对妇女一切形式歧视公约任择议定书》在联合国大会开放以供签署、批准和加入，有学者认为这代表着妇女人权国际保护的一个新趋向。②

有学者研究了对妇女的暴力问题，认为这在 20 世纪 70 年代成为女权主义运动关注的焦点，在国际妇女人权运动的推动下，形成了一个新的法律概念——"对妇女的暴力"。这一概念的形成直接源自妇女对变革国际社会应对妇女的暴力问题的要求。1993 年世界人权大会通过的《维也纳宣言和行动纲领》承认了发生在私人领域的对妇女的暴力构成对人权的侵犯。对妇女的暴力的最主要形式之一是家庭暴力，其法律后果应由施暴人而不是受害人来承担这一重新思考的过程，逐渐引致了女权主义运动在目标上的转变——即从边缘转向中心，妇女平等享有各项人权这一目标正在成为女权运动的主流。③

中国早在 1981 年就批准了《消除对妇女一切形式歧视公约》。学者认为，中国妇女权益保障法与这一公约的规定绝大部分是协调的，中国已经或正在忠实地履行消除对妇女一切形式歧视的国际义务。但由于社会意识、设定权利的哲学基础和背景的不同以及中国的习惯，中国的妇女权益保障立法与这一公约还有一些差别，主要表现在权利来源、权利内容等方面。④ 还有学者提出，不论是在妇女人权保护的国际法和国内法的衔接上，还是在法律的实施上，中国仍存在一些问题，因此，需要进一步完善立法，强化司法并推动文化观念的嬗变。⑤

儿童权利的重要性得到了全世界几乎所有国家的承认，中国学者也进行了一些专门研究。王雪梅从国际法与国内法的比较视角全面地研究

---

① 朱晓青：《关于联合国妇女人权保护机制的健全和完善》，《中华女子学院山东分院学报》1997 年第 2 期。另参见邵芬、刘启聪：《妇女权利的国际法保护及其面临的挑战》，《现代法学》2002 年第 5 期；孙璐：《妇女权利的国际法保护：问题与变革》，《现代法学》2007 年第 4 期。

② 鲁斌：《妇女人权国际保护及其最新发展》，《妇女研究论丛》2000 年第 2 期。

③ 黄列：《主题研讨——家庭暴力：妇女面临的人权问题》，《环球法律评论》2003 年夏季号。另见 [美] 肯尼思·罗斯：《作为国际人权问题的家庭暴力》，黄列译，《外国法译评》1999 年第 1 期。

④ 肖巧平：《协调中的差异——以〈消除对妇女一切形式歧视公约〉的眼光审视我国的〈妇女权益保障法〉》，《湖南师范大学社会科学学报》2006 年第 1 期。

⑤ 尹生：《中国和平发展中妇女人权的国际法律保护》，《法学评论》2006 年第 2 期。

了儿童权利，既涉及了儿童权利的一般问题，包括儿童的地位及其权利、儿童保护的原则、儿童权利内容及其实施机制，也涉及了特殊状态下儿童的权利问题，包括这一问题的概述、受刑事指控少年的实体法保护及其刑事责任、少年刑事司法中的权利与责任、中外关于受刑事指控少年的保护及其刑事责任等。① 她还对"最大利益原则"这一近些年来国际人权公约和相关国家立法确立的旨在增进儿童保护的重要原则，进行了专门研究。②

　　另有学者对当代世界儿童立法的总体发展趋势进行了介绍和分析，认为世界儿童立法呈现趋同化发展走势，这是 19 世纪末 20 世纪初以来，在各国的儿童立法中出现的一种广泛的立法倾向。在儿童权利保护的有关国际法律文件中，国际社会本位观念已得到了深刻的体现。这一研究将有力地引导和促进中国儿童权利保护领域的法学研究提升到一个新的高度，进而给中国《未成年人保护法》的修订工作提供具有国际视野的立法参考。③对于中国的儿童权利的法律保护问题，有学者指出，中国向来重视对儿童权利的法律保护，在宪法和其他法律、法规中都有大量的关于儿童权利保护的规定，这些规定与联合国《儿童权利公约》的基本精神是相一致的。④

七　对区域人权制度的研究

　　对于区域人权保护制度，中国学者也给予了较多的关注，并取得了丰富的学术成果。学者们大多认为，区域性人权公约丰富了国际人权法的内容：与全球性人权公约相比，它们所规定的权利更具体、更全面；它们对人权保护的途径更便利、更有效；它们所建立的保障制度更具多样性和可行性；它们所保护的权利主体更具体，所适用的人权标准更统一。⑤ 有学者指出，区域人权制度的理论与实践对人权的国际保护主要有以下启示：

---

　　① 王雪梅：《儿童权利论———一个初步的比较研究》，社会科学文献出版社 2005 年版。
　　② 王雪梅：《儿童权利保护的"最大利益原则"研究》（上、下），《环球法律评论》2002年冬季号、2003 年春节号。
　　③ 李双元等：《儿童权利的国际法律保护》，人民法院出版社 2004 年版。参见李先波、朱方毅：《研究儿童法的最新力作——评〈儿童权利的国际法律保护〉一书》，《时代法学》2005 年第1 期。
　　④ 郭翔：《我国对儿童权利的法律保护——兼析联合国〈儿童权利公约〉与我国〈未成年人保护法〉等法律的相关性》，《政法论坛》1997 年第 6 期。
　　⑤ 见万鄂湘、杨成铭：《区域性人权条约和实践对国际法的发展》，《武汉大学学报》（哲学社会科学版）1998 年第 5 期。

第一，人权保护区域化和法制化是实现人权国际保护的有效途径。第二，赋予个人当然的申诉权能有效地促进人权的国际保护。第三，主权国家应当正确处理人权与主权的关系。总之，区域性人权公约拓宽了国际人权的内容，它既保护个人人权又强调集体人权，既规定了权利又规定了义务，对三代人权都有详尽的阐述。① 有学者根据区域主义者和世界主义者之间的分歧，主张人权既是绝对的，也是相对的，区域人权机构和世界人权机构在宗旨和目标上具有一致性，而且在一定的范围内进行着合作，并在不同的层面上对保护人权发挥着作用。②

对于较为完善和发达的欧洲人权制度以及美洲人权制度，中国学者都有专门著作予以论述；③ 其中受到较多关注的是欧洲人权制度，对于欧洲人权制度的某些内容或方面，学者也进行了专门的研究。④ 即使对于并不十分发达的美洲人权制度以及亚洲人权制度，中国学者也予以了关注。⑤

第三节　总结与展望

除了以上较为详细地介绍的研究领域，中国学者在国际人权法的其他领域或与国际人权法相关的领域中也有不少的研究成果，例如人权与商业、贸易、

---

① 贺鉴：《论区域性人权保护与人权的国际保护》，《世界经济与政治》2003 年第 4 期。

② 杨成铭：《简评区域性人权机构与世界人权机构的关系》，《法学评论》1999 年第 4 期。

③ 例如，杨成铭：《人权保护区域化的尝试——欧洲人权机构的视角》，中国法制出版社 2000 年版；朱晓青：《欧洲人权法律保护机制研究》，法律出版社 2003 年版；谷盛开：《国际人权法：美洲区域的理论与实践》，山东人民出版社 2007 年版。

④ 例如，王映辉、凌慧明：《论〈欧洲人权公约〉对集会结社权的保护》，《法学评论》1997 年第 3 期；朱力宇、刘文忠：《欧盟人权法的法律渊源》，《欧洲》1999 年第 6 期；张志铭：《欧洲人权法院判例法中的表达自由》，《外国法译评》2000 年第 4 期；杨成铭：《论欧洲理事会的人权保护制度对建立和完善国际人权保护制度的影响》，《时代法学》2005 年第 1 期；孙世彦：《欧洲人权制度中的"自由判断余地原则"述评》，《环球法律评论》2005 年第 3 期；杨成铭：《〈欧盟宪法条约〉对欧盟人权保护的影响》，《法学杂志》2006 年第 1 期。

⑤ 例如，贺鉴：《论非洲人权法对国际人权保护的贡献》，《贵州师范大师学报》（社会科学版）2002 年第 6 期；李晶珠、王伟、赵海峰：《非洲人权与民族权法院——国际人权保护体制的新篇章》，《法律适用》2005 年第 6 期；朱利江：《非洲人权法院：区域人权保护机制的重要进展》，《国际论坛》2005 年第 2 期；洪永红、周严：《非洲人权与民族权法院述评》，《西亚非洲》2007 年第 1 期；章育良：《论非洲区域性人权保护机制》，《河北法学》2007 年第 4 期；谷盛开：《亚洲区域性人权机制：理念与构建》，《现代国际关系》2006 年第 2 期。

WTO 的关系问题①、人权与国际刑法的关系问题、② 人权与国际人道法的关系问题、③ 国际劳工标准、④ 人权教育⑤等等；另外还出版了若干国际人权法的教材，广泛地开展了包括国际人权法在内的人权法教学活动；⑥ 并翻译出版了大量国外学者的人权著作。⑦ 由于篇幅所限，对于这些成果中的

①　例如，李春林：《国际法上的贸易与人权问题研究》，武汉大学出版社 2007 年版；王恒：《人权：WTO 多边贸易体制面临的新挑战》，《当代法学》2001 年第 12 期；孙立文、黄志雄：《全球化、WTO、劳工权益与国际法》，《法学评论》2003 年第 1 期；莫世健：《试论 WTO 与人权的可协调性》，《政法论坛》2004 年第 22 卷第 2 期；陈建华：《贸易与人权关系初探——兼论 WTO 与人权》，《西南政法大学学报》2004 年第 4 期；郑远民：《国际人权保护：WTO 争端解决机制所面临的新问题及其对策》2004 年第 6 期；龚柏华、刘军：《从 WTO 和人权国际保护角度评在中国推展 SA8000 标准》，《比较法研究》2005 年第 1 期；杨明、肖志远：《知识产权与人权：后 TRIPS 时代的知识产权国际保护》，《法律科学》2005 年第 5 期；陈文敏：《〈经济、社会和文化权利国际公约〉和 WTO》，《法学》2006 年第 2 期。
②　例如，张旭主编：《人权与国际刑法》，法律出版社 2004 年版；唐雪莲：《论国际刑法与人权的国际保护》，《现代法学》1995 年第 1 期；黄肇炯、刘全胜：《论人的国际保护与国际刑法》，《四川大学学报》（哲学社会科学版）1995 年第 3 期；张旭：《人权与国际刑法》，《吉林大学学报》1998 年第 6 期；雷堂：《人权国际刑法保护的多维思考》，《河北师范大学学报》（社会科学版）1999 年第 3 期；王勇：《国际刑法维度的人权思考》，《当代法学》2005 年第 5 期。
③　参见田士臣：《国际人道主义法与国际人权法之比较》，《西安政治学院学报》2002 年第 15 卷第 2 期；黄志雄、唐湘婧：《论当代国际人道法与国际人权法的相互交融》，《东方法学》2009 年第 1 期。另参见王可菊主编：《国际人道法及其实施》，社会科学文献出版社 2004 年版。
④　例如，刘旭：《国际劳工标准概述》，中国劳动社会保障出版社 2003 年版；佘云霞：《国际劳工标准：演变与争议》，社会科学文献出版社 2006 年版。
⑤　例如，王孔祥：《国际人权法视野下的人权教育》，时事出版社 2008 年版；孙世彦主编：《中国大学的人权法教学——现状与展望》，科学出版社 2009 年版。
⑥　例如，国际人权法教程项目组编写：《国际人权法教程》（两卷），中国政法大学出版社 2002 年版；徐显明主编：《国际人权法》，法律出版社 2004 年版；张爱宁著：《国际人权法专论》，法律出版社 2006 年版——该书没有明确自我定位为教材，但从其内容和风格来看，归为教材也无不可。另外还有一些包括了相当多国际人权法内容的人权法教材，例如，杨成铭主编：《人权法学》，中国方正出版社 2004 年版；李步云主编：《人权法学》，高等教育出版社 2005 年版；南京大学法学院教材编写组编：《人权法学》，科学出版社 2005 年版；全国干部培训教材编审指导委员会组织编：《人权知识干部读本》，人民出版社/党建读物出版社 2006 年版；方立新、夏立安编：《人权法导论》，浙江大学出版社 2007 年版；李步云、孙世彦主编：《人权案例选编》，高等教育出版社 2008 年版。
⑦　影响较大的译著有：［加］约翰·汉弗莱：《国际人权法》，庞森等译，世界知识出版社 1992 年版；［英］A. J. M. 米尔恩：《人的权利与人的多样性——人权哲学》，夏勇、张志铭译，中国大百科全书出版社 1995 年版；［瑞典］格德门德尔·阿尔弗雷德松、［挪］阿斯布佐恩·艾德编：《〈世界人权宣言〉：努力实现的共同标准》，中国人权研究会组织翻译，四川人民出版社 1999 年版；［美］杰克·唐纳利：《普遍人权的理论与实践》，王浦劬等译，中国社会科学出版社 2001 年版；［美］科斯塔斯·杜兹纳：《人权的终结》，郭春发译，江苏人民出版社 2002 年版；［挪］A. 艾德、［芬］C. 克罗斯、［比］A. 罗萨斯编：《经济、社会和文化的权利》，黄列译，中国社会科学出版社 2003 年版；［奥］曼弗雷德·诺瓦克：《〈公民权利和政治权利国际公约〉评注》（修订第二版），孙世彦、毕小青译，三联书店 2008 年版（该书第一版中文本于 2003 年出版）等。

主要观点，只能付诸阙如。

　　回顾 60 年以来中国国际人权法的研究历程，可以总结出如下特征和规律。

　　第一，中国国际人权法研究的发展呈现为加速度的态势。实际上，国际人权法只是更为宽泛的中国人权研究中的一小部分：人权法研究是人权研究和法学研究的重叠部分；在法学研究中，国际人权法研究又是人权法研究和国际法研究的重叠部分。在过去 60 年间，对于人权观念，中国经历了从忽视和漠然，到拒绝和怀疑，再到承认和接受，最后到认真研究、积极探索的不同发展阶段。在这一过程中，包括国际人权法研究在内的人权研究的发展趋势并非呈现为稳步上升，而是呈现为一种加速度的态势。特别是在最近 20 年间，人权研究成果的数量可谓爆炸式地增长，人权研究已经成为极为活跃和繁荣的学术领域，其中人权法研究无论在成果数量还是研究程度上都居于突出地位。例如，有学者统计，中国学者仅在 2008 年出版的人权法著作就有十余部，在国内学术刊物发表的人权法学论文则超过 400 篇，因此人权法学正在逐渐成长为一个独立学科。① 而在整个人权法学中，国际人权法是非常重要的组成部分。

　　第二，中国的国际人权法研究紧跟国际国内的人权发展形势。国际人权法作为国际法的一个分支和部门，是在第二次世界大战以后才出现和发展起来的，经历了建立基础、设立标准、创设机制、注重实施等不同的发展阶段；并在冷战结束以后，进入了一个突飞猛进的大发展时期。中国的人权法治建设则经历了从无视到重视、从反思到接受、从立法到实施的不同阶段；对于国际人权法律制度也同样经历了从陌生到接受、从被动应对到主动参与的过程。中国的人权法研究基本上反映了无论是国际层面还是国内层面上的上述发展历程，例如，中国的人权研究成果在最近 20 年间的爆炸式增长趋势正是反映了国际和国内层面上保护和促进人权事业的迅猛发展。尤其是国际人权法研究的发展，更是在一方面反映了国际人权事业本身在最近 20 年间的巨大进步，另一方面反映了中国对于国际人权法律制度的认识水平的加深、接受程度的提高。

---

　　① 齐延平、于文豪：《中国人权法学的学科独立性初探》，《山东大学学报》2009 年第 3 期。关于人权法作为一个独立法律部门，参见李步云主编：《人权法学》，高等教育出版社 2005 年版，第 3 页。

第三，中国国际人权法研究的发展基本与世界保持同步。在联合国成立和《世界人权宣言》通过以后，在世界范围内就出现了对国际人权法的研究。但是，直到冷战结束之前，由于国际人权法律制度本身发展得比较缓慢，因此在世界范围内，国际人权法研究并不是一个得到重视的学术领域；世界范围内的国际人权法研究的真正繁荣也是在最近 20 年间。因此在时间上，中国的国际人权法研究基本上与其他国家的同领域研究是同步的，这是不同于其他法学领域的一个重大特点。另外，中国国际人权法学所研究的问题领域和覆盖的主题事项，与其他国家的国际人权法研究相比，并无太大的差异。可以说，中国的国际人权法学与世界范围的国际人权法学相比，保持着同样的视界、研究着同样的问题。

第四，中国国际人权法研究具有极强的现实性和实践性。中国的人权研究的早期阶段主权集中关注人权的政治和意识形态方面，对于人权的法律方面涉及不多；后来又非常重视对于人权的基本理论的研究，这些研究更多地是从法理学、法哲学的角度研究的，对于人权的实在法方面并不十分重视；而相对独立地发展起来的国际人权法研究在早期则主要限于介绍国际人权法律制度中的各种问题，而没有将这些问题与中国的现实和实践结合起来。但是在最近 20 年间，这些情况有了很大的改变。其一，目前人权法研究的重点已经转向人权的现实和实践方面，特别是探讨在中国如何通过法律具体加强尊重和保障人权的事业。其二，对于国际人权法的研究也不再局限于对国际人权法律制度本身的介绍，而是转向如何以国际人权法律规则为基准，改革和促进中国的人权法治建设进程，以及中国如何更好地履行根据国际人权法承担的义务、更积极地参与国际人权法律活动。其三，学者不仅通过出版和发表研究成果来推动中国的人权事业，而且还积极地参与法律实践。具体就国际人权法方面而言，已经有越来越多的学术机构和学者参与中国向联合国人权理事会和人权条约机构提交报告的工作，也有学者参与了 2009 年初颁布的中国首份《国家人权行动计划》的拟订并从国际人权法的角度提出了建议，另外在我国的人权立法活动中，也有学者就如何借鉴国际人权标准提出了建议。总体而言，如何根据和借鉴国际人权法来促进中国的人权发展，已经是中国人权法研究和国际人权法研究的一个最突出方向。

第五，中国的国际人权法研究具有明显的跨学科特点。中国的人权法研究的跨学科特点体现在两个方面：一个方面是，在人权法研究中，大量使用了哲学、政治学、国际关系学、社会学的方法、视角和内容。另一个更为重要的方面则是国际法研究与国内法研究的交叉与融合。国际人权法主要调整一个国家与受其管辖的个人的关系而非国家间关系这一特点，就决定了其与国内法有紧密的联系；而中国学者"理论联系实际"的传统又使得其研究国际人权法的最终目的主要着眼于中国的法律现实和实践。因此，中国的人权法研究越来越呈现为兼跨国际法和国内法两个领域，越来越多以国际人权法律问题为主要研究对象的成果均包括了这些问题和得出的结论对中国的意义和作用的内容，而越来越多以中国的人权法律问题为主要研究对象的成果也以国际人权法作为重要的参考资料和论证依据。实际上，本章所评介的很多成果并不是仅由国际法背景的学者完成的，而是由国内法学者完成或国际法学者和国内法学者共同完成的。

因此，中国的国际人权法研究在过去 60 年间从无到有、从初步探索到深入研究，已经成为一个研究成果数量众多、质量颇高的学术领域，对于中国了解国际人权法领域的规定、制度和实践，促进中国的人权法治建设以及人权知识在中国的传播，起了极为重要的积极作用。

在承认中国的国际人权法研究取得巨大进步和成就的同时，也需要认识到其中存在的一些问题和不足。首先，尽管在人权研究领域乃至更为狭窄的国际人权法领域，中国学者的成果众多，但总体质量并不高，有很多研究并不够深入，仅仅停留在对所涉问题的粗浅介绍上，还有很多著述存在重复研究的现象，不仅主题重复，而且也没有提出多少创新的、新颖的观点。其次，在关注国际人权法律发展和国内人权法律建设的实际问题的同时，也不能忽略对于人权、人权法和国际人权法的基本理论问题的研究；可以说，在这一方面的研究还很不够。再次，尽管中国的国际人权法研究与世界范围内的同类研究基本保持同步，研究领域和主题并无太大的差别，但是一则研究的深度与世界先进水平相比，还存在相当大的差距，二则在世界范围内的国际人权法学界中，还基本上没有中国学者的声音。在这一方面，中国法学界还应该进一步努力，将具有中国特色的人权理论以及对于国际人权法律制度的研究成果推向世界。最后，尽管目前在人权领域中，跨国际法和国内法的研究已经成为一种潮流，但做得还远远不够。特别是在以中国问题为主要对象的人权研究中，将国际人权法作为一个最基本、最重要出发点和参照系的研究方法尚未成为主流和共识。而且，由于国际法学者对于国际人权法律制度的介绍还不全面、研究还不深入、推介还不充分，因此使得需要依据这些研究成果来开展对中国问题的研究的学者，有时无法正确地把握和使用有关国际人权法的资料。国际法学者还需要在这一方面作更多的努力，以便为其他学科的人权法研究提供更为全面、深入、充分的依据和基础。

学者对中国人权法学的如下总结和展望同样可以作为对将来中国国际人权法研究的一种启示：

未来的中国人权法学应以具有独立学科地位和中国话语体系作为发展目标，既要借鉴相关学科的既有成果，又要凝练内容体系，提升学科的品位、独立性和认同感，尤其要提升回应现实的能力，使之成为"活"和"用"的学问。在研究视野上，既要强调视角、方法的国际化，也要强调研究内容的中国化。中国的人权法学应当积极参与中西人权对话，成为中国法学与世界交流的窗口，成为中国向世界展示中国特色价值观的平台。尽管目前其发展尚不够成熟，但它良好的上升势头使我们有理由相信，在学术交流和文明融合的过程中，中国的人权法学终将赢得自己独立的话语权。①

总结而言，"以具体权利为核心、以国际标准为基础、以服务中国为导向、以走向世界为目标"应该成为中国国际人权法研究的今后发展方向。

---

① 齐延平、于文豪：《中国人权法学的学科独立性初探》，《山东大学学报》2009 年第 3 期。

第 九 章

国际条约法

自 1949 年新中国成立起，即以缔结多边和双边国际条约的方式参与国际关系和进行国际交往。为了给国家参与国际关系和国际交往提供充分和可靠的国际法律依据，中国国际法学界也适时和深入、广泛地对条约和条约法加以研究，取得了丰硕成果。

可以说，对 1949 年新中国建立以前的旧条约进行梳理是研究条约和条约法的一项基础工作。王铁崖先生和北京大学法律系国际法教研室对 1949 年 10 月 1 日前的旧条约进行了全面的梳理，并编有《中外旧约章汇编》共三卷，先后由三联书店于 1957 年、1959 年和 1962 年出版。汇编包括了从 1689 年 9 月 7 日的《尼布楚条约》到 1949 年 8 月 25 日的《关于贸易关系的换文》，共计 1182 件约章。无疑，《中外旧约章汇编》为国际法和国内法学者们探究中国的条约史，以及分析不平等条约的历史状况提供了翔实的资料和充分的依据。

随着中国缔结条约实践的发展，中国国际法学界有关条约和条约法的著述也不断问世。有代表性的条约法专著是李浩培先生的《条约法概论》。此后，又有一些专著和专论相继出版，主要如：万鄂湘教授等的《国际条约法》；朱文奇教授等的《国际条约法》；以及朱晓青和黄列主编的《国际条约与国内法的关系》；王西安的《国际条约在中国特别行政区的适用》；王勇的《条约在中国适用之基本理论问题研究》等。此外，还有若干论文。

第一节　条约的基本理论

由于有关条约的基本理论问题，如：条约的定义、条约的保留、条约的解释等直接关涉条约的特征、条约的效用等问题，因此，一直是中国国际法学界注意研究的问题。

一　条约的定义

何谓条约？我国著名国际法学家周鲠生先生认为："条约是国家间关于它们的相互权利和义务关系的书面形式的协议。"[①] 按此定义，条约仅限于"国家间的……协议"。这一界定在很大程度上是囿于周鲠生先生所处时代的国际关系的限制。20 世纪 70 年代以后，国际关系发生了诸多变化，甚至是重大变化。有关条约的定义也发生了变化。

然而，在我们讨论条约的定义时，不可不提及的一个重要文件是 1969 年 5 月 23 日《维也纳条约法公约》。[②] 该公约第 2 条规定："称'条约'者，谓国家间所缔结而以国际法为准之国际书面协定，不论其载于一项单独文书或两项以上相互有关之文书内，亦不论其特定名称为何。"对此，李浩培先生在其《条约法概论》一书中提出，该条不能认为是条约的定义，而只是为了"说明该公约所使用的'条约'这个名词所具有的意义"。之所以这样讲，李浩培先生的理由有三：其一，将条约限于"国家间所缔结的"就否定国际组织之间所缔结的条约是条约，这与事实相矛盾；其二，将条约定义为国际书面协定是使用一个同义词作为条约的定义，这无助于人们对条约的理解；其三，条约文书的数目是条约的一个无关紧要的因素，根本无须列入它的定义。按照李浩培先生的观点，"条约是至少两个国际法主体意在原则上按照国际法产生、改变或废止相互间权利义务的意思表示的一致"。[③] 显然，这一界定将条约的主体与国际法的主体紧密联系了起来，并强调条约的缔结须当事者意思表示一致。

关于条约的定义，其他国际法学者也有阐述。在王铁崖先生主编的《国际法》教科书中，对条约定义的表述是："条约是两个或两个以上国际

---

① 周鲠生：《国际法》，商务印书馆 1976 年版，第 590 页。周鲠生先生（1889—1971）的《国际法》一书脱稿于 1964 年。该书第 1 版由商务印书馆于 1976 年 5 月出版，1983 年为第 3 次印刷，分为上、下两册。

② 《维也纳条约法公约》生效于 1980 年 1 月 27 日。1997 年 5 月 9 日，第 8 届全国人民代表大会常务委员会第 25 次会议决定，中华人民共和国加入 1969 年《维也纳条约法公约》，同时做出两项声明：（1）宣布 1970 年 4 月 27 日台湾当局对该公约的签署非法、无效；（2）对《公约》第 66 条"司法解决、公断及和解之程序"提出保留。1997 年 10 月 3 日《维也纳条约法公约》对中国生效。

③ 李浩培：《条约法概论》，法律出版社 1987 年版，第 1 页。

法主体依据国际法确定其相互间权利和义务的一致的意思表示。"① 此外，有学者认为，"国际条约是国际法主体间缔结而以国际法为准，旨在确立其相互间权利与义务关系的国际书面协议"。② 还有学者主张，"条约是指不论其名称和特定形式为何而由两个或两个以上国际法主体之间缔结的意图创设相互间权利和义务的国际协定"。③

由中国国际法学界关于条约的定义可见，虽然在对条约界定的表述上有一些不同，但还是可从中看出我国国际法学者们在条约本质特征上的基本共识，即：（1）条约的主体同国际法主体；（2）条约必须以国际法为准；（3）条约是为了确立国际法主体相互间在国际法上的权利和义务关系而订立的；（4）条约缔约方必须有一致的意思表示；（5）条约通常以书面形式订立。

二　条约的保留

条约的生效所要求的参加国数量与维护条约的完整性所要求的参加国数量之间的紧张关系一直是条约法中存在的一个问题。而解决这一问题的一种方式就是允许对条约的条款进行保留。保留作为条约法中的现象，最早出现于 18、19 世纪。1969 年的《维也纳条约法公约》对"保留"作了界定。按照该《公约》第 2 条第 1 项丁款，"保留"指"一国于签署、批准、接收、赞同或加入条约时所作之片面声明，不论措辞或名称如何，其目的在摒除或更改条约中若干规定对该国适用时的法律效果"。

与传统的保留规则不同，按照《维也纳条约法公约》的规定，保留的生效不以所有其他缔约国的同意为原则。④ 保留也不应是毫无限制的。根据该《公约》第 19 条的规定，不允许条约所禁止的保留；不允许条约准许的特定保留之外的保留；不允许与条约的目的及宗旨不相符合的保留。

由于保留制度是条约法中一项独特的制度，因此，历来受到国内外国际法学者的关注。虽然国际法学者们对条约保留制度是肯定的，并且对保

---

① 王铁崖主编：《国际法》，法律出版社 1995 年版，第 401 页。

② 万鄂湘等：《国际条约法》，武汉大学出版社 1998 年版，第 3 页。

③ 朱文奇、李强：《国际条约法》，中国人民大学出版社 2008 年版，第 12 页。

④ 在 1951 年国际法院对 1948 年 12 月 9 日的《防止和惩治灭绝种族罪公约》的保留问题作出咨询意见以前，关于保留的国际法传统规则是，一个缔约国的保留必须得到所有其他缔约国的明示或默示同意，才能成立。这一传统规则曾长期为国际实践所遵循，并为国际法学说所赞同。参见李浩培：《条约法概论》，法律出版社 1987 年版，第 151—154 页。

留的定义一般也没有异议，但对于《维也纳条约法公约》关于条约保留的规定，以及保留制度适用的结果却有不同观点。对此，中国国际法学者间也有一些不同的见解。

　　周鲠生先生认为，保留"旨在排除条约中的某项条款，或就某项条款有所修正，或作出特定的解释或了解。这样的保留，实质上就等于对条约的一种修正，多少是影响条约的效果的"。① 而鉴于现代国际法中条约保留问题的复杂性，周鲠生先生指出，从现代国际法的观点和国际实践来看，西方传统的条约保留学说"不是完全正确或适应现实的。对条约的保留问题涉及多方面的复杂关系，肯定不是可以根据传统的所谓条约整体说，简单解决的"。② 李浩培先生则从《维也纳条约法公约》的规定出发，主张《维也纳条约法公约》关于条约保留的规定不仅采用了国际法院对《防止和惩治灭绝种族罪公约》咨询意见中所陈述的该特定公约的保留规则，而且将它扩大适用于一切没有就保留作出明文规定的多边条约。这样的规定，"一方面固然倾向于使多边公约的参加国增多，而另一方面也倾向于使保留增多，并使一个多边公约实际上分裂为内容不完全相同的一系列双边条约，从而妨碍统一的国际法制度的建立"。③

　　其他国际法学者关于条约保留的观点之间也似有些许不同。在万鄂湘教授等所著的《国际条约法》一书中论述到，《维也纳条约法公约》有关保留的规定构成了现行保留制度的基本内容，且这种保留制度是对传统保留规则的突破；现行保留制度的目的就是要实现保留国和反对保留国之间权利、义务的平衡，而实现这一目的的主要方式就是：部分尊重传统规则，着重强调"和谐一致"原则。但现行保留制度存在着问题，例如，没有很好的机制来判断保留是否符合"和谐一致"原则等。尽管如此，现行保留制度仍然是基本适应时代要求的一个较好的制度。④ 另有学者提出，由于"多边条约通常是所有或大多数缔约方利益和要求的妥协，不能保证所有的缔约方对所有的条款都能满意，因此，提出保留就成为那些其利益没有得到充分满足的缔约方在条约范围内寻求补偿的手段"。⑤ 还有学者认

---

① 周鲠生：《国际法》，第 631 页。
② 同上书，第 632 页。
③ 李浩培：《条约法概论》，第 201 页。
④ 万鄂湘等：《国际条约法》，第 162—164 页。
⑤ 王铁崖主编：《国际法》，第 418—419 页。

为，"为了保证条约的广泛适用性，不至于因为一些个别的分歧而将某些国家排除在条约的范围之外，所以发生条约的保留问题。这实际上是一种求大同，存小异的做法"。① 同时提出，"如何利用保留制度，更好地解决条约内容的完整性与参加的普遍性之间的矛盾，还是一个需要进一步研究的课题"。②

按照 1969 年《维也纳条约法公约》关于保留的规定，保留的生效不以所有其他缔约国的同意为原则，所以，在条约未对保留作明文规定的情况下，事实上，一个缔约国所提出的保留是否有效，遵循的是"依其是否符合条约的目的和宗旨的标准，由其他缔约国各自决定的规则。"③ 因而，《维也纳条约法公约》关于保留的规定的实际结果就是，一方面使条约的缔约国增多，而另一方面也使保留"无限"增多，这不可能不对条约的完整性及条约义务的充分履行产生影响。

三　条约的解释

在条约的执行过程中，由于缔约国对约文的理解不同，因而产生分歧，这就引起了条约的解释问题。由于条约的解释关涉条约的正确履行，因此，它是条约法上具有理论和实践意义的重要问题，也是争议最多的问题之一。

周鲠生先生的《国际法》以专节"简括"④ 论述了"条约的解释问题"。关于条约解释的论述还见诸于一系列条约法专著。李浩培先生的《条约法概论》从历史、学派、解释效力及《维也纳条约法公约》规定的解释规则的角度对条约的解释进行了详述。万鄂湘教授等所著的《国际条约法》除对条约解释的分类、学说、规则等进行阐述外，还论及《联合国宪章》的解释问题。朱文奇教授等的《国际条约法》教材于 2008 年出版。学者们对于条约解释的分析和论述虽然在角度、广度抑或表述上有所不同，但总的说来并没有本质的差异。

关于条约解释的定义，李浩培先生的界定是，"条约的解释是指对一个条约的具体规定的正确意义的剖析明白"。⑤ 在万鄂湘教授等所著的《国

---

① 江国青：《演变中的国际法问题》，法律出版社 2002 年版，第 15 页。
② 同上书，第 16 页。
③ 李浩培：《条约法概论》，第 200 页。
④ "简括"二字是周鲠生先生所用。见周鲠生：《国际法》，第 680 页。
⑤ 李浩培：《条约法概论》，第 405 页。

际条约法》一书中，将条约的解释界定为："是指条约解释主体（包括有关国家或有关机构）按一定的规则和方法，对条约各条款、各条款相互间关系以及构成条约整体的其他文件的正确含义加以阐明。"① 在朱文奇教授等所著的《国际条约法》教材中，对条约解释定义的表述是："有权解释机关根据一定的解释规则，对条约规定的含义加以澄清，为了正确适用条约而对其真实含义予以确定的过程。"② 可见，李浩培先生关于条约解释的定义中未指明何为条约解释的主体。而后两部书在条约解释的主体上作了不同的表述。从他们的表述来看，万鄂湘教授等的定义中，条约解释的主体范围较为宽泛；而朱文奇教授等将条约解释的主体限于"有权解释机关"，同时主张解释也是一个"过程"。

关于条约解释的分类，由于学者们依不同的划分标准或从不同的角度进行划分，因而有不同的分类，争论也颇多。综观中国国际法学者关于条约解释的分类，通常是将其分为学理解释和有权解释两大类。前者一般又分为三派：主观解释学派、约文解释学派或客观解释学派及目的解释学派。而后者通常又分为明示解释和默示解释。

关于条约解释的规则，在 1969 年《维也纳条约法公约》之前只有习惯法规则。《维也纳条约法公约》第 31 条、第 32 条和第 33 条对条约解释的规则作了规定。中国国际法学者关于条约解释规则的论述即是以此为据而展开的。根据《条约法公约》的规定，解释条约应遵循三项原则：（1）善意解释；（2）使用补充资料进行解释；（3）按照条约用语的通常意义进行解释。对此，我国国际法学者的看法并无根本不同。但有学者似是对《维也纳条约法公约》规定的条约解释规则作了一个排序，即："善意解释是根本，依约文解释是基础，按照目的和宗旨解释是正当性的保证，使用补充资料或准备资料解释是辅助性手段。"③

第二节 不平等条约问题

何谓不平等条约？周鲠生先生在其早年所撰写的《不平等条约十讲》

---

① 万鄂湘等：《国际条约法》，第 204 页。
② 朱文奇、李强：《国际条约法》，第 228 页。
③ 万鄂湘等：《国际条约法》，第 250 页。

中曾这样表述："通常各国缔结条约都是双方平等互尊主权的；若是某缔约国否认对方的平等权利，而有法律上的不平等的规定，这就叫做不平等条约。"① 但在笔者所能获得的、新中国成立后的中国国际法学者所著的国际法或条约法著作中均没有对"不平等条约"予以界定。学者们通常采用的办法就是根据《维也纳条约法公约》的相关规定分析和论述不平等条约的问题。

《维也纳条约法公约》虽未界定什么是不平等条约，但明确规定了条约无效的原因。《条约法公约》第 51 条将"强迫"一国代表订立的条约明确规定为无效条约；第 52 条规定，以威胁或使用武力对一国加以强迫而订立的条约为无效；第 53 条规定，与一般国际法之强行法抵触的条约为无效。据此，不平等条约是无效的。

对于不平等条约，中国国际法学界也有着共识：不平等条约为无效条约。李浩培先生认为，按照现代国际法，不平等条约是无效的。其理由在于，这些条约中的很大一部分是在缔约国一方对他方或其代表施加强迫下缔结的，因而按照《维也纳条约法公约》第 52 条，绝对无效；其余的不平等条约是在违反国家主权平等原则下缔结的，其目的在于强国对弱国进行控制、奴役或剥削。按照该公约第 53 条和第 64 条，违反强行法的条约也是绝对无效的。② 王铁崖先生指出："1842 年以后中国缔约的不平等条约形成在中国的不平等条约制度的基础。"③ 他认为，不平等条约制度的主要特色是武力和不平等。而在武力所迫下订立或在武力威胁下所订立的条约，其目的在于为外国人及其国家勒索权利和特权，公然侵犯中国的主权和独立，而完全否定了平等概念。④

这里需要提及的是，不平等条约的问题在一定程度上是实践问题，也就是说，实践中依何种原则处理不平等条约的问题。

上文提及的王铁崖先生等所编的《中外旧约章汇编》中收入的 1182 件条约，有很多是不平等条约。1842 年 8 月 29 日英国强迫中国签订的《南京条约》是第一个强加于中国的不平等条约。此后，中国又被强加了

① 王铁崖、周忠海编：《周鲠生论文选》，海天出版社 1999 年版，第 315 页。
② 李浩培：《条约法概论》，第 304 页。
③ 王铁崖：《国际法引论》，北京大学出版社 1998 年版，第 391 页。
④ 同上书，第 392 页。

一系列不平等条约，例如：1858 年《中俄瑷珲条约》、1860 年《北京条约》、1895 年《马关条约》、1901 年《辛丑条约》，以及 1915 年日本胁迫中国签订的"二十一条"等。

新中国成立之初，即确定了处理旧条约的原则。1949 年 9 月 29 日，中国人民政治协商会议第一届全体会议通过的《共同纲领》第 3 条宣布："中华人民共和国必须彻底取消帝国主义国家在中国的一切特权。"《共同纲领》第 55 条明确规定对旧条约采取区别对待的方针，即："对于国民党政府与外国政府所订立的各项条约和协定，中华人民共和国中央政府应加以审查，按其内容，分别予以承认，或废除，或修改，或重订。"据此，清除了不平等条约。而随着 1950 年 2 月新中国与外国签订的第一个条约《中苏友好同盟互助条约》的订立，条约已成为新中国对外交往中重要的国际法律文件。

第三节　条约与中国国内法的关系

条约与中国国内法的关系主要涉及条约在中国法律体系中的地位和条约在中国国内的适用等问题，并且迄今仍是颇具争论的问题。如前所述，中国国际法学界对于这些问题迄今有诸多研究，也有不少论著。早些时候关于条约与中国国内法关系的专门研究可能反映在《中国国际法年刊》（1993）组织的题为"条约与国际法"的专题讨论中。[①] 2000 年出版的《国际条约与国内法的关系》一书则反映了当时中国国际法学界关于条约与中国国内法关系研究的水平。之后，关于条约与中国国内法关系的研究似乎高涨起来。迄今为止，这一领域已有诸多论文发表。这些论文多采取历史研究及比较研究的方法，主要论及：国际条约与国内法的关系的模式、国际法在中国国内法上的效力、条约在国内法律体系中的地位、条约在国内的适用方式，等等。然而，如果对近些年有关这方面的研究进行分析的话，可以发现，较之 20 世纪 90 年代初期至末期的研究，近年来的研究并没有实质性的突破。但尽管如此，对条约和中国国内法关系之研究的

---

① 这一期《中国国际法年刊》登载了三篇论文：李适时：《中国的立法、条约与国际法》；李兆杰：《条约在我国国内法效力若干问题之探讨》；王丽玉：《国际条约在中国国内法中的适用》。

梳理与推进这一问题的解决还是必要的。

一　条约与国内法关系的一般理论

条约与国内法的关系问题是国际法与国内法关系中最基本的问题。关于国际法与国内法的关系，源于西方国际法学界的有两种基本理论，即：二元论和一元论。

中国国际法学界对一元论和二元论也持有不同看法。周鲠生先生似乎倾向于二元论。① 但他又指出二元论偏于强调国际法与国内法二者形式上的对立，而忽视它们实际的联系。他认为："这种联系首先存在于这样一个客观事实，即国家是制定国内法的，同时也是参与制定国际法的。其次，国家的对外政策和它的统治阶级的对内政策都有密切的联系；法律是为政策服务的。国家对外政策自然影响它对国际法的态度和立场。因此，可以断言，国际法和国内法按其实质来看，不应该有谁属优先的问题，也不能说是彼此对立。"② 其他中国国际法学者也多持类似观点，认为：国际法和国内法是不同的法律体系，但由于国内法的制定者和国际法的制定者都是国家，这两个体系之间有着密切的联系，彼此不是互相对立而是互相紧密联系、互相渗透和互相补充的。③ 王铁崖先生在其主编的 1981 年和 1995 年出版的《国际法》中也表明了与上述相同的观点。④

一元论和二元论之分，对一个国家选择以何种方式将国际法纳入其国内法或国内法律体系中会产生一定影响。基于一元论，国际条约在国内法上具有直接适用性，亦即，国际条约不需转化就可在国内适用。这种方式被称为纳入或采纳（adoption）。而基于二元论，国际条约在国内法上具有间接适用性，亦即，国际条约须转化（transformation）为国内法才能在国内适用。然而，从当今各国实践考察，一元论和二元论其实是相对的。也就是说，主张一元论的国家，在其实践中，对国际条约的适用也不都是绝对采用纳入方式；而主张二元论的国家，也并不是不加区别地仅采用"转

---

① 参见王铁崖、周忠海编：《周鲠生论文选》，第 20—40 页。还可见周鲠生：《国际法》，第 16—20 页。

② 周鲠生：《国际法》，第 19—20 页。

③ 参见端木正：《国际法》，第 35 页；陈致中编：《国际法》，第 27—28 页；梁西主编：《国际法》，第 41—42 页。转引自王铁崖：《国际法引论》，北京大学出版社 1998 年版，第 191—192 页。

④ 可见王铁崖主编：《国际法》，法律出版社 1981 年版，第 44 页；以及王铁崖主编：《国际法》，法律出版社 1995 年版，第 29—30 页。

化"方式来处理国际法与国内法的关系。

二 条约在中国法律体系中的地位

何为法律体系? 中国法学界对于法律体系的界定多持这样一种观点, 即: "法律体系通常指由一个国家的全部现行法律规范分类组合为不同的法律部门而形成的有机联系的统一整体。""在统一的法律体系中, 各种法律规范, 因其所调整的社会关系的性质不同, 而划分为不同的法律部门, 如宪法、行政法、刑法、刑事诉讼法、民法、经济法、婚姻法、民事诉讼法, 等等。"① 显然, 在这一定义中并不包括条约。如此, 条约在中国法律体系中究竟处于何种地位呢? 这里不可回避地要涉及两方面的问题: 其一, 条约是否是中国法律体系的组成部分; 其二, 条约在中国法律体系中的地位。

(一) 条约是否是中国法律体系的组成部分

对于条约是否是中国法律体系组成部分的问题, 中国国际法学界大致有两种观点: 否定的观点认为, 条约不是中国法律体系的组成部分; 肯定的观点主张, 条约是中国法律体系的组成部分。

综观我国国际法学界关于条约不是中国法律体系组成部分的依据, 其主要是: (1) 条约不是我国法律的渊源形式。因此, 我国法律没有规定"条约是我国法律的一部分", 而只规定"条约优先适用", 并且这种"优先适用"条款只是规定在具体法律中, 而在作为根本法的宪法中则付诸阙如。② (2) 从国内法角度看, 制定法律和缔结条约属于两种不同的权限, 前者属立法权, 后者属缔约权, 因此, 国内立法和国际条约是两类法律规范。不过在中国因缔约权和立法权在很大程度上是一致的, 或基本一致的, 故为国际条约在中国国内法体系中的直接适用创造了必要的条件。③

主张条约是中国法律体系组成部分的主要理由是: (1) 国际条约的批准是国家的一项立法活动。表现一, 国内法律的制定与国际条约的批准为同一国家立法机关依据其立法权所为; 表现二, 待批准的条约议案与制定法律的议案经同样的审批程序。(2) 国际条约是中国法律的渊源之一。其

---

① 《中国大百科全书·法学》, 中国大百科全书出版社 1984 年版, 第 84 页。

② 参见万鄂湘等: 《国际条约法》, 第 192 页。

③ 参见王丽玉: 《国际条约在中国国内法中的适用》, 载《中国国际法年刊》(1993), 中国对外翻译出版公司 1994 年版, 第 289—290 页。

主要表现形式即，现行的为数不少的法律和行政法规中载有的国际条约可在国内直接适用的规定。这些规定大致有三种类型：其一，我国缔结或参加的条约同国内法律有不同规定的，适用条约规定，但我国声明保留的条款除外。如《民事诉讼法》第 238 条、《民法通则》第 142 条、《继承法》第 36 条、《行政诉讼法》第 72 条，等等。其二，直接适用条约规定。如 1995 年修订的商标法实施细则第 3 条规定，"商标国际注册，依照《商标国际注册马德里协定》办理"。其三，国内法规定未尽事宜，依有关条约办理。如红十字标志使用办法第 23 条规定："本办法有关红十字标志保护性使用的规定未尽事宜，依照日内瓦公约及其附加议定书的有关规定执行。"这种观点还指出，虽然条约是中国法律体系的组成部分，但由于中国宪法没有对此作出规定，因此难以真正解决条约与国内法或中国法律体系的关系问题。①

（二）条约在中国法律体系中的地位

所谓条约在中国法律体系中的地位，即指条约与中国法律间的相互关系。李浩培先生是以"国内法上条约与国内法的相互地位"为题，来阐述这个问题的。按照李浩培先生的观点，在国内法上，关于条约与国内法的相互地位大致分为四类：（1）国内法优越于条约；（2）国内法与条约的地位相等；（3）条约优越于国内法；（4）条约优越于宪法。而中国是条约的地位优越于国内法的国家。其依据即 1982 年《中华人民共和国民事诉讼法（试行）》第 189 条的规定。②

另有学者借用中国法学理论界关于中国法律体系构成中的"位阶"说，对条约在中国法律体系中的地位进行分析。

按照"位阶"说，法律效力的大小，取决于每个具体法律在法律体系中的位阶；而因立法机构的不同，法律的位阶就不同，或说在法律体系中的地位就不同，当然，法律的效力也就不同。故此，根据《宪法》第 58

---

① 参见朱晓青：《作为中国法律体系组成部分的国际条约》，载刘海年、李林主编：《依法治国与法律体系建构》，中国法制出版社 2001 年版，第 531—536 页。还可见王西安：《国际条约在中国特别行政区的适用》，广东人民出版社 2006 年版，第 56—60 页。

② 参见李浩培：《条约法概论》，第 393—401 页。另，1982 年《民事诉讼法（试行）》第 189 条规定："中华人民共和国缔结或者参加的国际条约同本法有不同规定的，适用国际条约的规定。"现行《民事诉讼法》第 238 条规定："中华人民共和国缔结或者参加的国际条约同本法有不同规定的，适用该国际条约的规定，但中华人民共和国声明保留的条款除外。"此外，有类似规定的还有：《民法通则》第 142 条、《继承法》第 36 条、《行政诉讼法》第 72 条等。

条关于全国人民代表大会及其常务委员会行使国家立法权的规定，第62条及第67条关于全国人民代表大会及全国人大常务委员会立法权限的规定；再据《立法法》第56条、第63条、第71—73条以及第78—82条的规定，中国法律的"位阶"可一目了然，即：宪法处于首位，具有最高法律效力，依次是基本法律、法律、行政法规、地方法规、行政规章（部门规章和地方政府规章）。

在中国法律体系的这种框架下，条约也因具有立法权的批准机构的不同而处于不同的"位阶"，也就是处于不同的地位。然而，中国现行《宪法》、《立法法》等均未规定条约与国内法的关系。因此，中国关于条约在法律体系中的地位，是学界尤其是国际法学界根据现行法律的有关规定推断出来的。也就是说，根据《宪法》、《立法法》及《缔结条约程序法》的有关规定，条约处于低于宪法，与法律同等的地位。而对于"法律"，学者们表述不同，或称"一般国内法"，或称"全国性基本法律"，或称"除宪法之外的国内法"等。有人认为，这表明了学者们关于条约在中国国内法律位阶的不同观点。①

三　条约在中国国内的适用方式

如前所述，由于中国《宪法》中没有规定条约与国内法的关系，因此，中国的国际法学者们通常是从现行立法、司法解释、司法实践中为条约在国内的适用方式寻找佐证的。有国际法学者认为，中国的现行立法、司法解释、司法实践等已表明，条约在国内的适用采取的是纳入的方式，即条约在中国国内法上具有直接适用性。②

就现行立法来说，虽然中国宪法未对条约在国内的适用方式作出规定，但规定有适用条约条款的法律、法规却不少。从相关的条款来分析，中国大致采取了以下三类规定方式：（1）我国缔结或参加的条约与中国法律有不同的规定的，适用条约的规定，但我国声明保留的条款除外；（2）不以条约与国内法规定发生抵触为适用条约的前提，而规定相关事项

---

① 参见朱晓青：《WTO规则在中国大陆法律体系框架下的适用》，载张宪初主编：《世贸规则与两岸四地经贸法律关系》，商务印书馆（香港）有限公司2003年版，第7—9页。还可参见朱晓青、黄列主编：《国际条约与国内法的关系》第二部分"国际条约的国内适用"，世界知识出版社2000年版；以及王勇：《条约在中国的适用》，北京大学出版社2007年版，第117—121页。

② 饶戈平：《关于条约在中国国内法上的适用问题》；韩燕煦：《论条约在中国国内的适用》，载朱晓青、黄列主编：《国际条约与国内法的关系》。

直接适用条约规定；(3) 国内法律规定相关事项依相关法律办理，但中国批准的条约另有规定的应依条约；或者国内法规定未尽事宜，依有关条约办理。

就司法解释来说，最高人民法院的诸多司法解释表明，条约在中国国内法上具有直接适用性。例如，1994 年 11 月 5 日最高人民法院在发给黑龙江省高级人民法院的《关于国际铁路货物联运货损赔偿适用法律问题的复函》中，就 1951 年订立的《国际铁路货物联合运输协定》的具体适用问题作了说明："……《国际铁路货物联合运输协定》第 22 条第 2 项第 5 款规定由于发送路现行国内规章允许使用敞车类货车运送货物发生货损承运人不负责任，但收货人依据《国际铁路货物联合运输协定》该条第 9 项的规定，已提出证明货损是在铁路运输中因被盗造成的，并非由于使用敞车运送所致"。故承运人对货损免责的请求，不予支持。

就司法实践来说，例如：1986 年黑龙江省哈尔滨市中级人民法院审理的"阿利穆拉多夫·沙米利·哈吉—奥格雷劫持飞机案"；1995 年上海市静安区人民法院审理的"上海振华港口机械有限公司诉美国联合包裹运送服务国际航空货物合同标书快递延误赔偿纠纷案"；1995 年北京市第一中级人民法院审理的"美国沃尔特·迪斯尼公司诉北京出版社等侵犯著作权纠纷案"；1998 年天津海事法院审理的"中国船舶燃料供应公司天津分公司与香港大顺航运有限公司船舶碰撞损害赔偿纠纷案"等，均为直接适用条约的案例。

然而，由于在中国现行法律体系框架下，国际法与国内法的关系，抑或国际条约与国内法的关系尚未从立法或法律上厘清和明确，因此，就国际条约在国内法中的适用而言，至少存在四个不确定因素：一是国际条约是否是中国法律体系的组成部分尚未确定；二是国际条约在中国法律体系中的地位尚未确定；三是国际条约在中国国内法上的适用方式尚未确定；四是国内法院可否援引国际条约作为其判案依据尚未确定。在这种状况下，故仍不能说在中国法律体系下已形成或确立了国际条约在国内直接适用的普遍原则。①

---

① 参见朱晓青：《WTO 规则在中国大陆法律体系框架下的适用》，载张宪初主编：《世贸规则与两岸四地经贸法律关系》，第 10 页；以及《国际人权条约的国内实施》，载北京市法学会国际法学研究会编：《国际法论丛》（第 3 卷），中国方正出版社 2004 年版，第 151—155 页。

第 十 章

国 际 组 织

中国国际法学者所撰写的有关国际组织法的专著主要有：1996 年北京大学饶戈平教授的《国际组织法》，2001 年武汉大学梁西教授的《国际组织法》，[①] 以及 2000 年武汉大学曾令良教授的《世界贸易组织法》。此外，还有关于国际组织的专论，如：饶戈平教授主编的、于 2005 年出版的《全球化进程中的国际组织》，以及若干相关论文和在为数不少的以国际法冠名的著作中对国际组织的论述。但由于篇幅的限制，本书仅对关涉国际组织的基本的同时也是中国国际法学界相对研讨较多的问题作一些梳理和阐述。

第一节　国际组织的基本理论问题

有关国际组织本身的一些基本理论问题，如：国际组织的概念、特征等，由于它们与探讨国际组织的性质、功能、作用乃至发展趋势等有密切关系，因此，一直是中国国际法学界注意研究的问题。

一　国际组织的概念

关于国际组织的概念，除了表述有所不同外，学者们并没有太多不同的观点。周鲠生先生在其《国际法》（下册）[②] 中有专门的一章论述国际组织的相关问题。但对于何为国际组织，他没有予以界定，而仅指出，"国际组织是现代国际生活中重要的合作的法律形式"。我国国际法学者一般认为，国际组织包括广义的及狭义的两类。并且，我国国际法学者们多

---

① 梁西教授所著的《国际组织法》第 1 版出版于 1984 年。
② 周鲠生先生的《国际法》一书脱稿于 1964 年。该书第 1 版由商务印书馆于 1976 年 5 月出版，1983 年版为第 3 次印刷。

认为，国际法上所研究的国际组织是狭义的国际组织。

（一）广义的国际组织

梁西教授给广义上的国际组织下了一个定义："凡是两个以上国家或其政府、人民、民间团体基于特定目的，以一定协议形式而建立的各种机构，都可以称为国际组织。"①

饶戈平教授认为："国际组织是一种跨越国界的以促进国际合作与理解为目标的多国机构。一般来说，凡是两个以上的国家，其政府或民间团体、个人基于某种目的，以一定协议形式而创设的各种机构，均可称为国际组织。"② 这一定义与梁西教授的定义大体相同。

通常，学者们认为，广义的国际组织包括政府间国际组织及非政府国际组织。但是，饶戈平教授提出了自己独特的看法。他认为："广义上的国际组织包括政府间国际组织，非政府国际组织，通常简称为 NGO，以及跨国公司。"③ 可见，他把跨国公司也纳入广义国际组织的范围。但他又强调："从广义上看，跨国公司也可以认为是国际组织的一种类型，虽然它从来不属于国际法意义上的国际组织。"④ 由此，跨国公司究竟是不是广义上的国际组织并不甚明了。

（二）狭义的国际组织

关于狭义的国际组织，梁西教授的定义是："若干国家（政府）为特定目的以条约建立的各种常设机构。"⑤

饶戈平教授认为，狭义上的国际组织"是由两个以上的国家组成的一种国家联盟或国家联合体，该联盟是由其成员国政府通过符合国际法的协议而成立的，并且具有常设体系或一套机构，其宗旨是依靠成员间的合作来谋求符合共同利益的目标"。⑥ 饶戈平教授的定义中也使用了"协议"

① 梁西：《国际组织法》，武汉大学出版社2001年版，第4页。该书是新中国成立60年来为数不多的专门研究国际组织法的一本基础性的著作。梁西教授在其著作中经常使用文学性的语言抒发自己对国际组织问题的情感。

② 饶戈平主编：《国际组织法》，北京大学出版社1996年版，第10页。这是新中国研究国际组织法的又一本力作。该书引述丰富，饶戈平教授使用了很多一手的国外资料，提供了新鲜的素材，对问题的研究也相当的全面、深入。

③ 同上书，第10—11页。

④ 同上书，第12页。

⑤ 梁西：《国际组织法》，武汉大学出版社2001年版，第4页。

⑥ 饶戈平主编：《国际组织法》，第14页。

一词。笔者认为，国家之间符合国际法的协议准确地讲应该是指条约，因此，在定义中使用"条约"似乎较之使用"协议"要好一些。

饶戈平教授还指明了国际组织的构成要素，即："如果对国际组织形形色色的定义与基本特征作进一步分析的话，可以发现它们大致涉及三个方面的要素。首先是组织的基础，通常是指一项条约；其次是组织的结构或制度，它保证了组织职能的某种常设性与稳定性；最后是组织的手段或运作方式，包括组织的职能、权力和议事规则。"[①]

二　国际组织的类型

周鲠生先生对国际组织的类型仅仅做了两种划分："按其组织活动的目的的不同，国际组织可分为政治性的和专业性的两大类"；"按组织的成员范围来分，政治性的国际组织可分为世界性或一般性的（联合国）与地区性的（例如泛美组织、阿拉伯联盟）两类。"[②]

梁西教授则将国际组织的类型增加到了三类：封闭性组织与开放性组织；国家间组织与具有若干超国家因素的组织；政府间组织与民间组织。另外，他认为："如从国际组织的持续性来考察，也可以将其划分为常设的与临时的组织。"[③] 然而，梁西教授也认为国际组织是一种常设性的机构。这种关于"临时的"国际组织的分类似与他的前述界定相矛盾。

饶戈平教授在国际组织的类型中又增加了一种新的划分，即："依据组织的权力性质来划分，可分为咨询性组织、立法性组织与执行性组织，主要取决于它们是否被授权作出对其成员有约束力的决定，并且它们本身能否执行这些决定。"[④] 但是他并没有对咨询性组织、立法性组织与执行性组织作进一步界定。

三　国际组织的特征

对于国际组织特征的论述，学者们的观点大同小异。饶戈平教授认为，国际组织具有五个方面的基本特征：1. 建立在主权国家之间的基础上；2. 依据并经由国家间的正式协议而创立；3. 设有一套承担一系列持续职能的常设机构；4. 拥有某种自主权；5. 具有国家间合作的职能。[⑤]

---

① 饶戈平主编：《国际组织法》，第17—18页。
② 周鲠生：《国际法》（下册），商务印书馆1983年版，第687页。
③ 梁西：《国际组织法》，武汉大学出版社2001年版，第27页。
④ 饶戈平主编：《国际组织法》，北京大学出版社1996年版，第50页。
⑤ 同上书，第15—17页。

第二节　联合国及其专门机构

作为最具权威性的普遍性国际组织，联合国在国际关系中具有举足轻重的地位，因而，中国国际法学界对联合国及其专门机构的关注和讨论较多。

一　对《联合国宪章》性质的认识

一般认为，《宪章》是联合国这个国际组织的章程，是其设立的法律依据，也是其日后运作的法律基础。

周鲠生先生认为："《联合国宪章》是联合国组织的根本法，它本身是一个条约，是一种立法性的国际公约，对会员国有约束力。《宪章》是基本上按照国际公约缔结的程序而成立的（按照第110条，《宪章》应由签字国各依其宪法程序批准，经中、法、苏、英、美五国及其他签字国过半数的批准后生效）；《宪章》也是可以像条约一样按照规定的程序修正的（第108、109条）。"①

关于《联合国宪章》是不是国际法的问题，周鲠生先生认为："《联合国宪章》不是国际法。有时人们也把《联合国宪章》说成是国际法，例如1961年12月联合国大会通过的一项关于和平利用外层空间的决议中所谓'国际法，包括《联合国宪章》……'那样的说法肯定是不正确的。《宪章》固然是一项法律的文件，但是它的法律性质属于条约的范畴，而不构成国际法，因而《宪章》的规定不能拘束非会员国。《宪章》（第1条）所列'本组织在维持国际和平及安全之必要范围内，应保证非联合国会员国遵行上述原则'的规定，根据条约的效力不及于第三国的那一公认的原则，是不发生法律效力的，尽管它可能起一种政治压力的作用。联合国会员国如有违反《联合国宪章》的行为，当然也是非法的行为，但这不是意味着它直接违反了国际法，而只是意味着它违背在《宪章》下承担的条约义务。《联合国宪章》中，只有某些条款在确认既存的国际法原则的意义上，如关于国家主权平等、尊重政治独立和领土完整、不干涉内政等，才能被认为国际法的一部分。"②

---

① 周鲠生：《国际法》（下册），商务印书馆1983年版，第696页。
② 同上。

周鲠生先生从条约的角度看待《宪章》，并且按照条约的相对效力原则否定了《宪章》第 2 条中"应保证非联合国会员国遵行上述原则"的法律效力。不过，即使是条约的相对效力原则也存在例外的情形，而且《宪章》的规定已经突破了当时条约法的界限。有学者指出："联合国 50 余年的实践表明，《宪章》的宗旨和原则已不仅仅是一个普遍性国际组织的指南和行为规范，而是成为整个国际关系和现代国际法的基石。"① "由于联合国的宗旨和原则涉及国际关系中的根本问题，因此毫无疑问构成了当代国际法的基本原则。"② 此外，《宪章》还被认为具有国际社会宪法（constitution，又译为"基本法"）的地位，这是《宪章》与其他国际组织基本文件的最大区别。③

二 联合国的改革

关于联合国改革的动因，梁西教授认为：联合国成立时，世界人口只有 25 亿，而现在世界人口已经增加了 1 倍以上，达到 60 亿人，联合国会员国也增加了将近 3 倍，达到 192 个。联合国这个巨人，经过半个世纪的发育成长，已经"大腹便便"：机构臃肿，预算急剧膨胀，人浮于事，工作效率不高。而为了加强其效力与作用，适应新的世界格局，联合国必须进行改革。

自 20 世纪 60 年代以来，来自会员国的改革呼声日渐增多。尤其是 80 年代中期的财政危机加剧，进一步促使联合国加强了包括经济社会系统在内的改革力度。但是，这种改革的成效并不明显。④

联合国改革问题涉及面极广，如：解决联合国财政危机、扩大联合国大会权限、考虑秘书长的推选程序及其职权、改进和完善经济及社会理事会系统、加强国际法院的作用、确定托管理事会去向等均在改革之列。目前，大家最为关心，并且议论最多的是如何增强联合国的集体安全体制、扩大安全理事会的组成及大国否决权问题。⑤

梁西教授也认为，安理会的改组与扩大已成了改革呼声中的一个焦

---

① 参见许光建编：《联合国宪章诠释》，山西教育出版社 1999 年版，第 12 页。
② 王铁崖、魏敏主编：《国际法》，法律出版社 1984 年版，第 54 页。
③ 黄瑶：《国际法关键词》，法律出版社 2004 年版，第 219 页。
④ 参见梁西：《国际组织法》，武汉大学出版社 2001 年版，第 223 页。
⑤ 参见钱文荣：《试论联合国改革和我国的对策》，载陈容直、李铁城主编：《联合国与世界秩序》，北京语言出版社 1993 年版，第 107 页。

点，但其难度也最大。因为，无论是限制否决权还是增加理事国的问题，均将涉及正式修改《宪章》的复杂程序。这会牵动各国（特别是大国）在国际权力平衡与分配方面的每一根神经。在这方面的任何变动，都将意味着是对国际权力结构的改造。现在已握有否决权的常任理事国，对此均在不同程度上持积极和谨慎态度。他还认为，如何加强联合国的作用以实现联合国的宗旨和原则，应是联合国改革问题的核心。

三　联合国专门机构

联合国专门机构作为联合国体系的重要组成部分，因其在某一专门领域的特殊职能和作用而受到中国国际法学者的关注。

外交学院的江国青教授对联合国专门机构的界定是："联合国专门机构是联合国系统的一个重要组成部分。它们是根据各国政府间协定而设立、并以特定协定同联合国建立了关系的专门性国际组织。"[①] 梁西教授的定义与此略有不同。他认为：联合国专门机构一般是指根据特别协定而同联合国建立关系的或根据联合国决定而创设的那种对某一待定业务领域负有国际责任的政府间专门性国际组织。[②] 也就是说，联合国专门机构除了根据特别协定而同联合国建立关系外，也可以是根据联合国决定而创设的。这种观点在学界占主流的地位。

就联合国专门机构的基本特征而言，中国国际法学者通常认为：（1）联合国专门机构是政府间的组织；（2）它们是某一特定领域的普遍性组织；（3）它们同联合国具有法律关系；（4）它们是独立的国际组织。各专门机构不是联合国的附属机构，它们具有独立的法律地位。

应该说，联合国专门机构的组成和数量问题并不是一成不变的。由于联合国专门机构主要是同联合国经济及社会理事会发生关系，因此，经济及社会理事会的官方网站上所提供的资料应该是最权威、最可信的。按照该网站的资料，迄今为止，联合国专门机构共有 15 个，按其排列顺序依次是：联合国粮食及农业组织、国际民用航空组织、国际农业发展基金、国际劳工组织、国际海事组织、国际货币基金组织、国际电信联盟、联合国教育、科学及文化组织、联合国工业发展组织、万国邮政联盟、世界银行集团（国际复兴开发银行、国际投资争端解决中心、国际开发协会、国

---

① 江国青：《演变中的国际法问题》，法律出版社 2002 年版，第 98 页。
② 梁西：《国际组织法》，武汉大学出版社 2001 年版，第 267 页。

际金融公司、多边投资保证机构)、世界卫生组织、世界知识产权组织、世界气象组织、世界旅游组织。① 国际原子能机构和世界贸易组织并未被经济及社会理事会列为"专门机构",而是被列为"相关组织"。②

第三节　区域性国际组织

区域性国际组织,在联合国组织成立以前,并且早在国际联盟创立以前,就已经在世界上出现。首先出现的区域组织,是美洲国家组织,通称泛美联盟。③ 第二次世界大战后区域性国际组织也得到快速发展。同时,对区域性国际组织的关注程度及相关研究也不断加深。

一　区域性国际组织的定义及特征

在《联合国宪章》制定的过程中就涉及区域性国际组织的定义问题,埃及代表曾提出一个定义草案,但未能达成一致意见。

周鲠生先生并没有给区域性国际组织下定义,但是,他指出了区域性国际组织的三个特征:其一是地域因素,即组织的成员和活动的范围限于确定的地域;其二是组织的永久性,即建立在无限期的有效的条约基础上;其三是组织的任务涉及区域内广泛的共同利益事项上的合作。④ 其他学者包括梁西教授和饶戈平教授也大多赞成三个特征的提法。饶戈平教授给区域性国际组织所下的定义是:"区域性国际组织是一定区域范围内,因共同利益或政策而结合起来的国家集团。"⑤

二　军事性区域组织问题

军事集团是否构成区域性国际组织?饶戈平教授认为:"区域性国际组织除了政治性区域组织外,还有各类经济性、金融性以至军事性区域组织","区域性军事组织是第二次世界大战后为特定地区内的成员国提供集体安全与相互援助的军事集团。"但他又强调:"严格地说,这些军事组织很难说是现代国际法意义上的区域组织,因为它们多数同《联合国宪章》

---

① 资料来源于:http://www. un. org,2009 年 11 月 25 日访问。
② 资料来源于:http://www. un. org/zh/aboutun/structure/,2009 年 11 月 11 日访问。
③ 周鲠生:《国际法》(下册),商务印书馆 1983 年版,第 739 页。
④ 同上书,第 751 页。
⑤ 王铁崖主编:《国际法》,法律出版社 1995 年版,第 561 页。

的宗旨与原则相抵触。"① 不过，他并未就具体理由和抵触的情形加以论述。

梁西教授的观点与此相似。他认为，"某些带侵略性的军事集团，严格地说，似乎不属于现代国际法意义上的区域组织。因为这种集团的真正意图并不符合《联合国宪章》的宗旨与原则，只是历史长河中的一种基于暂时政治形势和短期利害关系的纯武力结合而已。"② 梁西教授用带有文学性的语言指出某些带侵略性的军事集团只是历史长河中的一种"暂时"和"短期"的现象。然而不幸的是，某些军事集团已经"暂时"或"短期"了半个多世纪了，而且目前似乎仍然顽强地存在着。此外，与饶戈平教授一样，梁西教授也未具体论及军事集团并非区域性国际组织的理由。

周鲠生先生很早就对此问题有所论及。他提出，区域性国际组织的特征之一是"组织的任务涉及区域内广泛的共同利益事项上的合作，而军事方面的合作不过是其中的一部分"。他还认为，"单纯的军事集团，无论是否冠以地域名称，都不能算作区域性组织，例如 1949 年成立的北大西洋公约组织，西方一些资产阶级的国际法专家，却硬把如北大西洋公约组织一类的军事集团列入《联合国宪章》所称区域办法或区域机构的范畴，那是歪曲适用《宪章》的条款，来为那些军事集团作掩护，肯定在法律上是站不住脚的"。③ 周鲠生先生显然是站在无产阶级国家的立场上来论述这个问题的。这样做无疑也是正确的。但是，他所提出来的理由可能同样是"站不住脚的"，因为，国际社会并没有就区域性国际组织的定义达成一致，联合国也从没有任何文件把区域性国际组织的任务规定为所谓的"广泛的共同利益事项上的合作"，没有任何国际文件规定区域性国际组织不能是"军事方面的合作"。而且在当代，对这个问题的讨论似乎已经失去了意义，因为，某些军事集团已经不再利用区域办法或区域机构这个制度安排作为自己行动的合法依据了，他们甚至可以绕开安理会而直接采取军事行动。

① 王铁崖主编：《国际法》，法律出版社 1995 年版，第 562—564 页。
② 梁西：《国际组织法》，武汉大学出版社 2001 年版，第 231 页。
③ 周鲠生：《国际法》，第 751 页。

第四节 非政府国际组织

60 年来，非政府国际组织也呈现出快速发展的势头，成为国际社会中除国家和政府间国际组织以外的一个重要的力量，并越来越积极地表现出影响国际决策的能力和参与国际治理的决心。

一 非政府国际组织的定义和地位问题

（一）非政府国际组织的定义

周鲠生先生所著《国际法》一书中没有专门讨论非政府组织，这可能是因为那时候非政府组织还远没有今天这样重要。

梁西教授给非政府组织下的定义是："一种由个人或团体基于一定社会宗旨以非官方协议成立的跨越国界的民间联合体。"[1] 饶戈平教授认为："非政府间国际组织是各国民间的团体、联盟或个人，为了促进在政治、经济、科学技术、文化、宗教、人道主义及其他人类活动领域的国际合作而建立的一种非官方的国际联合体。"[2] 这两位学者的定义中都将非政府组织的目的和宗旨作为其构成的条件或要素之一。

黄志雄认为："从国际法的角度来看，以下定义较为合适：非政府组织是指非由一国政府或政府间协议建立、能够以其活动在国际事务中产生作用、其成员享有独立投票权的民间组织。"可见，该定义强调以客观结果即是否能够在国际事务中产生作用作为非政府组织的一个要素。黄志雄还强调："这一定义将那些仅仅涉足国内事务的非政府组织排除在外，但又不拘泥于非政府组织的成员和经费来源是否具有国际性质。由于当代社会国内事务与国际事务越来越难以截然分割，这个定义的外延事实上非常广泛。"[3]

（二）非政府国际组织的地位

饶戈平教授认为："非政府组织不具有国际法上的主体资格，但它们是当代国际社会中不可缺少的重要角色，成为一股强大的力量，对各国政

---

[1] 梁西：《国际组织法》，武汉大学出版社 2001 年版，第 267 页。

[2] 王铁崖主编：《国际法》，法律出版社 1995 年版，第 565 页。

[3] 参见黄志雄：《非政府组织：国际法律秩序中的第三种力量》，《法学研究》2003 年第 4 期。

府及政府间组织产生不可忽视的影响，政府间国际组织同非政府组织进行协商，是联合国的创造，并为联合国各专门机构所仿效。"① 梁西教授认为，非政府组织"需依某国国内法而成为法人"，"一般国际法对非政府组织的法律地位并无具体规定，如其运行发生问题，须依成立地之法律来解决"。② 黄志雄的观点也与此相似。他主张："在某些政府间国际组织或国际条约所确认的、机制化的咨询与交往关系内，非政府组织在国际法律秩序中获得了一定程度和一定范围的法律地位。""不过，国际社会至今没有任何国际公约对非政府组织的法律地位作出统一规定，更不存在这方面的习惯法规则。""因此，就绝大多数非政府组织而言，它们在国际法上的地位有着明显的特殊性质，目前还远不能与国际法主体资格相提并论。"③

但是也有学者认为，作为非政府组织的红十字国际委员会的地位非常独特，它被广泛承认为一种特殊的国际法主体。④

二　非政府国际组织的活动问题

非政府组织最早产生于19世纪初期。⑤ 最初的非政府组织大多与人道主义和宗教事务有关，从事教育、社会福利、青年、传教等活动。随着时代的发展，非政府组织的活动范围日益扩大，涉及许多专业技术领域。

有学者认为，许多西方发达国家的非政府组织已将它们的活动范围扩展出了国界，有的甚至是专门面向国外的。它们的活动方式原来以影响政府行为为主，现在转向双管齐下：一边游说施压于政府，一边越过政府，直接卷入某些国际事务，并相互联络。在1992年的联合国环境与发展大会和1995年的联合国第四次世界妇女大会上，非政府组织论坛引起的关注和产生的影响丝毫不亚于政府间会议，而像"人权观察"这样的非政府国际组织引起国际论战和紧张的例子也不在少数。⑥ 而在非政府国际组织的全球活动中，比较引人注目的当属各种非政府组织参与各大国际组织的会议、决策、日常活动、项目执行乃至争端解决程序。例如，非政府国际

---

① 王铁崖主编：《国际法》，法律出版社1995年版，第565页。
② 梁西：《国际组织法》，武汉大学出版社2001年版，第267页。
③ 参见黄志雄：《非政府组织：国际法律秩序中的第三种力量》。
④ 参见李浩培：《国际法的概念和渊源》，贵州人民出版社1994年版，第20页。
⑤ 根据美国学者L. C. 怀特的看法，成立于1855年的世界基督教青年联盟是第一个实际意义上的国际性非政府组织。
⑥ 范士明：《国际关系中的非政府组织浅析》，《现代国际关系》1998年第3期。

组织参与世界银行的日常工作及其贷款项目的设计、运营、执行和监督；参与联合国的人权、环境、妇女和可持续发展大会；抗议经济合作与发展组织的多边投资协议谈判；参与和抗议西方八国集团、世界银行、国际货币基金组织、世界经济论坛和世界贸易组织的会议等等。除此外，一些非政府组织还针对各国政府和跨国公司采取各种行动。例如，绿色和平组织早年抗议法国的核试验活动；大赦国际对于各国人权记录的"流动耻辱"展示；各种非政府组织对于跨国公司生产、定价活动的反应（如，在30多家跨国制药公司与南非政府的争讼中非政府组织的反应）等等。①

　　此外，学者们还指出，国际争端的和平解决，不但有赖于争端当事国之间的谈判和协商，有赖于它们所属国际组织的政治或司法的解决机制，同时也可以借助非政府组织这一民间的中介环节。如，旷日持久的关贸总协定乌拉圭回合谈判中，发达国家和发展中国家的利益冲突是其中一个症结，经过大批非政府组织的努力，南北双方终于达成妥协，而这些妥协是以非政府国际组织提出的主张为基础形成的。② 实践表明，非政府组织已逐步成为全球化时代国际社会积极的、完全的参与者，在国际关系中发挥了不可小觑的重要作用。③

---

　　① 王彦志：《非政府组织的兴起与国际经济法的合法性危机》，《法制与社会发展》2002 年第 2 期。

　　② 饶戈平：《论全球化进程中的国际组织》，《中国法学》2001 年第 6 期。

　　③ 李先波等：《主权、人权、国际组织》，法律出版社 2005 年版，第 265 页。

第十一章

国 际 刑 法

国际刑法学是国际法学的一个分支学科。它是近 20 年来才最终发展成为国际法的一门独立学科的。1998 年《国际刑事法院罗马规约》的通过标志着国际刑法学作为一个独立的学科的最终形成。

自 1949 年中华人民共和国成立到 2009 年的 60 年间，中国国际法学界的专家学者在国际刑法学的基本理论学说方面、在对东京国际军事法庭审判的反思与研究、在参与前南斯拉夫问题国际刑事法庭（以下简称前南国际刑庭）和卢旺达国际刑庭的审判中以及在对国际刑事法院的研究中，作出了积极的和应有的贡献。

第一节　国际刑法学的基本理论和概念

国际刑法学的理论部分是研究国际刑法的基础。其中包括国际刑法的定义、性质、渊源、国际罪行的概念等问题。

一　国际刑法的定义

国内外学者对国际刑法下过各种各样的定义。

美国著名国际刑法学家巴西奥尼教授认为："国际刑法是一个相对崭新的法律制度，包括了国际法的惩罚与程序方面和国内刑法的国际程序方面。"①

我国学者刘大群认为，国际刑法系指为了维护整个国际社会的共同利益，惩治国际公约或国际惯例所确定的国际犯罪，而建立的包括实体法与

---

① Bassiouni, *Crimes Against Humanity in international Criminal Law*, Martinus Nijhoff Publishers, 1992, p. 65.

程序法在内的一整套的国际刑事法律体系。①

朱文奇认为，国际刑法是国际法，尤其是国际人道法为保护战争受害者而制定的惩罚方面的规则与国内刑法的国际方面的结合。从国际刑法实践来看，毫无疑问，国际刑法就是国际公约中那些旨在为了维护各国共同利益对国际犯罪进行惩治的刑事法规范的总称。它赋予国家起诉并审判国际罪行，而且还规定了如何起诉并进行审判的国际司法程序。②

我国学者的定义还有："国际刑法是国际公约中旨在制裁国际犯罪、维护各国共同利益的各种刑事法规范的总称。"③ "国际刑法是指国际上有关刑事实体法、程序法的原则、规则、规章和制度的总称。"④ 还有的学者认为，"国际刑法是调整国际刑事法律关系的实体法与程序法的总和，主要包括国际社会预防和惩治国际犯罪以及国际刑事司法协助与合作原则"。⑤

二　国际刑法的学科性质

国际和国内的学者对国际刑法的性质还没有统一的看法。有的学者认为，国际刑法属于国际法的一部分；有的认为，国际刑法是国内刑法的域外伸延；还有的认为，国际刑法就是国际法加国内刑法。

刘大群认为，国际刑法是国际法的一部分，至少包括了国际人权法、国际人道主义法和国际法上的战争法的内容，如对破坏和平罪与侵略罪的惩治。⑥

林欣认为，国际刑法是国际法的一个分支学科。但是它与国际法的关系仍然极为密切。它是国际法和刑事法律（包括刑罚和刑事诉讼法）之间的交叉法律学科。许多有关国际犯罪行为、刑事管辖权和国际人道主义法的国际公约既是国际刑法的渊源，也是国际法的渊源。⑦

朱文奇认为，国际刑法既是国际法的一个分支，同时也属于刑法的一

---

① 参见刘大群：《论国际刑法的法理渊源及对传统国际法的冲击》，赵秉志、卢建平、王秀梅主编：《国际刑法评论》（第1卷），中国人民公安大学出版社2006年版，第66页。

② 朱文奇：《国际刑法》，中国人民大学出版社2007年版，第3页。

③ 张智辉：《国际刑法概论》，中国政法大学出版社1993年版，第1页。

④ 赵永琛：《国际刑法基本理论》，《公安大学学报》1992年第1期。

⑤ 邵沙平：《现代国际刑法教程》，武汉大学出版社1993年版，第6页。

⑥ 参见刘大群：《论国际刑法的法理渊源及对传统国际法的冲击》，赵秉志、卢建平、王秀梅主编：《国际刑法评论》（第1卷），中国人民公安大学出版社2006年版，第68页。

⑦ 林欣、李琼英：《国际刑法新论》，中国人民公安大学出版社2005年版，第3页。

个部分。简单地讲，国际刑法是国际法里的刑法部分与刑法里的国际法部分相结合的学科。①

三　国际刑法的渊源

对于国际刑法的渊源，有些学者认为，国际刑法的渊源与国际法基本一致。

刘大群认为既然国际刑法是国际法的一部分，国际刑法的渊源也同样来自国际法。国际刑法的渊源是强行法、国际习惯、国际条约、一般法律原则，以及作为确定法律原则之外补助资料的司法判例及各国权威最高之公法学家学说。"'法无明文不为罪'的原则，要求国际法庭适用毫无争议地成为习惯国际法一部分的国际人道主义法的规则，以避免发生只有一些国家而不是所有国家都遵守某个具体公约的问题。"

刘大群认为，构成强行法的要素与习惯国际法一样，主要是依据国际社会中是否已具备了一种"法律确信"和足够的国家实践，即是否国际社会的大多数国家都对强行法的规则明示或默示地表示了同意与认可。强行法的规则与习惯国际法的区别主要在于强行法比习惯国际法具有更高的等级与要求。强行法的规范也是习惯国际法的规则，但是，并不是所有习惯国际法的规则都可以成为强行法的规范。②

朱文奇认为，国际刑法是国际法的一部分，所以它的法律渊源与国际法的渊源一样，主要是国际条约和习惯法。③余叔通认为，国际刑法的渊源与国际法大体一致。④赵永琛认为，国际刑法作为国际法的有机组成部分，其渊源应与一般国际法的渊源是一样的。⑤

四　国际罪行

在对国际罪行的种类问题上，我国学者有不同看法。

林欣认为，国际犯罪是指国际法规定的、对国际社会具有危害性并应

---

① 参见朱文奇：《国际刑法》，中国人民大学出版社 2007 年版，第 2—3 页。

② 参见刘大群：《论国际刑法的法理渊源及对传统国际法的冲击》，赵秉志、卢建平、王秀梅主编：《国际刑法评论》（第 1 卷），中国人民公安大学出版社 2006 年版，第 68—69 页。

③ 朱文奇：《国际刑法》，中国人民大学出版社 2007 年版，第 18—19 页。

④ 参见马克昌、杨春洗、吕继贵主编：《刑法学全书》，上海科学技术文献出版社 1993 年版，第 763 页。

⑤ 参见赵永琛：《国际刑法与司法协助》，法律出版社 1994 年版，第 17 页。

受到刑事处罚的行为。对国际犯罪一般有广义和狭义两种解释。①

高燕平认为，国际罪行是指危害国际社会整体利益的、违反公认的国际法规范、根据法律应当受到刑事惩罚的犯罪行为或严重违法行为。根据国际法委员会的《国际刑事法院罗马规约》草案和"危害人类和平与安全治罪法"草案（1996 年）以及"国家的国际责任条款"草案（1996 年），国际罪行，依照国际危害性的严重程度，被分为"核心罪行"和一般国际罪行。②

刘大群认为，从国际刑法当前发展的情况看，侵略罪（破坏和平罪）、危害人类罪、战争罪、严重违反《日内瓦公约》的罪行为国际犯罪，而酷刑罪、种族隔离罪、奴隶制以及与奴隶制有关的罪行、针对联合国维和人员的犯罪、劫持人质罪和恐怖主义犯罪只有成为危害人类罪或战争罪的一部分时才构成国际犯罪。国际犯罪与跨国犯罪具有根本性的区别，并不是所有带有涉外因素的国内犯罪行为都是国际犯罪。③

朱文奇认为，国际罪行就是对国际社会所认定的最基本价值理念构成极大破坏、必须予以惩治的严重国际犯罪行为。从国际刑法的角度来看，属于国际罪行的行为有两个特点：1. 它们违反国际习惯或国际条约的规定；2. 违反了对世界所有国家和地区及个人都具有法律约束的规定。因此国际刑法要起诉和惩治的"国际罪行"主要就是战争罪、反人道罪、种族灭绝罪、侵略罪以及恐怖主义行为的罪行等等。④

总之，国际刑法的一些基本概念其实就是国际法基本概念问题。⑤ 因此，研究国际刑法的一个很重要的条件就是要具有国际法的基础。上述国内的国际法学者对国际刑法基本概念的论述基本反映了国际上国际刑法研究的主流方向和最新的研究内容。他们的研究成果为我国国际刑法继续向前发展和进一步深入研究作出了不可低估的贡献，是我国国际刑法研究的基石。

---

① 林欣认为，广义的国际犯罪，是指未经国际社会普遍接受的国际法规则予以公认的罪行，它所侵犯的价值需要通过有关国家合作才能保护。狭义的国际犯罪，即严格意义的国际犯罪，经国际社会根据普遍接受的国际法规则予以公认的罪行。参见林欣主编：《国际刑法问题研究》，中国人民大学出版社 2000 年版，第 17 页。

② 参见高燕平：《国际刑事法院》，世界知识出版社 1999 年版，第 268—273 页。

③ 参见刘大群：《论国际刑法的法理渊源及对传统国际法的冲击》，赵秉志、卢建平、王秀梅主编：《国际刑法评论》（第 1 卷），中国人民公安大学出版社 2006 年版，第 66—69 页。

④ 参见朱文奇：《国际刑法》，中国人民大学出版社 2007 年版，第 46—48 页。

⑤ 朱文奇：《国际刑法》，中国人民大学出版社 2007 年版，第 2 页。

第二节　纽伦堡审判和东京审判①

20 世纪 40 年代中期，随着第二次世界大战的结束，英、美、苏等战胜国建立的纽伦堡国际军事法庭、远东国际军事法庭对德国、日本法西斯的战犯进行的审判为国际刑法的发展和日后最终形成一门独立的国际法分支学科奠定了坚实的基础。

作为亲身参加这场审判的中国法官梅汝璈先生在其晚年根据自己亲身经历撰写了《远东国际军事法庭》一书。虽然他只完成了全书七分之四的内容，但它已经具备了极高的学术价值和现实意义，这是那个年代不可多得的一部由中国国际法学者撰写的详细记载和评论纽伦堡与东京国际审判的专著，起到了总结历史、昭示当代、教育后人的作用。

梅汝璈在《远东国际军事法庭》一书中充分肯定了纽伦堡和东京审判的作用和意义。他认为，两个国际军事法庭的设立以及对战争罪犯的审判，是第二次世界大战之后的一大创举，也是人类历史上划时代的一个里程碑。梅汝璈认为，国际军事法庭的管辖权，是基于一系列国际公约和条约对战争罪行的认定，并有法庭宪章作出具体规定。

第二次世界大战之前，战争罪的概念仅局限于违反战争法规或惯例的行为。纽伦堡和东京审判在战争犯罪的基础上增设了破坏和平罪与违反人道罪。梅汝璈的贡献是对纽伦堡和东京两个审判实践确立下来的战争犯罪的概念作出了法理上的进一步阐明。

梅汝璈指出，一切违反战争法规和战争惯例的罪行大都是残酷的、违反人道的；但是"违反人道罪"在这里却有它特殊的含义，即它是对和平人口实行灭绝种族性的集体屠杀，或基于种族、政治或宗教的理由对他们实行集体迫害，倘若仅仅因为公约上没有规定，便对这些罪行不加惩处，那是极不公平的。因此，在纽伦堡和远东军事法庭的宪章中增设的"违反人道罪"，补充了违反普通战争法规和惯例罪之不足，是普通战争罪的引申和发展。

对于破坏和平罪，梅汝璈指出，其法理依据为：侵略战争早已在国际法上被公认为是犯罪，而且是"最大的国际性罪行"，这已由一系列的国

① 本节内容参见何勤华：《梅汝璈与〈远东国际军事法庭〉》，《法学》2005 年第 7 期。

际公约所证明。梅汝璈指出，纽伦堡审判大量引用这些文件说明侵略战争是犯罪，这在法理上是充分的，它没有创设新规范而只是以实践行为适时地宣布了侵略战争是犯罪这一项国际法原则。

至于个人是否应承担责任问题，梅汝璈指出，由于国际法对国家和个人同时规定了义务，因此，对于破坏国际法的个人进行处罚是有法理根据的，在实践上也被先前案例所支持。梅汝璈指出，说个人应对侵略战争负责，并不等于国家可以免除责任。但由于现代国际法对国家责任更强调的是民事赔偿，而加重民事赔偿又会增加各侵略国人民的负担，故强调对野心家和好战者个人的刑事责任，将是现代国际法发展的趋势。

对于犯罪的心理要素问题，梅汝璈阐述法庭的判决后指出，第一，人人有知晓和遵守一切现行法（包括国际法）的义务，对于现行法的无知，不能作为免除个人罪责的辩护理由；第二，被告们在从事侵略的时候，纵使不能精确地了解侵略在国际法上是何等严重的罪行，但是以他们的知识和地位来说，他们绝不会不知道他们破坏条约、攻击邻国的行为是错误的和有罪的。因此，不能说他们没有"犯罪意思"。

梅汝璈有关战争犯罪的论述，为"二战"后国际法上战争犯罪的发展贡献了有益的学术见解。1949 年以后通过的各项旨在维护世界和平、保障人权的《日内瓦公约》，所遵循的就是由纽伦堡和东京审判所确立下来的关于战争犯罪的原则以及梅汝璈及其他法官在审判中所阐述的法理。1993年的《前南国际刑庭规约》[①]、1994 年的《卢旺达国际刑庭规约》[②]，以及1998 年通过的《国际刑事法院罗马规约》中的有关规定依据的也是上述战争犯罪的概念。

梅汝璈在该书中明确阐述了经纽伦堡和东京审判确立下来的各项战争犯罪的基本原则。这些原则包括：（1）追究犯罪者个人的刑事责任。（2）官职地位（官方身份）不免除个人责任。（3）上级命令不免除个人责任。

梅汝璈的《远东国际军事法庭》一书，就其学术价值而言，不仅继承与发展了传统的国际法理论，充分阐述了现代国际刑法基本原则和程序规则，而且为以后国际刑事审判提供了充分和坚实的法律依据与基础，因此

---

① 1993 年 5 月 25 日，联合国安理会第 827 号决议通过。
② 1994 年安理会第 955 号决议通过。

该书在中国现代国际法学史上占据着重要的地位，它更为后人进一步研究国际刑法提供了宝贵的素材。

第三节　前南国际刑庭及卢旺达国际刑庭及其审判问题

1993 年联合国安理会通过第 827 号决议成立了前南国际刑庭，并于 1994 年通过第 955 号决议成立了卢旺达国际刑庭。我国先后有李浩培（1993—1997 年）、王铁崖（1997—2000 年）和刘大群（2000 年起）出任法官，他们还同时兼任卢旺达国际刑庭上诉庭法官。三位法官均为国际刑法学说的完善和发展，为国际和平与正义作出了应有的贡献。我国曾经参与过这两个法庭工作的法律官员也作出了他们的贡献。他们和我国的国际法学者在对这两个国际刑事法庭的审判进行深入研究的基础上，发表了不少代表我国最高水平的研究成果。例如：凌岩的专著《跨世纪的海牙审判》、论文《审判前南斯拉夫境内战犯的国际法庭》、《卢旺达问题国际刑事法庭的成就和经验》等、朱文奇的论文《论成立国际刑事法庭的合法性问题》、《战争罪与武装冲突性质的关系问题》、贾兵兵编著的《前南法庭程序与证据论文集》（英文）以及论文《前南法庭与卢旺达庭审判中的上诉权》等[①]、易显河的论文《评阿德莫维奇案在量刑方面的判决》[②] 等等。

一　法庭设立的合法性问题

凌岩认为，设立一个国际法庭以制止违反国际人道主义法的罪行，并将对这种罪行负有责任的人绳之以法，以期恢复和维持和平，是安理会根据《联合国宪章》采取的进一步行动。此外，《联合国宪章》第 29 条规定，安理会的设立其认为于行使职务所需之辅助机关，其中也包括司法机

---

① 此外，贾兵兵教授在前南国际刑庭工作时还撰写了论文"国际刑法中战争罪和反人类罪的不同概念"，《现实中的国际法：献给依安·布朗利》（英文），由盖伊·古德温—吉尔和斯泰凡·塔蒙编辑，牛津大学出版社 1999 年版，第 243—271 页（在 1999 年 11 月联合国前南斯拉夫国际刑事法庭一审庭"塔迪奇案"量刑判决中，为罗宾森法官的个人意见所引用；在 2000 年 1 月前南法庭上诉庭"塔迪奇案"上诉判决中被沙哈布丁法官的个人意见所引用）；"对指挥官责任理论的初步思考——特别是忽视惩罚引起的责任"，《荷兰国际法回顾》（英文），第 45 卷（1998），第 325—347 页；"有关'指挥官责任'理论的初步探讨"，《中国国际法年刊》（中文），1997 年卷，第 186—206 页；等等。

② Georgia, *Journal of International and Comparative Law* (1997), p. 263.

关。因而安理会设立这个国际法庭作为维护和平的强制手段是有法律根据的。①

朱文奇认为，实事求是地说，《联合国宪章》里并没有明确授权安理会可以成立国际刑事法庭。但是《联合国宪章》在第41条规定了联合国安理会为恢复世界和平与安全可以采取的一些制裁措施。规定中用了"包括"这个词，表示这里的措施没有详尽的意思，因此，从逻辑上分析，联合国安理会可以采用"包括"中没有列举到的措施，这可以理解为包括成立国际刑事法庭。②

二　法庭的贡献、作用及意义

凌岩认为，前南国际刑庭通过审判揭露事实真相的作用，是法制的柱石，也是和解之路的基本步骤：因为正是真相清除了种族和宗教的仇恨并开始治愈的过程。审判也给今后潜在的战争犯和人权违反者送去了一个信息，今后犯了这些罪行的人也应对他们的行为负责任。国际法庭的审判极有可能起到使法律得到遵守和遏止将来的犯罪的作用。前南斯拉夫国际法庭在发展国际人道主义法和国际刑法方面的确作出了不可磨灭的贡献。前南刑庭的审判将成为国际人道主义法中的宝贵财富，它的经验教训，将成为常设国际刑事法院的有价值的借鉴。③

杨力军认为，前南国际刑庭的审判以其大量判例极大丰富和发展了国际人道主义法和国际刑法。该庭的实践证明国际正义的有效性和透明性是完全可以实现的。该庭最重要的贡献是扭转了有罪不罚的局面，个人必须承担刑事责任。它不仅对前南地区的最高级别的政府官员和军队的指挥官提出了起诉，而且在法学史上第一次由法庭的检察官对一国现任的国家首脑——米洛舍维奇，就其在任时所犯下的罪行提出了起诉。通过审判工作，前南国际刑庭为成千上万的当地的受害者讨回了公道，伸张了正义。④

三　李浩培法官的学术贡献

李法官在"塔迪奇案"中发表了重要的不同意见。他认为：1. "本法

---

① 凌岩：《跨世纪的海牙审判》，法律出版社2002年版，第31页。

② 参见朱文奇：《国际刑法的最新发展》，资料来源于：http://kbs.cnki.net/forums/12428/ShowThread.aspx，2009—10—07访问。

③ 参见凌岩：《跨世纪的海牙审判》，法律出版社2002年版，第377—382页。

④ 参见杨力军：ICTY, in Antonio Cassese (Editor in Chief), *the Oxford Companion to International Criminal Justice*, Oxford University Press, 2009, pp. 357—359.

庭没有审查安理会决议合法性的权力"。由于本法庭规约第 1 条只规定本法庭"有权根据本规约起诉应对 1991 年以来前南斯拉夫境内所犯的严重违反国际人道主义法行为负责的人","并且由于联合国宪章也从未授予本法庭审查安理会决议合法性的权力",因此,"这个审查是越权的和非法的"。2. 本法庭根据规约第 3 条规定所享有的属物管辖权不包括国内武装冲突,也就是说,根据规约第 3 条的规定,在该条第 1—5 款中列举的以及在国内武装冲突中所实施的违反战争法或惯例的行为不应予以起诉。所以,"关于'第 3 条授予国际法庭对包括在第 2、4 或 5 条中的任何违反国际人道主义法的严重犯罪有管辖权'的判决(《判决书》第 52 页,第 94段)""事实上是无根据的行使立法权,任何权力部门都未给国际法庭这个权力"。3. 前南斯拉夫的冲突性质从整体上说是国际性的。"由于该判决未确定所称的犯罪行为发生时的武装冲突是国际性的,这是一个缺陷,因为它未确定本法庭按规约第 2 条行使管辖权的一个重要因素"。①

四　王铁崖法官的学术贡献

在坎亚巴斯基案中,被告方质疑法庭组成人员的资格,进而认为法庭不具备管辖权。王铁崖法官对此发表了精辟的见解。他认为,法庭对一案有无管辖权和一个法庭的组成人员有无能力(资格)行使职权是两个必须严格区别开来的概念。如果认同法庭人员的资格或能力也属于管辖权问题,任何一案的当事人都有可能来挑法庭组成人员在资格上的"瑕疵",从而在策略上每案都会来质疑法庭的管辖权问题,这样法庭的审理进程将被迫拖延,法庭的工作也将不堪重负。② 在海牙的两年里,王铁崖法官对国际刑庭的管辖权、证据和程序规则作了深入研究,颇有建树,作出了一个中国的国际法学者对国际刑事法庭应有的贡献。③

五　刘大群法官的学术贡献

刘大群是在前南国际刑庭工作时间最长的法官,担任过"纳利泰利奇

---

① 参见杨力军：Li, Haopei, in Antonio Cassese (Editor in Chief), *the Oxford Companion to International Criminal Justice*, Oxford University Press, 2009, p. 410；凌岩：《跨世纪的海牙审判》,法律出版社 2002 年版,第 547—553 页。

② 前南国际刑庭案例：Josef Kanyabasgi v. Prosecutor, "Joint Separate and concerning option of Judge Wang Tieya and Judge Nieto—navia.", 3 June 1999, ICTR—96—15—A.

③ 参见张慎思：《前南刑庭时期的王铁崖》,《法律与生活》2005 年第 20 期。资料来源于：http：//qkzz. net/magazine/1002—7173/2005/20/256955. htm, 2009—10—12 访问。

案"、"布拉格叶维奇案"和"哈利洛维奇案"等十几个案件的主审法官，这些案件的判决经常被国际法学者以及国际法院所引用，例如，在国际法院审理的"波黑诉塞尔维亚案"中，国际法院在其判决中就引用了"布拉格叶维奇案"。① 自 2005 年担任上诉庭法官以来，他对许多判决提出了不同意见。例如，在前南国际刑庭审理的"波博维奇案"中②，他在不同意见中指出，对于候审或被定罪的被告，只有在满足了他不会对证人造成威胁或保证其能出庭的情况下，才能基于人道主义的理由，予以临时释放。在卢旺达国际刑庭审理的"萨仑巴上诉案"中，他不同意大多数法官对"实施"犯罪作出扩大的解释。他的这个不同意见在国际刑法学界引起了激烈的讨论。③ 在前南国际刑庭上诉庭审理的"德拉高米尔·米洛舍维奇案"④ 中，他在不同意见中认为，战争法中的恐怖行为并没有成为习惯国际法上可予惩罚的罪行。此外，刘大群法官在其发表的《前南国际刑庭上级领导责任法律原理》一文中，总结了国际刑法在上级领导责任原则上的最新发展。⑤

我国法官们在国际刑事审判中作出的判决书以及所发表的不同意见丰富了国际刑法的先例、法理和实践，为国际刑法的发展作出了卓越的贡献。

六 其他有关研究

在研究前南国际刑庭审判的成果中，值得一提的是上述易显河对"阿德莫维奇案"的评论。这篇论文发表于 1997 年，是我国学者最早的一篇用英文在外国杂志上发表的对前南国际刑庭判决的评论文章，并引起了各国国际刑法学家的关注。该文的意义在于它开创了我国学者对国际审判机构案例进行分析和评述的先河。

---

① 国际法院案例：涉及适用防止与惩治灭绝种族罪公约案，波黑诉塞黑，2007 年 2 月 26 日判决书，第 295 段。

② 前南国际刑庭案例：对巴特勒作为专家证人中期上诉的审判。IT—05—88—AR73.2，1988 年 1 月 30 日，上诉庭所作裁决。

③ Flavia Zorzi Giustiniani：Stretching the Boundaries of Commission Liability, The ICTR Appeals Judgment in Seromba, *Journal of International Criminal Justice*, Volume 6, No. 4, September 2008, pp. 783—799.

④ 前南国际刑庭案例：Prosecutor v. Dragomir Milosevic, IT—98—29/1—A.

⑤ 载于 G. 文图利尼和 S. 巴里雅替主编：《纪念波卡文集：个人权利与国际正义》（英、法、意大利文），米兰鸠福雷出版社 2009 年版，第 495—514 页。

另外在 1997 年，朱文奇教授在前南国际刑庭工作期间出版了专著《国际人道法概论》。在当时我国国际法学界对此领域研究较为缺乏的情况下，该书详尽地论述了战争或武装冲突与武装冲突法包括人道法之间的关系及后者之必要性和重要性。特别是，他在书中澄清了多年来国内国际法学界一直认为国际人道法是评判正义和非正义战争的法律规范的错误观点。他明确指出了国际人道法的现实意义：国际人道法的存在，不是要消灭战争或武装冲突。战争或武装冲突的正义性或合法性问题，主要是国际法范畴内的问题，因为他和国家的基本权利和义务联系在一起（如自卫权）。而国际人道法本身，并不涉及、也不去追究战争或武装冲突的起因或动机。在其适用时不去追究谁是"占领者"或是"侵略者"，也不涉及战争的"正义"或"非正义"性。换句话说，国际法承认战争与武装冲突这一事实，但同时包含一些对进行战争或武装冲突的行为加以限制的规则。这些规则就是国际人道法。① 这是该书对中国国际刑法学作出的重要贡献，具有实际意义。

第四节　国际刑事法院问题研究

1998 年 7 月罗马外交大会通过了《国际刑事法院罗马规约》。2002 年 7 月 1 日国际刑事法院正式宣告成立。被誉为第一部国际刑法典的《罗马规约》引起了国内学者的广泛关注。国内许多学者都开始研究国际刑法的问题，发表了不少有价值的文章。许多大学都成立了专门研究国际刑法的国际人道主义中心或研究所。如武汉大学、中国政法大学和北京师范大学。

1999 年 4 月，高燕平出版了《国际刑事法院》一书，这是第一部全面、系统地论述国际刑事法院的专著。书中提出了不少在理论上适当、现实中可行的独立见解。②

2006 年由李世光、刘大群和凌岩主编的《国际刑事法院罗马规约评释》出版。这是我国第一部由对国际刑法有多年研究和多年实践的资深学

---

① 朱文奇：《国际人道法概论》，香港建宏出版社 1997 年版，第 16 页。
② 参见王虎华：《我国国际刑法的理论与实践》，资料来源于：http: //www. qiqi8. cn/article/ 1/10/2008/2008071062279_ 6. html，2009—09—18 访问。

者和专家写成、对《罗马规约》进行逐条评释的专著。是一部水平较高的研究国际刑事法院和国际刑法问题的工具书。

一 国际刑事法院的普遍管辖权

刘大群认为，由于国际刑事法院管辖的四种罪行都属于国际法中强行法的范畴，因此，可以这样理解，国际刑事法院对这些罪行（属物方面）具有普遍管辖权。但是，《罗马规约》第 12 条又规定了"行使管辖权的先决条件"。该条第 1 款首先规定，一国成为本规约的缔约国，即接受本法院对第 5 条所述犯罪的管辖权。该条第 2 款进而采用了所谓"2 选 1"的方案，即犯罪发生地国或犯罪行为人国籍国中的一国接受了国际刑事法院的管辖权，国际刑事法院就可以行使管辖权。这种规定只适用于缔约国和检察官向法院提交情势的情况，而不适用于联合国安理会向国际刑事法院提交情势的情况。言下之意，在联合国安理会根据《联合国宪章》第 7章，向检察官提交显示一项或多项犯罪已经发生的情势中，国际刑事法院可以行使普遍管辖权。国际刑事法院的管辖权是一种混合形式的管辖权，即有普遍管辖权的成分，也有非普遍管辖权的因素，但是，在非普遍管辖权的行使方面，《罗马规约》已将管辖权与犯罪之间的联系减少到了最低的限度，是一种近似于普遍管辖权的管辖权。①

二 国际刑事法院管辖权的延伸对第三方的影响

有的学者认为，这个问题体现在两个方面：（1）根据规约第 12 条第 2款规定，当非缔约国国民被怀疑在一缔约国境内实施了犯罪，或一个缔约国的国民在一非缔约国境内犯罪，国际刑事法院即对该非缔约国国民或该罪行具有管辖权。（2）国际刑事法院管辖权对非缔约国的影响的第二点是：在安理会根据第 13 条第 2 项向法院提交一项情势时，即使在没有国家同意的情况下法院也拥有行使管辖的权力。②

---

① 刘大群：《论国际刑法中的普遍管辖权》，《北大国际法与比较法评论》（第 4 卷第 2 辑）（总第 7 期），北京大学出版社 2006 年版。

② 该学者进一步解释道：只要各国建立并实行的法律体系能够对规约禁止的严重罪行进行有效的调查和起诉，缔约国的主权就不会受到影响，国际刑事法院就不会对此有任何干涉；而与此同时，国际刑事法院可随时运用手中的大棒接管那些"不愿意"和"不能够"进行有效调查和起诉的缔约国的任何案件，对其行使管辖权。可以说，补充性原则在很多方面对一国履行国际刑法实体法以及实施刑事管辖权是有影响的。首先，缔约国应按照补充性原则的要求通过立法形式使其国内法院对规约规定的严重国际罪行行使管辖权。参见杨力军：《论〈国际刑事法院罗马规约〉中的补充性原则对国内立法的规范作用》，载《刑事评论》，北京大学出版社 2006 年版，第 18 卷。

朱文奇在《中国是否应加入国际刑事法院》（上）、①凌岩在《国际刑事法院关于管辖权的规定对中国的影响》的文章中也发表了各自的看法。②贾兵兵在《国际刑事法院与第三国》（英文）一文中补充了两点：《罗马规约》第12条第（2）和（3）款以及第17条均对第三国产生影响。③

此外，在讨论国际刑事法院与非缔约国的问题时，卢建平和王健翔用英文发表在 *Journal of International Criminal Justice* 上的《评中国对国际刑事法院的态度》一文值得一提。该文对中国政府在1998年《罗马规约》通过后对其投反对票所做的解释性发言中的5点理由④逐一进行了反驳，并提出了中国为保护其国家利益应加入规约的4点理由。他们主张中国政府应持开放态度，考虑国际刑事法院的实际运作，不应排除在适当的时候加入《罗马规约》的可能性。⑤这是我国学者首次在国外的杂志上对中国政府的观点提出批评。该文彰显了我国学者在学术上敢于发表不同观点的优良学风。

三　补充性原则

朱文奇认为，建立国际刑事法院的目的是补充的性质，是使所有犯下严重国际犯罪的责任者不能逃避法律的制裁。国际刑事法院并不意在取代国内法院对严重国际犯罪的管辖，而在于补充国家管辖的不足。⑥

杨力军认为，补充性原则最主要的一个作用就是监督和督促缔约国切

---

① 他认为，按照《罗马规约》第12条第2款的规定，只要有关行为发生地国或被告的国籍国是《罗马规约》缔约国或声明接受法院管辖权的时候，国际刑事法院就能行使管辖权。但该《规约》并不要求犯罪行为发生地国和被告国籍国同时都是缔约国。按照《罗马规约》第12条第2款的规定，上述任何一国为缔约国时，都可以将法院管辖罪行的嫌疑人提交给国际刑事法院。所以，如果罪行发生地国为规约缔约国，即使被告人国籍国不是规约缔约国，国际刑事法院也可以对一个非缔约国的国民在一个缔约国境内所犯法院管辖范围内的犯罪行为行使管辖权。朱文奇：《中国是否应加入国际刑事法院》（上），资料来源于：http：//www. rucil. com. cn/article/default. asp？id＝789，2009—10—7访问。

② 凌岩：《国际刑事法院关于管辖权的规定对中国的影响》，赵秉志、卢建平、王秀梅主编：《国际刑法评论》（第2卷），中国人民公安大学出版社2007年版，第91—103页。

③ 贾兵兵：International Criminal Court and Third States, in Antonio Cassese (Editor in Chief), *the Oxford Companion to International Criminal Justice*, Oxford University Press, 2009, pp. 160—167.

④ 参见林欣、刘楠来主编：《国际刑法问题研究》，中国人民大学出版社2000年版，第253—254页。

⑤ 参见卢建平、王健翔：China's Attitude Towards the ICC, in *Journal of International Criminal Justice* 3 (2005), PP. 608—620.

⑥ 朱文奇：《中国是否应加入国际刑事法院》（上），资料来源于：http：//www. rucil. com. cn/article/default. asp？id＝789，2009—10—07访问。

实履行《罗马规约》规定的国际义务,目的在于加强缔约国对规约禁止的那些国际罪行的国内刑事管辖权的行使。补充性原则就是运用"胡萝卜加大棒"的机制来实现其监督功能。[①]

综上所述,事实上,国际刑法研究在我国的兴起只是近十几年的事。然而在这短暂的时间内,通过我国国际法学者辛勤的耕耘,研究取得了丰硕成果。他们的研究有以下几个特点:

(1)这些学者或者在国际刑事法庭工作过,或有过切身的实践经验。

(2)他们的外语都很好,能够掌握国际刑法最新的研究动向,并将其介绍到中国。而且能够用外文在国际性的专业刊物上发表文章,在国际法学界有一定的影响,为中国的国际刑法的发展起到桥梁和引领作用。

(3)他们有深厚的国际法的基础知识,他们已经从泛泛研究国际刑法基本概念转移到研究具体的犯罪构成和免除刑事责任的理由等问题,例如:灭绝种族罪的背景要素,危害人类罪的管辖条款,补充性原则的实质,质疑的程序,指挥官的责任,一案不二审原则等。

---

① 参见杨力军:《论〈国际刑事法院罗马规约〉中的补充性原则对国内立法的规范作用》,载《刑事法评论》,北京大学出版社 2006 年版,第 18 卷。

第十二章

国际责任与和平解决国际争端

第一节　国际责任制度

国际责任制度①是国际法最为重要的制度之一，对于强化国际法的法律性质，树立国际法的权威具有重要意义。然而，从国际法诞生到 20 世纪初，国际责任制度发展迟缓。联合国国际法委员会从 20 世纪 50 年代开始对国际责任制度加以编纂。国际组织的行动有力地引导和推动了国际责任制度的发展，同时也激励了学术界对该制度的研究。伴随国际法委员会先后发布关于国家责任问题的编纂成果，我国学者对国际责任制度的研究也从新中国成立之初的个别、零星的探讨进入成果日益丰富、研究逐步系统化的较为繁荣的局面。

一　国际责任制度研究的奠基阶段

从新中国成立之初到 20 世纪 70 年代末，中国国际法学界对国际责任制度的研究非常有限。这一时期，周鲠生先生对国际责任制度作了较为系统的阐释，奠定了新中国国际责任制度研究的基础。早在新中国成立之前的 1932 年，周鲠生先生即在其专著《国际法大纲》中以专章论述"国家之责任"。周先生认为，国家相互责任的依据在于国家有义务在相互关系上遵守正义原则，因此不能因国际社会不存在公共权力就否认国家责任的存在。周先生将国家的国际责任分为直接责任和间接责任。前者是指国家

---

① 在传统国际法上，由于国家是国际法的唯一主体，因此"国际责任"等同于"国家责任"。现在随着国际组织等其他国际法主体的责任被提上讨论的日程，国际责任的内涵不断扩大。本书采用国际责任的提法，不仅包括传统的国家责任，也包括发展了的国际责任。

因为政府、官员或私人在国家授权下的行为所引起的国家责任；后者是指国家为其官员或私人的行为所承担的责任。而这里所谓的国家为私人行为所负的间接责任仅指国家在违反防止私人侵害外国行为的义务时所产生的责任，而并不负有代加害人赔偿的责任。①

1976 年，周鲠生先生出版了新中国首部国际法学教科书——《国际法》。② 周先生将"国家责任"放在该书"国家的基本权利和义务"一章加以阐释，认为国家责任是国家违反国际义务而承担的法律责任。在《国际法》一书中，周先生发展了自己的观点，认为没有必要再区分直接责任和间接责任，因为间接责任的原因在于国家纵容私人的不法行为。周先生指出，长期以来，关于国家责任的研究或立法方案都集中在有关对外国人的生命、财产的侵害问题上，这反映了帝国主义者总是从维护自己在国外殖民主义的活动和投资利益的角度来考虑国家责任问题。其实，引起国家责任的不法行为有多种形式和性质，而侵害外国人的生命、财产所引起的责任不过是国家责任中的一种，且并不是最严重的一种。在这部著作中，周先生还论述了国家责任的承担形式，并专门分析了国家的刑事责任。周先生认为，刑事制裁虽然不可能实施于犯有严重的不法行为的国家那个集体，但是对于采取这种行为、发号施令的国家领导人以及实际行动的其他负责人是可以而且应该加以制裁的。在那些引起刑事责任的严重事件上，国家的国际不法行为实际上也是对这种行为实际负有责任的个人的国际犯罪行为，因而应有刑事制裁。

由于这一时期国际责任主要指的还是国家责任，亦如周鲠生先生当时所认为的，个人并不是国际法的主体，因此，周先生主要从国家责任的概念、引起国家责任的原因、承担国家责任的形式等方面对国际责任进行论述，构建了较为完整的国家责任法律制度，为中国国际法学界对国际责任制度的进一步研究奠定了基础。同时周先生的许多观点，例如侵害外国人生命、财产仅是国家责任的起因之一，刑事制裁也是国家承担国际责任的一种形式等等，在今天仍然具有指导意义，有些甚至依然是国际责任制度

---

① 参见周鲠生：《国际法大纲》，第三章"国家之责任"，商务印书馆 1932 年版，中国方正出版社 2004 年再版。

② 参见周鲠生：《国际法》（上、下册），第四章第七节"国家责任"，商务印书馆 1976 年版，武汉大学出版社 2007 年再版。

中的前沿问题。

二 对国际不法行为的国际责任的研究

国家对国际不法行为的责任是国际责任制度的传统内容，也是目前国际责任制度的主要内容。从 20 世纪 80 年代初到联合国国际法委员会于 2001 年通过《国家对国际不法行为责任的条款》后，中国国际法学界对国际责任制度的研究主要围绕国际法委员会的编纂成果展开，涌现出的学术论著较好地勾勒出了现代国际责任制度的基本框架。

针对"国家对国际不法行为的责任"问题，国际法委员会先后通过了两个有代表性的条文草案，其一是 1979 年《关于国家责任的条款草案》，其二是 2001 年通过的《国家对国际不法行为责任的条款草案》。与 1979 年草案相比，2001 年草案有两个主要变化，一是将原来"国际罪行"和"一般国际不法行为"的分法，变更为"严重的国际不法行为"和"一般国际不法行为"的分法；二是增加了国家责任承担方式、国家责任履行程序等重要内容。

中国学者围绕"国家对国际不法行为的责任"问题的研究成果较为丰富，有对国家责任制度的总体研究，也有对该制度中某一具体方面的研究。这一时期，对"国家对国际不法行为的责任"作出全面梳理的作品当推贺其治先生的《国家责任法及案例浅析》一书。① 该书紧紧围绕国际法委员会通过的国家责任条款草案的内容，不仅对草案的由来、国家责任的基本理论、争论焦点进行了详细的阐释和分析，而且运用大量典型案例对草案的主要内容加以生动诠释。

国际法委员会 2001 年通过的条款草案涵盖了国家责任制度的主要内容，其中的大部分观点已经为国际社会所接受。但是仍有一些问题存有较大争议。我国学者对国家应否承担刑事责任的问题有较多的讨论。虽然国际法委员会为了避免分歧，在 2001 年的条款草案中将国际罪行的概念用"严重违背一般国际法强制规范的行为"的规定所代替，但是就国家是否及如何承担刑事责任尚无定论。中国政府反对追究国家刑事责任的主张，认为国家责任条款不能逾越"平等者之间无管辖权"和"社会不会犯罪"的格言。在学术界，有学者认为国家可以承担刑事责任，成为国际刑事责任的主体；也有学者认为国家不应承担国际刑事责任；还有学者提出国际

① 贺其治：《国家责任法及案例浅析》，法律出版社 2003 年版。

法上的刑事责任在事实上是存在的，只不过是"在肯定国家承担国际犯罪责任的同时，确立个人承担刑事责任的原则，通过强化对个人的惩治来防止严重危害国际社会的国家行为，从而强化国家责任"。① 虽然各种主张见仁见智，但是第三种观点更加符合国际社会的实际，将前两种认识较好地统一在了一起。然而，国家的刑事责任问题除了法理上的解释，还涉及政治上的考虑，难以轻易形成结论。

三　对国际责任制度新问题的研究

随着国际交往的深入和国际法主体活动范围的不断扩大，国际责任制度的内容也不断扩展，最突出的体现为国家对国际法不加禁止的行为造成损害后果承担的责任，以及国家之外的其他国际法主体的国际责任。这些问题同样引起了中国学者的广泛关注。

（一）对国际法不加禁止行为引起损害后果的责任问题的研究

1973 年，联合国国际法委员会决定将国家对国际法不加禁止行为造成损害性后果的责任从国家责任的研究中分离出去，专门研究。1998 年国际法委员会通过了《国际法不加禁止行为的损害性后果所引起的国际责任的条款草案》。

几乎与国际法委员会的工作同步，我国学者也开始了相关的研究。1988 年周晓林博士撰写了《合法活动造成域外损害的国家责任》一文，② 率先研究了国际法不加禁止行为所引起的国际法律责任问题，在国际法学界产生了一定的影响。之后，一批学者纷纷加入到相关问题的讨论中来。近十几年来，对跨界环境损害的国家责任的研究成为一大热点，引起了广泛的学术兴趣。

（二）对国际组织的国际责任的研究

在国际法委员会审议国家责任议题时，国际组织的责任问题就已经提出来了。2000 年，国际法委员会同意将"国际组织的责任"列入其长期工作计划，并围绕这一专题的范围、与国家责任条款的关系、责任归属问题、成员国对于可归于国际组织的行为的责任问题、国际组织责任的产生、内容与履行、争端解决、相关实践等议题展开研究。

20 世纪 90 年代之后，中国学者也开始关注国际组织的责任问题。有

---

① 高智华：《国际法问题新论》，群众出版社 2006 年版，第 148 页。
② 周晓林：《合法活动造成域外损害的国家责任》，《中国法学》1988 年第 5 期。

学者专门研究了国际组织的国际责任的构成、责任形式、责任的承担等方面，认为国家责任的法律规则经过某些变通后可以类推适用于国际组织。构成国际组织法律责任的要件也包括客观和主观两个方面。客观上，国际组织从事了国际不当行为或损害行为；主观上，该行为是国际组织机构或国际官员作出的，或可归责于该国际组织。①

四　结合中国实践对国际责任问题的探讨

一方面，中国政府在对外关系中一贯遵守国际法，认真履行国际义务，不实施国际不法行为；另一方面，对于其他国家针对中国国家及人民的国际不法行为，中国政府也依照国际法要求其承担相应的国际责任。同时，中国学者也注重运用国际法原理来评析国际事件，明晰法理，为政府处理相关事件建言献策。

新中国成立之初，曾发生过多起外国军队侵犯中国领土、侵害中国公民生命财产的严重国际不法行为，中国政府均提出强烈抗议，并要求其承担国际责任，赔偿一切损失。

20 世纪 90 年代以来发生的几起外国针对中国的国际不法行为引起了学者们的极大关注，学者们运用国际法论证了肇事者行为的非法性，为要求相关国家承担国际责任提供了充分的法理依据。在 1993 年发生的"银河号"事件中，美国粗暴地侵犯了中国的主权、公然违反公海自由的原则，它理应为自己的行为承担相应的国际责任。然而事发后，美国非但没有主动承担责任，还矢口否认其行为的不法性。中国学者随即撰文，对事件的始末及美国行为的不法性给予了有理、有力的揭露和批驳。② 1999 年 5 月 7 日午夜，以美国为首的"北约"用多枚导弹轰炸中国驻南联盟大使馆，造成了三人死亡，多人受伤、使馆馆舍毁坏等严重后果。这一震惊中外的罪行立刻受到学者们的抨击。学者们一致认为，以美国为首的"北约"以武力轰炸代表中国主权的使馆，这一行为违反了国家主权平等、禁止使用武力等多项国际法基本原则，违反了战时不攻击、不杀害平民、不攻击民用设施和住宅的战争法规等国际法原则规则。美国应当为其严重的

---

　　① 参见慕亚平、郑艳：《论国际组织的国际法律责任》，《中山大学学报》1999 年第 3 期；宋德社：《国际组织的国际法律责任》，《中国社会科学院研究生院学报》2001 年第 4 期。

　　② 参见赵理海：《论"银河号"事件的法律责任》，《中央政法管理干部学院学报》1994 年第 2 期。

国际不法行为承担国际责任。还有学者认为"北约"作为一个政府间国际组织，有能力也有责任为这次国际不法行为承担国际责任。① 2001 年 4 月 1 日，中美撞机事件发生后，中国学者对美军用飞机在中国专属经济区上空滥用"飞越自由"，违反飞行规则，未经允许进入中国领土从而严重侵犯中国主权等行为逐一予以剖析；同时对美国方面提出的所谓"飞越自由"论、"主权豁免"论、"紧急避险"论、"责任不在美方"论等无理狡辩一一进行驳斥，② 充分说明了美国的行为构成对国际法的严重违反，应该承担国家责任。

因日本侵华战争导致的民间索赔问题近年来备受广大民众和国际法学者的关注。在 1972 年标志中日邦交正常化的《中日联合声明》中，"中华人民共和国政府宣布：为了中日两国人民的友好，放弃对日本国的战争赔偿请求"。显然，声明仅仅放弃了中国政府对日本的赔偿请求，但是日本方面却常常援引这一声明来证明中国政府已放弃国民的受害赔偿请求权，从而拒绝中国民间提出的战争赔偿请求。除此之外，日本方面还提出了中国民间受害者个人不具有国际法上的主体资格，不能向日本政府主张赔偿；中国民间赔偿已过诉讼时效，丧失了胜诉权等种种理由拒绝给予赔偿。中国学者认为，个人直接向战败国提出索赔已有丰富的国际司法实践依据；另外中国民间受害者直接在日本地方法院起诉日本政府，在国际民事诉讼程序中具有充分的法律依据。③ 日本犯有发动侵略战争的国际罪行，负有赔偿受害国和民间受害者的国际法义务，对其责任的追诉不受诉讼时效的限制。日本政府和法院面对中国民间索赔请求的不作为本身也将构成对国际法的违反。学者认为，可归因于日本国的这些国际不法行为将为日本带来相应的国际责任。④

---

① 参见王可菊：《国际法不容践踏》，《中国法学》1999 年第 3 期；陶正华：《美国应承担国家责任》，《人民检察》1999 年第 6 期；邵津：《国际法规不容践踏》，《人民检察》1999 年第 6 期；程道德、吴涛：《北约袭击我驻南使馆必须承担国际法律责任》，《法学杂志》1999 年第 4 期等。

② 参见周毓业：《中美撞机事件的国际法问题》，赵翔、刘鹏主编：《第二届贵州法学论坛文集》2001 年，第 370—374 页。

③ 丁伟：《日本侵华战争的民间受害者对日索赔问题研究》，《法学》1999 年第 10 期。

④ 参见刘正：《论日本拒绝中国民间赔偿的国家责任》，《南京经济学院学报》2002 年第 5 期。

五　对国际责任制度研究的总体评价

国际责任制度日益受到越来越多中国国际法学者的关注和重视，相关学术成果源源不断地涌现出来。国家对国际法不加禁止行为造成损害后果的责任问题在近年来备受关注，成为研究的热点。特别是最近十年间，中国学者不断拓宽研究视野，除继续关注海洋环境污染、固体废弃物跨境转移等造成的损害责任外，还开始探讨空间活动造成损害①引起的国家责任等新兴、前沿的法律问题。此外，中国学者在研究国际责任制度的理论问题的同时，也注重理论与实践相结合，运用相关原理解释引发国际责任的实际问题。

然而，中国学者在该领域的研究也有一些不足之处。首先，在研究国家对国际不法行为的责任问题时，多数学者在国际法委员会的条款草案的框架下展开讨论，多单纯运用理论解释的方法，较少结合具体案例加以说明，研究结论不够深入细致。其次，国家对国际不法行为的责任制度中仍有许多有争议的问题。中国学者对该制度的研究视角较为局限，除了对国家责任的构成要件、国家刑事责任问题有较多探讨外，对诸如"对国际社会整体所负义务"的概念、反措施、非受害国援引责任国责任等许多具有重要的理论和实践意义的问题较少涉足。这些问题或不足应该成为今后研究工作努力加强的方面。

第二节　和平解决国际争端

和平解决国际争端是《联合国宪章》规定的解决国际争端的基本原则，也是一项包括协商、谈判、斡旋、调停、调查、和解、仲裁、诉讼等多种方法的内容丰富的法律制度。伴随国际社会的交流愈加密切，和平解决国际争端的实践不断丰富。除了谈判、斡旋、调停、和解等解决国际争端的政治方法继续被各国频繁地运用到国际争端的解决中外，解决国际争端的法律方法也有了突破性的发展，专门领域的国际司法机构相继建立，打破了国际法院一枝独秀的局面。新中国成立以来，中国国际法学者对和

---

①　例如，李寿平：《空间碎片造成空间环境污染的国际责任》，《河北法学》2006 年第 12 期；高国柱：《论外空活动中的国家责任》，《环球法律评论》2008 年第 4 期；李寿平：《试论联合国框架下空间物体造成损害的赔偿责任法律制度》，《时代法学》2009 年第 2 期。

平解决国际争端的研究经历了对政治实践的描述和对基础理论的构建，对和平解决国际争端基本制度的深入研究，以及对前沿问题的关注等几个主要阶段。

一 和平解决国际争端的早期实践与理论基奠

中国一贯奉行和平外交政策，主张以谈判协商的方法解决国际争端。从新中国成立到改革开放之前，中国多次运用谈判、协商等和平解决国际争端的政治方法成功地解决了国籍、领土争端等重大问题。中国政府也在不同的场合向国际社会呼吁以和平的方法而不是使用武力或威胁来解决国与国之间的争端。

20 世纪 60 年代，中国也曾尝试以斡旋方法解决争端。1962 年 12 月，亚非六国在科伦坡提出关于调解中印边界冲突的科伦坡建议，这就是由第三方进行斡旋，推动当事国直接谈判的一次解决争端的尝试。对于科伦坡建议，印度政府一方面要求中国无保留地接受，另一方面又提议双方将争议提交国际仲裁，以便作出对两国政府都具有拘束力的裁决。印方的这一提议被中国政府严词拒绝了。中国政府认为："中印边界争端是涉及两国主权的重大问题，而且涉及的领土面积又有十几万平方公里之大。不言而喻，只能通过双方的直接谈判求得解决，绝不能通过任何形式的国际仲裁求得解决。"周鲠生先生在分析这一案例时认为，首先，斡旋中，第三方提出的建议对当事方仅有参考意义；若如印度方面所主张的，要求中国无保留地接受，那么科伦坡建议就改变了其性质，变成仲裁决定了。其次，在国际关系上，涉及国家主权，并且涉及广大的领土的地位问题，显然不适于交付仲裁解决。①

这一时期，以周鲠生先生为代表的中国国际法学界对和平解决国际争端的国际法律制度作了一些基础性研究，形成了和平解决国际争端制度的基本框架。周先生认为，国际争端的种类除了政治性争端、法律性争端，还包括事实性争端。政治性争端多以谈判、协商、斡旋、调停等政治方法加以解决；法律性争端以仲裁、诉讼等法律方法求得解决；而事实性争端可以通过设立国际调查委员会，本着公平原则进行调查、辨清事实从而得

---

① 参见周鲠生：《国际法》（下册），第十二章"和平解决国际争端"，商务印书馆 1976 年版，武汉大学出版社 2007 年再版。

到解决。①

二 对和平解决国际争端法律制度的深入研究

20 世纪 80 年代至今，中国国际法学者对和平解决国际争端的法律制度进行了较为全面、系统、深入的研究。比较有代表性的作品例如叶兴平先生所著的《和平解决国际争端》一书。② 该书集中阐释了和平解决国际争端的法律基础，全面考察了当代国际关系中普遍适用的各项和平解决国际争端的程序。

学者们对于中国对待和平解决争端的立场和实践有了更为明确和深刻的认识。中国强调和平解决国际争端是联合国的宗旨和国际法的基本原则，主张"对话"是解决国际争端的有效途径和正确方法，反对在争端解决中使用武力。在实践中，中国运用政治方法解决了有关国籍问题、边界问题和历史遗留问题的若干争端。对于解决争端的法律方法，中国一贯持较为谨慎的态度，但是在改革开放后这种态度有所转变，在一些非政治性的经贸协定中开始载入仲裁条款；对非关涉国家重大利益的专业性、技术性协定中的国际法院参与争端解决的条款也不再一律持保留态度。

（一）对解决国际争端的政治方法的研究

和平解决国际争端的政治方法因为在实施过程中会直接或隐蔽地借助当事方的实力，因此又被称为"权力取向"或"实力取向"的方法。学者们归纳出这类方法的突出优点是程序灵活、适用范围广、争端当事国直接控制争端解决的过程、当事国有选择接受或不接受解决方案的自由、不排除同时采取其他的解决方法等。然而某些优点同时也可能成为这类方法的缺点，如争端解决中实力的影响多于争端本身是非曲直的影响、妥协和退让弱化了法律规则的效力和统一性、因解决方案不具有强制性使得争端的解决缺乏稳定性和可预见性等。

国际争端的政治解决方法被广泛运用于中国的对外关系和其他国际争端的解决中。中国近些年在解决朝鲜半岛核问题中扮演的调停者的角色得到了国际社会的广泛认可。在中国的积极斡旋下，中国、朝鲜、美国、韩

---

① 周鲠生：《国际法》（下）。

② 叶兴平：《和平解决国际争端》，武汉测绘科技大学出版社 1994 年版，法律出版社 2008 年再版。

国、俄罗斯、日本六方在北京举行了多轮六方会谈，不断取得阶段性进展。一般认为，六方会谈在本质上是一种国际调停行为，中国被公认为是可以发挥重要影响的调停者。在实际运作中，六方会谈已经从一般的调停演化为一个多边会谈、多边会议乃至多边谈判性质的解决形式。尽管进程艰难，六方会谈始终坚持协商一致的原则。六方会谈的例子也反映出政治解决方法不拘程序、灵活多样的特点。

（二）对解决国际争端的法律方法的研究

成立于1946年的国际法院是联合国的主要机构之一，也是唯一对国际争端具有普遍管辖权的常设国际审判机构。我国学者对国际法院60余年的工作给予了较为一致的肯定，认为法院通过和平方法解决国际争端，缓解了紧张局势，维持了友好关系，起到了维护和平与安全的作用；法院的判决和咨询意见为联合国和其他国际组织审议重大政治问题提供了法律依据和支持；法院的工作也在很大程度上推动了国际法的发展和统一。

尽管学者们看到20世纪80年代后期以来国际法院的工作进入了比较活跃的“复兴”时期，出现了受案数量上升、受案范围扩大、更多的国家愿意接受法院管辖等良好的发展势头，但是国际形势的变化、法院自身的问题等一些因素仍然制约着法院作用的充分发挥。随着各种专门性司法机关的纷纷建立，法院的权威地位受到挑战；而且可以在法院提起诉讼和提请咨询的主体有限、程序繁琐，法院适用的法律滞后等问题影响了法院作用的充分发挥。

中国学者声援国际法院应当进一步发挥其解决国际争端、发展国际法的作用，并提出可以从有所侧重的利用法院的诉讼管辖、应大力加强法院的咨询管辖权、充分发挥国际法院特别分庭的作用等几个方面加强法院的作用。

三　对和平解决国际争端新发展的关注

近十几年来，在解决国际争端的实践中出现了许多新的机制，特别是国际海洋法法庭的成立、世界贸易组织争端解决机制的出现、区域争端解决机制的发展，这些现象引起了学术界的广泛关注。

（一）国际海洋争端解决机制

依据《联合国海洋法公约》创制的国际海洋争端解决机制被认为是和平解决国际争端的一个创举，受到学者们的关注。目前我国学者对海洋争端解决机制的研究还主要停留在正确认识的阶段，研究的内容包括国际海洋争端解决机制的构成、运作、案例分析等方面。

我国当前面临的主要海洋争端之一是与日本之间关于东海大陆架的划界问题。该问题不仅涉及海洋资源的开发权、制海权，还涉及钓鱼岛的领土主权，因此是一个关涉国家安全和领土主权的重要问题。对于其中的中日东海油气争端，学者提出两种方案：采用搁置主权争议、共同开发的模式解决；通过司法诉讼或国际仲裁来解决。一些学者认为，考虑到目前许多相关法律规定尚不明确，又由于国际诉讼或国际仲裁其裁决的可能结果缺乏明确的预见性和稳定性，所以相较于搁置主权争议、共同开发的模式，诉讼或仲裁并不是首选方案。而另一些学者则指出，共同开发只是一种临时安排，其具体方案并不影响搁置下来的划界谈判。在寻求政治手段缓和局势的同时，我国应加紧对海洋法公约争端解决机制的研究，针对性地采取行动，防止自己在公约的框架中处于不利境地。①

（二）世界贸易组织争端解决机制

世界贸易组织的争端解决机制从建立时起就受到我国学者的关注。中国加入世贸组织后，围绕这一问题的讨论更加热烈。目前对世贸组织争端解决机制的研究已经形成了包括产生、运行、特色、成就、不足、对我国的影响等内容的较为全面的体系。从研究的视角来看，不仅有将世贸组织争端解决机制作为一项独具特色的和平解决国际争端方法的宏观研究，也有结合具体案例分析该争端解决机制具体规则的微观研究。

中国在加入世贸组织后充分运用其争端解决机制，已有三位中国专家列入专家组成员指示性名单，中国也已经以申诉者和被申诉者的身份参与争端的解决；中国还积极参与世贸机制的改革，在透明度、执行、上诉机构发回重审、设立专家组等问题上发表了自己的意见。

鉴于我国在运用世贸机制方面同其他成员方还存在着较大的差距，因此充分合理利用世贸机制仍然是摆在我国政府面前的一项重大课题。针对这一问题，许多学者建言献策。这些建议包括尽快建立与世贸组织规则相一致的法律体系，加紧建立对世贸组织重点成员的动态监视机制、预警机

① 参见吴慧：《国际海洋法争端解决机制对钓鱼岛争端的影响》，《国际关系学院学报》2007年第4期；陈滨生：《我国与〈海洋法公约〉的争端和解机制》，《当代法学》2002年第10期。

制，建立政府与企业之间的信息沟通机制、政府主管机构与专业律师团的密切合作机制，并加紧培养懂语言、懂专业又有诉讼经验的专业服务人才和后备人才队伍等。①

（三）区域组织解决国际争端的体制

和平解决国际争端的区域实践中最有效、最成功的当推欧洲区域组织；而欧盟法院体系又堪称区域司法机构的典范。学者们归纳得出，欧盟法院体系不同于传统国际司法机构，其特点表现为管辖权的强制性和排他性、诉讼主体的广泛性以及判决的可执行性。在五十余年的运行中，欧盟法院体系通过判例确立了欧共体法的直接效力和优先地位；将基本人权保障的观念和规范引入共同体法中，弥补了共同体法在人权保护方面的法律缺陷；解决了大量纠纷，创造了不少有影响力的判决，为其他国际法院和法庭提供了可资借鉴的经验。但是另一方面，欧盟法院体系也面临着审案效率、判决的执行、诉讼机制的完善等问题。

四　对和平解决国际争端研究状况的总体评价

新中国成立 60 年来，中国学者对和平解决国际争端法律制度的研究逐步深入，视野不断扩展，特别是最近十年中的研究总体取得了令人满意的成果。首先，研究涉及内容全面、范围广泛，对该领域的理论问题和实践问题都有所涉猎。其次，研究能够反映实践动态，例如正在进行的关于朝鲜半岛核问题的六方会谈、新近成立的非洲人权与民族权法院等新实践在学术研究中都有所反映。再次，研究视角多样、研究方法较为丰富，例如有学者从经济学视角分析我国运用世贸机制的利弊得失；在学者的研究中可以看到案例分析的方法、比较的方法、统计分析的方法等多种研究方法。

然而在对该领域的研究作总体回顾的过程中，笔者也明显感觉到，同对国际法其他领域的研究相比，对和平解决国际争端的研究总体较为薄弱。这主要表现为：首先，研究的成果数量有限；在有限的研究中，对和平解决国际争端基本理论的研究尤显单薄。其次，在过去十年中，学者将大量的笔墨都用到对和平解决国际争端的法律方法，特别是司法方法的描述上，对于国际事务中被频频使用、长盛不衰的解决国际争端的政治方法

---

① 参见张乃根：《论中国利用 WTO 争端解决机制的对策》，《政治与法律》2003 年第 1 期；余敏友：《论我国对世界贸易组织争端解决机制的对策》，《中国法学》1996 年第 5 期。

的研究却着墨不多。另外，和平解决国际争端制度具有很强的实践性，而我国学者的研究仅涉猎了非常有限的实践，并且只进行了点到为止的分析。这种研究方法既不能反映这一制度的实际，也不可能达到深入理解、阐释制度本质的目的。因此笔者建议，学者们在进行理论思辨的同时，不妨尝试从大量的案例中汲取制度的精髓。

第二篇　国际私法学

第十三章

国际私法基本理论和基本制度

第一节　国际私法的性质

一　理论分歧

关于国际私法性质的问题，长期以来，我国国际私法学界主要围绕国际私法是国际法还是国内法这个问题产生疑问。对于国际私法是国际法还是国内法，我国学者的看法主要有四种观点：其一，认为国际私法是国内法，不是国际法；[①] 其二，认为国际私法是国际法，不是国内法；[②] 其三，认为国际私法是介于国际法与国内法之间的法律部门；[③] 其四，认为国际私法兼具国际法与国内法两种性质。[④] 当然，这些观点绝大多数从国际私法的渊源出发判定国际私法的性质。例如，主张国际私法是国内法的学者认为，国际法和国内法的划分主要是按照法的创造和适用主体的不同。国际法调整的是以国家、国际组织为主体的在国际上有独立人格的主权者之间的法律关系，而国际私法主要是以不同国家的自然人和法人为主体，因此国际私法不应划入国际法范畴。国际私法的渊源也主要是各国的国内法。因此，虽然随着国际私法统一化的发展，国际条约在某种程度上已成为国际私法的一个重要渊源，但是国际私法的国内法性质并没有变。[⑤] 主张国际私法是国际法的学者则认为随着全球一体化的进展，一方面，统一

---

① 李双元：《国际私法（冲突法篇）》，武汉大学出版社 1987 年版，第 19—21 页。
② 刘振江、张仲伯、袁成弟主编：《国际私法教程》，兰州大学出版社 1988 年版，第 18—21 页。
③ 董立坤：《国际私法论》，法律出版社 1988 年版，第 7 页。
④ 韩德培主编：《国际私法》，武汉大学出版社 1989 年版，第 21 页。
⑤ 叶兴平、杨静宜：《论国际私法与国际经济法的关系》，《当代法学》2002 年第 6 期。

实体法作为调整法律冲突的直接手段已经在国际私法立法中占据重要地位；另一方面，以海牙国际私法会议为主导的国际冲突法规范与国际民事诉讼规范越来越成为国际私法具有国际法性质的明显标志，所以国际法乃是国际私法性质发展的主要趋势。① 至于调和论的观点则认为，目前的国际私法立法从渊源上表现为国内法和国际法两个方面，从国内法的立法渊源上来看，20 世纪下半叶以来，国际上兴起了国际私法的法典化潮流，瑞士、奥地利以及比利时等国纷纷制定了新的国际私法国内立法；而从国际法立法渊源来说，海牙国际私法会议与欧盟等国际组织都在国际私法立法的统一化方面做了大量的工作，因此国际私法是一种兼具国内法与国际法性质的二元法律体系，两种性质平分秋色。②

另外，国际私法的性质问题往往与国际私法范围的不同观点相伴而生。关于国际私法的范围，即国际私法作为一个法律部门包括哪些规范，我国学术界 60 年来大体有四种看法：“小”国际私法认为，国际私法即是指冲突规范，所以国际私法主要就是国内法；③“大”国际私法认为，国际私法的范围主要包括外国人的民事法律地位规范、冲突规范、国际统一实体规范和国际民事诉讼与国际商事仲裁程序规范，依据这种观点，国际法为国际私法的主要性质；④ 介于大、小国际私法之间的，为“中”国际私法，但其又包含两种情形：其一，认为国际私法规范除包含冲突规范外，还应包括规定外国人民事法律地位和国际民事诉讼程序规范；⑤ 其二，认为除冲突规范外，还应包括规定管辖权与外国判决承认与执行规范。这两种观点均认为国际私法的国内性与国际性不容忽视。⑥

二　观念趋近

目前，虽然对国际私法范围问题争论依然激烈，但大国际私法观，也即主张国际私法国际性为未来发展趋势的观点似乎在我国占据主流地位，除有关国际私法范围著名的“一体两翼论”外，⑦ 还有学者认为，

---

①　黄进：《宏观国际法学论》，《法学评论》1984 年第 2 期。

②　李双元：《中国与国际私法统一化进程》，武汉大学出版社 1993 年版，第 261 页。

③　董立坤：《国际私法论》，法律出版社 1988 年版，第 21—23 页。

④　韩德培主编：《国际私法新论》，武汉大学出版社 1997 年版，第 9 页。

⑤　唐表明：《比较国际私法》，中山大学出版社 1987 年版，第 15—23 页。

⑥　章尚锦主编：《国际私法》，中国人民大学出版社 1992 年版，第 3—4 页。

⑦　韩德培主编：《国际私法新论》，武汉大学出版社 1997 年版，第 9 页。

"国际私法是调整国际民商事关系的法律规范的总和。……其规范的内容包括规定外国人民事法律地位规范、冲突规范和其他实体规范"。① 这种大国际私法观甚至主张"在计划经济体制和国内市场与国际市场严格分离的情况下所存在的'涉外经济立法'和'涉外民事立法'中调整平等主体之间的'涉外民商事关系'的有关实体法规范,也应纳入国际私法的范围"。②

对于大国际私法之所以突破冲突规范的界限,从而扩展到统一实体法领域,有学者概括出四个理由:③ 其一,冲突规范的固有缺陷,使其不能完全适应越来越复杂的涉外民事关系的需要。冲突规范不能直接确定当事人的权利和义务,而只能通过选择准据法的方式达到调整涉外民事关系的目的,因而它是一种间接方法。这种间接方法运用起来缺乏明确性、预见性和针对性,从而带来不少复杂的法律问题。因此,国际私法需要一种更高的规定方式——直接规定当事人权利义务关系方法。其二,一种法律规范应当属于哪一个法律部门,应根据其所调整的社会关系来确定。冲突规范和统一实体规范二者具有相同的调整对象,即涉外民事关系,那么我们不能将两个同样以涉外民事关系作为自己调整对象的法律规范划归两个不同的法律部门。其三,统一实体规范在某些方面以及一定程度上起到避免和消除民事法律冲突的作用。因此它是在解决涉外民事法律冲突的基础上发展起来的,与冲突规范可以说是规定涉外民事关系的两种并列的不同方式——间接规定的方式和直接规定的方式。二者相辅相成,互为补充。因此,没有理由认为其中一种方法(冲突规范)是国际私法,而另一种(依靠国际私法上的协定而统一的规范)却是民法。其四,法律是随着社会的不断进步而不断发展的,我们应当采取一种发展的观点来审视国际私法对象的范围。国际私法固然是在解决法律冲突的基础上发展起来的,但是历史发展到今天,我们再也不能认为国际私法只是或只能解决法律冲突问题,不能不看到统一实体规范的出现是国际私法的新发展。

---

① 谢石松:《论国际私法与国际经济法的关系》,《当代法学》2002 年第 6 期。

② 谢石松:《论国际私法与国际经济法的关系》,《当代法学》2002 年第 6 期;李万强:《"大国际私法观"辩正》,《法律科学》2007 年第 2 期。

③ 宣增益:《也论国际私法的对象》,《政法论坛》1999 年第 1 期。

三　发展和创新

除以国际私法的渊源为标准判断国际私法性质以外，还有学者另辟蹊径，认为应从冲突规范自身价值取向来判定国际私法的性质，从而认为当今国内理论界对冲突法性质的理解存在两个较明显的偏颇之处：① "一是只从冲突法的制定渊源看冲突法的性质，于是一些人认为冲突法渊源于国内法，因而是国内性质的法，另一些人则认为冲突法渊源于国际公约，应属国际法性质；二是对冲突法性质的理解太过绝对，要么就是国内法，要么就是国际法，二性不可兼有。"对这两点偏颇之处可从三方面进行驳斥，首先，"不应仅从渊源上看冲突法性质，若如此，则持国际法观点者便是全然无视各国自行制定的各种类型的冲突法规范的实际存在，持国内法观点者便面对大量国际公约而不能自圆其说"。其次，"不应仅根据某些冲突法为一国制定便认为是国内法，而应该从这种国内制定的冲突法所调整的关系产生的范围、冲突法效力的范围、冲突法适用结果等多方面，来确定这种冲突法的性质。这种冲突法所调整的关系不属于国内关系，其适用效力也超出一国范围，对其适用结果的追求也涉及一国的对外关系，以至各国之间关系。这种冲突法虽由一国制定，但如果将它们与国内其他具有调整涉外关系功能的法律等而视之，显然是不妥的"。再次，不应仅"着眼于现在的冲突法实际上具有什么性质，更应该同时关注将来的冲突法应该具有什么性质。冲突法的最终目的是实现人类世界整体秩序的和谐，这是毫无疑问的，但这一目的是国内冲突法无论如何也不可能实现的价值追求。因为只要以国内冲突法调整国家之间的关系，就无法避免各国冲突法之间的相互冲突，以致国际社会仍是整体无序。要使国际社会整体有序，必使调整国际社会秩序的规范统一，这是冲突法价值追求的必然导向。虽然不可否认，目前许多冲突法规范源于国内法，但这是当前这个历史时期的暂时现象。统一公约的产生和发展表明这种现象正在逐渐被改变，人类共识的发展必将使国际社会在制定和适用统一规则调整国际社会关系方面最终达成一致。因此，冲突法虽然产生于国内，但最终必将走向国际"。②

---

① 沈涓：《区际冲突法的概念》，《法学研究》1999 年第 5 期。
② 同上。

第二节 法律选择方法

一 传统方法的引进和认识

（一）法则区别说

法则区别说几乎可以说是最早的国际私法法律选择方法。巴托鲁斯的"法则区别说"将法律规则划分为"人法"、"物法"与"混合法",① 依据法律规则本身的性质来确定法律的适用范围,打破了封建"属地主义"的禁锢,提出了"属人主义",改变了此前法律适用的单一性,体现了国际私法对于普遍性与合理性的追求,② 从而为当时的欧陆法学家所普遍接受。16 世纪,法国学者杜摩林在巴托鲁斯学说的基础上,对"法则区别说"作了进一步的发展,其中,最具重要意义的是,他在《巴黎习惯法评述》一书中提出,在契约关系中,应该适用当事人自主选择的那一习惯法,③ 这一思想即为后世"意思自治原则"的雏形,而现在,该原则已成为普遍性最强的法律选择规则之一,并呈现出了适用范围不断扩张的趋势。17 世纪,由于国家主权观念的确立,以荷兰学者胡伯为代表的"国际礼让说"推翻了意大利和法国学者所倡导的源于自然法的普遍主义精神,将国际私法理论又拉回了"属地主义"。事实上,"属人主义"与"属地主义"的纷争一直延续至今。荷兰学者将是否适用外国法视为一国主权之内的事,自然也对国际私法的法典化起到了积极的推动作用。④ 其实,利用法律规则的性质作为选法标准的做法在现代国际私法中也远未销声匿迹,典型的例子是将国际私法规则区分为程序法规则与实体法规则,程序法只适用法院地法,不发生适用外国法的情况。

（二）法律关系本座说

被称为"近代国际私法之父"的德国国际私法学家萨维尼,被称为现代国际私法的奠基者,他所创立的"法律关系本座说"更是为近代国际私法的发展奠定了基础。萨维尼使荷兰学者所主张的"属地主义"又回归到

---

① ［德］弗里德里希·卡尔·冯·萨维尼:《法律冲突与法律规则的地域和时间范围》,李双元等译,法律出版社 1999 年版,第 67 页。

② 沈涓:《冲突法及其价值导向》(修订本),中国政法大学出版社 2002 年版,第 92 页。

③ 李双元:《国际私法(冲突法篇)》(修订版),武汉大学出版社 2001 年版,第 108 页。

④ 沈涓:《冲突法及其价值导向》(修订本),中国政法大学出版社 2002 年版,第 113 页。

了"普遍主义"的立场上，他认为："如果采用突出的民族主义原则是当今的时尚之一，那么，在一个根本目标在于消除公认的相互往来的国家组成的国际社会内民族差别的科学内，这种时尚是没有立足之地的。"① "法律关系本座说"从法律关系本身的属性入手来确定应该适用的法律，显然较"法则区别说"而言更具合理性，从而打破了"法则区别说"长达5个世纪的统治地位，并开创了国际私法双边主义的新方法。现代国际私法的选法标准从某种角度来讲，都是在寻找法律关系的适当"本座"。另外，早在19世纪，萨维尼就已发表了这样的言论："德国人、法国人、英国人以及美国人，经常彼此处于对立面；但是，它们都对国际私法这一领域显示出极大的兴趣，并努力寻求接近或一致，这在其他法学部门是极为罕见的。"②

　　与萨维尼处于同一时代的意大利法学家孟西尼，依然将自己的理论建立在普遍主义的基础之上。他对国籍的极端重视，使他的思想较萨维尼而言更加强了"属人主义"倾向，而使本国法主义成为大陆法系根深蒂固的传统。

二　世界范围内的冲突法革命

　　"二战"爆发之后，首先在美国，经历了一场"冲突法革命"。起初，库克的"本地法说"和柯里的"政府利益分析说"尽管都反对机械、僵化的冲突规则，但是他们却试图将调整涉外利益关系的方法退回到巴托鲁斯之前的单边的"属地主义"。③ 然而，"冲突法革命"真正进入高潮，并且为国际私法的发展带来巨大变化则是在20世纪60年代。④ 美国学者里斯（Reese）在《第二次冲突法重述》中完整阐述了"最密切联系原则"。

　　最密切联系原则对于国际私法的影响主要体现在三个方面：其一，最密切联系原则对于整个法律选择的基本原则、方法进行了一次观念上的改革，它改变了传统法律选择理论的思维模式，增加了选择法律的灵活性，以至于可以更好地实现国际私法的价值；其二，最密切联系原则为立法提供了合理的依据，《奥地利国际私法》的规定最具代表性，它明确指出，

---

　　① ［德］弗里德里希·卡尔·冯·萨维尼：《法律冲突与法律规则的地域和时间范围》，李双元等译，法律出版社1999年版，前言第2页。

　　② 同上书，前言第1页。

　　③ 同上书，第102页。

　　④ 李双元：《国际私法（冲突法篇）》（修订版），武汉大学出版社2001年版，第138页。

最密切联系原则是整个奥地利国际私法的基础，也就是说法律的制定就是以最密切联系原则为依据的；其三，最密切联系原则将法官自由裁量运用于国际私法的司法实践之中，使法官得以运用自由裁量权而弥补传统规则的缺漏，纠正法律适用的偏差，①②《瑞士国际私法》全方位地接受了这一做法。无可否认，最密切联系原则已成为当代国际私法的基础，已渗透到了国际私法的方方面面，对国际私法产生了划时代的影响。③ 虽然最密切联系原则表面看来是颇为抽象的法律适用原则，但其中所蕴涵的法律选择应为不断追寻"实质正义"而尽量容纳灵活的选法规则的思想，不断革新着理论界和实务界在国际私法立法上的理念。后来的学者在此基础上为了平衡法律适用的灵活性与可预见性，又发展出了特征性履行理论，是对最密切联系原则的丰富。我国目前的国际私法立法也至少在当事人的属人法、合同法律适用、区际法律冲突的解决与扶养的法律适用四个方面运用了最密切联系原则。其中尤以合同的法律适用最为典型，有关司法解释在规定最密切联系原则的基础上，将合同划分为 17 类，分别规定了其具体的最密切联系地，使得法律适用的灵活性与确定性得到了较好的统一。

三 最新法律选择方法的跟进和发展

（一）"利益分析"或"利益导向"决定法律选择

1. 柯里的政府利益分析说

有学者对美国学者柯里的政府利益分析说作出以下归纳：首先，分析相关州与争议有关的实体法律背后的政策；然后，在政策的基础上，分析各州利益是否能够通过将本州法律适用于特定争议得到实现，如果某一州或某些州的利益能够通过本州法律的适用得到实现，那么该州法律就具有在特定争议上得到适用的合理性。按照具有政策利益的州的数量，柯里在"利益分析"的基础上将冲突法领域的问题分为四类，即虚假冲突、真实冲突、表面上的冲突和利益的消极冲突。这四种冲突中，得到广泛承认的是虚假冲突，在该特定类型案件的提出和解决上，柯里的方法得到几乎所有学者的公认，被认为是柯里在冲突法领域作出的最为突出的贡献。④

---

① 沈涓：《合同准据法理论的解释》，法律出版社 2000 年版，第 122—123 页。

② 刘欣燕：《二十一世纪国际私法的发展趋势》，《第一届国际法论坛论文集》，第 235 页。

③ 王艺：《柯里"政府利益分析说"的理论评析》，《第五届国际法论坛论文集》，第 431 页。

④ 邹国勇：《克格尔和他的国际私法"利益论"》，《比较法研究》2003 年第 6 期。

2. 克格尔的国际私法利益分析说

有学者通过分析德国国际私法学家克格尔的著作，将其国际私法"利益论"归纳为三个方面：[①]

（1）当事人利益。当事人利益是指每个人对他的私人法律关系，如权利能力和行为能力、姓名、婚姻、亲子关系、继承顺位等，受与其有密切联系的法律支配时所具有的利益。克格尔认为，在选择与当事人有密切联系的法制时，当事人利益处于突出的地位。对于与当事人个人密切相关的事项，国际私法主要考虑的是当事人利益。他还强调，人身事项原则上依与当事人有密切联系的法律，但也有例外。一是并非所有的人身事项都按这种方式处理，二则并非仅人身事项由与当事人有密切联系的法律支配，例如，当侵权行为人与受害人与同一国家有密切联系时就要放弃侵权行为适用侵权行为地法的原则。对于法人的法律关系，因法人的决策层一般在管理机构总部作出决策，克格尔认为主要根据管理机构总部所在地法来决定，这样符合决策人的利益，有利于保护当事人利益。[②]

（2）交往利益。交往利益就是便于交往的利益。交往利益与当事人利益不同，当事人利益的承受者是参与法律关系的现实的人，而交往利益的承受者为商事交往的潜在参与者。克格尔指出，除了人身、家庭和继承领域的住所因素外，交往利益也可通过其他连结点指引的法律得以保护，如对于合同形式通过合同缔结地法，对于物权通过物之所在地法，对于侵权行为通过侵权行为地法。在当事人利益与交往利益发生冲突时，为了促进商事交往，克格尔主张交往利益优先于当事人利益，对当事人利益加以限制。例如，在代理法律关系中，被代理人的当事人利益让位于交往利益，不适用被代理人的本国法而适用代理行为地国法。在克格尔看来，物权领域的物之所在地，侵权行为领域的侵权行为地这些连结点也符合交往利益。[③]

（3）秩序利益。克格尔认为，法律不应错综复杂，应便于人们遵守、查阅和法官适用。法律必须得到统一适用，法律规则必须彼此协调，这些都需要一个良好的秩序。这种秩序适用于全部法律部门，关系到全体社会

① 邹国勇：《克格尔和他的国际私法"利益论"》，《比较法研究》2003 年第 6 期。
② 同上。
③ 同上。

成员的利益，也间接地体现出当事人利益和交往利益。①

（二）结果定向选择与弹性冲突规范的采用

由于冲突规范的"盲眼"性质，如果完全由机械僵化的连结点来选择适用法律，可能使其在处理涉外民商事法律关系时所选法律不符合法官和当事人所期望的判决结果，导致法律的"实体正义"没有实现，为了实现法律选择的公平与正义，有学者提出应以判决的结果倒推法律适用规则，只有符合法官所期望的公平解决结果的冲突规范才是合理的。这种做法无疑又走向另一个极端，实际上是肆意助长了法官的专断和法律适用规则的虚无化，也并不利于冲突规范的发展。为了调和这种"实质正义"与"冲突正义"的矛盾，现代国际私法理论与实践大量采用了弹性冲突规范。一方面，学者们主张可以使用复合连结点的办法，使得法官在适用法律时有充分的选择余地，另一方面也不至于使得这种选法范围过于宽泛，完全脱离当事人的预期，例如"侵权适用侵权行为地法"这条冲突规范，就通过将侵权行为地解释为侵权行为实施地或侵权结果发生地两个可能并不一致的连结点，来实现法律适用范围的扩大。还有许多学者主张使用当事人意思自治这一弹性连结点来实现冲突规范的软化，这一理论已在世界国际私法立法实践中大量采用，它不仅适用于合同领域，还适用于侵权、继承以及婚姻家庭等诸多领域。但令人遗憾的是，虽然我国国际私法学者对于意思自治原则也多有推崇，但在我国现有国际私法立法中，仅在合同问题上采用了意思自治原则。

（三）依有利于判决在外国得到承认与执行和有利于求得判决一致决定法律选择

还有一种观点则认为法律选择应尽量实现各国的判决一致，因此冲突规范的选法办法应尽量符合这个价值取向。主张这种学术观点的学者认为实现这一目的的途径是多样的。有持所谓比较法学观点的学者认为各国法律制度中存在共同的一般性法律原则，构成所谓系属公式，各国按照这些系属公式进行选法，自然可以实现法律选择的统一化。但是，虽然有学者提出国际私法趋同化的观点，但要想在所有领域都实现冲突规范的公式化，目前恐怕还是难以企及的目标，现在国际上的冲突法公约还比较罕见就是证据之一。还有的学者认为，法官在选法时，应尽量考虑准据法所属

① 邹国勇：《克格尔和他的国际私法"利益论"》，《比较法研究》2003年第6期。

国和判决的承认与执行国家的看法，使其在选法规则上保持一致，从而求得判决的一致性。姑且不说这种观点大大加重法官的司法任务，与国际私法有关司法任务简单化的价值目标不相符，更重要的问题在于没有哪个国家愿意在立法管辖权上采取一种放任态度，毕竟冲突法的立法和司法虽然具有国际性，但本质上还是一国立法与司法主权的重要方面，实践中没有哪个国家愿意随意放弃，在法律适用上完全被其他国家牵着鼻子走。

第三节　国际私法的基本制度

一　识别

国际私法上的识别，是指依据一定的法律观点或者法律概念，对有关的事实构成的性质作出定性或者分类，把它归入特定的法律范畴，从而确定应该援用哪一个冲突规范的法律认识过程。具体而言，它有两重含义：一方面是对涉外民商事法律关系进行定性，例如区分一个法律关系是属于侵权关系还是违约关系；另一方面则是对冲突规范中的概念进行解释，例如对不动产所有权适用不动产所在地法中的不动产概念的解释，等等。

国际私法中使用的概念有一些是为冲突法和实体法所共有，如"代理"、"结婚"、"侵权"、"继承"等，这些概念虽然可能"共生"于相同的国内法律体系中，但对这些概念应该以什么标准识别，30 年来，学者们的意见也是异彩纷呈，其中以主张法院地实体法为识别标准的观点目前在我国学术界占主流地位。例如，有的学者认为，民事实体法乃是冲突法的母法，冲突法所使用的概念、术语，若非特有，应与实体法一致，否则可能产生冲突法对实体法的"僭越"。还有一些学者则从司法实践出发，认为人民法院在审理涉外民商事案件时，应尽量以法院地实体法规定对涉外案件所涉及的概念进行解释，其言下之意似乎也是冲突法中所使用的实体概念并无独立含义，而系脱胎于本国民事实体法。[①] 另一些国际私法学者则主张，"若一国法院在处理涉外私法关系时适用的冲突规范是本国制定的，那么其使用的名词或概念也应依该国的法律决定。一个国家的法律包括冲突法也包括实体法，作为一个国家的法律，除有特殊规定或有理由作

---

① 肖永平：《国际私法原理》，法律出版社 2003 年版，第 13 页。

不同的解释以外，均应作相同的解释"。①

而从实际情况看，由于各国间存在法律冲突，一些根据外国法成立的民商事关系，依照内国实体法规定可能无法成立。所以，目前中国国际私法学界更多的学者认为，冲突法上的概念是与国内法上的概念相对应的，但是并不等于与法院地国家的国内实体法相同，冲突规范是针对世界各国的法律冲突现象而制定的，所以，冲突法上的概念具有独立性，② 其识别标准只能是站在比较法基础上的国际私法标准。

二　反致

有关反致的概念，我国学者一般借助于法国案例福尔果案（Forge's Case）的介绍来厘定其内在含义。在该案中，福尔果是1801年出生在巴伐利亚的非婚生子，5岁时随其母去法国，并在那里定居直至1869年死亡。他在法国留下一笔动产，但未立遗嘱。福尔果没有子女，母亲和妻子都已死亡，其母亲的旁系血亲要求继承。依巴伐利亚法律，他们是可以作为继承人的。法国法院根据自己的冲突规范，本应适用巴伐利亚法律。但根据巴伐利亚的冲突法，继承应适用死者事实上的住所地法，因而反致法国法。据此，法国法院接受这种反致，认为这笔财产依法国民法为无人继承财产，应收归国库。很显然，反致的积极意义在于扩大法院地法的适用范围。

对于反致产生的原因，我国学者主要从三个方面归纳：首先，因各国对本国冲突规范指引的外国法的范围理解不同，一些国家认为被援引的外国法不仅包括该国的实体法，还包括该外国的冲突法。其次，冲突规范对同一涉外民事关系规定了不同的连结点，法院地国与准据法所属国依据不同的连结点指引法律。再次，在具体案件中有相互指定的致送关系发生。

虽然我国民法通则与合同法的有关司法解释均排斥反致，但反致的积极意义也不能一味抹杀。最起码来说，采用反致，有利于取得判决的一致，而追求判决在各国的一致性正是国际私法的价值取向之一。而且，允许反致无疑会增加一种法律选择的手段，扩大法律选择的范围，这更有利于保证涉外民商法律争议合理、公正的解决。③

---

① 李旺：《冲突法上的实体法导论》，《法商研究》2003年第2期。

② 同上。

③ 李双元：《国际私法》（冲突法篇），武汉大学出版社1986年版，第210页。

三　公共秩序保留

对于国际私法上的公共秩序，我国学者一般认为，主要是指法院在依自己的冲突规范本应适用某一外国实体法作为涉外民事关系的准据法时，因其适用与法院国的重大利益、基本政策、道德的基本观念或法律的基本原则相抵触而可以排除其适用的一种保留制度。① 这包括四种情况：（1）按内国冲突规范本应适用的外国法如与内国有关的道德观念、基本政策、重大利益或法律的基本原则相抵触，则排除外国法的适用。② （2）内国认为自己的某些法律具有直接适用于涉外民事关系的效力，排除外国法的适用。③ （3）按内国冲突规范适用的外国法，如其适用违反国际法的强行规则、内国所负担的条约义务或国际社会所一般承认的正义要求时，排除外国法的适用。④ （4）法院被申请或请求承认或执行外国法院所作出的发生法律效力的判决或外国仲裁机构作出的裁决，若其承认或执行将违反法院地国的公共秩序，则可不予承认或执行。⑤

公共秩序保留制度的特点决定了各国国际私法都赋予了这项制度较大或很大的弹性，只对这项制度的适用条件作了原则性规定，很少确定具体标准，从而给法官裁量留下了很大空间。我国立法为保护本国公共利益不受侵犯，也表现出了对公共秩序保留制度的"偏爱"。

但这些规定某种程度上引发了学者们对滥用公共秩序保留制度的担忧。一方面，从我国立法规定中可以看出，我国不但在外国法的适用方面规定了公共秩序保留制度，而且对国际惯例的适用也采取这一制度，这种规定在各国立法中是少见的，被认做是我国公共秩序保留制度的一个特色。这种规定有悖于我国现行的对外开放政策，也同国际社会的普遍做法不相符。⑥ 另一方面，我国法院利用公共秩序保留制度排除适用外国法后，直接适用中国法，使得法官滥用公共秩序保留制度的几率增加，因为法官总是有适用更为熟悉的法院地法的冲动，以致这项制度被演变为排除外国

---

① 李双元、金彭年等：《中国国际私法通论》，法律出版社 2003 年版，第 50 页。
② 韩德培主编：《国际私法新论》，武汉大学出版社 1997 年版，第 51 页。
③ 章尚锦主编：《国际私法》，中国人民大学出版社 1992 年版，第 186 页。
④ 《中国大百科全书·法学卷》，中国大百科全书出版社 1984 年版，第 11 页。
⑤ 黄进：《区际冲突法研究》，学林出版社 1991 年版，第 194 页。
⑥ 李健男、吕国民：《对公共秩序保留制度的反思与展望》，《法学评论》1996 年第 4 期。

法适用的一项借口,而违背了这一制度的初衷。① 针对此种情形,不少学者认为,正确发挥公共秩序保留制度的作用,坚持三个原则是必要的:其一,必须在应适用的外国法"明显"违背内国公共秩序时才可以排除其适用;其二,应在适用外国法的结果违背内国公共秩序的情况下才适用公共秩序保留制度,而不能仅仅因为外国法的规定内容与内国法的规定不同就排除外国法的适用;其三,适用这项制度排除外国法的适用后,不必以内国法代替其适用,而是尽量适用该外国法中其他可适用规定或该外国法的基本原理或其他相关外国法的规定。②

四　连结点

对于国际私法中的连结点,有学者认为其主要在法律关系或法律问题与准据法之间起着媒介和导引作用。就分类而言,它应分为客观连结点和主观连结点、静态连结点和动态连结点等两类。③ 其发展主要反映在三个方面:首先,开放性的弹性连结点得到了发展,而硬性连结点的作用受到了限制,突出的例子是当事人意思自治以及最密切联系地等连结因素在冲突规范中大量应用,而法律关系应适用其"自体法"的观念也越来越深入人心;其次,连结点的数量迅速增加,进而促进了可选择性的提高,尤其是复数连结点以及选择性连结点的采用,在冲突规范中应用越来越广泛,例如在产品责任的法律适用中,侵权行为地、当事人住所与居所以及营业地等多种连结点都可指引法官适用法律,使得挑选对受害者有利法律的可能性大大增加,而在扶养关系的法律适用中,原告和被告住所地、国籍国以及供养财产所在地等都可以被视为与扶养关系有最密切联系的地方,法官完全可以通过结果定向的方式选择对弱者更有利的法律;再次,对同类法律关系进行划分,依其不同性质规定不同连结点的做法最大限度地保证了选法的公正性,例如针对一般侵权与特殊侵权的划分,特殊侵权关系通常适用比一般侵权更有针对性的法律,而合同的法律适用通常将合同细分为不同种类,分别规定应适用的法律。可见,国际私法中冲突规范的法律选择方法之重点在于连结点的确定和指引,恰当而准确地择定连结点会促

---

① 胡振杰、李双元:《从我国法院的几个案例谈国际私法上公共秩序保留制度的正确运用》,《政法论坛》1992 年第 5 期。

② 李健男、吕国民:《对公共秩序保留制度的反思与展望》,《法学评论》1996 年第 4 期。

③ 有学者认为以法律规范形式出现任何冲突规范的连结点都是静态的,它本身并无动、静之分。参见刘想树:《国际私法基本问题研究》,法律出版社 2001 年版,第 112 页。

进涉外争议之解决和法院之判案的公平与公正。①

仅就属人法而言，惯常居所大量取代传统的国籍与住所作为冲突规范连结因素是一个显著的发展。有学者认为，所谓惯常居所是一个人在一段时间内生活的中心和居住的处所。② 所以，理解惯常居所的概念不仅要考虑不同法律的特殊目的，还要考虑主观意向因素和客观构成因素，它与住所的显著不同在于，如果当事人仅为特殊目的或在某个特定时期居住在一国，就可能妨碍住所的取得，但并不妨碍惯常居所的成立，也就是说，惯常居所的成立不需要永久居住的意思。惯常居所之所以在现代国际私法中大量取代国籍和住所成为冲突规范的连结点，两方面因素不容忽视：其一，随着经济全球化趋势的增强与国际民商事交往的复杂化，固定的住所与国籍显得较为僵化，很多情况下并非当事人活动的中心，而惯常居所一方面有一定的固定性，另一方面能够适应当事人在开展民商事活动中不断变动居住地的需要；其二，住所的认定需要确定当事人有无久住的意思，国籍的确定则可能面临积极或消极冲突，相比之下，惯常居所更易认定。③

五　外国法查明

对于外国法查明，有学者认为其一直是困扰涉外民商事审判的难题。如果外国法不能查明，前面通过冲突规范指引适用外国法的一系列工作也将随之付诸东流。总的来说，我国国际私法外国法查明制度与研究主要围绕两点演进：其一，外国法查明的责任分配问题，也就是说，究竟是由当事人还是由法院承担外国法查明的责任；其二，外国法证明的标准问题，即对当事人提供的外国法如何认证的问题。

对于外国法查明责任的分配，由于不同国家将外国法识别为不同性质，各国做法不尽一致，"事实说"主张由当事人举证，"法律说"则主张由法院查明，而我国主流观点则认为不论外国法是事实还是法律，法院查明的义务并不能免除。④ 对此，《民法通则》并无明确规定。而2007年出台的《关于涉外"民事""商事"合同法律适用问题的若干规定》（以下简称《规定》）第9条规定："当事人选择或者变更选择合同争议应适用

---

① 车英：《论国际私法连结点的分类、选择与发展》，《武汉大学学报》2001年第1期。
② 黄进主编：《国际私法》，法律出版社1998年版，第185页。
③ 刘益灯：《论国际私法中的惯常居所》，《中国国际私法与比较法年刊》（第5卷），法律出版社2003年版。
④ 韩德培主编：《国际私法新论》，武汉大学出版社1997年版，第201页。

的法律为外国法律时，由当事人提供或者证明该外国法律的相关内容。人民法院根据最密切联系原则确定合同争议应适用的法律为外国法律时，可以依职权查明该外国法律，亦可以要求当事人提供或者证明该外国法律的内容。"有学者认为，这一规定仍将外国法查明的义务转嫁给当事人，不论合同适用的法律是由当事人选择，还是由最密切联系原则加以确定，法院都将从绝大多数的查明外国法的任务中摆脱出来，这虽有利于司法任务的简单化，也赋予当事人在涉外民商事诉讼中更大的处分权，但是，一方面，当事人有时并无能力查明外国法，另一方面，当事人即使提供外国法，法院往往难以认证，最终结果还是导致大多数本应适用外国法的案件适用中国法。尤其在当事人向法院提供外国法的情形下，法院往往要求对该外国法进行公证认证或者履行其他证明手续，并在法庭上接受质证，最终才可能被法院采纳。也就是说，我国司法实践对外国法的查明采取了相当于证据审查的较为苛刻的标准，相当程度上阻碍了外国法的适用，[①] 而《民法通则》与《规定》都未很好地解决这一问题。

对此，有学者认为，我国立法赋予当事人合意查明外国法的处分权固然不错，但查明外国法毕竟是我国法院和当事人的共同义务，而且，法院在大多数情况下负有主要义务。法院应该采取多种方法，包括我国司法解释以外的方法，[②] 查明外国法。如果当事人双方对外国法规则内容达成一致，我国法院可以直接适用该外国法规则，不需要通过其他查明途径。在利用中外法律专家证明外国法时，我国的司法解释应该明确法律专家的资格。对"外国判例法不能查明"情况的认定必须持谨慎的态度，中国法院必须表现出平等对待中国法和外国法的立场和做法。[③]

---

① 相关案例参见黄进、李庆明：《2006 年中国国际私法实践述评》，《中国国际私法与比较法年刊》（第 10 卷），北京大学出版社 2007 年版。

② 例如通过互联网来查明外国法在我国司法实践中已有应用。

③ 肖永平：《论英美法系国家判例法的查明和适用》，《中国法学》2006 年第 5 期。

第十四章

最密切联系理论

源于英美国际私法的最密切联系理论在中国国际私法中的引进和发展是中国国际私法 60 年中的一个重要内容。中国国际私法也因为纳入这一理论而走入世界国际私法学的前沿，终于在中国国际私法发展了 60 年时赶上了世界国际私法发展的步伐。

第一节 最密切联系理论的影响

最密切联系理论对中国国际私法的影响经历了一个从理论到实践、从被动到主动、从粗略到细致的过程。虽然，直到今天，关于最密切联系理论的价值在中国国际私法学界还存在不同认识，但这一理论已在中国国际私法中得到确立和重视已是毋庸置疑的。

一 最密切联系理论的引进

最密切联系理论在 20 世纪 70 年代初在英美国际私法中被确立，并逐渐成熟和发展、普及，波及英美法系和大陆法系各国。在 20 世纪 70 年代末以前，中国国际私法还没有探知有关最密切联系理论的信息，甚至还没有像样的国际私法理论和立法。20 世纪 70 年代末以后，与其他国家学术交流的开放，使中国国际私法学者和研究者得以走出中国，从其他国家获知最密切联系理论的内容，并在中国的国际私法学界开始讨论这一新的学术思潮。

20 世纪 80 年代，是最密切联系理论在中国国际私法中被引进和研究的初期，那时最密切联系理论在中国国际私法教材中多被偶然提及，点到为止或一带而过，而且只限于合同领域的法律适用。[①] 同时，开始出现以

---

① 参见刘振江、张仲伯、袁成弟主编：《国际私法教程》，第十一章等，兰州大学出版社1988 年版。

最密切联系理论为研究对象的专题论文。① 即使在那一时期的立法中已设置了最密切联系原则，如1985年《涉外经济合同法》第5条、1986年《民法通则》第145条和第148条等，但由于理论上缺乏足够的认识和理解，这些立法规定只是照搬了当时一些国家国际私法法规中的先进条文，显得有些生硬。

20世纪90年代是最密切联系理论在中国国际私法中发展和成熟的阶段。大势所趋，中国国际私法学界必定要给予这项理论更多关注和研究，因为它已在很多国家国际私法中获得高度重视和广泛适用，如瑞士、奥地利等国已将最密切联系原则作为整个国际私法的最高原则，普遍适用于所有涉外民商事关系。这一时期，在中国国际私法学界，除了所有教材都无一例外地将最密切联系理论作为确定涉外合同准据法甚至其他涉外民商事关系的准据法的基本原则之外，更有越来越多的论著以专题形式研究这一理论及其在中国国际私法中的适用。② 自那时至今，最密切联系理论仍是中国国际私法学界的热题，得到更加深入和细致的研究。这一理论不仅促进了中国国际私法学的发展和进步，也很深地影响了中国国际私法的立法。

二 最密切联系理论的理解和运用

虽然最密切联系理论在中国国际私法学界已不是最新话题，但对这项理论的认识和理解却至今没有统一，应该如何运用这项理论也存在不同主张。即便如此，也反映了这项理论在中国国际私法中的影响。

（一）最密切联系理论的适用范围③

如前所述，20世纪80年代中期以前，国内国际私法教材通常只在合同法律适用方面提及最密切联系理论，认为这一理论只适用于确定合同准

---

① 如王军：《关于合同法律适用"最密切联系原则"的运用方法》，《比较法研究》1988年第4期；卢松：《论最密切联系原则》，《中国国际法年刊》法律出版社1989年版；徐国建：《国际合同法中"特性履行理论"研究》，《法学评论》1989年第6期。

② 如韩德培主编：《中国冲突法研究》，第八章，武汉大学出版社1993年版；肖永平：《最密切联系原则在中国冲突法中的应用》，《中国社会科学》1992年第3期；邹志洪：《国际私法上的最密切联系原则及其发展》，《武汉大学学报》1992年第6期；郑自文：《最密切联系原则的哲学思考》，《法学评论》1994年第6期；黄进、刘卫翔等：《当代国际私法问题》，武汉大学出版社1997年版，第145—172页；徐兆宏、石雪梅：《最密切联系原则对传统国际私法的冲击》，《中国国际私法与比较法年刊》，法律出版社1998年版；冯克非：《试论最密切联系原则的规范化》，《政法论坛》1998年第5期；许光耀：《试论最密切联系原则的利弊得失》，《法学评论》1999年第1期。

③ 参见沈涓：《论发展中的最密切联系原则》，黄进、刘卫翔等编：《当代国际私法问题》，武汉大学出版社1997年版。

据法，不适用于确定其他涉外民商事关系的准据法。

在不断认识最密切联系理论的过程中，这项理论的适用范围逐渐扩大的事实也受到国内国际私法学界的关注，越来越多的论著开始将理解这项理论的视野从合同领域扩展到其他领域，甚至探讨这项原则作为整个国际私法基础理论的可行性。

最密切联系理论在债的法律适用方面最早被确立，特别在合同领域，这一理论已成为最重要的确定准据法的原则，这已为国内国际私法学界所共识。此外，国内国际私法学界也探讨和解释了最密切联系理论在债的关系的其他方面的作用，如侵权之债、无因管理和不当得利关系中适用这项理论的情况。

国内国际私法学界同时还注意到最密切联系理论的适用范围向债的关系之外的领域扩展的趋势。

婚姻家庭关系是最密切联系理论得到适用的另一领域，在婚姻效力、夫妻财产、子女婚生地位、扶养等方面都有采用最密切联系原则的例子。在这一领域适用最密切联系理论的意义也有着越来越多的讨论。

面对国籍、住所和营业所的冲突，无论是积极冲突还是消极冲突，运用最密切联系原则解决都是较好方法。因为关系到自然人和法人的属人法的确定，最密切联系原则应该最能有助于找到最适合的属人法。

区际法律冲突由于发生在一国之内，调整这种冲突的法律总没有调整国际法律冲突的国际私法那样被重视，很多存在区际法律冲突的国家都没有专门调整区际法律冲突的法律。在这种情况下，向最密切联系理论寻求解决方法是最可行的，一方面可以弥补区际冲突法缺失的不足，另一方面也可以越过法律相互冲突的各个国内法域而找到最适当的准据法。最密切联系理论在此方面的作用特别应该受到中国国际私法学界的重视，因为，目前中国正处于存在复杂的区际法律冲突、却缺乏完善的区际冲突法的状况。

有了上述最密切联系理论在广泛的领域被采用的基础，将这项理论运用于整个国际私法的趋势就不是不切实际的想象。除了瑞士和奥地利已将这一想法付诸立法实践之外，包括中国在内的各个国家对此想法的探讨也是日渐热烈和深入，并致力于在立法中得以体现。

（二）最密切联系理论的作用

对于最密切联系理论的作用，国内国际私法学界存在多种理解：第一，这项理论提示了法律选择和法律适用的最基本原则，是调整涉外民商事关系、确定各项涉外民商事关系准据法应遵守的准则；第二，最密切联系原则是确定涉外民商事关系准据法的方法，与其他法律选择方法具有同样作用；第三，最密切联系原则是确定合同准据法的原则之一，作为意思自治原则的补充。①

从国内目前各种相关著作和文章看，学者们在接受来自国外的最密切联系原则的学说时，从另一个角度，对最密切联系理论的作用得出了较为一致的结论：最密切联系理论提倡一切争议由法官根据具体情况来决定法律适用，反对建立法律选择规则，所以，最密切联系原则本质上可说是一种法官自由裁量规范。② 但也有观点认为这是一种明显的误解。因为仔细研究会发现，很多国家的理论和立法还表明了另外一些重要的观念和方法，从中不难得出这样的结论：这些国家更注重最密切联系原则作为制定法律选择规则的依据的作用。最密切联系原则不仅为法律选择引进了灵活性，还在赋予法律选择方法和原则以新的内涵的基础上继承了建立法律选择规则体系的传统。只有根据依最密切联系原则制定的法律选择规则体系来适用法律，才能保证法律适用的确定性和结果的可预见性。如果认为最密切联系原则本质上是一种法官自由裁量规范，不主张建立法律选择规则体系，那便会带来一个严重的不良后果，即由于给予法官过多的自由裁量权，就会使法律选择成为他们的一种思维活动，并且是根据每一具体案件的情况、由不同法官进行相应的选择，这样，法律选择就会因人而异、因事而异，一无定规。这对法律适用的确定性和结果的可预见性是严重的破坏，既会使国际民商事关系受到不公平、不合理的调整，更会给国际社会带来不稳定。这种情况显然与前面看到的各国以法律选择规则体现最密切联系原则的状况不相符合，相信这种结果也不符合最密切联系原则的本来意义。将最密切联系原则仅作为法官自由裁量的原则，便局限了这项原则在国际私法中的作用，与这项原则逐渐成为整个国际私法基本原则的发展趋向相违背。因此，最密切联系原则首先应运用于制定法律选择规则方

---

① 参见韩德培主编：《中国冲突法研究》，武汉大学出版社 1993 年版，第 147—148 页。

② 参见韩德培主编：《国际私法新论》，武汉大学出版社 1997 年版，第 299 页；李双元：《国际私法（冲突法篇）》，武汉大学出版社 1987 年版，第 147 页；肖永平：《中国冲突法立法问题研究》，武汉大学出版社 1996 年版，第 146 页；徐兆宏等：《最密切联系原则对传统国际私法的冲击》，《中国国际私法与比较法年刊》，法律出版社 1998 年版；等等。

面。虽然，依最密切联系原则建立法律选择规则体系可达到限制法官自由裁量权的目的，但这并不是建立这种体系的唯一目的，甚至不是主要目的。作为一种新生的并因为对国际私法产生巨大冲击而日益被重视的理论，其目的绝不仅是指导法官的司法实践，更应是成为立法的指导思想。①

综上所述，在国内国际私法学界，对最密切联系理论的作用的理解是比较全面和多样的。在制定国际私法规则时，这一理论是应遵守的基本原则；在法官裁量法律适用时，这一理论指出了选择适当准据法的方法。因此，最密切联系理论应该在制定规则和法官裁量两个方面都发挥作用。

（三）最密切联系原则与意思自治原则

由于在合同领域中各国立法一般规定当事人未有效选择准据法时，适用与合同有最密切联系的法律，故有观点认为最密切联系原则不体现在意思自治情况下，即最密切联系原则独立于意思自治原则，或是意思自治原则的补充。②

但也有观点认为，最密切联系原则与意思自治原则并非不相干的两项原则，而是交叉相容的，这两项原则各自基于不同的观念提出，但可以作为同一个问题的解释，即依最密切联系原则确定的法律应包括当事人自己选择的法律，或者说当事人选择的法律应被视为与合同有最密切联系的法律。

这样理解有几点理由：第一，最密切联系原则虽主要适用于合同领域，但随着这一原则的成长，其涉及范围早已超出合同关系而扩大至其他领域，甚至发展为整个国际私法的基本原则。如有的国家国际私法法规就表示接受最密切联系原则作为整个法规所依循的原则，法规中的具体规则都体现了这一原则，既然如此，对法规规定的合同依当事人选择的法律这样一项规则，就可以理解为当事人选择的法律是与合同有最密切联系的法律。如果认为最密切联系原则独立于或补充于意思自治原则，就是认为该法规中其他规则确定的准据法都是与法律关系有最密切联系的法律，唯有当事人选择的法律不能被理解为与法律关系有最密切联系的法律，这种看法显然不妥。因此，从发展趋势看，最密切联系原则既是国际私法的基本原则，更是合同领域中确定准据法（包括当事人选择的法律）的基本

① 参见沈涓：《合同准据法理论的解释》，法律出版社 2000 年版，第 117—121 页。
② 参见韩德培主编：《国际私法新论》，武汉大学出版社 1997 年版，第 301 页。

原则。

第二，最密切联系原则的地位在今天已越来越受重视，学者们已不再仅将它放在合同领域中进行研究，而是将它作为国际私法中基本的法律选择方法或连结点，对它进行专门研究。① 因此，作为国际私法中基本的法律选择方法，最密切联系原则与只适用于有限领域的意思自治原则是相容而不是相排斥的。在当事人选择法律的情况下，通常当事人会选择与合同或当事人有联系的法律，无论是因为熟悉、有利，还是因为这种联系，这样的选择都是可能的。即使在当事人选择某法律之前，该法律与合同或当事人没有关系，那么，在当事人于订约时选择了该法律后，该法律就与合同有了实质上的联系。因此，当事人选择的法律必定与合同有最密切的联系。可见，意思自治原则是符合最密切联系原则的。

第三，判断最密切联系的标准通常有法律适用的稳定性、结果的可预见性、结果的公正合理、对当事人利益的保护等，这些同样也是意思自治原则追求的目标。

综上所述，无论是作为国际私法的基本原则，还是作为法律选择的基本方法，最密切联系原则的涵盖面都包容并大于意思自治原则，而不是独立于意思自治原则，更不只是该原则的补充。因此，在法规中规定，当事人没有选择合同准据法时，合同适用与之有最密切联系的法律，并不表示最密切联系原则和意思自治原则的独立关系，而应表示在当事人选择法律和没有选择法律两种不同情况下，最密切联系具有不同的表现形式，前一种情况下，最密切联系体现为当事人主观意志的指向，后一种情况下，最密切联系体现为合同所包含的各种客观因素的指向。②

尽管对最密切联系原则的适用范围、作用和这项原则与意思自治原则之间的关系存在多种认识和理解，但这项原则对中国国际私法已经产生了重大影响，在学术界，许多论著以这项原则为研究对象，即使存在有分歧的主张，也仍然使国内国际私法理论更加丰富和成熟；在立法上，最密切联系原则已经在国内许多国际私法规则中得到体现，这些规则调整的范围包括合同、侵权、婚姻家庭、国籍和住所、区际法律冲突等方面；在司法

---

① 参见李双元：《国际私法（冲突法篇）》，武汉大学出版社1987年版，第147—153页；肖永平：《中国冲突法立法问题研究》，武汉大学出版社1996年版，第145—161页。

② 参见沈涓：《合同准据法理论的解释》，法律出版社2000年版，第109—111页。

实践中，最密切联系原则已成为法官裁量法律选择和法律适用的最主要依据。最密切联系理论的影响推动了中国国际私法过去 60 年的发展，也将继续推动中国国际私法今后的发展。

第二节　法官自由裁量理论

法官自由裁量理论是最密切联系理论的重要内涵，是最密切联系理论对国际私法的重大贡献，晚近国际私法都不同程度、不同范围地采纳了法官裁量制度，成为国际社会中国际私法最新发展的又一标志。中国国际私法在其发展道路上也同样注意到了这一制度。

一　法官裁量的意义①

最密切联系理论对国际私法的改革性意义在于为传统的法律选择和法律适用补进了灵活性，这种灵活性正是通过法官裁量体现的，同时，最密切联系原则也成为法官对法律选择和法律适用进行裁量所遵循的准则。

现在，无论是英美法系国家还是大陆法系国家，都越来越重视法官在调整涉外民商事关系中的作用，赋予法官在一定条件下裁量案件所应适用的法律，这一方法已被越来越多的国家用于涉外民商案件的审理，这是因为在选择最适当法律方面，法官裁量有着制定规则所没有的优势。

（一）法官裁量的补漏作用

无论是法则区别说，还是法律关系本座说，都已是一个、甚至几个世纪以前的理论，依据这些理论所制定的法律选择规则，相对于今天的国际民商事关系而言，已明显地表现出其不合理和不适应。例如，随着国际民商事关系的发展，合同的种类被划分得越来越细，合同的性质也越来越复杂，这种情况要求国际私法为不同性质的各类合同分别确定准据法，但传统国际私法往往以单一规则或少数几条粗略的规则指定合同准据法，这些规则的简略和现代国际合同的繁杂形成对比，显出传统规则体系的僵化、单薄和对现代国际合同的不适应。又如，随着现代科技的日益发达，合同的缔结和履行方式也变得多种多样，除了传统方式外，还出现了在国际互联网上缔结合同和通过电子支付方式履行付款义务的新事物，对于以这种新的方式缔结和履行的合同，如何确定缔结地或履行地，如何判断缔结地

---

① 参见沈涓：《合同准据法理论的解释》，法律出版社 2000 年版，第 122—123 页。

或履行地与合同之间的联系，如何确定准据法等，传统法律选择规则都难以给出令人满意的答案。如果仍以传统规则调整现代国际合同关系，很可能会导致不合理和不公正结果。现在，国际私法学中提出的法院自由裁量方法，正是要求法院在一定条件下，突破传统规则的模式，在处理合同纠纷时，为各种不同性质的合同寻找与之有最密切联系的准据法，这样，一方面可以提高法律适用结果的合理性，另一方面也可弥补传统规则的缺漏。

（二）法官裁量的纠偏作用

无论是依据传统理论还是最密切联系原则，在制定法律选择规则时，都无法事先预见将来要发生的每一个合同关系的具体情况，不可能针对每一个案件指明应适用的法律，而只能根据每一种合同的特点和性质，为它们指出与之有联系的、最适合于它们的法律，并期望适用这一法律可以获得良好结果。但在实践中，由于合同的复杂多样，即使是依据最密切联系原则制定的法律选择规则，所指出的法律也可能与合同联系并不密切，这就发生了法律适用上的偏差。传统国际私法因只依赖制定规则，故对实践中的偏差无能为力。国际合同关系越发达，这种偏差的发生就越频繁，危害也越大，终于使人们意识到必须有一种方法可运用于实践中，来纠正这种偏差。法官自由裁量正是修正偏差的最好方法。当法官审理合同纠纷案件时，如果发现制定规则援引的法律与合同联系并不密切，未被援引的另一法律与合同的联系更为密切，法官可以行使法律赋予的自由裁量权，决定不适用法规事先指定的法律，而适用与合同真正具有最密切联系的法律。

最密切联系原则不仅为制定法律选择规则提供了合理依据，还通过正式纳入法官自由裁量方法，为国际私法引进了补漏和纠偏的机制，这种机制是国际私法自古缺乏的。虽然在国际私法历史上，特别是英美法系历史上，法官的作用一向重要，但通常是就取代制定规则而直接决定法律适用而言。像这样将制定规则置于主要地位、法官裁量置于辅助地位，让法官担任为制定规则补漏纠偏的角色，应该是始于最密切联系原则。所以说，最密切联系理论对国际私法的改革是历史性的。

在国内国际私法论著中，关于法官裁量的研究随着对最密切联系理论研究的深入而一起深入，并早在 20 世纪 80 年代的最高人民法院所作有关国际私法的司法解释中就已确立了法院裁量法律适用的方法。① 这对基本属于大陆法系国家的中国而言是不寻常的，显然，最密切联系理论中的法官自由裁量制度所具有的补漏和纠偏作用也为中国国际私法所认识。尽管20世纪80年代中国法院对涉外民商案件的法律适用进行裁量的能力尚显不足，理论上和立法上也缺乏明确具体的裁量标准，但法院裁量制度在审理涉外民商案件过程中的适用仍然是中国国际私法60年中的一个重大进展。

二　法官裁量权的运用

灵活性是法官裁量制度的最大特性，也是最密切联系理论的灵魂，缺少这一灵魂，最密切联系理论对国际民商事关系应该适用最适当的实体法的追求难以真正实现。但灵活性也是法官裁量制度最使人担忧的，因为法官如果将这种灵活性过分发挥，会造成对法律适用的确定性的不利影响，由此带来的不良后果是可以想见的。因此，应有必要的限制是国内国际私法学界一致的认识。由于如前所述，国内许多论著都将最密切联系原则视为法官裁量规范，所以将对法官裁量权的限制表述为"对最密切联系原则的限制"。但也有学者认为，这一表述不尽准确。最密切联系原则不等同于法官自由裁量原则。当最密切联系原则运用于制定法律选择规则时，其精神已化为规则本身，谈不上限制。当这项原则运用于法官自由裁量时，原则并不含有鼓励法官滥用裁量权的因素，而是法官自由裁量制度在实践中运作时，往往天生就带有滥用的倾向和潜在危险，这和最密切联系原则无关。要启用这项制度，就不能不注意到这种倾向和危险。所以，确切的表述应是"对法官自由裁量权的限制"。② 法官裁量权在运用中应该受到几个方面的限制：③

（一）确立适用制定法律选择规则为主、法官自由裁量为辅的法律选择模式

要保持法律适用的确定性，必须主要依赖制定规则体系，因此，要确立制定规则体系在确定准据法方面的主导地位。法官在审理涉外民商事案

---

① 见1987年最高人民法院"关于适用《中华人民共和国涉外经济合同法》若干问题的解答"和1988年最高人民法院"关于贯彻执行《中华人民共和国民法通则》若干问题的意见"。

② 参见沈涓：《合同准据法理论的解释》，法律出版社2000年版，第123—124页。

③ 同上书，第124—126页。

件时，要将制定规则作为首要和普遍适用的规则尽可能适用，只有在例外或非常情况下，法官才能将自由裁量作为辅助手段，弥补和纠正制定规则在指定法律上的缺漏和偏差。如果不确立制定规则的主导地位和优先适用效力，在实践中，法官就有可能任意更改制定规则对法律的援引，以致破坏法律适用的确定性和结果的可预见性。所以只有坚持以制定规则为主、法官自由裁量为辅的模式，才能有效限制法官自由裁量权的滥用，以求既能改革传统规则体系的僵化和不合理、不适应，又能防止以法官自由裁量取代制定法律选择规则；既能保持既定规则体系的稳固和有效，又能有机会弥补和修正既定规则在实践中可能发生的缺漏和偏差；既能保证法律适用的确定性、一致性和结果的可预见性，又能补进法律选择的灵活性。

（二）确定法官裁量的条件和标准

这些条件和标准包括：第一，规定必须在立法缺乏对涉外民商事关系准据法的指定情况下，以及在立法所指定的法律与涉外民商事关系联系不密切情况下，法官才能裁量法律的适用，裁量适用的法律必须较规则指定的法律与法律关系联系更密切。第二，提供具体连结点作为法官裁量的标准。如行为地、标的物所在地、当事人国籍、当事人住所地或居所地等。第三，列举法官裁量时应考虑的因素。如国家利益的需要；法院地的相关政策；其他利害关系国家的相关政策以及在决定特定问题时这些国家的有关利益；对正当期望的保护；特定领域的法律所依据的基本政策；结果的确定性、可预见性和一致性；将适用的法律易于确定和适用。从上述三个方面作出要求和指导，一方面可使法官裁量法律适用时有可以参照的标准，避免盲目行为；另一方面也可较好限制法官作出不符合要求和超出指导范围的裁量。

（三）确定当事人意思自治的效力高于法官裁量的效力

一些国家的国际私法法规规定，如果当事人已选择了准据法，就适用该准据法，法官不能裁量适用其他法律。这是一个很重要的限制。限制的理由主要是：第一，当事人意思自治权和法官自由裁量权都是法律赋予的确定法律适用的权力，单从这一角度看，两种权力效力平等，故当事人意思自治权不应受到法官自由裁量权的排斥。第二，根据意思自治原则，应当给予当事人确定准据法的意思以充分的尊重，从这一角度论，当事人意思自治的效力应高于法官自由裁量的效力，当事人选择的法律应优先得到适用。第三，根据最密切联系原则，一般可以推定当事人选择的法律是与法律关系有最密切联系的法律，如果允许法官重新裁量准据法，就有可能适用与法律关系联系不密切的法律，破坏最密切联系原则。从这几方面看，限制法官在当事人选择了法律的情况下另行裁量法律适用十分必要，如果不设此限制，法官有可能任意否定当事人选择法律的意志，依自己的意志确定准据法，那样不仅严重破坏了意思自治原则，还会因适用了不适当的法律而损害当事人利益。

第三节　特征性履行理论

特征性履行理论是最密切联系理论对国际私法的另一重大贡献，其主要适用范围是合同领域。最密切联系理论将特征性履行理论融入制定规则，力图使确定合同准据法的规则能够通过对特征性履行的特别重视来体现所应适用的法律与合同之间的最密切联系。

一　特征性履行理论的本质

随着对最密切联系理论研究的进一步深入，国内国际私法学界也对包含于这一理论体系中的特征性履行理论进行了大量研究。这些研究反映了国际私法学界对最密切联系理论和特征性履行理论加强认识和理解的过程。

在将最密切联系原则运用于法律选择规则的制定和法官裁量、以确定合同准据法时，英美法系国家多以若干连结因素和价值衡量因素指导法官，大陆法系国家除了原则上指导法官裁量外，更注重将最密切联系原则贯彻于法律选择规则中，特征性履行理论即是最密切联系原则运用于合同领域时产生的学说。

对于特征性履行理论的本质，国内国际私法学界存在以下几种认识：

（一）当最密切联系原则刚产生的不成熟时期，人们对它最大的担忧就是它缺乏具体的标准，其任意性给实际操作带来较大不便，也留下了法官滥用其裁量权的隐患。最密切联系原则走向成熟和完善的标志之一，是在合同领域体现为特征性履行理论。这一理论将最密切联系具体化，通过法律选择规则，为各种合同确定了与承担特征性义务履行的当事人有关的法律为准据法，使最密切联系不致沦为被任意判断和解释的概念。特征性履行理论免除了采纳最密切联系原则的后顾之忧，提高了这项原则的适用价值。

（二）由于标准不具体，制定规则中不能援引特定法律，合同准据法的确定大多数依赖法官对个案法律适用的裁量，故最密切联系原则在不完善时，缺乏法律适用的确定性和结果的可预见性，这也是人们对这项原则的一个顾虑。特征性履行理论将最密切联系原则化为法律选择规则，预先为各种合同指引了准据法，不必每次产生争议后才由法官临时确定准据法，这就大大提高了法律适用的确定性和结果的可预见性。

（三）传统的连结因素如合同缔结地或履行（交货）地等都具有一定的偶然性，依此类连结点确定合同准据法未必合理。在几个欧洲国家的法律中，合同成立地早先是确定准据法的连结因素。由于现代技术的发展，例如通过商务电报缔结合同，使确定合同缔结地变得相当困难，因而使合同缔结地成为一个不确定的和无意义的连结点。特征性履行理论为避免这种不合理性，将着眼点主要放在承担特征性义务履行的当事人的住所或营业所等连结点上。一方面，特征性义务较非特征性义务更能体现合同本质；另一方面，当事人的住所、尤其是营业所与当事人之间有着固有的联系，偶然性极小。因此，依特征性履行理论确定合同准据法，既避免了采用偶然性很大的连结点确定准据法，又提高了法律适用的合理性。

（四）传统的合同法律适用十分单一，无论何种合同都不加区别地适用合同缔结地法或合同履行地法，这种方法既不能适应现代国际社会中合同种类日益增多的发展状况，也会导致法律适用的不合理。特征性履行理论通过对每类合同特征性义务的分析和对确定准据法场所的分析，为各种不同的合同逐一指定准据法，并对一些特殊合同依不同方法确定准据法，还赋予法官自由裁量权，以对例外情况灵活处理。可见，特征性履行理论以细致、灵便的方法，丰富了合同准据法内容，提高了法律适用的针对性和合理性。

（五）国内国际私法学界也存在反对特征性履行理论的意见，这种观点认为这一理论含有概念主义、公式化、机械性等因素。[①] 以消极的态度看待这一理论。特征性履行理论之所以强调用制定法律选择规则来体现最密切联系原则，主要目的在于使该原则具体化，并防止法官裁量权的滥用，这种方法虽不能将所有合同包罗无遗，但可覆盖大部分或主要合同。而且这一理论也是不断发展的，如果国际社会中产生了某种新的合同，并

---

① 参见韩德培主编：《中国冲突法研究》，武汉大学出版社 1993 年版，第 275 页。

逐渐发展为重要的国际合同种类，这种合同将会很快为各国国际私法注意，为其确定准据法的方法和规则也会随之产生。此外，还可如中国采行特征性履行理论那样，于法律选择规则之外，发挥法官裁量的作用，对法律选择规则的偏差和遗漏进行补救。可见，这一理论并不缺乏灵活性。①

（六）反对特征性履行理论的意见中还有一种观点，认为该理论忽视了对某些如消费合同、劳务合同等合同中弱方当事人的保护。② 但是也有观点认为这一批评未必中肯。因为特征性履行理论是一个综合性理论，它根据各种不同的合同来分析何为特征性义务，并非一概而论，对消费合同、劳务合同等合同，确定其准据法时着眼点与其他合同不同，如在采纳特征性履行理论的各国（包括中国）国内法和国际公约中，都规定消费合同适用消费者惯常居所地法律，劳务合同适用劳务实施地法律。各国作此规定的目的正是为了保护弱方当事人。各国法律和国际公约中，对这类合同准据法的确定属于特征性履行理论的范畴。所以，认为该理论忽视对弱者的保护是缺乏充分理由的。③

二　特征性履行理论的运用

在国内国际私法学界，对特征性履行或合同特征性义务的确定，目前没有统一的理解，主要有几种观点：第一，合同中非支付价款的义务为特征性义务；第二，依法律关系重心说，分别确定不同种类合同的特征性义务；第三，通过估价合同各方面相互间关系，确定特征性义务。④

有相当多的合同，分析其中双方当事人承担的合同义务可发现，一方承担的是提供货物或服务等方面的义务，另一方承担支付价款的义务，由于这些合同中付款义务都是基本相同的，而提供货物或服务等义务则各不相同，所以，这种义务较付款义务更能反映各种合同的不同本质，将这种义务确定为合同的特征性义务是较为合理的。在一般情况下，合同的特征性义务为非支付钱款义务，这是大多数国家的看法，这种观点构成特征性履行理论的核心内容，但不是全部内容。面对繁杂的合同种类，仅此一种标准是不能满足所有合同准据法的确定的。对于没有货币支付的合同、双

① 参见沈涓：《合同准据法理论的解释》，法律出版社 2000 年版，第 150 页。
② 参见韩德培主编：《中国冲突法研究》，武汉大学出版社 1993 年版，第 275 页。
③ 参见沈涓：《合同准据法理论的解释》，法律出版社 2000 年版，第 150—151 页。
④ 参见韩德培主编：《中国冲突法研究》，武汉大学出版社 1993 年版，第 268—270 页。

方当事人的义务都具有特殊重要性的合同、双方当事人都用货币支付来履行义务的合同、支付货币一方当事人的利益需要特别保护的合同等，这一标准就不合适了，必须另行为这些合同选择准据法。这种"一般"标准与"例外"标准搭配、结合用以确定准据法的方法，实际上运用的就是"重心分析"和"性质估计"的方法。所以说，确定合同的特征性义务应综合采纳前述三种观点。

虽然一方面在一般情况下通过分析特征性合同义务确定准据法，另一方面在例外情形下依其他方法确定准据法，但这两种方法应都属于特征性履行理论的方法。因为，特征性履行理论的根据是最密切联系原则，即该理论的中心观点是承担特征性合同义务的当事人的相关法律通常是与合同有最密切联系的法律，该法应为合同准据法。但在某些特殊情况下，与承担特征性义务的当事人相关的法律与合同并没有密切的联系，如果此时仍以该法为合同准据法，便有违最密切联系原则。以该法之外的与合同联系更密切的法律为合同准据法，看似不符合特征性履行这一标准，但达到了最密切联系原则的要求。将一般标准和特殊标准结合起来确定合同准据法，可以使特征性履行理论免除僵化地适用于所有合同而导致的不合理因素，也可以提高该理论体现最密切联系原则的质量。因此，一般方法和例外方法相结合，共同确定合同准据法，才是完整的特征性履行理论。

另一方面，也可换个角度来看上述问题，即在上述各种确定特征性义务的情况中，无所谓一般情况和例外情况，每一种情况都属于确定特征性义务的正常情况。国内有学者主张，不应以是否承担支付货币的义务作为判断是否承担特征性义务的标准，而应逐个分析每类合同，分别确定每类合同中的特征性义务。[①] 这种观点也不难让人接受。根据这种主张，有些合同中是由非支付金钱一方承担特征性义务，有些合同中则是由支付金钱一方承担特征性义务，在那些双方支付金钱或双方都不支付金钱的合同中，也可确定一方所承担的义务为特征性义务。总之，依此观点，合同任何一方当事人，无论是否支付金钱都可能承担特征性义务，关键是看他所承担的义务是否反映合同本质，是否与合同有最密切的联系。这一观点的好处在于可避免特征性理论的公式化或概念化的可能倾向，缺点在于较为繁琐、没有概括、不易操作。

---

① 参见韩德培主编：《中国冲突法研究》，武汉大学出版社1993年版，第268—272页。

确定了特征性合同义务，只是确定了寻找合同准据法的线索，并不是确定了准据法，要确定合同准据法，还必须进一步确定这一线索指向的场所。

从确定特征性义务来看，特征性履行理论的着眼点不仅在确定合同中哪一种义务为特征性义务，更在哪一方当事人承担特征性义务，可见该理论重视的主要不是特征性义务的履行地，而是履行特征性义务的人。也就是说，该理论指出的是与承担特征性义务的当事人存在固有联系的场所。从各国立法和国际公约的有关规定看，这一场所通常是该当事人的住所地、惯常居所地、营业所所在地。这些场所都是当事人活动的主要场所，包括当事人缔结或履行合同的场所，因此，这些场所与特征性义务的履行有着非常密切的联系。而且，就国际销售合同而言，由于交货地点可能是偶然的，所以准据法就必须通过一个固定的连结点即卖方营业所所在地来确定，这一法律体系为卖方进行业务活动时所遵守，也为买方所知。从各国国际私法和相关国际公约的规定看，主要都确定了承担特征性义务的当事人的住所地法、惯常居所地法、营业所所在地法为合同准据法。

但是，与确定特征性合同义务一样，在此方面也有例外情况，即有些合同就其性质而言，承担特征性义务履行的当事人的住所地或营业所所在地与合同的联系并不密切，合同所涉及的其他场所与合同有更密切的联系，在这种情况下，有必要另行考虑合同准据法的场所。这种例外情况包括：第一，适用特征性义务履行地法，如劳动合同适用劳动实施地法；工程承包合同适用工程所在地法；成套设备供应合同适用设备安装运转地法等。一般情况下，承担特征性义务的当事人的住所地、特别是营业所所在地也是特征性义务的履行地，应与合同有密切联系。但上述三类合同并不一定总在承担特征性义务的当事人住所地或营业所所在地履行，而且这三类合同与履行地有着更密切的联系，有的甚至是许多国家规定须强制性地适用履行地法的合同，如劳动合同。因此，对这几类合同在确定准据法时，应考虑的场所是特征性义务的履行地，在这些合同中，特征性义务履行地较承担特征性义务的当事人的住所地或营业所所在地与合同有更密切的联系。第二，适用合同标的物所在地法，如涉及不动产的合同适用不动产所在地法。在以不动产为标的的合同关系中，不动产所在地法与合同之间联系的密切程度强于其他任何因素，尽管对如何确定合同准据法有多种学说、主张，但都公认不动产为标的的合同应适用不动产所在地法，可见不动产合同与不动产所在地之间联系之稳固和显著。而且，不动产与其所在地之间的不可分割性也使不动产所在地成为提供货物这一特征性义务的真正履行地。

综上所述，确定准据法的场所也有一般情况和特殊情况两方面，即一般场所为特征性义务履行人（有时是非特征性义务履行人）的住所地、惯常居所地或营业所所在地，特殊场所是特征性义务履行地和合同标的（不动产）所在地，这两种场所都包括在特征性履行理论的范畴内，因为这两种场所的确定都遵循了最密切联系原则。根据一般情况推定，承担特征性义务的当事人在其住所地、惯常居所地或营业所所在地进行缔结合同、履行合同义务的行为，且这些场所固定、明确、易于确定，故以这些场所为连结因素指引准据法是最为合适的；但在某些情况下，合同与这些场所联系并不密切，而与其他场所联系更密切，这时如果仍以这些场所为确定准据法的依据，无疑是不合理的，只有依据与合同联系更密切的其他场所来确定准据法，才符合最密切联系的要求。

上述国内国际私法学界对特征性履行理论的认识和理解表明了在过去60年来，中国国际私法学界最密切联系理论的研究已臻成熟，不落后于其他国家在此方面的研究。

在这60年间，特别是20世纪80年代以来，我国关于特征性履行理论在立法和司法方面的运用也得到了很大发展。1987年最高人民法院"关于适用《中华人民共和国涉外经济合同法》若干问题的解答"就在纳入最密切联系原则的情况下，采用特征性履行理论，对13种合同分别作出确定准据法的具体规定，在相当长一段时间内，这些规定成为我国法院审理涉外合同纠纷案件时进行法律选择和法律适用的依据。后来，这一司法解释被废止。在经历了一段空缺期后，最高人民法院于2007年公布了《关于审理涉外民事或商事合同纠纷案件法律适用若干问题的规定》，特征性履行理论又在中国国际私法中再次被确立。

这一"规定"依据特征性履行理论，对17种合同应该适用的法律分别作出了规定。"规定"第5条第1款和第2款指出："当事人未选择合同争议应适用的法律的，适用与合同有最密切联系的国家或者地区的法律。人民法院根据最密切联系原则确定合同争议应适用的法律时，应根据合同的特殊性质，以及某一方当事人履行的义务最能体现合同的本质特性等因素，确定与合同有最密切联系的国家或者地区的法律作为合同的准据法。"

这一段话表明三点主张：（1）紧接其后的 17 种合同准据法的确定都遵循了最密切联系原则；（2）最密切联系原则不仅是司法解释中确定 17 种或更多合同准据法的依据，也是法院裁量确定合同准据法的依据；（3）判断最密切联系，既要根据合同的特殊性质，也要寻找最能体现合同本质的履行义务。在 17 种合同的准据法确定中，一般依据了特征性履行理论的非支付货币的义务为特征性履行义务的原则，但也有例外。无论一般或例外，都可理解为遵行了特征性履行理论。

通过特征性履行理论在中国国际私法中学术研究的进展和立法、司法实践的运用，可以看出最密切联系理论对中国国际私法的重大影响和这项理论在中国国际私法中的地位。在涉外合同准据法确定中全面采纳最密切联系原则，并逐渐将这项原则扩展到其他涉外民商事关系中，这是中国国际私法在 60 年中取得的重大成就之一。

第十五章

意思自治原则

国际私法上的意思自治原则，从学说产生到原则确立，经过了数百年的时间。作为舶来品，我国国际私法也深受国外学说与立法的影响。早在1949年之前，我国就确立了意思自治原则，然而由于社会的剧变，意思自治原则命途多舛。由于意思自治原则自身的优势与不可替代性，改革开放以后，意思自治原则重新得以确立，傲立于我国国际私法的理论与实践之中，成为国际私法上的一项基本原则，发挥着重要的作用。在长期的实践中，意思自治原则越来越成熟，在适用上也更加完善。当然，意思自治原则本身也面临着各种限制，例如选择法律的时间、空间、范围、强制规范、特殊合同、公共秩序保留原则等，不过从总体上看限制是越来越少。另外，意思自治原则的适用范围不断扩大，已经不再限于合同领域，而是扩及侵权、物权、婚姻家庭继承、信托等各个领域。我们必须深入思考意思自治原则的效力问题及其与法官自由裁量权、最密切联系原则的关系。

第一节 意思自治原则的本质和优势

一 意思自治原则在私法中的本质

意思自治，是私法中最基本的原则之一，是指个人能依据其意思形成其私法上的权利义务关系，目的是为了肯定当事人自主地创造其相互间的私法关系。① 私法自治原则在19世纪对于挣脱封建主义对个人的束缚、在从身份到契约的变化过程中发挥了巨大作用，极大地维护了个人的自由与

---

① 参见王泽鉴：《民法总则》（增订版），中国政法大学出版社2001年版，第245页。有学者将私法自治概括为生活资源之得丧变更听由个人自作安排。参见曾世雄：《民法总则之现在与未来》，中国政法大学出版社2001年版，第17页。

尊严，从而促进了交易的流转、经济的发展，最终促进了社会的变迁。

国际私法上的意思自治原则，是指当事人可以自主选择合同的法律适用或自主选择管辖的法院或仲裁机构。① 在这里，我们指的是意思自治原则起初的含义，即当事人有权自主选择合同的法律适用。国际私法上的意思自治原则，是契约自由原则的自然延伸。既然允许私法自治，当事人具有契约自由，在实体问题上可以决定与谁缔约、缔约的内容等问题，那么当事人有权选择法律适用就是契约自由的应有之义了。

二　意思自治原则在确定准据法方面的优势

（一）意思自治原则确立的历史

目前，意思自治原则已经得到各国立法和国际立法的支持与确认。② 此外，根据海牙国际私法会议的报告，合同法律适用中的意思自治一直是其重点关注的问题。事实上，从 2006 年开始海牙国际私法会议就一直非常强调这个问题。③ 2009 年 3 月 31 日至 4 月 2 日，海牙国际私法会议要求关注国际合同中的法律选择，④ 并且散发了一份关于在国际合同中研究法律选择的可行性的报告。⑤

在中国，意思自治原则的确立也有近百年的历史。早在 1918 年的《法律适用条例》就确定了意思自治原则，其第 23 条规定："法律行为发生债权者，其成立要件及效力，依当事人意思定其适用之法律。当事人意思不明时，同国籍者，依其本国法；国籍不同者，依行为地法。行为地不同者，以发通知之地为行为地。"国民政府在 1927 年的《法律适用条例草案》第 24 条中曾经规定：因法律行为发生之债权，依当事人意思定之。当事人意思不明时，同国籍者依其本国法；不同国籍者，依行为地法。行为地不同时，以发通知之地为行为地。

在学理上，1949 年以前，卢峻教授就曾经指出："因法律行为发生之

---

① 参见许军珂：《国际私法上的意思自治》，法律出版社 2006 年版，第 5 页。

② 同上书，第 24—26 页；宋晓：《当代国际私法的实体取向》，武汉大学出版社 2004 年版，第 57—63 页。

③ http：//hcch. e - vision. nl/index_ en. php？act = text. display&tid = 49, last visited July 23, 2009.

④ Conclusions and Recommendations adopted by the Council on General Affairs and Policy of the Conference (31 March - 2 April 2009), http：//hcch. e - vision. nl/upload/wop/genaff_ concl09e. pdf, last visited July 23, 2009.

⑤ http：//hcch. e - vision. nl/upload/wop/genaff 2009pd07e. pdf, last visited July 23, 2009.

债权，现代各国泰半采契约自由之原则，故虽有涉外关系之契约，亦许当事人以自由意思定其应适用之准据法。诚以契约为当事人之合意行为，非如物权婚姻等法规之具有强行性质，是以于不违反国家之公益及法律上之禁止规定限度内，采放任主义为原则。当事人之意思云者，若契约内有明示规定者，自依其所示；无明示者，则依契约之性质及其他情形，推知其意思之所在。"①

1949 年以后，由于各种因素的作用，法律虚无主义抬头，最终导致各种民商事立法都陷于停顿的状态，意思自治原则也湮没不彰。同时，闭关锁国的政策，使我们对外交往很少，相应地国际民商事关系也比较少，不怎么需要国际私法立法，更遑论意思自治原则。当时，在外交上采取"一边倒"的外交政策，全面学习苏联。在法律体制上，也引进苏联的法制。

1950 年，在中国人民大学增设了外交系，外交系下设国际法教研室，并先后聘请了数名苏联专家来国内讲授国际私法，培养了一批专门从事国际私法研究和教学的骨干。苏联专家的讲义、苏联的法学教材经过翻译、整理、改写为各大学统一使用的法律教科书。例如，人民出版社于 1951 年出版的隆茨著的《国际私法》；大东书局于 1951 年出版的隆茨著的《苏联国际私法教程》；中国人民大学出版社于 1957 年出版的乌·姆·柯列茨基著的《英美国际私法的理论和实践概论》；世界知识出版社于 1959 年出版的隆茨等著的《国际私法论文集》等。② 这样很多学校的国际私法教学与研究从无到有，在借鉴苏联国际私法基础上初步建立了中国国际私法的教学理论与体系，为国际私法的进一步发展奠定了基础，这使得我国国际私法进入取法苏联的时代。

20 世纪 50 年代末一直到改革开放之前，虽然有个别国际私法的论著出版，但是我国的国际私法基本上处于完全停滞与中断的状态，意思自治原则也无从谈起。

由于苏联国际私法学对我们的消极影响，一些学者起初并不认为意思自治原则有什么优势，反而认为意思自治原则是别有用心。苏联学者隆茨曾经断然地指出，"在目前的资本主义情况下，'意思自治'的原则被利用

---

① 卢峻：《国际私法之理论与实际》，中国政法大学出版社 1998 年版，第 296—297 页。

② 曾涛：《中国国际私法学术史研究——1949—1978 年的国际私法》，http://www.cuplfil.com/show.php? ArticleID=557，2009 年 9 月 21 日访问。

为独占资本意思统治的一种形式"，"意思自治"原则是"被资产阶级法院利用为帝国主义时代资产阶级"服务的许多弹性条款之一，"英国冲突法广泛的意思自治是被英国统治阶级想把英国普通法强加于全世界的企图所引起的"。因此，对早已在国际合同关系中被普遍适用的意思自治原则，是完全持批判态度的。尽管他在《国际私法》一书中也声称，"我们无条件地承认，就对外贸易团体所签订的对外贸易契约而言，在选择法律与裁判权上是有'意思自治'的"，但当时苏联法学界与司法部门实际上对外国法的适用是尽可能加以排斥或限制的。① 在苏联学者这种观点的影响下，我国老一辈的国际私法学家之中就有否定意思自治的观点。例如，姚壮和任继圣合著的《国际私法基础》一书中就指出，"对于在我国发生的、标的在我国的、同时在我国履行的任何一般涉外债的关系应一律依据我国有关的实体法规定处理"（有条约规定的除外）。甚至"外国人之间在我国境内发生借贷关系"，也应按照我国的法律规定承担义务和享有权利。"对于那些已经在外国发生的或履行的，或标的在外国的一般涉外债的关系，如需在我国法院处理"，也"应基本上根据我国法律办理"。② 当然，改革开放之后翻译出版的苏联国际私法的著作已经对原来的观点有所修正，也介绍了苏联、东欧国家对意思自治原则的立法与实践。③

改革开放以后，没有马上承认意思自治原则，传统的不尊重当事人意思自治的法律适用原则不利于我国与其他国家的交往，正常的民商事关系受到不利影响，相关利益方感到不便。在实践中，当事人就想办法规避、突破苏联的学说与制度的影响。因此，在对外经济贸易和民事交往都有了很快发展的形势下，如何运用国际私法来调整涉外民商事关系，解决当事人的争议，就成了迫切需要解决的实际问题。另外，传统上通过政策、行政命令等方式来调整经济关系、干预当事人的自主权已经越来越行不通，通过法律手段来管理经济就是必不可少的。所以，实践的需要是推动意思自治原则确立的动力。

① 李双元：《走向21世纪的国际私法：国际私法与法律趋同化》，法律出版社1999年版，第265页。

② 参见姚壮、任继圣：《国际私法基础》，中国社会科学出版社1981年版，转引自李双元：《走向21世纪的国际私法：国际私法与法律趋同化》，法律出版社1999年版，第265页。

③ 参见［苏］隆茨、马蕾舍娃、萨季科夫：《国际私法》，吴云琪、刘楠来、陈绥译，方祖安校，法律出版社1986年版，第143—150页。

与此同时，以武汉大学国际法研究所、中国人民大学等高校老师为代表的学者在理论研究上不断突破苏联学说与制度的桎梏，将国际上成熟的做法与理论源源不断地介绍进来，对意思自治原则等问题的探讨也就更加深入。

在中国人民大学法律系国际法教研室于 1981 年编写的《国际私法》（下册）中，"意思自治原则"的起源、内容、在资本主义国家被采用的原因、适用等都有相关的介绍。① 在上海社会科学院法学研究所 1982 年 3 月编译出版的《国际私法》（戚维新主编）中，专门将戚希尔（当时翻译为切希尔）《国际私法》第 8 版中的"契约准据法"的内容翻译成中文，介绍了意思自治原则的确定与适用，主要论述了明示的意思、默示的意思等。② 司法部于 1982 年组织了第二期全国法律专业师资进修班，李浩培先生等人编写了《国际私法讲义》，在《国际私法讲义》（上册）中，裴劼恒编写了"关于债的一般法律冲突问题"一章，介绍了契约之债的准据法，介绍了当事人意思自治原则，认为英国等国家所采用的意思自治原则值得我们注意和研究，并且认为"我们要研究人家的东西做到'知己知彼'，'知彼'是为了为我所用，不是知了'彼'就给人家'彼'过去了"。③ 这其实就已经委婉地批评了那种认为研究了解外国意思自治是"西化"的观点。在西北政法学院国际法教研室 1983 年 4 月编写的《国际私法纲要》中，专门论述了合同之债的法律适用问题，并且指出我们与资本主义国家的厂商签订合同时，必须十分注意合同的法律适用问题，为此介绍了意思自治原则的适用。④

在教育部和司法部组织的法学教材编辑部主持的统编教材《国际私法》中，韩德培先生领导和组织了当时一批国际私法学者参与其中，在该教材中，在更广泛的范围上，讨论了当时提出的关于合同法律适用的各种主要的学说和立法，特别讨论了意思自治原则的实质、起源、限制、当事人未作法律选择时合同准据法的确定等一系列问题，⑤ 主张根据当时国际

① 参见中国人民大学法律系国际法教研室：《国际私法》（下册），校内用书，1981 年 8 月第 1 版第 1 次印刷，第 184—187 页。

② 参见上海社会科学院法学研究所编译：《国际私法》（本册主编戚维新），知识出版社 1982 年版，第 151—155 页。

③ 司法部第二期全国法律专业师资进修班：《国际私法讲义》（上册），华东政法学院教材编号 8205，本院印刷厂 1982 年印刷，第 212—215 页。

④ 西北政法学院国际法教研室编：《国际私法纲要》，1983 年校内印刷，第 109—111 页。

⑤ 韩德培主编：《国际私法》，武汉大学出版社 1983 年版，第 138—151 页。

上通行的实践，接受"意思自治"和"最密切联系"等原则，来解决涉外合同法律适用问题。①

韩德培先生在为 1984 年出版的《中国大百科全书（法学）》撰写的"合同的准据法"词条中曾经介绍了意思自治原则，认为涉外合同依照冲突规范所应适用的法律有两种主张：一种主张认为合同的准据法可由当事人自行选择，正像合同当事人在合同中可以自己决定相互间的权利义务一样，这种理论称为"意思自治"或"当事人自治"说；"意思自治"派认为当事人自行选择合同的准据法，既是许多国家的法律规定的，所选择的又是某一国家的既定法律，并不存在自行立法问题。在当事人没有选择法律的情况下，就应选用与合同有最密切联系的国家的法律。②

这样，在学者的不断推动下，经济与社会的现实与需要最终促进了立法者接受意思自治原则。最后，在 1985 年《涉外经济合同法》（现已失效）中，意思自治原则得以确立，其第 5 条第 1 款规定："合同当事人可以选择处理合同争议所适用的法律。当事人没有选择的，适用与合同有最密切联系的国家的法律。"之后，1986 年《民法通则》第 145 条第 1 款、1992 年《海商法》第 269 条、《民用航空法》第 188 条等也作了类似规定。《涉外经济合同法》废除以后，1999 年《合同法》第 126 条第 1 款采用了原来的内容，规定："涉外合同的当事人可以选择处理合同争议所适用的法律，但法律另有规定的除外。涉外合同的当事人没有选择的，适用与合同有最密切联系的国家的法律。"虽然立法条款可能还有值得改进完善之处，但是意思自治原则毕竟已经扎根了。意思自治原则在我国国际私法立法中的确立，离不开我国学者的积极推动。

在 1985 年《涉外经济合同法》确立了意思自治原则之后，学者们对这一原则的探索与思考仍在继续，之后出版的教材、专著中仍然在关注这个问题，③

---

① 李双元：《走向 21 世纪的国际私法：国际私法与法律趋同化》，法律出版社 1999 年版，第 266 页。

② 韩德培：《韩德培文集》（上），武汉大学出版社 2007 年版，第 263—264 页。

③ 参见高树异主编：《国际私法》，吉林大学出版社 1987 年版，第 120—121 页；姚壮主编：《国际私法理论与实务》，法律出版社 1992 年版，第 129—140 页；林欣、李琼英：《国际私法理论诸问题研究》，中国人民大学出版社 1996 年版，第 165—173 页；邵景春：《国际合同法律适用论》，北京大学出版社 1997 年版，第 25—84 页。此外，还有很多论文专门论述意思自治原则，相关论述很多，不一一列举。

还有学者将其专门讨论国际私法上的意思自治的博士论文出版。① 目前，意思自治原则在立法上得到承认，在司法实践中也为司法机关所适用，在学术界也已经得到公认，各种各样的教科书都会有一部分内容专门介绍意思自治原则。②

在未来的国际私法立法中，意思自治原则仍然会得到采纳。2002 年全国人大常委会法工委发布的《中华人民共和国民法（草案）》第九编"涉外民事法律关系的法律适用法"第 50 条规定："涉外合同的当事人可以选择合同所适用的法律、国际条约、国际惯例，但法律另有规定的除外。涉外合同的当事人没有选择的，适用与合同有最密切联系的国家的法律。"即使以后对该草案的条文有所修改，但是整体上是不会动摇意思自治原则的，毕竟意思自治原则已经在我国生根发芽、茁壮成长。

（二）意思自治原则的优势

意思自治原则得以确立，除了具有私法自治的理论基础、立足于自然法思潮上提出的人人都有为自己缔结契约的不可剥夺的权利，并且有很强的社会经济基础之外，还与意思自治原则本身在确定准据法方面的优势密切相关。

意思自治原则有助于判决结果的一致性。判决的一致性一直是国际私法的不懈追求。国际私法自从产生之日起，就有一个追求和梦想，那就是希望所有的案件不论在哪里审理，最终的判决结果都是一致的，不会因为法律冲突的存在而导致同一案件在不同国家的法院审理而结果不同。正是这样，一代代国际私法学家殚精竭虑，提出了各种各样的设想与构建。然而，国际社会主权国家林立、法制不统一的现实在很长的一段时间内是无法改变的。在这样的现实条件下，承认当事人的意思自治原则，允许当事人自主选择案件可以适用的法律，那么不论案件在哪里审理，最终都是适用同样的法律。这样，准据法的同一性，就不会发生判决结果因为法院地的不同而不同，既然有助于判决结果的一致性，那么也就会减少挑选法院现象的存在。

意思自治原则有助于司法任务的简单化。国际私法就像一个迷宫，很多制度都是学者学说的产物，晦涩难懂，不要说常人难以理解，就连很多

---

① 参见许军珂：《国际私法上的意思自治》，法律出版社 2006 年版。
② 参见黄进主编：《国际私法》，法律出版社 2005 年第 2 版，第 312—318 页。

专业人士亦是有云里雾里之感。而且，由于国际私法理论在一定程度上的不足，法院的司法任务很重，无所适从，有意无意地回避国际私法问题。正如西蒙尼德斯教授所说："未被发现的冲突法案件……数量惊人。"①"法院任务繁重，而法律选择问题不仅非常复杂，还意味着可能要适用外国法，因而，法院极力想避免考虑法律选择问题的做法是完全可以理解的"②。事实上，在我国，国际私法问题在众多案件中更是被掩盖了，法院即使有涉及也是错误选出。③

在司法实践中适用国际私法是很复杂的任务，给法院和当事人增添很多不便与麻烦。相反，如果允许当事人意思自治，那么在司法实践中，法院和当事人在法律适用问题上将更加明确，司法任务也就更加简单了，这对司法资源的节约也是十分有利的。

意思自治原则能在很大程度上提高法律适用结果的可预见性。在实际生活中，当事人是自利而又理性的，知道如何安排更能确保自己的利益，通过事先的安排能够减少不确定性与风险。当事人的正当期望能否得到实现，这取决于相关的法律制度对其起初的安排是否支持。如果不允许当事人意思自治，当事人无权选择法律适用，那么当事人必须在起诉至法院后，经过一系列国际私法基本制度的适用，然后才能知道所要适用的实体法内容是什么，才能知道自己在实体上的权利义务。这样的结果对当事人而言是不公平的，因为此时当事人根本无法再作出相应的应对与安排。相反，如果实行当事人意思自治原则，允许当事人自治地选择法律适用，那么当事人在一开始就能清楚支配自己的实体权利义务关系的法律是什么，就能知道自己的利益与期望是否以及在多大程度上能得以实现，这样就更有预见性，减少了不确定与风险，也就能更好地安排自己的交易与生活。

意思自治原则更能适应变动的世界，减少法律选择与适用的僵化。世界是纷繁复杂的，也是在不断变迁发展的，在当代更是如此。随着国际交往的日益增多，合同的种类和内容也都在不断变化着，如果不允许当事人

---

① ［美］西蒙尼德斯：《20世纪末的国际私法——进步还是退步？》，宋晓译，黄进校，《民商法论丛》2002年第3号（总第24卷），金桥文化出版（香港）有限公司2002年版，第424页，注7。

② 同上。

③ 参见宋连斌：《中国国际私法的实践困境及出路》，《中国国际私法与比较法年刊》（第5卷），法律出版社2002年版，第3—21页。

自治选择法律,那么制定出来的冲突规则恐怕很难能顺利地适用于所有情形。在传统的法律选择方法中,冲突规范都是尽量客观化、场所化,这一方面固然使得法律适用结果整齐划一,但是同时也会导致法律适用的僵化。毕竟,法律规则一定是抽象的,不然无法面向社会,但社会也是在不断变迁的,而且社会也是复杂的。就以商事交易为例,不断出现新的交易类型,产生了相应的合同,而此时传统的法律选择规则不一定能适用于新型合同,如果不允许当事人意思自治,那最终的结果对当事人是不公平的,也无助于交易安全的保护。法律制度的产生与存在,应该是减少交易成本、维护交易安全,进而促进社会资源的良性分配与使用。在国际私法中,采用意思自治原则,允许当事人自主决定法律适用,那么不论社会如何变迁,出现什么样新的交易形式或者内容,当事人事先可以在合同中作出安排,法律的调节功能就能正常发挥。

第二节 意思自治原则的运用

一 确定意思自治的方法

(一)如何确定当事人的意思

要适用意思自治原则,就必须弄清楚用什么方法来确定当事人的意思。当事人的意思总是通过一定的行为表现出来的,意思表示的方法分为明示与默示的意思表示。同样地,当事人选择法律的方式分为两种,分别是明示选择和默示选择。我们知道,明示的意思表示方式可以分为书面的和口头的两种。对于书面协议中的法律选择条款,毫无疑问是能得到承认的。在1985年《涉外经济合同法》(现已失效)第5条第1款中,仅仅规定"合同当事人可以选择处理合同争议所适用的法律",然而对于当事人如何选择却并没有规定。《最高人民法院关于适用〈涉外经济合同法〉若干问题的解答》第2条第2款规定:"……当事人的选择必须是经双方协商一致和明示的。"第4款规定:"当事人在订立合同时或者发生争议后,对于合同所适用的法律未作选择的,人民法院受理案件后,应当允许当事人在开庭审理以前作出选择。"在实践中,法院是允许当事人在法庭的口头辩论阶段选择法律适用的,也就是说,明示的口头选择法律也是可以的。

2007年6月11日,由最高人民法院审判委员会第1429次会议通过的《最高人民法院关于审理涉外民事或商事合同纠纷案件法律适用若干问题的规定》

第 3 条规定："当事人选择或者变更选择合同争议应适用的法律，应当以明示的方式进行。"第 4 条规定："当事人在一审法庭辩论终结前通过协商一致，选择或者变更选择合同争议应适用的法律的，人民法院应予准许。当事人未选择合同争议应适用的法律，但均援引同一国家或者地区的法律且未提出法律适用异议的，应当视为当事人已经就合同争议应适用的法律作出选择。"这样，即使当事人未作明确的选择，但是如果都援引同一国家或者地区的法律且未提出法律适用异议的，那么就认为当事人选择了其所援引的法律。最高人民法院的这个规定，正式确认了口头选择法律的效力。

如果当事人没有明示选择法律适用的话，法律适用问题该如何处理呢？是否允许所谓的默示的法律选择呢？默示的法律选择是指当事人没有明确表示对法律的选择，而是通过合同条款或合同的相关情况暗示了他们对法律的选择，法院据此确定合同的准据法。[1] 在我国，默示的法律选择是得不到支持的。《最高人民法院关于适用〈涉外经济合同法〉若干问题的解答》第 2 条第 2 款明确规定："……当事人的选择必须是经双方协商一致和明示的。"这样，就完全排除了当事人默示选择的余地，也就不存在推定当事人的意思了。

有学者认为，应该放弃对当事人选择法律方式的限制，有条件地肯定默示选择。[2] 有学者在考察了各国的立法和司法实践之后，认为我国不允许当事人默示选择是不当的。他们认为，我国《涉外经济合同法》没有提及当事人的默示选择方式问题，最高人民法院的解释也只规定了明示选择方式，这种做法与许多国家的立法与实践是不相同的；是否应承认默示选择，关键在于法官的推定是否有充分而客观的依据。如果根据合同条款和与合同有关的整个情况有充分的证据证明当事人未明确表示出来但确曾设想用以解决合同争议的法律，是有利于解决合同法律适用问题的，这实际上也是对意思自治原则的一种进一步贯彻和深化。因此，有限度地承认默示选择是必要的。[3]

有学者更进一步指出，我国今后立法应允许当事人以明示和默示两种

---

① 参见沈涓：《合同准据法理论的解释》，法律出版社 2000 年版，第 76 页。

② 韩德培、肖永平：《市场经济的建立与国际私法立法的重构》，《法学评论》1994 年第 5 期，现收入韩德培：《韩德培文集》（上），武汉大学出版社 2007 年版，第 169 页。

③ 刘卫翔、余淑玲、郑自文、王国华：《中国国际私法立法理论与实践》，武汉大学出版社 1995 年版，第 341 页。

方式选择法律，并且对反对默示法律选择的观点作了批评。我国学者反对默示法律选择的理由主要有两个：一是默示法律选择认定方面比较困难；二是默示法律选择实际上不是当事人的选择，而是法官的推定。① 有学者认为，这两点理由都是站不住脚的，认为明示法律选择和默示法律选择的认定都是法院对当事人已经缔结的法律选择合同成立和效力的确定，二者在本质上并无任何区别，以认定困难作为拒绝承认默示法律选择的理由，不具有说服力。②

虽然英国、德国、奥地利、瑞士等国立法、1978 年《代理法律适用公约》和 1980 年《罗马公约》以及 1986 年的《国际货物买卖合同法律适用公约》等国际立法都明确承认默示法律选择，而且我国也签署了《国际货物买卖合同法律适用公约》，但是我国并没有批准该公约。鉴于欧洲各国虽然允许法院推定当事人对法律的默示选择，但要求这种默示选择仍必须确定无疑地代表当事人自己的意向，而且考虑到我国缺乏法官自由裁量传统、现在仍然不具备可赋予法官广泛自由裁量权条件，不承认默示的法律选择是必要的。③ 在《中华人民共和国国际私法示范法》中，也采用了明示法律选择，不承认默示选择，起草者认为明示选择更能准确地把当事人的意思表示出来。④ 虽然《中华人民共和国民法（草案）》第九编第 50 条并没有明确禁止当事人的默示选择，仅仅规定"涉外合同的当事人可以选择合同所适用的法律、国际条约、国际惯例，但法律另有规定的除外"，但是考虑到我国学界的主流观点和长久以来司法实践对默示法律选择的不承认，未来的国际私法立法恐怕仍然不会承认当事人的默示法律选择。

（二）关于当事人法律选择的效力

关于当事人法律选择的效力，也就是如何判断当事人是否作出了有效的法律选择，应依据何种法律来确定该法律选择的效力，我国立法和司法解释都没有作出规定。有学者认为，应依据法院地法或由法院自由裁量决定，也有学者认为应依据当事人所选择的法律来确定，也就是将当事人的法律选择协议作为独立的部分，不受合同其他条款或者整个合同是否有

---

① 参见秦瑞亭：《冲突法的理论与实务》，对外经济贸易大学出版社 2007 年版，第 238 页。
② 同上。
③ 参见沈涓：《合同准据法的理论解释》，法律出版社 2000 年版，第 85—86 页。
④ 中国国际私法学会：《中华人民共和国国际私法示范法》，法律出版社 2000 年版，第 138 页。

效、失效等的影响。理由是，既然当事人选择适用某一法律，该法律当然可以支配他们的选择协议是否有效。① 有学者对此深表赞同，认为这种方法简单明确，有利于案件有关问题的集中解决，并且该法在当事人谈判订立合同时便为双方所熟知，而且 1980 年《罗马公约》以及《瑞士联邦国际私法法规》第 116 条第 1 款等都是采用这种方法，我国也应予以借鉴，作相应的规定。

对此观点，也有学者介绍了相关的反对意见。如果允许当事人选择的法律来决定当事人法律选择的效力，不符合逻辑，因为此时当事人选择的法律还没有确定为准据法，不能作为准据法适用，否则就是循环论证了。如果说这个法律是法院地法，则破坏了意思自治原则。②

沈涓研究员认为，当事人选择合同准据法的协议效力不适用合同准据法。也就是说，反对允许当事人选择的法律来决定当事人法律选择的效力，而应由法院地法决定。③ 为此，她借助仲裁条款自治说④作为类比来论证自己的观点。当事人选择合同准据法的协议效力不适用合同准据法主要有如下几点理由：第一，合同中的法律选择条款应相对独立于合同整体，当事人对准据法的选择既可以通过在主合同中设立一项专门条款来表示、也可通过于主合同之外另行缔结一份协议书来表示；第二，既然准据法条款具有相对独立性，其效力就不应受主合同的影响；第三，如果认为法律选择协议的有效性由当事人所选择的法律决定，就表示主张当事人所选之法不仅包括一国法律或一公约的实体规定，也包括对上述协议有效性进行要求的国际私法规则，而这有违各国立法和国际公约的一般原则；第四，如果由当事人选择的法律决定协议的有效性，便使对意思自治的限制成为空话；第五，如果允许当事人就选择实体法协议的有效性应依据的法律另行达成选择协议，那么势必又要产生后一项协议的有效性的法律适用问题，如果仍依据意思自治解决这一问题，又会产生新的协议和协议有效性

---

① 参见金宁：《国际合同法律适用的新发展》，《法学研究》1991 年第 6 期，第 62 页。

② 参见李双元：《国际私法》（冲突法篇），武汉大学出版社 1987 年版，第 354 页；沈涓：《合同准据法理论的解释》，法律出版社 2000 年版，第 38 页。

③ 参见沈涓：《合同准据法理论的解释》，法律出版社 2000 年版，第 40—44 页。

④ 仲裁条款自治说是指仲裁条款与主合同是可分的，具有相对独立性，其效力不受主合同效力影响。参见韩德培主编：《国际私法新论》，武汉大学出版社 1997 年版，第 726—730 页。

应依何法的问题，如此层层续延，仍是无济于事。①

二　对意思自治的限制

对意思自治原则是否需要限制呢？早在 1949 年以前，卢峻教授就指出，契约适用"当事人意思所示之法律"原则，非漫无限制。关于契约之任意事项，固得依当事人意思，决定适用之法律。在下列情形之一时，则须由管辖法院依据特殊情形以定何法而限制当事人之意思：1. 关于公共秩序及善良风俗之法律行为发生债权者，不得由当事人意思定其应适用之法律。2. 关于不动产之契约，以其与所在地国之土地制度及经济有关，不得由当事人意思定有反于所在地国法律之准据法。3. 关于身份能力之契约，以当事人之属人法为准，较为适当，不得由当事人意思定其适用之法律。② 下面，我们结合我国的立法与司法实践，简单论述一下对意思自治的限制。

（一）对当事人选择法律的时间限制

当事人选择法律是否存在时间限制呢？从我国的实践来看，一般是没有什么限制的，不但允许当事人在争议发生之前选择，也允许当事人在争议发生之后选择，甚至还允许当事人在一审法庭辩论终结前变更之前的选择。《最高人民法院关于适用〈涉外经济合同法〉若干问题的解答》第 2 条第 2 款规定：当事人在订立合同时或者发生争议后，对于合同所适用的法律已有选择的，人民法院在审理该项合同纠纷案件时，应以当事人选择的法律为依据。第 4 款规定："当事人在订立合同时或者发生争议后，对于合同所适用的法律未作选择的，人民法院受理案件后，应当允许当事人在开庭审理以前作出选择。"

对于我国立法和司法实践中对当事人选择法律的时间所施加的一些限制，韩德培教授等人认为，应该对此进行完善，允许当事人在任何时候（不限于开庭审理之前）作出法律选择或变更以前的法律选择。合同订立以后的选择或法律选择的变更，其效力应溯及到合同订立之时，但必须以不使原合同无效、不规避本应适用的强制性法律以及不损害第三方的正当权益为限。③

---

① 参见沈涓：《合同准据法理论的解释》，法律出版社 2000 年版，第 41—44 页。

② 卢峻：《国际私法之理论与实际》，中国政法大学出版社 1998 年版，第 301 页。

③ 韩德培、肖永平：《市场经济的建立与国际私法立法的重构》，《法学评论》1994 年第 5 期，现收入韩德培：《韩德培文集》（上），武汉大学出版社 2007 年版，第 168—169 页。

之后，韩德培教授等人的观点也受到其他学者的支持，他们对此规定
也不予认同，认为对于法律选择的时间，我国这样规定是不能令人满意
的，认为即使是在开庭之后，只要判决尚未作出，如果当事人合意选择了
法律或变更了先前选择的法律，只要无损于合同效力及第三人的合法利
益，法院也没有多少令人信服的理由否定其效力。他们认为，当事人并不
一定要在订立合同之前先确定支配他们权利义务关系的法律，既然意思自
治原则的目的是允许当事人选择准据法，就应允许当事人更改其所选择的
法律，这里重要的不是"时间"，而是当事人的意思，允许当事人废除以
前的意思而确立现在的意思，并将其效力追溯到合同订立之日，更符合意
思自治的本意。同时，允许当事人在订约之后合意选择或变更先前的选
择，可给合同当事人一个补救的机会，有利于案件的审理。① 我国学者坚
持认为对当事人选择法律的时间不予限制，在《中华人民共和国国际私法
示范法》中仍然强调了这一点，其第 100 条规定："……当事人可以在订
立合同时或者在订立合同以后直至法院开庭前选择法律，还可以在订立
合同以后变更在订立合同时选择的法律。该变更具有溯及力，但不得影响第
三人的权益。……"按照起草者的解释，这样规定是比较灵活的，反映了
当前新的发展趋势。② 总的来看，还是应该尽量尊重当事人的意思自治，
不对当事人选择法律的时间作出限制。③

不过，学者们要求对当事人选择法律的时间不予任何限制的观点并没
有得到我国立法和司法部门的支持。2007 年《最高人民法院关于审理涉外
民事或商事合同纠纷案件法律适用若干问题的规定》第 4 条规定："当事
人在一审法庭辩论终结前通过协商一致，选择或者变更选择合同争议应适
用的法律的，人民法院应予准许。"由此可以看出，当事人可以在一审法
庭辩论终结之前的任何时间段内选择或者变更所适用的法律。

（二）对当事人选择法律的空间的限制

在合同的法律适用中，是否存在对当事人法律选择的空间限制呢？也

---

① 刘卫翔、余淑玲、郑自文、王国华：《中国国际私法立法理论与实践》，武汉大学出版社
1995 年版，第 342—343 页。

② 中国国际私法学会：《中华人民共和国国际私法示范法》，法律出版社 2000 年版，第 138
页。

③ 参见刘笋：《论协议变更合同准据法的问题》，《中国国际私法与比较法年刊》（第 3 卷），
法律出版社 2000 年版，第 250—267 页。

就是说，当事人选择法律时是否必须选择与合同存在客观联系的法律，不能选择与合同没有任何联系的法律呢？对于这个问题，各国的立场与态度存在差别，有的国家要求当事人选择法律时必须有合理的根据，否则法院将不适用当事人所选择的法律，而有的国家又不作要求，只要不违反公共政策，选择与合同没有任何客观联系的法律也是可以的。①

在我国，立法与司法实践都没有明确限制当事人选择法律的空间，并不强制要求当事人所选择的法律与合同存在客观的联系。《最高人民法院关于适用〈涉外经济合同法〉若干问题的解答》第2条第2款规定："当事人选择的法律，可以是中国法，也可以是港澳地区的法律或者是外国法。"

正如有学者所指出的，调整国际合同关系的法律，绝大部分是任意性规则，允许当事人自由选择有利于保证法律适用结果的确定性和可预见性以及国际经济交往的安全；另外，在国际经济交往中，当事人双方常常都不愿意以对方国家的法律作为合同准据法，此时，选择某一更为完备且双方都熟悉而与合同没有或很少联系的第三国法来决定当事人的权利义务，往往更有利于当事人达成协议，也更好地体现意思自治的本义和优越性，从而更有效地维护当事人双方各自的利益。②

（三）对当事人选择法律范围的限制

意思自治原则，意味着当事人可以选择所适用的法律，那么对于当事人选择法律的范围是否存在限制呢？

在我国，理论与实践不承认反致的适用。也就是说，当事人在选择法律适用时，只能选择实体法，不能选择冲突法规范和程序法。《最高人民法院关于适用〈涉外经济合同法〉若干问题的解答》第2条第5款规定："当事人协议选择的或者人民法院按照最密切联系原则确定的处理合同争议所适用的法律，是指现行的实体法，而不包括冲突法规范和程序法。"《最高人民法院关于审理涉外民事或商事合同纠纷案件法律适用若干问题的规定》再次重申了这一原则和立场，在第1条就规定："涉外民事或商事合同应适用的法律，是指有关国家或地区的实体法，不包括冲突法和程

---

① 参见沈涓：《合同准据法理论的解释》，法律出版社2000年版，第92—93页。
② 刘卫翔、余淑玲、郑自文、王国华：《中国国际私法立法理论与实践》，武汉大学出版社1995年版，第346—437页。

序法。"

在当事人意思自治领域排除反致，这是目前多数国家的立法和有关国际公约所一致承认的原则。承认当事人意思自治原则，其目的与宗旨就是使当事人能预见到合同的法律后果，增加法律的确定性，保护当事人的合法权益和正当预期。如果适用反致，则有违这个目的与宗旨。因此，我国的立法和实践是合适的。

实际上，我国对于当事人选择法律并没有太多限制，当事人既可以选择大陆地区的法律，也可以选择我国港澳台地区的法律或者是外国法。那么，是否允许当事人选择非国家实体法呢，也即是否允许当事人选择国际条约、国际惯例呢？① 我国立法和司法解释对此并没有作出明确规定。在实践中，只要国际条约本身并不禁止，我国法院是允许当事人选择国际条约、国际惯例作为准据法的。

在合同领域的意思自治原则适用中，是否允许当事人进行分割选择呢？我国立法和司法解释没有明确禁止。有学者认为，应允许当事人适当地分割合同，即允许他们选择适用于整个合同或合同某一部分的法律，并对支配当事人选择法律效力的法律加以规定。②《中华人民共和国国际私法示范法》第 100 条第 3 款规定："当事人可以决定将选择的法律适用于合同的全部，或者其中一部分或者几部分。"学者们认为，对于合同的法律适用，有分割选择和不可分割选择两种，分割选择是指把国际民商事合同分成几个部分，分别选择适用法律；不可分割选择是指把国际民商事合同作为一个整体适用某国法律。之所以允许分割选择，是出于灵活的考虑，更加尊重当事人的意思自治。当然，分割选择不能使当事人之间权利与义务失去平衡。③

（四）特殊合同例外

在国际私法理论中，虽然承认当事人意思自治原则，然而也公认对于消费者和劳动者等弱势群体要提供更多的保护，对消费者合同和劳动合同

---

① 参见宋晓：《当代国际私法的实体取向》，武汉大学出版社 2004 年版，第 218—236 页。

② 韩德培、肖永平：《市场经济的建立与国际私法立法的重构》，《法学评论》1994 年第 5 期，现收入韩德培：《韩德培文集》（上），武汉大学出版社 2007 年版，第 169 页。

③ 中国国际私法学会：《中华人民共和国国际私法示范法》，法律出版社 2000 年版，第 138 页。

中的意思自治有所限制。① 在这两类合同中，消费者和受雇者处于弱势，与另一方当事人在缔约能力、议价能力、经济实力等方面存在不对等，需要对弱势一方予以更多保护，不然就有违实质平等。然而，对于这一点，我国立法和司法解释都保持沉默，并没有表明自己的态度和立场，也没有作出相关的规定。

（五）强制规范例外

强制规范，也有的学者称之为直接适用的法、直接适用规则、警察法、优先适用规制。② 虽然大家对强制规范有不同的称谓，对其内涵与外延的理解也有差异，但是强制规范本身的存在则是得到公认的，其具有排除冲突规范的效力而能得以直接、优先使用。

我国早在 20 世纪 80 年代就确立了强制规范的地位。《涉外经济合同法》第 5 条第 2 款规定："在中华人民共和国境内履行的中外合资经营企业合同、中外合作经营企业合同、中外合作勘探开发自然资源合同，适用中华人民共和国法律。"《最高人民法院关于适用〈涉外经济合同法〉若干问题的解答》第 2 条第 3 款规定："在中国境内履行的中外合资经营企业合同、中外合作经营企业合同、中外合作勘探开发自然资源合同，必须适用中国法律，当事人协议选择适用外国法律的合同条款无效。"1999 年《合同法》第 126 条第 2 款确认了上述规定。因此，在这三种合同中，排除了当事人意思自治适用的余地，当事人不能选择适用的法律。

此外，2007 年发布的《最高人民法院关于审理涉外民事或商事合同纠纷案件法律适用若干问题的规定》对强制规范适用的范围作了扩大解释。除了前面所说的三种合同，第 8 条规定："在中华人民共和国领域内履行的下列合同，适用中华人民共和国法律：中外合资经营企业、中外合作经营企业、外商独资企业股份转让合同；外国自然人、法人或者其他组织承包经营在中华人民共和国领域内设立的中外合资经营企业、中外合作经营企业的合同；外国自然人、法人或者其他组织购买中华人民共和国领域内的非外商投资企业股东的股权的合同；外国自然人、法人或者其他组织认购中华人民共和国领域内的非外商投资有限责任公司或者股份有限公司增资的合同；外国自然人、法人或者其他组织购买中华人民共和国领域内的

① 参见许军珂：《国际私法上的意思自治》，法律出版社 2006 年版，第 187—190 页。
② 参见宋晓：《当代国际私法的实体取向》，武汉大学出版社 2004 年版，第 252 页。

非外商投资企业资产的合同；中华人民共和国法律、行政法规规定应适用中华人民共和国法律的其他合同。"因此，对于这些合同，没有当事人意思自治原则适用的余地，当事人即使作出了法律选择，也不会得到法院的认可和支持。

对于意思自治的这个限制，我国一直以来的政策基本上是不会有什么变化的，《中华人民共和国民法（草案）》第九编第 51 条作出了限制，规定："具有中华人民共和国国籍的自然人、法人与外国自然人、法人订立的在中华人民共和国领域内履行的下列合同，适用中华人民共和国法律：中外合资经营企业合同；中外合作经营企业合同；中外合作勘探、开发自然资源合同；中外合作开发房屋和土地合同；外国自然人、法人承包经营在中华人民共和国领域内的中国企业的合同。"这个范围是否合适，值得进一步探讨。当然，将来的国际私法立法，在这个问题上可能会有细微变化，就是对不能由当事人选择适用法律的合同的种类作出限制。

（六）公共政策例外

公共政策，又称公共秩序保留原则，是指一国法院依冲突规范应适用外国法时，或者依法应该承认与执行或者提供司法协助时会与法院地国的重大利益、基本政策、法律的基本原则或道德的基本观念相抵触而有权排除和拒绝的保留制度。[①] 如果当事人选择的法律适用的结果违反了法院地国的公共政策，那么法院地国法院很可能就会援引公共秩序保留原则而否认当事人的意思自治，拒绝适用当事人所选择的法律。虽然各国对公共政策或公共秩序保留有不同的理解和界定，但作为一个安全阀却基本上都为各国所承认，以作为最后一道屏障。

我国国际私法立法也规定了公共秩序保留原则。《民法通则》第 150 条规定："依照本章规定适用外国法律或者国际惯例的，不得违背中华人民共和国的社会公共利益。"因此，在我国，如果当事人所选择的法律适用的结果违背我国的社会公共利益的话，其所作出的法律选择将不被认可。

---

① 韩德培主编：《国际私法》，高等教育出版社、北京大学出版社2007 年第 2 版，第140 页。

第三节 意思自治原则的效力

一 意思自治原则的适用范围

（一）合同领域

在 1985 年《涉外经济合同法》（现已失效）第 5 条第 1 款中，规定了"合同当事人可以选择处理合同争议所适用的法律"，之后的《合同法》等立法也采取一样的措辞。对于这个规定，韩德培先生曾经提出过质疑，认为将当事人的选择限定为"处理合同争议"是不是想借此限制对外国法的选择，只允许它作为解决日后合同争议的依据，而不允许它作为解决订立合同及履行合同等一系列问题的依据？如果是这样的话，那么订立合同或履行合同等可适用一种法律，而日后发生争议时又可选择适用另一种法律，如果这两种法律的规定并非一致，那么究竟应依据哪一种法律来解决呢？这不是在制造麻烦吗？为什么不可以干脆写成："当事人可以选择对合同适用的法律（或适用于合同的法律）"？[1] 此后，很多学者提出了类似批评，认为限制了当事人的选择。[2] 不过这个问题在实践中并不是多大的问题，因为在司法实践中都是对"合同争议"作广义理解和解释的，例如《最高人民法院关于审理涉外民事或商事合同纠纷案件法律适用若干问题的规定》第 2 条规定："合同争议包括合同的订立、合同的效力、合同的履行、合同的变更和转让、合同的终止以及违约责任等争议。"

对于我国立法和司法解释中存在的问题，在中国国际私法学会负责起草的《中华人民共和国国际私法示范法》中作了回应和完善，其第 100 条规定："合同，适用当事人协商一致并以明示方式选择法律，中华人民共和国法律和中华人民共和国缔结或参加的国际条约另有规定的除外，并不得违反当事人本国的强制性或者禁止性法律规定。"另外，这个问题在将来的立法中也可以得到解决，《中华人民共和国民法（草案）》第九编"涉外民事关系的法律适用法"第 50 条规定："涉外合同的当事人可以选择合同所适用的法律、国际条约、国际惯例，但法律另有规定的除

---

[1] 韩德培：《韩德培文集》（上），武汉大学出版社 2007 年版，第 218—219 页。

[2] 参见沈涓：《合同准据法理论的解释》，法律出版社 2000 年版，第 52—55 页；许军珂：《国际私法上的意思自治》，法律出版社 2006 年版，第 283—284 页。

外……"这样的表述比原来的表述就更加准确，更不会引起误解和批评了。当然，该规定存在的一些其他问题，并不牵涉我们这里所讨论的意思自治原则，就不再评论。

（二）侵权领域

关于侵权行为的法律适用，《民法通则》第146条第1款规定："侵权行为的损害赔偿，适用侵权行为地法律。当事人双方国籍相同或者在同一国家有住所的，也可以适用当事人本国法律或者住所地法律。"然而，在侵权行为的法律适用中，除了适用侵权行为地法或共同属人法之外，当事人可以选择法律适用吗？换言之，侵权行为的法律适用中允许当事人意思自治吗？①

在司法实践中，已经有法院适用侵权行为当事人选择法律的案例。在原告吕永群诉被告刘明宏、五亭缸套厂、第三人振兴公司其他股东权纠纷案②中，关于本案的法律适用问题，法院认为："本案中，原告提起的系侵权之诉，故原、被告双方当事人在诉前对法律适用无协议选择，但在本案审理过程中，原、被告双方当庭明确表示选择适用中国大陆地区法律，根据当事人意思自治原则，本院尊重双方当事人的意思表示，按当事人的选择以中国大陆地区法律作为处理本案纠纷的准据法。"从法院的认定可以看出，本案侵权纠纷的法律适用允许当事人意思自治（选择法院地法），这对现行法律是一个突破。

我们知道，传统的侵权行为地法一直是主流，中国原则上也是适用侵权行为地法。然而，由于侵权行为地的偶然性、侵权行为地法的僵化、对当事人的不公正等原因，侵权行为地法受到越来越多的批评。很多学者提出了替代方案，其中应首推英国国际私法学家莫里斯的侵权行为自体法理论。在其《论侵权行为自体法》一文中，莫里斯认为，在特定情况下，可以选择与侵权行为和损害结果有最密切联系的法律作为准据法。在晚近的立法中，侵权行为的法律适用也有限地允许当事人意思自治。1987年《瑞士联邦国际私法法》第132条规定："侵权行为发生后，当事人可以随时协商选择适用法院地法。"第110条还规定："知识产权，适用提起知识产

---

① 参见黄进、李庆明、杜焕芳：《2005年中国国际私法司法实践述评》，《中国国际私法与比较法年刊》（第9卷），北京大学出版社2007年版，第496—501页。
② 参见南京市中级人民法院（2005）宁民五初字第4号民事判决书。

权保护诉讼的国家的法律。因侵权行为而提起的诉讼，在侵权行为发生后，当事人可以协议选择适用法院地法律。"1998 年《突尼斯国际私法典》第 71 条规定："造成损害的原因事实发生后，当事人可以协议适用法院地法，只要案件尚处于初审阶段。"1999 年德国《关于非合同债权关系的国际私法立法》第 42 条规定："非合同之债权关系据以产生的事件发生后，当事人可以协议选择应适用的法律，第三人的权利不受影响。"

虽然承认侵权行为法律适用中的当事人意思自治的国家很少，但我们认为意思自治原则在侵权行为的法律适用中仍然有不可或缺的价值。虽然侵权行为的发生是不可预见的，但很多侵权行为都是在原来的法律关系基础上发生的，甚至产生违约与侵权的竞合。意思自治原则已经在不断地扩展范围，我们没有理由认为在合同等领域允许意思自治原则，而与它们密切相关的或者在它们基础上产生的侵权行为领域不允许意思自治原则。当然，为了防止当事人双方地位的不平等，应该不允许侵权行为发生前的法律选择的效力。

此外，在侵权行为的法律适用中允许当事人意思自治，还有提高侵权行为法律适用的可预见性、方便查明外国法的功能，尤其是在当事人选择法院地法的情况下更是如此。在国际民商事交往中，保护当事人的正当期望无论如何都应该是国际私法的一个重要目标。允许侵权行为发生后当事人选择适用的法律，这也是尊重当事人的意思，保护当事人的正当期望。未来中国立法中对侵权行为法律适用中的意思自治原则的态度已经比较明朗。《中华人民共和国民法（草案）》第九编"涉外民事关系的法律适用法"第 81 条规定："侵权行为的加害人和受害人可以协商选择适用法院所在地法律，但不得选择法院所在地法律以外的法律。"当然，关于在侵权行为的法律适用中，如何引入意思自治原则，是否要对当事人选择适用的法律的时间、范围、形式等作出限制，这还可以而且有必要进一步研究。

（三）物权领域

在传统国际私法中，物权一般都是适用物之所在地法原则，很少有意思自治原则的势力范围。[①] 然而在学术界，已经有学者主张物权的法律适用中也应有意思自治原则的余地。在《中华人民共和国国际私法示范法》

---

① 关于物权的法律适用，参见韩德培主编：《国际私法》，高等教育出版社、北京大学出版社 2007 年第 2 版，第 182—188 页。

中，意思自治原则也适用于物权领域。例如，第80条规定，"有关有形动产买卖中的所有权转移，有约定的，适用约定的法律"；第82条规定，"动产物权凭证，适用该凭证上指定应适用的法律"；第83条规定，"商业证券，适用证券上指定应适用的法律"；第90条规定，"共有物权，适用当事人约定的法律"。这样，传统的物之所在法一统天下出现了意思自治的空隙，有利于法律适用的更加公平、合理，能更好地维护当事人的合法权益。《中华人民共和国民法（草案）》第九编"涉外民事关系的法律适用法"基本上采纳了这些规定，希望未来的国际私法立法在物权的法律适用领域能有意思自治存在的空间。

（四）婚姻家庭、继承领域

在传统的国际私法中，婚姻家庭、继承领域一直被认为与法院地的政策、利益具有很大的关联，一般也不允许当事人意思自治，不承认当事人有选择法律适用的权利。随着社会的变迁，在这些领域承认意思自治已经不仅是必要的，也是可能的了。在《中华人民共和国国际私法示范法》中，第132条第2款规定了当事人协议离婚时可以以明示方式选择适用法律；第134条规定了当事人可以协商一致并以明示方式选择夫妻财产关系的法律适用；第144条规定了立遗嘱人可以明示选择适用的法律来决定遗嘱的内容和效力。当然，在这些领域中，意思自治仍然是有限的，当事人只能从法律所规定的连结点中选择法律。然而，这样毕竟是很大的进步。《中华人民共和国民法（草案）》第九编"涉外民事关系的法律适用法"也采纳了这些规定，第62条规定："……当事人协议离婚的，适用其以明示方式选择的当事人一方或者共同的本国法律、住所地法律、经常居住地法律……"第64条规定："夫妻财产关系，适用当事人协商一致以明示方式选择的法律；当事人没有选择法律的，适用前条的规定；① 但涉及不动产的，适用不动产所在地法律。"第74条规定："遗嘱内容和效力，适用立遗嘱人明示选择其立遗嘱时或者死亡时的本国法律、住所地法律或者经常居住地法律。立遗嘱人没有选择法律的，适用上述法律中最有利于遗嘱成立的法律。"相信未来的国际私法立法在婚姻家庭、继承的法律适用领

---

① 即《中华人民共和国民法（草案）》第九编第63条："夫妻人身关系，适用其共同本国法律；无共同国籍的，适用其共同住所地法律；无共同住所的，适用其共同经常居住地法律；无共同经常居住地的，适用其婚姻缔结地法律或者受理案件的法院所在地法律。"

域会有意思自治存在的空间。

（五）信托领域

在英国这样的普通法系国家，信托是一项历史比较悠久、又比较成熟的法律制度，而在我国却还是相对较新的一项制度。我国《信托法》于2001年开始实施。《信托法》第2条规定了信托的概念，所谓的信托，是指委托人基于对受托人的信任，将其财产权委托给受托人，由受托人按委托人的意愿以自己的名义，为受益人的利益或者特定目的，进行管理或者处分的行为。第3条规定："委托人、受托人、受益人（以下统称信托当事人）在中华人民共和国境内进行民事、营业、公益信托活动，适用本法。"由此可以看出，我国在信托领域是不承认当事人意思自治原则的，然而在《中华人民共和国民法（草案）》第九编中却确立了信托关系中的意思自治原则，其第42条规定："信托，适用信托财产委托人在设定信托的书面文件中明示选择的法律；委托人在信托文件中没有选择法律的，或者被选择的法律没有规定信托制度的，适用与信托有最密切联系的法律，在通常情况下为：信托财产所在地法律，信托管理地法律，受托人的经常居住地法律或者营业所所在地法律，信托目的实现地法律。"这样，如果该规定将来被通过，意思自治原则将扩张到信托领域。

二　意思自治的效力与法官裁量的效力

在明示的书面选择中，由于当事人的意思表示非常明确，争议也比较少，因此基本上不存在法官自由裁量的余地，意思自治的效力能得到保证。《最高人民法院关于审理涉外民事或商事合同纠纷案件法律适用若干问题的规定》第4条前段明确规定："当事人在一审法庭辩论终结前通过协商一致，选择或者变更选择合同争议应适用的法律的，人民法院应予准许。"因此，在当事人有明示的选择时，法官不能自由裁量，只能尊重当事人的意思自治。当然，实践中还存在当事人意思落空的情形，也就是当事人所选择的法律无效、不存在或者无法调整当事人之间的法律关系，这时法官就存在自由裁量权来决定法律适用。

同时，由于我国是不承认当事人的默示选择的，因此，法官也基本上没有自由裁量权来决定当事人是否已经作出了默示的选择。然而，由于我国承认当事人的口头选择，甚至还有所谓的根据当事人的援引同一国家的法律而认定当事人意思自治的情形，这样就面临一个问题，那就是必须认定当事人此时是否真的作出了选择，当事人此时是否存在意思自治。这样，法官就有了自由裁量的余地和权力。

《最高人民法院关于审理涉外民事或商事合同纠纷案件法律适用若干问题的规定》第 4 条后段规定："当事人未选择合同争议应适用的法律，但均援引同一国家或者地区的法律且未提出法律适用异议的，应当视为当事人已经就合同争议应适用的法律作出选择。"这一条规定实际上给了法官相当大的自由裁量权。在实践中，虽然当事人事先作出了法律选择，然而由于无法查明准据法的内容而不能在诉讼中证明自己所选择的法律的内容，一般情况下只好援引中国的实体法来进行攻防抗辩。这样，法官就常常据此认为当事人合意选择了法院地法。例如，在河北圣仑进出口股份有限公司诉被告津川国际客货航运有限公司、津川国际客货航运（天津）有限公司无单放货纠纷案中，法院认为："虽然涉案提单背面条款约定'因提单引起的争议应在韩国解决或根据承运人的选择在卸货港解决并适用英国法。'但是，原告在本院起诉后、实际诉讼中，原、被告双方当事人均未曾向本院提出过适用法院地法以外法律的主张，也未向本院提交过相应的法律规定。因此，应适用中华人民共和国法律处理本案的争议。"①

三　意思自治原则与最密切联系原则

在合同的法律适用领域，意思自治原则是第一原则，只有在当事人没有选择适用的法律时，才有最密切联系原则适用的可能。1985 年《涉外经济合同法》（现已失效）第 5 条第 1 款规定："合同当事人可以选择处理合同争议所适用的法律。当事人没有选择的，适用与合同有最密切联系的国家的法律。"1986 年《民法通则》第 145 条第 1 款、1992 年《海商法》第 269 条也作了类似规定。1999 年《合同法》第 126 条第 1 款规定："涉外合同的当事人可以选择处理合同争议所适用的法律，但法律另有规定的除外。涉外合同的当事人没有选择的，适用与合同有最密切联系的国家的法律。"司法解释对此作了进一步的确认，《最高人民法院关于审理涉外民事或商事合同纠纷案件法律适用若干问题的规定》第 5 条规定："当事人未选择合同争议应适用的法律的，适用与合同有最密切联系的国家或者地区的法律。"因此，在合同的法律适用领域，首先看是否能适用意思自治原则，只有在意思自治原则不适用时，才能顺位地适用最密切联系原则。

在有的国家，承认当事人的默示选择，允许法院从某些迹象来推定当

① 参见天津海事法院（2002）海商初字第 144 号民事判决书。

事人的选择，经常被作为推断条件的因素有：仲裁协议或诉讼协议、合同订立地或履行地、当事人的国籍或住所或营业所、不动产所在地、合同中的术语、合同所用语言文字、合同形式、用以支付的货币、当事人一方是一国政府、使合同有效原则等。① 在这些因素中，法官也常常以它们来作为适用最密切联系原则的判断标准，这样，意思自治原则就与最密切联系原则交织在一起了。然而，正如我们之前所述，我国不承认当事人的默示选择，所以在这一点上就不存在任何问题了。

---

① 参见沈涓：《合同准据法理论的解释》，法律出版社2000年版，第78页。

第十六章

中国国际私法学术成就的完整体现
——中国国际私法示范法

第一节 《中国国际私法示范法》的产生

一 起草背景

19世纪末20世纪初，国际私法的国内立法开始向系统、全面的单行法方向发展，其中以1896年的《德国民法施行法》为代表。第二次世界大战后，晚近国际私法的新发展有许多表现，在立法上就是国际私法立法的法典化风起云涌。例如，1979年奥地利制定的《奥地利联邦国际私法》、1982年南斯拉夫制定的《法律冲突法》、1989年《瑞士联邦国际私法法规》。其中，尤其以瑞士的立法最完善、条文最多、影响最大，代表着当时国际私法立法的最高水准。

相比之下，我国国际私法立法确实存在诸多问题与缺陷。1949年之前，中国北洋政府于1918年颁布了单行的《法律适用条例》，之后南京政府于1927年曾经有一个《法律适用条例草案》，不过一直都没有正式通过生效。1949年以后，我们国家是不重视法律的作用的，也就没有国际私法立法存在的空间。改革开放以后，我们开始认识到法律在社会生活和政治经济治理以及对外交往等各方面所发挥的作用。随着我国对外开放步伐的加快，国际经济、文化、人员等各方面的交流都在增加，也更为频繁、复杂，这样就对国际私法立法产生了迫切的需要。

也正是在这样的背景下，我国从1983年起陆续颁布《中国公民同外国人办理结婚登记的几项规定》、《中华人民共和国中外合资经营企业法实施条例》和1985年颁布的《中华人民共和国继承法》①、《中华人民共和

---

① 《继承法》第36条。

国涉外经济合同法》① 以及 1999 年颁布的《中华人民共和国合同法》②，等等，这些法律都以零散条文的形式规定了法律适用的内容。而《中华人民共和国民法通则》③、《中华人民共和国海商法》④、《中华人民共和国票据法》⑤ 以及《中华人民共和国民用航空法》⑥ 则对法律适用以专章规定，这些冲突法立法筚路蓝缕，填补了冲突法立法上的许多空白，但由于这些立法零散、不全面，我们尚不能说其形成了我国冲突法立法的完整体系。以作为我国民商事基本法的《民法通则》为例，其专门规定法律适用规则的条文仅有 9 条，不仅在立法上存在盲点，而且由于分散的立法形式，与其他单行法中的法律适用规则有抵触之处。例如，《民法通则》第 149 条与《继承法》第 36 条在继承的分割、住所的确定以及适用范围等方面都有差异，容易造成实践中法官适用法律的困难。为解决此问题，最高人民法院采取司法解释的形式，分别在 1987 年发布《关于适用涉外经济合同法若干问题的解答》（以下简称为《解答》）、1988 年发布《关于贯彻执行〈中华人民共和国民法通则〉若干问题的意见》⑦。2007 年颁布的《关于审理涉外民事或商事合同纠纷案件法律适用若干问题的规定》⑧（以下简称《规定》），试图补足我国冲突法立法的缺失，但这也暴露出我国冲突法立法目前所面临的窘境。⑨ 实际上，这些司法解释有时不仅不能廓清问题，反而产生新的抵牾。例如，我国有关司法解释规定：涉外收养问题应重叠适用收养人的所在国法律与中国法律，何为所在国法律，此与住所地国法相同还是与本国法相同，这种司法解释只能让人一头雾水。其实，所在国

---

① 1999 年《合同法》生效后，《涉外经济合同法》同时废止，该法第 5 条有关合同法律适用的规定也相应失效。

② 《合同法》第 126 条。

③ 《民法通则》第 8 章 "涉外民事关系的法律适用"，第 237—270 条。

④ 《海商法》第 14 章 "涉外关系的法律适用"，第 268—276 条。

⑤ 《票据法》第 5 章 "涉外关系的法律适用"，第 95—102 条。

⑥ 《民用航空法》"涉外关系的法律适用"，第 184—190 条。

⑦ 该司法解释涉及行为能力的法律适用，国籍冲突、住所冲突与营业所冲突的解决，不动产的识别及法律适用，侵权关系法律适用，家庭关系法律适用以及外国法的查明，法律规避，诉讼时效等诸多内容，较之作为解释对象的《民法通则》，不仅丰富，而且完备许多。

⑧ 不仅对合同法律适用的具体规则有所细化，而且还对反致、法律规避、公共秩序保留以及外国法的查明等国际私法总则性的问题进行完善，这不仅有利于明确涉外民商事合同的法律适用，而且对国际私法其他领域法律关系的适用有一定的指导意义。

⑨ 不论司法解释内容多么完备，其 "修修补补" 的立法形式，往往造成在解决老问题的同时，由于缺乏整体统一的协调性，容易产生新的问题。

法从国际私法属人法连结点概念上来讲，根本就不是一种严格意义上的法律用语。此类瑕疵在我国现存的国际私法立法规定中并不鲜见。

正是鉴于国际私法在建立社会主义市场经济和改革开放政策中的作用，更好地发挥法律在调节经济社会发展中的功能，学者们意识到必须加紧制定一部体系合理、内容完善、结构科学的国际私法单行法。这样，在韩德培先生领导的中国国际私法研究会的倡导和努力下，制定了一部国际私法的示范法，以供学术界和我国政府各部门参考借鉴和推动正式的国际私法单行法的立法。最终，从 1993 年开始起草《中华人民共和国国际私法示范法》（以下简称《示范法》），经过多年来的努力和数易其稿，并最终于 2000 年正式出版。

二 起草过程

对于《示范法》的起草过程，作为主要发起人和组织者，亲历此事的韩德培先生曾经作过详细介绍，我们这里就援引韩先生在为《示范法》出版撰写的前言中的论述。[①] 1993 年 12 月，中国国际私法研究会在深圳举行年会，与会代表建议起草一部《示范法》，以供我国政府有关部门和教学科研单位参考。这一提议得到代表们的一致赞同，并且由理事会决定成立了起草小组。小组的成员是韩德培（小组召集人）、费宗祎、姚壮、钱骅、董立坤、刘慧珊、余先予、李双元、袁成第、张仲伯、黄进、章尚锦、卢松。后来，还聘请徐宏、韩健两位同志参加起草工作。起草小组初步决定了《示范法》的框架为总则、管辖权、法律适用、司法协助、附则共 5 个部分，并对起草工作作了适当的分工。

1994 年 7 月，起草小组在北京外交学院举行会议，对分工起草的《示范法》的各个部分进行了汇报和讨论，会后由起草人根据会上提出的意见对自己负责起草的部分加以修改。1994 年 10—11 月，中国国际私法研究会在宁波举行年会，与会代表对修改后的《示范法》，从体例、范围、条文内容到具体文字进行了广泛和深入的讨论，提出了不少修改意见。会后又由各起草人分别作进一步的修改和补充。

1995 年 6 月，起草小组又在深圳举行会议，对修改后的《示范法》逐条加以讨论，并决定再由起草人继续进行修改。以后几次年会，即 1995

---

① 以下内容参见中国国际私法学会：《中华人民共和国国际私法示范法》，法律出版社 2000 年版，前言，第 3—5 页。

年 10 月在北京、1996 年 9 月在大连、1997 年 10 月在上海和苏州、1998
年 10 月在井冈山、1999 年 10 月在长沙，每次举行年会时，与会代表仍继
续不断地提出一些修改意见。这些意见起草小组都慎重地予以考虑并斟酌
采纳。经过这几年的多次讨论和反复修改，前后易稿数次，最后定稿是第
六稿，也就是法律出版社 2000 年最终出版的成果。

第二节　中国国际私法示范法的内容

《示范法》共分为五章，分别是第一章总则、第二章管辖权、第三章
法律适用、第四章司法协助、第五章附则，总共是 166 条。

一　总则

国际私法总则是对国际私法中具有统领性和全局性意义的普遍性基本
原则、基本制度和其他一般问题所作的规定。① 国际私法总则的规定并不
是从国际私法立法伊始就有，而是随着国际民商事关系的发展、国际私法
立法技术的提高而出现并逐渐完善的，它经历了一个从无到有、从分散到
集中、从简单到逐渐完善、从国内到国际的演进过程。②

在《示范法》中，首次以专章的形式单独设立了一个总则，而且考虑
到总则居于统率地位以及发挥的功能与作用，将其放在第 1 章。在第 1 章
总则部分，总共安排了 18 个条文。其中，第 1 条至第 7 条规定了《示范
法》的立法宗旨、基本原则、适用范围和调整对象、外国人的法律地位、
国际条约和惯例的适用等问题；第 8 条至第 15 条规定了国际私法的一般
问题，包括反致、定性、外国法的查明、法律规避、公共秩序保留、先决
问题等；第 16 条规定了区际和人际法律冲突；第 17 条规定了时际法律冲
突；第 18 条规定了程序问题原则依法院地法。

我国权威国际私法学家黄进教授指出，在国际私法中设置总则，是人
类思维能力进步和立法技术水平提高的产物，也是立法者深思熟虑的结
果。总则在国际私法中居于统率地位，从总体上说它是整部法典一以贯之
的灵魂和核心，是对事关法典全局的根本性内容的概括和综合。它由法典
分则的实际材料提炼升华而成，源于分则又高于分则。对国际私法总则进

---

① 黄进：《宏观国际法学论》，武汉大学出版社 2007 年版，第 184 页。
② 同上书，第 186 页。

行规范，不仅是国际私法立法结构与功能上的需要，也是衡量国际私法立法完善与否的重要标志。其主要意义在于三个方面：第一，总则的内容具有高度的抽象性和概括性，它没有预先确定任何具体的事实状态，也没有赋予具体的法律后果，具有很大的模糊性和灵活性，这样就为法官日后的自由裁量和法律解释留下充足的空间。从这种意义上说，总则的内容可以保证整部法典的弹性和灵活度，缓解法律自身的局限性与现实生活的矛盾，增强其与时俱进的进化能力和适应能力，实现法典的灵活和安全价值，并最终实现法律选择结果的最大合理化。第二，总则对于整部法典具有整合划一的功能，法典有了总则就有了一个"一以贯之"的精神格调和指导原则，法典的全部内容据此展开也就得以前后贯通、和谐统一，从而成为一个有机联系的整体。第三，总则可以拓展法典的涵盖面，提高其内容的全面性和完整性，弥补法典调整空间在细节上的不足，从而克服立法的不周延和滞后。如总则部分可以对一些难以作出规定或将来可能出现的情况，作出原则性的、带有某种价值倾向性的规定，预先设定解决这些问题的基本框架。比如国际私法所调整的法律关系的性质和适用范围的规定，这既有利于把无明文规定但随着实践的发展而出现的一些国际民商事关系及时纳入国际私法调整的范围，又有利于把一些不具有国际民商事性质的法律关系排除在国际私法的调整范围之外。[①]

二　管辖权规范

《示范法》第 2 章规定的是管辖权规范，总共分为 5 节，分别是一般管辖、特别管辖、专属管辖、协议管辖、关于管辖的其他规定，总共用了40 个条文来作规定。在第 1 节一般管辖中，分别用两个条文规定了管辖权的适用范围和原告就被告的普通管辖原则。在第 2 节特别管辖中，用 25 个条文，分别对涉及人的身份和能力等各种民商事关系纠纷的管辖，既有对传统的宣告失踪和宣告死亡案件的管辖规定，也有对信托、环境污染等新型案件的管辖规定。在第 3 节专属管辖中，只有 1 条 5 项，列出了中国具有专属管辖权的情形，例如在中国境内的不动产纠纷、港口作业纠纷、法人内部关系、知识产权的有效性争议以及中外合资经营企业合同等，这些法律关系虽然各不相同，但有一个共同点，那就是在中国境内产生。在

---

① 黄进、杜焕芳：《关于国际私法总则的思考》，《跨国法评论》第 1 卷，法律出版社 2004年版。

第 4 节协议管辖中，用 3 款对协议管辖的条件、效力等作了规定。在第 5 节关于管辖的其他规定中，用 11 个条文对应诉管辖、仲裁管辖权、裁量管辖、不方便法院、必要管辖、管辖豁免、平行诉讼、非实体内容管辖权、反诉、继续管辖、正当程序等作了规定。

实际上，法院在处理涉外民商事法律问题的过程中，首先面临的问题就是确定其是否具有管辖权，只有在确定管辖权以后才谈得上下一步的法律适用，所以国际私法案件时的解决必然以管辖权的确定为先声。从这个意义上讲《示范法》将管辖权的有关规定置于法律选择规范之前，不仅和国际上的通行立法相一致，而且符合国际私法案件解决的司法流程。当然，管辖权的确定也有一定程序，从一般意义而言，仲裁管辖排除诉讼管辖。如果在争议案件中有关当事人达成有效的仲裁协议，那么仲裁庭具有管辖权，法院不具有相关诉讼管辖权。在确定为法院诉讼管辖权后，如果案件为涉外合同争议或其他财产争议，则要考虑当事人的意思自治，即协议管辖的优先性不容忽视，但是作为专属管辖的例外情况应当注意，如果某些特定与中国利益相关重大的案件在中国产生，中国法院一般行使排他性的管辖权，不允许当事人进行协议管辖。所以，《示范法》将仲裁管辖、专属管辖与协议管辖连续依次规定，方便当事人与法官理解与运用涉外民事诉讼管辖权规则。值得注意的是，有关方便法院原则的规定在发达国家早已有之，对于克服法院地国家的司法专断、过度竞争管辖权以及预防当事人择地行诉起着良好作用，《示范法》对于这一制度的引入不能不说是有积极意义的。

三 法律适用规范

《示范法》第 3 章法律适用是冲突规范立法，总共分为 12 节，分别是国籍、住所、惯常居所和营业所、权利能力和行为能力、法律行为方式和代理、时效、人身权、物权、知识产权、债权、婚姻家庭、继承、破产、仲裁。这一章的内容最多，总共有 94 个条文，占据了整个《示范法》一半多的比例，显示出冲突规范在国际私法中的主体地位。

这些规定具有三个特点：第一，规定非常完整，它不仅对传统的属人法、民事关系的法律适用规则作出规定，而且对新兴的商事法律关系也作出了规定；第二，规定具有先进性，例如《示范法》在属人法连结点中规定了国际上广泛采用的"惯常居所地"的概念，而没有使用不规范的"经常居住地"的概念，还摒弃了所谓"所在地"这种不具有特定法律含义的概念，更为重要的是在涉及有关商事关系的法律适用中，《示范法》使用了更为科学的"营业所地"作为连结点，改变了我国传统立法以"住所地法"一统天下的局面；第三，这些有关法律适用的规定与之前的定性规定与管辖权规则的规定具有逻辑上的内在连续。因为在涉及一个国际私法案件时，法官必须先去对法律关系进行分门别类的定性，通过定性区分法律关系从而确定管辖权，法律适用的定性其实并不是在法官选择法律时才开始，它务必与法官在管辖权确定过程中的定性保持一致，不能在管辖权阶段把案件定性为侵权案件作为自己具有管辖权的依据，而在法律适用阶段又将案件定性为合同案件，放手让当事人去进行法律选择，进而完全由当事人证明外国法的内容，从而完全简化法官自己查明外国法的任务，这种做法在实践中已经屡见不鲜，但如果根据《示范法》的立法逻辑进行处理，这种做法无疑是非常不恰当的。

四　司法协助规范

《示范法》第 4 章司法协助是对我国与外国进行司法协助的规范，总共 12 个条文。在这一章中，对司法协助的要求、条件、程序、审查、拒绝的事项等作了规定。另外，这里的司法协助是广义的，不但包括一般的域外送达、域外取证等内容，还包括对外国法院判决和外国仲裁裁决的承认与执行。

《示范法》第 5 章附则总共是 2 个条文，规定了新法与旧法的关系、法律的不溯及既往。

第三节　中国国际私法示范法的影响

一　对立法的影响

(一) 对民法典草案的影响

虽然学术界一直在积极呼吁制定统一的国际私法单行法，并且提供了一部《示范法》供参考，然而由于各种因素的影响，我国立法机关并没有作出积极回应。事情在 2002 年有了转机，全国人大常委会法工委于 2002 年 10 月编纂了中华人民共和国民法（草案）（如无特别指明，以下简称草案）。2002 年 12 月 23 日，第九届全国人大常委会第 31 次会议审议了该草案，从而使该草案备受关注。该草案由九编构成，其中第九编是涉外民事关系的法律适用法，① 规定了国际私法的一些制度。草案第九编对涉外民事关系的法律适用中的重要问题作了规定。即：（1）对识别、反致、外国法内容的查明、国际惯例的适用、互惠对等原则作了规定；（2）对物权、知识产权以及不当得利和无因管理等的法律适用作了规定；（3）将民事主体、合同、婚姻家庭、继承侵权的法律适用问题进一步加以具体化。

尽管我国国际私法学者极力主张制定独立于民法典之外的国际私法法典，② 但是立法机关并没有采纳学者的建议，《示范法》的很多内容没有纳入草案。虽然不能够制定单行的国际私法，但总比不制定要强，比以前的分散立法模式要好。草案分为 8 章，共 94 条。从草案的内容来看，虽然在形式和结构上并没有完全采纳《示范法》的意见和观点，但是在很多具体的条款设计上，却是深受《示范法》的影响。

《示范法》的篇章结构对草案产生了影响。草案总共 8 章，分别是第 1 章一般规定、第 2 章民事主体、第 3 章物权、第 4 章债权、第 5 章知识产权、第 6 章婚姻家庭、第 7 章继承、第 8 章侵权。草案虽然没有如《示范法》那样专门安排一个总则规定，也没有管辖权和司法协助的规定，但是草案在第 1 章也作了与《示范法》类似的安排，规定了国际私法的一些基本原则和基本制度，例如识别、反致、外国法的查明、先决问题、区际人际法律冲突等。另外，草案的第 2 章至第 8 章基本上都是冲突规范，而且其结构也受《示范法》的影响，只是没有《示范法》那么多的条文与内容。

《示范法》的基本原则对草案产生了影响。立法规则总是抽象的，这样才能一体适用，但这样也容易导致规则的僵化而不能适应具体的、特殊的案件与情形；同时，法律一制定出来就有滞后性，而且随着社会与时代的变迁与发展，法律与现实的对应关系可能存在更大的裂痕。这样，为了更好地适应社会变迁的需要，法律就必须具有弹性和灵活性，而这必须靠法律的原则来实现。在《示范法》中，确定了意思自治原则、最密切联系

---

① 国际私法学界一般使用涉外民商事法律关系一词，见韩德培主编：《国际私法新论》，武汉大学出版社 1997 年版，第 3 页。

② 参见肖永平：《肖永平论冲突法》，武汉大学出版社 2002 年版，第 299—301 页、第 326—327 页。丁伟：《世纪之交中国国际私法立法回顾与展望》，《政法论坛》2001 年第 3 期。中国国际私法学会 1996、1997、1998 的年会都强调国际私法立法，并且还起草了《中华人民共和国国际私法示范法》。

原则，这样更能满足社会的需要。对此，草案也汲取了《示范法》的这个优点，在第50条规定作了专门安排，规定："涉外合同的当事人可以选择合同所适用的法律、国际条约、国际惯例，但法律另有规定的除外。涉外合同的当事人没有选择的，适用与合同有最密切联系的国家的法律。"不过，草案的规定没有《示范法》那么详细全面，显得不够完善。

《示范法》的具体内容对草案产生了影响。《示范法》是一部单行法，内容全面、综合，而草案的内容基本上只是冲突规则，但是从草案的94个条文来看，其很多内容都是直接来源于《示范法》。在《示范法》中，将意思自治原则适用于物权领域。例如，第80条规定，"有关有形动产买卖中的所有权转移，有约定的，适用约定的法律"；第82条规定，"动产物权凭证，适用该凭证上指定应适用的法律"；第83条规定，"商业证券，适用证券上指定应适用的法律"；第90条规定，"共有物权，适用当事人约定的法律"。在《示范法》中，也将意思自治原则适用于婚姻家庭基础领域，第132条第2款规定了当事人协议离婚时可以以明示方式选择适用法律；第134条规定了当事人可以协商一致并以明示方式选择夫妻财产关系的法律适用；第144条规定了立遗嘱人可以明示选择适用的法律来决定遗嘱的内容和效力。对于这些规定，草案基本上采纳了《示范法》的条文。

（二）对有关我国合同法司法解释的影响

《示范法》对我国国际私法立法更为直接有效的影响体现在2007年公布的《关于审理涉外民事或商事合同纠纷案件法律适用若干问题的规定》（以下简称为《规定》）中，该《规定》广泛吸收了包括《示范法》的学术研究成果。《规定》一共12个条文，不仅对合同法律适用的具体规则有所细化，而且还对反致、法律规避、公共秩序保留以及外国法的查明等国际私法总则性的问题进行完善，这不仅有利于明确涉外民商事合同的法律适用，而且在《涉外民事法律关系法》尚未出台的情况下，对国际私法其他领域法律关系的适用有一定的指导意义。《规定》对《示范法》的研究成果的吸收主要体现在以下几个方面：

1. 合同不采用反致

《规定》第一条规定："涉外民事或商事合同应适用的法律，是指有关国家或地区的实体法，不包括冲突法和程序法。"该条明确表明我国法院不接受合同法律适用中的反致，因为致送关系存在的首要条件即在于冲突规范所指引的外国法须包括冲突法。如果法院地国把本国冲突规范所指引的外国法仅限定于实体法，依该实体法即可确定双方当事人的权利义务，反致问题不可能产生。这一规定与《民法》（草案）及《示范法》规定基本一致。①

2. 合同准据法的确定不采取"分割论"

根据国际私法一般原理，程序问题直接适用法院地法，法院一般也只适用本国程序法，而不适用外国程序法，所以《规定》第一条所指的外国法，不仅排除外国冲突法，而且排除外国程序法。问题在于，合同中有时有一些特殊条款，如协议管辖条款与仲裁条款，我们可统称为争议解决条款，它们往往具有不同于主合同的准据法，② 即使与主合同准据法相同，这些争议解决条款的准据法也可能包括外国程序法。例如，当事人有时在仲裁条款中选择外国仲裁程序法支配仲裁条款的效力，这种选择通常被认为合法有效；而就协议管辖条款而言，支配其效力的通常都是某国诉讼法，例如，我国《民事诉讼法》第 244 条即规定了合法的协议管辖条款必须与争议有实际联系，如果当事人选择外国法支配协议管辖的效力，则该外国法很可能是该国程序法。从这个角度看，《规定》第二条把主合同准据法调整范围限定于"合同的订立、合同的效力、合同的履行、合同的变更和转让、合同的终止以及违约责任等争议"，而不调整合同的争议解决方式，也就顺理成章。这一规定也与《示范法》所规定的合同准据法调整范围是一致的。当然，总的来说，《规定》虽以列举的方式明确合同准据法调整的对象，但这些方面几乎囊括与合同相关的所有内容，因此这种规定仍是一种合同法律适用的"整体论"，从而有别于将合同分割为不同方面分别规定准据法的"分割论"。

3. 当事人选择法律的形式

几乎所有立法都认同当事人意思自治是合同法律适用的首要原则。可问题在于，对当事人选择法律的方式，有的立法规定较为严格，仅限于当事人的明示选择；有的立法规定则较为宽松，承认当事人默示法律

---

① 原则上不适用反致，仅在民事身份领域例外。

② 仲裁条款的独立性原则早已为人熟知，但合同协议管辖条款相对主合同独立的观点也并不鲜见。正如美国最高法院在 *Scherk v. Alberto Culver Co.* 案中指出："在特定仲裁仲裁的协议实际上是一种特殊的仲裁条款。独立性原则就像生效于仲裁条款一样同样适用于协议管辖条款。"see Scherk v. Alberto Culver Co. , 417 U. S. 506, 519 (1974) .

选择的效力。对明示法律选择来说，通常包括书面选择与口头选择两种情况，由于这两种明示的法律选择具有明确、具体的优点，一般能较好反映当事人的真实意思，所以各国立法普遍认可。有争议的地方主要在于对默示法律选择的态度，一些国家立法，如《土耳其国际私法与国际程序法》第24条明确规定："合同适用当事人明示选择的法律"，从而完全排除默示法律适用的空间。就我国而言，虽然无论《民法通则》，还是《合同法》均只规定当事人有选择合同准据法的权利，而并未使用"明示"一词，但一般认为，我国法律不承认默示法律选择。① 也就是说，由于我国现行法律制度没有"默示"法律选择的概念，因此法律条文中不管是否出现"明示"二字，都应该认为当事人只能作明示的法律选择。《规定》沿袭了《示范法》做法，并将只承认"明示"法律选择的做法进一步明确化。《规定》第3条表示："当事人选择或者变更选择合同争议应适用的法律，应当以明示的方式进行。"这一规定的背景可以理解，我国是大陆法系国家，而且由于一些众所周知的原因，立法者通常非常谨慎地将法官自由裁量权限制在较小范围内，从而最大程度防止司法专断，毕竟"涉外无小事"，涉外案件的审判牵涉我国对外司法形象的树立，而对法官来说，出于司法任务简单化的考虑，他们也更期望以比较明确的条文规范选法过程。

4. 最密切联系地的确定

出于软化冲突规范的考虑，与意思自治原则一样，最密切联系原则也普遍应用于合同领域。各国立法一般规定，当事人没有选择合同准据法的，适用与合同有最密切联系的法律。《规定》第五条第一款也不例外，该款规定："当事人未选择合同争议应适用的法律的，适用与合同有最密切联系的国家或者地区的法律。"这里的"未选择法律"包括未明示选择法律与双方当事人未在庭审中共同援引某国法两种情形。因此，在当事人意思自治这一主观连结点未发挥作用时，最密切联系地作为属地性的客观连结点指引合同的准据法。最密切联系地虽是客观性连结点，但毕竟不像当事人选择那样直接、明确，它需要结合具体案情加以确定。问题在于，国际私法虽在理论上将内外国民商法平等看待，但法院有时出于这样或那样的考虑，在判断外国法与内国法谁与合同有最密切联系时，倾向于尽量

---

① 肖永平：《肖永平论冲突法》，武汉大学出版社2003年版，第193页。

适用内国法；即使不同外国法之间进行比较，由于最密切联系标准缺乏足够的可预见性，公平选法也显得颇有难度。针对最密切联系原则过于抽象、灵活的特点，理论界提出以"特征性履行"来界定合同的最密切联系地，合同特征性履行地的法律就是与合同有最密切联系的法律。所谓合同特征性履行方法，简言之，即通过考察合同试图实现的具体社会目的，来适用与实现合同特殊功能联系最为密切的法律。从各国立法上看，除当事人意思自治外，首先规定最密切联系原则，再把合同划分为多种，分别列举不同合同的特征履行地，是一种比较常见的方法。《规定》在此方面借鉴《示范法》的做法，细化原有《民法通则》与《合同法》的模糊规定，将合同划为17类，分别规定法律适用规则。① 即使相比原《涉外经济合同法》对13种合同的法律适用作出规定，《规定》增加4类合同的法律适用规则，虽较《示范法》所列举的24类合同为少，但也是不小的进步。

需要说明的是，这17类合同远不能囊括所有的民商事合同种类。一些比较重要的合同种类，如消费合同、雇佣合同、技术转让合同、技术开发合同、咨询和服务合同、赠与合同以及知识产权转让合同等未能在《规定》中有所反映。如果说有关知识产权领域的法律适用问题，理论研究尚不成熟，司法解释有意将其暂时搁置的话，我们尚且可理解，其他诸如消费合同、雇佣合同等对保护弱者利益极具意义的民事合同，相关规定仍留空白，似乎缺乏充足理由。尤其在我国的产品质量与安全性面临相当程度质疑的情况下，尽快出台对保护消费者有利的法律适用规则，对树立或恢复"中国制造"在国际社会的良好形象，意义重大。另外，与《示范法》不同，在《规定》中"住所"，而非"营业所"成为《规定》中买卖、委托、保证、保险、行纪等诸多商事合同法律适用规则的连结点，也令人相当费解。营业所是当事人的业务开展地，而自然人住所依我国现行法律指当事人户籍所在地，两相比较，营业所还是住所与合同有更密切联系，当自不待言。

---

① 这17类合同分别是：买卖合同；来料加工、来件装配以及其他各种加工承揽合同；成套设备供应合同；不动产买卖、租赁或者抵押合同；动产租赁合同；动产质押合同；借款合同；保险合同；融资租赁合同；建设工程合同；仓储、保管合同；保证合同；委托合同；债券的发行、销售和转让合同；拍卖合同；行纪合同；居间合同。

5. 单边适用中国法的特殊合同

《规定》第 8 条列举了 8 类合同，如在中华人民共和国领域内履行，则应直接适用中华人民共和国法律，相比《合同法》第 126 条规定的 3 类强制适用中国法的合同增加了 5 类，较《示范法》中单边适用中国法的情况也大幅增加。这 8 类合同可以合并为两种情况，一种为与外商在中国投资有关系的合同；另一种为中外自然资源勘探开发合同。由于自然资源通常被视为不动产性质，涉及资源所在国的重大利益，强制适用中国法当然没有问题。但是，有关投资合同一律适用中国法是否过于绝对，理论界却存在两种对立的观点：一种观点认为，在国际投资领域，为保护东道国利益，适用东道国法律解决相关争议是一个基本原则，而且国际上资本输入国一般也都遵循此原则。我国作为发展中国家，为维护国家政治经济利益与经济安全，投资合同单边适用中国法很有必要。① 另一种观点则认为，我国法律关于投资合同强制法律适用的规定在国际投资自由化的今天已显陈旧，应当设置双边冲突规范，从而更加合理地规范在我国境内的涉外投资行为。② 笔者以为，平等主体之间的中外合资、合作、股权、转让，以及承包等合同，如果涉及国家市场准入或投资限制等方面的法规、政策，完全可以根据国际私法上的"直接适用的法"或公法事项不适用外国法等理论而直接适用中国法，至于合同一般条款的效力、合同履行以及违约责任等一般性事项没有排除当事人意思自治权利的道理。因此，《规定》不取消投资合同强制适用中国法的限制，反而扩大单边冲突规范的适用范围，显得较为保守。

6. 其他问题

除上述条文外，《规定》第 6 条、第 7 条还分别规定了法律规避与公共秩序保留条款。两者立法思路基本相同，无论是规避中国强制性法律，还是违反中国公共秩序，均产生排除外国法适用的效果，并以中国法的适用代替，这与《示范法》的立法精神也是一致的。这使外国法被排除适用以后，应如何适用法律的规定得以明确，相比《民法通则》的原有条文，《规定》具有明显进步意义。

---

① 杜新丽：《关于合同的法律适用部分条文起草情况的报告》，中国国际私法年会 2004 年论文。

② 何其生：《投资合同的强制法律适用》，中国国际私法年会 2005 年论文。

二　对司法实践的影响

《示范法》的立法精神对于我国司法实践的影响体现之一在于将国际私法案件的定性、管辖权确定与法律适用这一解决涉外民商事案件的三个阶段保持内在逻辑一体化之上。我们知道，由于冲突规则的"盲眼"特征，它所指向的准据法以及案件的审理结果均难具有确定性或预见性，这也为许多学者和司法界人士所诟病。因此，当代国际私法的价值取向之一便是降低法律选择的不确定性，尽量给诉讼当事人以明确预期。但在法律关系竞合的情况下，有些法院对案件的定性模糊不清且前后不一致，使诉讼当事人无所适从，难以维护自己的合法权益。有人可能认为，既然案件同时具有两种或两种以上的性质，只要定性不违反法律规定，法院完全可以将案件先确定为某一种性质以适用管辖权规则，然后又将案件定性为另外一种争议而适用冲突规则，或者干脆模糊定性，认为争议两种性质兼具，法院适用法律可根据审理方便左右逢源。但这将使案件审理结果更加扑朔迷离，当事人的合法权益也很可能由法官一手掌控，而无法由确定的法律规范所调整。这也与《示范法》将定性问题规定在总则当中，管辖权确定其次，法律选择规范的适用居后的立法精神不相符。兹举一例说明之：

在绝大多数情形下，原告起诉时为自身利益考虑可能将竞合的案件按某一性质进行定性，这是原告在民事诉讼中处分其诉讼权利的具体表现，法院应予以尊重。《中华人民共和国合同法》对该问题作了明确规定，"因当事人一方的违约行为，侵害对方人身、财产权益的，受损害方有权选择依照本法要求其承担违约责任或者依照其他法律要求其承担侵权责任"。①但实践中，有些法院常以案件具有另外不同的性质为由改变当事人的定性，适用当事人无法预料的法律，这无疑是对其诉讼权利的侵犯。被评为2002年十大最有影响案件之一的美国总统轮船公司案②即是典型例子。该案案情如下：

1993年7月29日，菲达电器厂（以下简称菲达厂）与新加坡艺明公司以传真形式签订了一份灯饰出口协议书。协议书签订后，菲达厂委托长城公司和菲利公司办理出口手续。长城公司和菲利公司分别以托运人名

---

① 参见《中华人民共和国合同法》第122条。
② 该案详细情况载《中华人民共和国最高人民法院公报》，2002年第5期，第175—177页。

义,把装有菲达厂货物的两只集装箱装上美国总统轮船公司(以下简称美轮公司)所属货轮,委托该公司承运。美轮公司为此给长城公司和菲利公司分别签发了一式三份记名提单。上述货物运抵新加坡后,买方艺明公司未依协议付款,美轮公司却在艺明公司未取得正本提单的情况下,应其要求而将货物交付。因此,持有上述两票货物全套正本提单的菲达厂以美轮公司无单放货为由,向广州海事法院提起诉讼,长城公司和菲利公司以第三人身份参加该诉讼,并表示支持菲达厂的诉讼请求,美轮公司没有提出管辖异议并应诉。广州海事法院审理后作出一审判决:美轮公司赔偿菲达厂货物损失 98666.148 美元及利息。美轮公司不服一审判决,向广东省高级人民法院提出上诉。广东省高级人民法院作出终审判决:驳回上诉,维持原判。美轮公司不服,向最高人民法院申请再审,同时请求终止执行广东省高级人民法院的终审判决。最高人民法院经审理后于 2002 年 6 月 25 日作出判决:撤销广东省高级人民法院的二审判决和广州市海事法院的一审判决,驳回菲达厂对美轮公司的诉讼请求,一、二审诉讼费均由菲达厂负担。

该案涉及美国轮船公司、新加坡艺明公司以及货物到岸地新加坡等多个涉外因素,显然属于国际民商事案件。我国法院在受理该案时应考虑涉外民事管辖权以及法律适用问题。但解决这两个问题的前提在于对案件性质和构成的定性。在广东省高级人民法院的二审中,美轮公司与菲达厂双方均认为,本案属于国际海上货物运输合同纠纷,需要解决的关键问题是,承运人在未见到正本提单的情况下,将提单项下货物交付给提单记名的收货人,是否符合海上货物运输合同的规定。而且本案所涉两票货物提单背面的首要条款均为法律选择条款,选择了国际惯例和美国法作为准据法。① 从这里看,当事人将争议交付法院时已将其定性为合同纠纷,这种定性也符合我国相关法律规定。但是,广东省高级人民法院在受理案件后对案件的定性和当事人定性的结果并不相同,认为当事人之间的争议属于侵权纠纷应受侵权法律规范的调整,而不受双方原有的海上运输合同的约束。既然法院将案件定性为侵权纠纷,适用冲突规则时自然排除了当事人的意思自治,而适用侵权行为地法,即中国法。这与当事人定性结果决定的适用其选择的美国法恰好相反。所幸的是,广东省高院罔顾当事人定性

---

① 参见《中华人民共和国最高人民法院公报》2002 年第 5 期,第 176 页。

的做法在最高人民法院的再审程序中得到纠正，最高人民法院认为：对本案是国际海上货物运输合同无单放货纠纷，双方当事人没有异议，应予认定。因此，应根据《海商法》第269条规定，海上货物运输合同当事人可以选择合同适用的法律，本案也最终适用了当事人在提单中共同选择的美国法。

实际上，对于有竞合的法律关系的定性，主要应考虑当事人意思，一般是原告的意思。一个案件中可能涉及两种或两种以上法律关系，在此情况下，当事人在诉讼时可以选择其一作为诉由，法院应尊重当事人的选择，因为这是当事人行使正当诉讼权利的结果。本案涉及货物运输合同关系和无单放货侵权关系，双方当事人均认为合同关系，这种选择没有违反中国法律的规定，应当是有效的。广东省高级人民法院在本案中没有尊重当事人自己的意思选择，将法院的"定性"强加给当事人，最终导致错误的法律适用，使案件的判决结果出现偏差，这也是被告要求再审的根本原因。为解决实践中出现的此类问题，最高人民法院早在1989年所下发的《全国沿海地区涉外、涉港澳经济审判工作座谈会纪要》中就指出："一个法律事实或法律行为，有时可以同时产生两个法律关系，最常见的是一个债权关系与物权关系的并存，或者被告的行为同时构成破坏合同和民事侵权。原告可以选择二者之中有利于自己的一种诉因提起诉讼。有管辖权的受诉法院不应以存在其他诉因为由拒绝受理。"该项规定也表明，我国有关司法解释允许在存在民事责任竞合的情况下，由当事人选择有利于自己的一种诉由或诉因提起诉讼，法院不得随意改变当事人对案件的定性。这也与《示范法》首先在总则中对定性问题作出规定，而不是以定性规则仅仅统率法律适用问题的意图是一致的。

三 在国际社会中的影响

2000年，中国国际私法学会将《示范法》的中英文本同时交由法律出版社出版。同时，英文本发表在《国际私法年刊》2001年第3卷上，受到国外学者的广泛关注。① 之后，日本学者将《示范法》翻译为日文在

---

① See Model Law of Private International Law of the People's Republic of China, in *Yearbook of Private International Law* Volume Ⅲ (2001), Vol. 3, 2001, pp. 349—390.

日本出版。① 我国台湾地区著名国际私法学者赖来焜教授则称："吾人认为这部《示范法》定稿与公布对全世界国际私法发展史上将有石破天惊之划时代意义。"②

---

① 中国国际私法学会编：《中华人民共和国国际私法示范法（第6稿）》，木棚照一监修，袁艺译，日本加除出版社2004年版。

② 赖来焜：《中国大陆地区国际私法之最新发展》，《国际私法理论与实践》，台湾学林文化有限公司1998年版。

第十七章

中国区际冲突法理论的发展

相对于中国国际私法 60 年的发展时期而言，中国区际冲突法的发展时间不长，中国区际法律冲突问题成为国内四个法域共同关注的问题不过 30 年。但由于中国区际法律冲突问题是中国国际私法独有的问题，在过去 60 年的后半期，中国大陆、台湾、香港和澳门四个地区民商交往产生并迅速发展，中国区际法律冲突也随之产生并对四个地区的交往形成重大影响，因此，在中国国际私法中，国内区际法律冲突和区际冲突法的发展是十分重要的。

第一节 中国区际冲突法理论的产生

中国区际冲突法理论是随着区际法律冲突的产生和大量出现而产生，为调整四个法域之间民商法律冲突和民商法律关系，中国大陆、台湾、香港和澳门国际私法学界对区际法律冲突状况、调整区际法律冲突的冲突法、各法域间立法规则和司法方法的协调等问题进行了不断研究，在大量的相关论著中形成了独特的调整中国区际法律冲突的理论体系。①

---

① 参见中国国际私法研究会等编：《国际司法协助与区际冲突法论文集》，武汉大学出版社 1989 年版；曾宪义等：《大陆法律学者论海峡两岸关系暂行条例》，蔚理法律出版社 1989 年版；庄金锋主编：《海峡两岸民间交流政策与法律》，上海社会科学院出版社 1991 年版；顾倚龙等主编：《海峡两岸法律冲突及海事法律问题研究》，山东大学出版社 1991 年版；黄进：《区际冲突法研究》，学林出版社 1991 年版；福建省台湾法研究中心等主编：《海峡两岸交往中的法律问题》，鹭江出版社 1992 年版；韩德培主编：《中国冲突法研究》（区际冲突法篇），武汉大学出版社 1993 年版；黄进主编：《区际司法协助的理论与实务》，武汉大学出版社 1994 年版；沈涓：《中国区际冲突法研究》，中国政法大学出版社 1999 年版；张万明：《涉台法律问题总论》，法律出版社 2003 年版；冯霞：《中国区际私法论》，人民法院出版社 2006 年版；黄进：《宏观国际法学论》，第四编"区际私法探究"，武汉大学出版社 2007 年版。

一　一国四法域格局的定位

台湾、香港和澳门一直是中国领土不可分割的组成部分。但由于众所周知的原因，大陆、香港、澳门、台湾在不同的环境下，产生和发展了相互差异的政治、经济、法律制度。随着历史的发展，统一中国日渐成为所有中国人强烈的共同愿望。考虑到历史的原因，若强求中国在一种制度下统一，要求香港、台湾、澳门改变现行制度，不利于保持这三个地区的繁荣与稳定，也不利于和平统一祖国大业的顺利完成，因此，中国政府提出以"一国两制"统一祖国的方针。根据这一方针，中国统一后，大陆继续实行社会主义制度，香港、澳门、台湾仍实行资本主义制度。

中国政府"一国两制"的构想是从解决台湾问题提出的，但首先运用于解决香港和澳门问题。经过多次协商和谈判，这一政策终于先后为英国和葡萄牙政府所接受。1984年12月19日，中英正式签署了《中华人民共和国政府和大不列颠及北爱尔兰联合王国政府关于香港问题的联合声明》，继而，1987年4月13日，中葡也正式签署了《中华人民共和国和葡萄牙共和国政府关于澳门问题的联合声明》。这两个联合声明确立了香港和澳门将分别于1997年和1999年回归中国、按"一国两制"的方针政策分别设立香港特别行政区和澳门特别行政区的原则。

中英和中葡两个联合声明得到了中国内地和港澳人民的普遍拥护。1990年4月4日第七届全国人民代表大会第三次会议通过了以中英联合声明为基础而制定的《中华人民共和国香港特别行政区基本法》。1993年3月31日，第八届全国人民代表大会第一次会议又通过了《中华人民共和国澳门特别行政区基本法》。至此，香港和澳门作为中国国内两个实行不同政治、经济、法律制度的特别行政区的法律地位以基本法的形式被确定下来。

相信中国政府依港澳模式，同样以"一国两制"方针解决统一台湾的问题的努力也会在不久的将来取得成功。即使在没有解决台湾统一问题的现在，由于两岸公认台湾属于中国的一个部分，也理应将台湾视为中国国内的一个特殊法域。

在"一国两制"情势下，中国成为存在四个法域的国家，各法域之间的民商交往关系必然导致国内区际民商法律冲突，这就是中国区际法律冲突的产生。解决这种法律冲突成为中国国际私法较长时期的重要任务。

我们通常所说的中国区际法律冲突，是将大陆作为一个单一法域，指大陆普遍适用的统一法律与香港、澳门、"台湾"法律之间的冲突。

二　中国区际法律冲突特点的学理分析

除了中国，世界上还有一些国家也存在国内的区际法律冲突，如美国、加拿大、英国等。但与之相比，中国国内的区际法律冲突状况更为复杂和特殊，有自身的特点，并且，这些特点对调整区际法律冲突有着重要影响。对此，国内国际私法学界有基本的共识，即中国根据"一国两制"政策确定国内各法域的地位，这不仅在国内是个前所未有的问题，而且由此产生的国内区际法律冲突在区际冲突法学历史上也具有新特点：

（一）两种政治、经济制度下的法律冲突

"一国两制"政策的实施，将使中国出现同时存在两种政治、经济制度的情形，即大陆实行社会主义制度，香港、澳门和台湾实行资本主义制度。在四个法域的相互冲突中，既有实行同一种社会制度的法域之间的法律冲突，如港澳台之间的法律冲突，也有社会制度不同的法域之间的法律冲突，如大陆与香港、澳门、台湾之间的法律冲突。在其他多法域国家，还没有两种社会制度并存的情况，这些国家的区际法律冲突是实行同一种社会制度的各法域之间的冲突。

（二）不同法系之间的法律冲突

由于中国四个法域的法制建设走过了各不相同的道路，故各具不同法系的特质，台湾和澳门因其法制受大陆法系影响而属大陆法系区域，香港主要适用英国法，属英美法系区域，大陆属社会主义法系区域，因此，在中国区际法律冲突中既有属同一法系的法域之间的法律冲突，如台湾和澳门的法律冲突，也有属不同法系的法域之间的法律冲突，如台湾、澳门与大陆和香港相互间的法律冲突。在其他有区际法律冲突的国家，除了美国和加拿大两国存在大陆法系法域和英美法系法域之间的冲突之外，都是同一法系法域的冲突。由于不同法系在实体法和程序法方面仍有许多差异，这种差异在中国区际法律冲突中，既有大陆、台湾和澳门三法域的法律体系和内容与香港法律体系和内容的冲突，也导致了四个法域之间程序法层面协调的困难。

（三）特别行政区享有高度自治权的政治格局下的法律冲突

中国是一个单一制国家，但以"一国两制"之策统一后，香港、澳门、台湾具有高度的自治权。在中国，香港、澳门和台湾有自己的立法权，特别行政区有司法终审权，不受最高法院限制。可见，中国特别行政

区的自治权大于联邦制国家联邦成员的自治权。中国特别行政区立法权和司法权的高度自治，加大了四个法域之间民商法律冲突解决的难度和程序法协调的难度。如 2008 年 8 月 1 日生效的、由最高人民法院与香港特别行政区达成的《关于内地与香港特别行政区法院相互认可和执行当事人协议管辖的民商事案件判决的安排》，由于双方在这一"安排"的适用范围上不能协调一致，内地方面希望此"安排"能适用于两地之间的所有民商案件，但香港方面未能接受这一提议，坚持对"安排"的涉及范围作了重大限制，① 因此，两地"安排"适用范围狭窄，内地和香港之间的很多民商案件的判决的相互承认和执行仍然无法以此协议为依据，仍给两地的司法协助行为留下了无能为力的调整空白，对于解决长期存在的内地与香港之间判决承认和执行的困难助益不大。但从另一方面而言，这种协调的困难也是"一国两制"下的正常情况，是中国的特别行政区立法权和司法权高度自治的体现。既然允许"两制"的存在，那么每一法域就有行使和坚持自己的立法权和司法权的依据和正当性。②

（四）多层面的法律冲突

由于各特别行政区享有高度自治权，香港基本法和澳门基本法都规定，在一定领域，香港和澳门可以"中国香港"和"中国澳门"的名义，与其他国家和地区签订有关协议。因此，中国的区际法律冲突，不仅有各法域域内法之间的冲突，也有一法域域内法与他法域适用的国际条约之间的冲突，以及各法域所适用的国际条约之间的冲突。其他国家境内各法域的地方政府一般无权单独与其他国家缔约，各法域之间不会发生涉及国际条约的区际法律冲突。

多层面的法律冲突使国内区际法律冲突范围广泛、状况复杂，但这种情况有时也会带来某种便利。例如，如果四个法域共同参加了某一个国际公约，那么该公约就可以作为四个法域的统一法，为四个法域共同适用，这在某种程度上等同于四个法域法律的统一。这或许可成为四个法域法律

---

① 参见宋锡祥：《中国内地与香港区际民商事司法协助若干问题探讨——兼论港台民事判决的相互认可与执行》，2007 年中国国际私法学会年会论文集，第 667 页；于志宏：《第二届内地、香港、澳门区际法律问题研讨会综述》，2007 年中国国际私法学会年会论文集，第 686 页。

② 参见沈涓：《内地与港澳之间民商判决承认与执行新进展——浅析三地之间的两个〈安排〉》，中国社会科学院国际法研究中心主办：《国际法研究》第 3 卷，中国人民公安大学出版社 2009 年版。

统一的迂回之路。

三　解决中国区际法律冲突的基本方法

中国区际法律冲突的形成有其特殊的原因和背景，法律冲突的状态复杂多样，调整区际法律冲突的区际冲突法又极其不完善，这种现状给国内国际私法学界留下了很大研究空间，许多论著都围绕解决中国区际法律冲突的方法和原则进行探讨，取得了有益的成果。综合各种观点，解决中国区际法律冲突应采用的基本方法应是依法解决中国区际法律冲突的方法。

虽然中国政府成功地以"一国两制"政策解决了港澳回归问题，并正努力以同样的方式解决与台湾的政治统一问题，但长期的历史隔离，不同的政治、经济和社会制度，使双方长期以来互相以抵触和反感情绪相待。因此，在大陆与港澳台地区新的关系的初期，有关方面多以政治对抗所带来的感情用事指导相互间法律冲突的调整，而不是或不愿以理智的法制方法，用法律来规范法律冲突关系。

台湾于1992年9月公布了《台湾地区与大陆地区人民关系条例》（以下简称《两岸人民关系条例》），后来，台湾又对此条例进行了多次增订和修改。该条例虽然形式上是法律规范，但从整体上看，该条例实际上就是一种政治防御工具。条例虽设立了法律选择规则，但确定适用台湾地区有关规定的单边规则较多，选择大陆法律的余地很小，表明在民商事法律方面，台湾有关规定和大陆法律并非能在平等地位上被选择。而且，条例中的实体性规定仍占多数，目的在于通过直接规定两岸关系中的权利、义务而排除适用大陆法律，同时，条例中的实体规定又对大陆人民权利进行了不合理的限制。可见，此条例不是完全的法律选择规则体系，而是一种综合体系，它显示了鲜明的政治倾向和对立意识，通过法律原则来体现台湾在两岸关系上的政治观念。因此，该条例所采用的解决两岸法律冲突的方法仍是一种政治方法，而不是理智的法律方法。

不仅如此，台湾目前对与港澳关系的调整也是使用政治方法。台湾1997年4月公布的《香港澳门关系条例》，规定港澳与台湾之间的民商事关系和法律冲突的调整仍适用台湾《涉外民事法律适用法》，执意维持港澳回归前的原有的台港澳关系。这种将先前的政治观念贯穿其中的法律，势必不适应未来的台港澳关系。

台湾方面对于是否承认大陆法律的效力以及是否在台湾地区适用大陆法，也曾有过一个争议的过程，官方和学术界也存在不同意见，但最终台湾当局在《两岸人民关系条例》中明确规定可有条件适用大陆法律。尽管如此，台湾地区对适用大陆法仍难消除政治顾虑。《两岸人民关系条例》对确定适用大陆法的规定的措辞煞费苦心，在援引台湾法作为准据法时，指明应适用台湾地区"法律"，而援引大陆法为准据法时，则指明适用大陆地区"规定"，刻意避免将"法律"一词用于大陆法律。其用意无非仍是防止在政治上承认大陆法律的合法性。因此，以政治方法解决中国区际法律冲突是一种不正常的现象。在国际法律冲突的解决中尚能选择实行不同政治制度的外国的民商事法律，在区际法律冲突的解决中却不能适用不同政治制度的外法域制定的民商事法律，这无疑是一种不公正、不理智的做法。

以政治方法调整区际民商事关系和法律冲突存在许多弊端。一地区根据政策需要，在法律冲突解决中大多适用内域法，重在维护本地区利益，必然会因此损害各地区共同利益和整个国家利益，还会因维护各地区政府利益而损害个人利益。因此，中国区际民商事关系和区际法律冲突关系理应由法律调整，这是调整中国区际法律冲突的指导原则。

如何以法律方法调整区际民商事关系和法律冲突，是各地区学术界讨论得较多的问题。有台湾人士对此提出了意见，认为以法律调整两岸关系是唯一可行的方法，其主要内容包括：（1）建立交流之法制基础；（2）双方加强对对方法律之研究；（3）加速协议制定投资保障之法律；（4）在对方治权范围内尊重对方法律。① 此数条虽针对两岸关系的解决而提出，但对以法律调整整个中国区际法律冲突也可作为参考。

以法律调整区际法律冲突可从以下几个具体方面着手：

（一）完善各地区有关立法。各地区应制定和完善调整区际法律冲突的法律，这不仅包括法律选择规则，也应包括直接确定区际法律关系当事人的权利、义务的实体规则，使一法域当事人在其他法域参与民商事法律关系时，可明确自己的权利义务状况，有利于区际关系的稳定，也有利于保护当事人利益。

（二）加强对其他法域民商事法律的了解和研究。如前所述，由于特殊的原因，目前中国大陆和港澳台地区法律的相互了解尚处于很不全面阶段，这直接影响了区际民商事关系的调整。除了政治因素之外，以法律解

---

① 虞舜：《海峡两岸交流应以法律为基础》，《法令月刊》（台湾）第44卷第10期。

决法律冲突的方法难以采行的另一个重要原因即是各法域对其他法域法律缺乏了解和研究。各地区必须通过一切可行办法，加快了解和研究其他地区民商事法律的进程；否则，即使制定了法律选择规则，由于司法机关不了解其他法域民商事法律，在须适用外域民商法时，也无法适用，以致有法难依。当事人若不了解所在地区以外的其他地区法律，则在这些地区为法律行为时难免违反当地法律，引起纠纷，并使自己利益遭受损害。

（三）平等看待其他法域民商事法律效力。以法制观念解决法律冲突，就必须以平等看待外域民商事法律的效力为基础，无论这一法律是与内域法性质相同还是不同的法律。只有平等看待内、外域民商法的实际效力，立法上才能以公平的观念制定真正的法律选择规则，使内、外域法具有完全平等的适用效力；司法上才能消除对外域法的歧视和不愿适用的心理，力求公正选择内、外域法，合理解决区际法律冲突；当事人在其他法域活动时才能自觉遵守当地法律，减少纠纷。

（四）促进各法域法律的协调。如果能将以法律方法调整区际民商事关系作为首要方法，则可期望各地区在法律上达成协调。法律上的协调，不仅包括法律选择规则中援引法律的方向的协调，还包括实体规则中对当事人权利义务确定上的协调，也包括司法管辖权的协调及提供司法互助方法的协调。以上各方面的协调无疑有利于中国区际法律冲突的解决，是一种较好的法律方法。因此，各地区在完善有关立法、了解其他地区法律、建立平等看待内外域法观念的同时，即可积极进行法律上的协调，以减少法律冲突及其造成的危害，并促使法律冲突被顺利、有效地解决。

第二节 中国区际冲突法理论的运用

无论调整国际民商法律冲突还是调整区际民商法律冲突，有三个环节都是同样重要的，即管辖权的确定、法律选择和法律适用、广义的司法协助。国内国际私法学界对区际法律冲突及区际冲突法的研究皆以此三方面为重点。

一 中国区际民商案件管辖权的协调

在调整中国区际法律冲突过程中，区际民商案件的管辖权具有重要意义。首先，目前各地区审理区际民商案件时，大多数时候只适用内域法，很少适用外域法。也就是说，案件由哪个地区管辖，适用这个地区实体法的可能性就很大。由此，管辖权的冲突也就是适用法律的冲突，管辖权冲突的协调在一定程度上也实现了法律适用的协调；其次，既然在很多情况下，管辖权的确定也就是法律适用的确定，那么，管辖权确定原则就直接决定着法律选择规则的确立；再次，各地区所考虑的实际有效原则中除了法律适用的有效之外，还包括判决的承认和执行的有效，即一般考虑到判决在内法域承认和执行则对案件实行管辖，判决如果须在外法域承认和执行便不管辖案件，故管辖权的确定还决定着判决能否最终得到承认和执行。

由此可见，要更好调整中国区际法律冲突，必须完善和协调各地区管辖权规则。所谓完善，即不仅要以有效为目的确定管辖权，还要以合理为目的确定管辖权。所谓协调，即协调各地区管辖权规则的冲突，并依此在一定程度上协调法律选择规则的冲突。

（一）原则的协调

从整体上看，目前大陆、香港、澳门、台湾地区都基本上采取只顾有效、却未必合理的管辖原则，由此而给本地区当事人造成损害的状况在区际民商事关系交往中就是四个地区共同存在的。因此，为了各地区共同的利益，必须在既顾及有效的结果、又顾及合理的结果的基础上，协调各地的管辖规则，这是管辖权协调的第一个方面。

在此方面，各地区管辖权的协调可有如下几项原则：

1. 确定一致的专属管辖原则，如不动产所在地法院对涉及不动产的案件实行专属管辖，但这一规则不应排除以不动产为标的合同案件中当事人对法院管辖的协议。

2. 确定被告区籍所属地区法院的一般管辖原则，如人身非财产案件或与身份有关的案件，一般由被告区籍所属地区法院管辖。

3. 确定案件当事人协议选择法院管辖的原则，如合同案件当事人对法院的选择；身份或与身份有关的案件当事人对区籍所属地区法院和住所地法院的选择；侵权案件当事人对侵权行为地法院和双方共同区籍所属地区法院或共同住所地法院的选择。

4. 确定行为地法院对行为效力案件管辖的原则，如当事人未选择法院时合同缔结地或履行地法院对合同案件的管辖；侵权行为地法院对侵权案件的管辖。

5. 依据上述 4 项原则具有管辖权的法院不行使管辖权，其他有关地区法院依据与案件的联系行使管辖权，如当事人区籍所属地区在一定期限内不对当事人的身份能力或法律地位作出确定，当事人住所或居所地法院即可对此实行管辖；在被继承人只有动产遗产的案件中，动产所在地法院对继承案件不行使管辖权的，被继承人或继承人区籍所属地区法院可管辖；侵权行为地法院不对案件行使管辖权时，当事人共同区籍所属地区法院或共同住所地法院可管辖。

6. 确定"一事不再理"原则，就同一案件，有关地区依上述5项原则行使了管辖权，并作出了公正、合理的判决，其他三个地区便不再受理此案，需要时应在本地区内承认和执行该判决。

各地区若能在管辖权的确定上达成上述6个方面的协调，则一可在兼顾有效和合理结果的前提下，完善中国区际民商案件的管辖规则；二可消除各地区管辖权规则之间的冲突。但很显然，管辖权的协调不可能孤立进行，必须以适用外域法困难的排除、各地区法律选择规则一定程度的趋近、外法域判决的承认和执行方面互助的基本形成等为条件。

（二）规则的协调

各地区管辖权协调的第二个方面是管辖权规则和法律选择规则的协调。

如前所述，各地区现在将管辖权的确定与法律适用基本上一致起来，即适用内域法或判决在域内承认和执行的案件可受理，如需适用外域法或判决须在外法域被承认和执行的案件则不受理。这种一致也在一定程度上由各地区所普遍具有的案件由内法域管辖就只能适用内域法的心理所决定。在冲突法中，无论是解决国际法律冲突，还是解决区际法律冲突，都存在管辖权与法律适用一致的情况，但这不是基于主权管辖原则，而是基于合理有效原则。因此，中国各地区管辖权和法律适用的一致必须以合理有效为基础。

从合理有效的角度看，出现管辖权和法律适用一致的情况是很合理的，因为无论是确定管辖权还是法律适用，都是考察各种连结点后作出的，而考察这两方面连结点的标准是相同的，即与案件有最密切的联系，也就是说应由与案件有最密切联系的法院行使管辖权，适用与案件有最密切联系的法律。虽然，这两者之间也有分离的时候，即与案件有最密切联系的法院所在法域的法律，并不同时与案件也有最密切联系，或与案件有最密切联系的法律所属法域的法院并不适合管辖案件，但多数情况下是一致的,即与案件有最密切联系的法院所在法域的法律,同时也与案件有最密切联系。

一般认为,判决将在那里被承认和执行的法域,是与案件有最密切联系的法域,因为既然判决将在此法域被承认和执行,表明此法域是连结点比较集中的法域,或是对当事人利益有最重要的影响的连结因素所在法域,依据这种联系,该法域法院即可对案件行使管辖权,根据同样的原因,也应该适用该法域法律。这样还可兼顾到其他良好效果,如判决在域内承认、执行,减少在外法域承认和执行的麻烦;法官可适用内域法,减少适用外域法的困难。

可见,追求管辖权与法律适用的一致,正是这样以合理联系和有效结果为标准的。

在调整中国区际民商事关系和法律冲突时,各地区可在几个范围内寻求管辖权与法律适用一致:

1. 涉及不动产的案件由不动产所在地法院管辖,适用不动产所在地法。但不动产继承案件应除外,虽由不动产所在地法院管辖,但应适用被继承人区籍地法或住所地法,而不是不动产所在地法,因为继承是以身份关系为基础的关系,对人的身份关系的确认只应依人的属人法,若依物的所在地法,就常会损害当事人利益。

2. 合同纠纷案件由当事人选择的法院管辖,适用当事人选择的法律,而当事人对二者的选择有时是一致的。

3. 婚姻家庭案件和身份能力案件由当事人区籍地法院管辖,适用当事人区籍地法。

4. 侵权案件由侵权行为地法院管辖,适用侵权行为地法;如果当事人具有相同的区籍或在同一个地区有住所,则由当事人共同区籍地或共同住所地法院管辖,适用当事人共同属人法。

5. 被继承人仅留下动产的继承案件,由被继承人区籍地法院管辖,适用被继承人区籍地法。

各地区若在上述 5 个方面实现协调,即可在审理某些区际民商案件时,使管辖权、法律适用、判决的承认和执行三个方面达成一致,在很大程度上减少了目前各地区适用外域法和判决在外法域承认和执行的困难,同时又能获得公正、合理的结果。更重要的是,在目前各地区难以在法律选择和判决的承认、执行的互助方面达成协议的时候,上述 5 个方面的协调可促使各地区在法律选择和判决的承认与执行上避免冲突，尽快趋于一致。当然，这5个方面并非调整区际民商事关系和法律冲突的全部规则，还须有其他规则，但这5个方面规则的协调至少可在较大程度上消除法律冲突。这或许是现阶段中国区际法律冲突解决中切实可行的方法。

二 中国区际冲突法规则的完善

无论是调整国际民商事关系和法律冲突，还是调整区际民商事关系和法律冲突，法律选择规则和实体规则都是主要规则。因此中国区际冲突法的完善与发展，主要是法律选择规则和实体规则的完善和发展。

（一）法律选择规则的完善与发展

目前中国区际冲突法还很不完善，其中主要是法律选择规则的不完善。除了缺乏应有的法律选择规则外，已有的法律选择规则也尚有诸多不足。既然法律选择规则将是今后一个较长时期调整中国区际民商事关系和法律冲突的主要规则，那么完善法律选择规则便是不可耽延之事了。

中国区际冲突法中法律选择规则的完善和发展可从如下几个方面进行：

1. 从无到有

各地区制定出调整区际法律冲突的法律选择规则，是完善法律选择规则的第一步。

台湾的《两岸人民关系条例》第三章包括了若干法律选择规则，虽在适用范围、适用结果的公正性和合理性等方面仍不完善，但有胜于无，可作为今后进一步发展的基础。大陆和澳门地区还没有专门调整区际法律冲突的法律选择规则，应尽快制定、填补空白。香港虽然原有解决国际法律冲突的法律选择规则，同样可适用于区际法律冲突的解决，但毕竟对区际法律冲突缺乏针对性。所以，也应另行制定适用于区际法律冲突的法律选择规则，至少应对现有法律选择规则进行修改，使之适应调整区际法律冲突。

各地区既可制定以法律选择规则为主要内容的单独的区际冲突法法规，也可在相关法规中设立若干法律选择规则，专门调整区际法律冲突。

各地区法律选择规则从无到有的完善，可使中国区际法律冲突的解决在统一法律选择规则制定前的时期有法可依，也可作为制定统一规则的基础。如果各地区没有自己的法律选择规则，不但区际法律冲突的解决无法可依，而且也使各地区法律选择规则无从趋于完善，更没有了制定统一法律选择规则的基础。

2. 从单边规则到双边规则

在立法上，采用单边规则，不仅会导致适用法律的缺漏或重叠这种不完备性，还会因为各法域都只采用与内法域有关的连结点构成法律选择规则，每一项规则都只适用于特定的法域，而使法律选择规则不具有各法域都能适用的普遍性。这样各法域的法律选择规则将会朝着各自不同的方向发展，而不会由于各法域法律选择规则的普遍适用性最终达成契合。因此，采用单边规则，不可能实现各法域法律选择规则的协调一致。

从实践上看，在采用单边规则出现适用法律的缺漏或重叠时，各国一般都主张由法官决定法律的适用，法官在法律适用出现缺漏时往往用法院地法填补；在法律适用有重叠时，往往适用最适合于法院地国规则固有观点所指引的法律。① 无论哪种结果，显然都为更多地适用法院地法提供了可能，可见，制定单边规则的目的可能是想要不合理地扩大内域法的适用范围，这一愿望与实践中法官的愿望是一致的。因此，单边规则在实践中运用的一个直接后果，便是内域法的不合理适用和对外域法的不公正排斥。

由单边规则的缺陷可以认识到，单边规则不应被引入作为中国区际冲突法中的法律选择规则。

但遗憾的是，因为中国区际法律冲突的特殊和复杂，而各地区共识尚无良好基础，故单边规则仍出现在各地区法律中或法学家的建议中。

如台湾《两岸人民关系条例》，除了采用一些实体规则直接确定两岸关系当事人的权利义务之外，还有诸多单边规则指引台湾实体规定的适用，显示了台湾对大陆法律的排斥及自我防御心理。大陆虽至今未制定出调整区际法律冲突的法律选择规则，但从学界的观点看，单边规则的采用不无提倡者。如中国管理科学研究院台湾法律研究所草拟的《大陆地区与台湾地区人民关系法建议草案》，其中第 7 条明确设定："民事法律的适用采用属地主义原则。……"在此原则下，整个草案除了若干实体规则外，便是拟定在什么情况下适用大陆法律的单边规则，而无一条双边规则。

诚然，在两种不同的政治、经济和社会制度并存的状况下，各地区自我保护和排斥他方法律的心理倾向有时是难免的，在各自的法律选择规则

---

① 参见李双元：《国际私法（冲突法篇）》，武汉大学出版社 1987 年版，第 118 页。

中设立少数单边规则，在一段时期内也是难免的。但这种原则只应具有暂时性，不应成为各地区长久的立法原则；同时，单边规则的采用也应受到严格限制。似上述《大陆地区与台湾地区人民关系法建议草案》那样，明确指出依属地主义原则确定法律适用，并完全采用单边规则，无异于明言：只要是大陆法院受理了案件，便只适用大陆实体法，不必考虑外域法的适用。即使出于维护内法域利益的实际需要，这种方法也实不可取。

首先，中国的区际法律冲突的解决是当代的事情，其调整方法不应倒退至巴托鲁斯以前的属地主义时期所采用的方法，特别是巴托鲁斯以后所采用的方法已证明，依属地主义确定法律适用十分严重地破坏了法域之间的交往。

其次，这种方法将导致实践中一系列不良后果，如：当事人挑选法院；法院拒绝受理不能适用内域法的诉请；法院拒绝受理判决须到外法域被承认和被执行的诉请；不合理地扩大内域法的适用，即在不应该适用内域法的情况下适用内域法；助长了法官不愿适用外域法的不正确心理；使内法域对外域法的了解成为不必要，等等，这些后果将严重破坏中国区际民商事关系和法律冲突调整的合理性、公正性，损害当事人利益。

最后，这种方法制约了中国区际冲突法中法律选择规则的发展，使其不具有长久的生命力，一旦中国各地区关系和区际法律冲突状况有所改变，这些规则便失去适用价值；而且这种方法会促使其他法域采取对等政策，若属地主义在立法上被各地区普遍确立为解决区际法律冲突的原则，则中国各地区实体规则的协调和法律选择规则的协调更加困难。

因此，为维护中国的统一和更好地解决区际法律冲突，各地区的法律选择规则应实现从单边规则到双边规则的完善。台湾的《两岸人民关系条例》已被批评为缺乏前瞻性的法规，它应在更公允的立场上改善法律选择规则的类型；大陆、香港、澳门今后的立法应注重克服法规的暂时性和偏颇性，以更完善的形式确定法律选择规则的类型。

在此方面，著名法学家韩德培教授和黄进教授于1991年草拟的《大陆地区与台湾、香港、澳门地区民事法律适用示范条例》值得借鉴。该示范条例共设十章，涉及总则、自然人和法人、民事法律行为和代理、物权、债权、知识产权、婚姻和家庭、继承、时效等方面。在该示范条例中，只设立了极少的单边规则，绝大多数规则都是双边规则，虽拟作为大陆法院解决区际法律冲突时所适用的规则，但也可作为将来与港澳台法律选择规则协调的基础。该条例可作为大陆、甚至港澳台区际冲突法以至国内统一区际冲突法立法的良好范式。

3. 从地域联系到最密切联系

最密切联系原则是当代冲突法理论的最新发展，并因其所具有的优越性而被各国广泛接受和采行，值此时期，今天中国区际法律冲突的解决自不能仍停留在依地域联系确定法律适用的落后方法上，而应将最密切联系原则纳入中国区际冲突法体系中，作为制定法律选择规则的主要标准。

值得注意的是，中国区际冲突法在纳入最密切联系原则时，应与 1978 年《奥地利国际私法》和 1987 年《瑞士联邦国际私法》一样，将其主要作为预先制定法律选择规则时的依据，而不只是法官自由裁量法律的适用时的依据。如果只是适用于法官自由裁量，则一方面限制了该原则的作用；另一方面，在中国区际法律冲突的特殊状况下，这种做法和观念会促使法官逐渐抛弃既定法律选择规则，就每一项具体法律关系临时确定应适用的法律，那便会带来一个严重的不良后果，即给予法官过多的自由裁量权，使法律的选择成为他们的一种思维活动，并且是根据每一具体案件的情况、由不同的法官进行相应的选择，这样，法律选择就会因人而异、因事而异，无一定规。这对法律适用的确定性、一致性和结果的可预见性是严重的破坏，既使中国区际民商事关系受到不公平、不合理的调整，也给"一国两制"下的中国社会带来不稳定因素。

要完善和发展解决区际法律冲突的法律选择规则，必须给予最密切联系原则这一先进的准则以理智的重视，努力将法律选择规则制定时所依据的观念和标准，从地域的局限和狭隘观念中，转向法律与法律关系的内在联系的更广阔、更公正的范畴，以期逐渐从依地域联系过渡至依最密切联系来完善法律选择规则的制定和适用，使这些将在中国区际民商事关系和法律冲突解决中起重要作用的规则获得正常发展。

4. 从相互歧异到共同协调

目前，大陆及香港、澳门、台湾地区的法律选择规则，无论是直接调整区际法律冲突的规则，还是类推适用于调整区际法律冲突的规则，固然有许多相同之处，但也有不少不一致的地方，包括规则的类型、规则制定的标准、援引法律的方向以及这些后面所隐藏的观念和指导思想等多方面的不一致。这些不一致在调整区际法律冲突的法律选择规则方面更为突出。

若比较大陆及港澳台地区调整国际法律冲突的法律选择规则，会发现相同之处甚多，但比较各地区调整区际法律冲突的法律选择规则和学者们拟订的法律选择规则范例，却会找到大量的差异。这无疑是因为各地区之间的利害关系不同，无论哪个地区都不会淡然处之。这也就是为什么台湾要专门制定一个《两岸人民关系条例》调整两岸关系和法律冲突，而不是像与港澳之间法律冲突的解决那样类推适用其《涉外民事法律适用法》的原因，同时也是大陆直接调整区际法律冲突的法规迟迟未制定出来的原因。

因此，大陆及香港、澳门、台湾地区的法律选择规则，在类型、原则、援引法律的方向等各方面达到一致，是一个艰难的过程。但只要中国的统一之势不变，各地区调整中国区际法律冲突的法律选择规则的趋近就有可能，这既是解决区际法律冲突的需要，也是国家统一的需要。法律选择规则本身冲突的消除，可提高法律适用的确定性、一致性和结果的可预见性，也可消除实践中所遇到的反致、法律规避、挑选法院等不利因素，尽量获得公正、合理地解决冲突的效果，同时还可促进各地区其他法律的统一，从法律上保证国家的真正统一。

法律选择规则的统一，只能通过由各地区完善和发展各自的法律选择规则的途径达成，不宜由中央政府统一制定，除非是在各地区协商后一致同意的条件下。故各地区只能首先使自己的法律选择规则趋于完善，待各地区观念和规则的分歧缩小时，再相互协商，共同制定统一的法律选择规则。

（二）实体规则的完善与发展

广义的国际私法规则包括实体规则，如域内实体规则和统一实体规则，这已在中国国际私法学界基本达成共识。[①] 在中国区际冲突法的构成中，实体规则仍是重要部分。中国区际冲突法中的实体规则有两个部分，一是各地区自行制定的域内实体规则，另一是各地区共同制定的统一实体规则。

---

① 代表性的论著参见韩德培主编：《国际私法新论》，第三编"统一实体法"，武汉大学出版社 1997 年版；李双元主编：《中国与国际私法统一化进程》，第六章"国际统一私法方法论"、第七章"国际统一私法法源"，武汉大学出版社 1998 年修订版；黄进：《论国际统一实体私法》，《中国国际私法与比较法年刊》（1998），法律出版社 1998 年版。

域内实体规则本不具有直接适用于区际民商事关系的效力，但各法域通过法律选择规则的援引，便可将内法域实体规则或外法域实体规则，用于确定区际民商事关系中的权利义务。

这种域内实体规则也有两类：一类是为调整域内关系制定的实体规则，对法域之间的关系不具针对性，只是由于法律选择规则的指定，才作为调整法域间关系的准据法，由这类实体规则的性质和宗旨决定，完善和发展这类实体规则的意义在于，有利于域内关系的调整，而对法域间关系的调整没有直接影响，故这类实体规则的完善和发展不是此处探讨的问题；另一类是专门为调整涉外关系而制定的实体规则，它们虽然也须由法律选择规则援引作为准据法适用，但它们对涉外关系权利义务的确定有直接的针对性，所追求的适用效果是涉外关系的有序，因此，这类规则的完善和发展是中国区际冲突法应该关注的问题。

各地区专门调整区际民商事关系的域内实体规则的完善和发展，对于中国区际法律冲突的解决有着十分重要的意义，在现在及将来一段时期，甚至比法律选择规则的完善和发展更为重要。因为现在各地区在解决区际法律冲突时，基本上都实际奉行着法律适用的属地主义，即各地区法院在受理区际民商案件后，通常适用域内实体法去调整，一般不考虑外域实体法的适用。尽管各地区都存在法律选择规则的立法规定和司法原则，可以适用外域法，但在司法实践中，这些规则和原则大都被弃之不用。可以预见，实践中的这种状况还将持续一段时间，在这段时间内，法律选择规则的完善和发展不会获得足够的重视，这种现实并非仅仅依靠学术界的期望和呼吁就能改变。在这种事实上没有内外域实体法的选择、只适用各地区域内实体法、且各地区统一实体法的制定还未实现的情况下，域内实体规则的完善和发展便是首要任务。

如前所述，中国区际民商事关系和法律冲突问题十分特殊和复杂，说其特殊和复杂，除了与其他国家区际民商事关系和法律冲突比较而外，还可与域内关系比较，即在区际民商事关系中出现的情况，有的是域内关系中所未曾有的情况，一般域内实体规则没有针对这种区际民商事关系的特殊情况的规定，如果适用一般域内实体规则，更会给区际民商事关系当事人利益带来损害。故各地区域内实体规则的完善和发展，即是针对大陆及香港、澳门、台湾地区之间因历史原因而产生的特殊关系和问题，制定直接调整这些特殊区际民商事关系的实体规则，并使规则的内容有利于保护这种特殊区际民商事关系当事人的利益，从而排除对区际民商事关系没有针对性、适用结果不合理的一般域内实体规则的适用。

20 世纪 80 年代末期，台湾地区法院审理的邓元贞重婚案，曾引起台湾地区立法、司法、理论各界的广泛注意。此案属于两岸之间历史遗留的特殊重婚案件。在案件审理过程中，最初，台湾多级法院均作出不利于重婚一方当事人的判决；最终，台湾"司法院"大法官会议作出解释，不适用台湾"民法"亲属编中有关重婚的实体规则，对重婚一方当事人不以重婚论。此案审结后，为避免在同类案件中再次作出此案件中那种不利于当事人的判决，也为了此后审理同类案件时有法可依，台湾地区 1992 年的《两岸人民关系条例》专门就此类重婚问题作出了规定，其第 64 条规定，夫妻因一方在台湾地区，一方在内地，不能同居，而一方于 1985 年 6 月 4 日以前重婚者，利害关系人不得声请撤销；其于 1985 年 6 月 5 日以后 1987 年 11 月 1 日以前重婚者，该后婚视为有效。前项情形，如夫妻双方均重婚者，于后婚者重婚之日起，原婚姻关系消除。此条规定使司法解释上升为立法规定，台湾专门调整两岸婚姻关系的实体规则获得进一步完善和发展。①

上述重婚案既然同时涉及台湾和大陆，那么，此类案件自然也是大陆法院审理较多的涉台案件，对于这类重婚案，大陆采取与台湾相同的有利于保护当事人利益的态度。1988 年 8 月，最高人民法院发布了《关于人民法院处理涉台民事案件的几个法律问题》，其中规定，对当事人一方或双方因历史隔绝分别在大陆和台湾重婚的，不以重婚对待。但这种规定仅属司法解释，仍是立法不完善的表现。大陆要进一步完善调整两岸婚姻关系的实体规则，还必须将此类司法解释上升为立法，作为调整两岸婚姻关系的法律依据。

大陆与台湾地区的这种特殊婚姻关系只是中国特殊区际关系的一部分，除此以外，在继承、债、物权、经济合同等方面，区际关系都有着不同于域内关系的特殊性，这一方面是由于中国特殊的历史原因造成的，另一方面也因为法域之间的关系与法域内关系本就具有很多不同特点。因此，无论从哪个方面论，中国区际民商事关系的调整都需要有完善的专门调整区际关系的域内实体规则。

---

① 参见沈涓：《中国区际冲突法研究》，中国政法大学出版社 1999 年版，第 163—164 页。

　　各地区专门调整区际关系的实体规则的完善，只是调整中国区际关系的实体规则完善的初步，甚至从严格意义上讲，并未达到规则的完善。因为，即使各地区自行制定的实体规则，即使专门针对区际关系能较好保护当事人利益，但各地区实体规则也必会相互歧异、产生冲突，这种冲突仍会给当事人利益造成不利影响。

　　例如，台湾《两岸人民关系条例》对两岸之间的继承关系制定了若干实体规则加以规范，但这些规则对大陆继承人的继承份额、继承时效等作出了明确限制；大陆 1988 年 8 月最高人民法院《关于人民法院处理涉台民事案件的几个法律问题》也对两岸继承关系作出了实体性规定，明确指出大陆和台湾当事人享有同等的继承权，并在继承份额和诉讼时效等方面，对台湾当事人的权利给予特殊保护。这样，虽然大陆和台湾都对两岸继承关系作了实体规定，但显然内容上存在差异，即使有利于保护域内当事人和域内社会的利益，从两岸关系整体上看，仍会产生不公正、不合理的法律适用结果。

　　由此可见，调整中国区际关系实体规则的最终完善和最终发展方向，以达成各地区调整区际关系实体规则的一致。只有在无论区际关系由哪一个地区审理都适用相同的实体规则的情况下，才能消除法律适用不公正、不合理的现象。

　　但这并不意味着，各地区专门调整区际关系的实体规则的完善和发展毫无意义，除了上文所说的可作为各地区调整区际法律冲突的准据法，以及因为对区际关系具有针对性而可更好保护当事人利益两方面意义外，各地区域内涉外实体规则的完善和发展，还可作为各地区实体规则走向统一的基础。

　　实体规则的统一有两条途径：一是各地区一般实体规则的统一，另一是各地区涉外实体规则的统一。比较而言，后者较前者更为直接和重要。因为，各地区一般域内实体规则调整域内关系，与各法域具体情况联系较为密切，直接促进各地区此类规则的统一不太容易。而各地区涉外实体规则针对区际关系制定，以共同利益和共同面对的特殊区际关系为基础，更容易达成一致，如大陆和台湾在对待两岸历史重婚问题上采取了相同态度。此外，有些方面各地区存在规定上的差别，是因为相互关系的特殊性造成，如果这些状况改变了，这些差异也会消除。如台湾限制大陆继承人的权利，主要是因为政治上的对立和实际上的贫富水准不等，台湾不愿本地区的财富过多地流入大陆。一旦政治对立消除，大陆经济获得相当发展，实体规则在确定继承关系的权利义务方面的差别便可望消除。

可见，调整区际关系的实体规则的统一，还是必须从各地区涉外实体规则的趋同开始，有了这一趋同作为基础，便可进一步推动域内一般实体规则的协调。如果在调整区际民商事关系过程中，各地区涉外实体规则获得了充分发展，足以适用于所有区际民商事关系，成为一个独立的法律体系，那么在各地区这类涉外实体规则趋同后，便可成为统一实体规则，用于调整区际民商事关系，这时各地区一般实体规则便不必一定要一致。

因此，各地区涉外实体规则是一种介于域内一般实体规则和各地区统一实体规则之间的一种规则，是一种由各地区相互差异的域内实体规则向各地区统一实体规则过渡的承接规则。由各地区差异较大的域内规则直接向统一规则发展是十分困难的，有了各地区涉外实体规则的过渡，这种发展就会容易实现。

综上所述，为解决中国区际冲突所需要的实体规则的完善和发展，是通过各地区涉外实体规则的先行完善，而后发展至统一实体规则的制定和完善。在现阶段，各地区制定和完善对区际民商事关系具有直接针对性的涉外实体规则，是必需而且可行的，这比各地区法律选择规则的制定和完善更为迫切。而区际统一实体规则的制定和完善，则需要有一个较长的时期，待中国区际关系有了一定的发展，各地区涉外实体规则的趋同达到了一定程度时，才可能实现。

目前，大陆及香港、澳门、台湾的涉外实体规则还十分不完善。台湾在《两岸人民关系条例》及一系列细则中制定了一些实体规则，但适用范围还不广泛，且对大陆当事人多有不公正的限制。在大陆，最高人民法院等部门对调整涉港澳台关系有一些实体性规定，尚属司法解释，且适用范围也很狭窄，内容也不具体。香港和澳门则至今还没有针对区际关系制定的涉外实体规则。这表明，为了更好地调整中国区际冲突关系，各地区应尽快制定和完善涉外法域的实体规则并逐渐促进各地区实体规则的一致。

三　中国区际司法协助的进展

在中国区际司法协助方面，文书送达和调查取证方面缺乏协作所造成的困难要小于承认和执行判决和裁决方面缺乏协作所造成的困难，前一方面司法活动在无协作的情况下仍能独立完成的实例不少，但后一方面活动在无协作情况下没有可完成的实例，这是因为一法域司法人员和机关不具有在他法域承认和执行判决的职能，一法域司法机关所作判决须在另一法域被承认和被执行时，只能由该另一法域司法机关代为完成，若该另一法域司法机关不愿合作，判决就不能被承认和被执行。由此也可看出，判决承认和执行方面的协作较之文书送达和调查取证方面的协作更为重要。

（一）文书送达和调查取证方面的协作

1. 大陆与香港之间的协作

大陆与香港在文书送达、调查取证方面的协作现已有了一定的基础。1988 年，广东省高级人民法院和香港高等法院就相互委托送达诉讼文书达成七条协议，确定互相委托送达文书均通过该两法院进行，其方式为双挂号邮寄送达。此外，根据大陆和香港有关部门的一致同意，自 1992 年 7 月起，大陆和香港之间的文书送达可参照中国和英国都已参加的《关于向国外送达民事或商事司法文书和司法外文书公约》，这一协议的适用范围不仅在广东省和香港之间，而且在整个大陆和香港之间，可见大陆与香港之间达成司法协助协议并非不可能。1998 年 12 月，最高人民法院发布了《关于内地与香港特别行政区法院相互委托送达民商事司法文书的安排》，对司法文书的范围、委托送达的程序、协助送达时应适用的法律等问题作出了司法解释。在调查取证方面，司法部曾先后于1981 年、1985 年和 1991 年共委托 49 位香港律师办理香港当事人来大陆处理民事和经济法律事务所需要的公证，[①] 在一定程度上解决了大陆在香港的调查取证问题。

2. 大陆与澳门之间的协作

2001 年 8 月，最高人民法院发布了《关于内地与澳门特别行政区法院就民商事案件相互委托送达司法文书和调取证据的安排》，对司法文书的范围和取证的范围、申请和协助的途径和程序、协助时适用的法律等问题作出司法解释。该司法解释统一适用于大陆和澳门两个地区。

3. 大陆与台湾之间的协作

大陆和台湾之间因为政治的不统一，双方还未有正式的官方层面的接触，所以目前还没有通过官方渠道达成的关于文书送达和调查取证的协议，但这并不等于两岸之间完全没有开展此类活动。

1990 年 1 月 26 日，司法部曾发出《关于办理涉台法律事务有关事宜

---

① 见《经济与法律》（香港），1992 年第 1 期，第 49 页。

的通知》，指出需要在台湾办理的法律事务可委托台湾律师办理。委托代理的途径有：（1）委托与台湾律师有联系的大陆律师事务所，再转委托台湾的律师代理；（2）委托司法部和贸促会在香港设立的中国法律服务（香港）有限公司代理，并由该公司转委托台湾的律师代理；（3）福建省对外经济律师事务所与台湾律师合办的"蔚理律师事务所"，各自办理涉及大陆和台湾的法律事务，当事人可以委托该律师事务所的律师代理；（4）司法部在北京成立的中国国际经济与法律咨询公司，1989 年 8 月已经与台湾、香港的律师在香港设立的"海峡两岸法律服务公司"签订了合作协议，开始建立合作关系，当事人可以委托该公司，再转委托台湾的律师办理。对涉台法律事务，该通知指明包括授权委托书公证、继承公证、亲属关系公证等方面的公证文书向台湾的送达。

台湾《两岸人民关系条例》对文书送达和调查取证作了几条规定。其第 4 条第 1 项规定，"行政院"得设立或指定机构或委托民间团体，处理台湾地区与大陆地区人民往来之有关事务。第 7 条规定，在大陆制作之文书经"行政院"设立或指定之机构或委托之民间团体验证者，推定为真正。第 8 条规定，应于大陆地区送达司法文书或为必要之调查者，司法机关得嘱托或委托第 4 条之机构或民间团体为之。

根据这三条规定，台湾查证大陆文书以及台湾向大陆送达文书或调查取证，都经"行政院"指定或设立的机构或民间团体办理。为此而指定的民间团体主要是"财团法人海峡交流基金会（海基会）"。海基会自成立以来，承办了两岸之间主要的文书送达和调查取证事宜，并积极为在此方面与大陆达成协议而努力。

经过两岸的共同促成，终于在司法协作方面走出了达成协议的第一步。1993 年 4 月，大陆的民间机构"海峡两岸关系协会（海协会）"和台湾海基会，在新加坡举行了"汪辜会谈"，签订了《两岸公证书使用查证协议》等 4 项协议。

协议规定，有关两岸公证书副本的寄送、查证，均由台湾海基会直接与大陆"中国公证员协会"及其各地分支机构联系，若有其他相关事宜，大陆海协会与台湾海基会得直接联系。① 两岸协议相互寄送涉及继承、收养、婚姻、出生、死亡、委托、学历、定居、扶养、亲属及财产权利证明的公证书副本，并以比对方式确认辨别文书之真伪，不必再以函查方式办理；对公证书以外之文书，双方同意个案协商地提供协作。①

有了这一协议，就基本解决了两岸之间在文书送达和取证方面协作的问题，这对于大量的两岸民事和经济关系及由此引起的两岸民商案件和法律冲突的解决而言是十分必要的。大陆司法部于1993年5月11日发布《关于印发〈海峡两岸公证书使用查证协议实施办法〉的通知》，指明该协议和协议实施办法自1993年5月29日起在大陆实施和施行。台湾"行政院"也已宣布"汪辜会谈"所签4项协议于1993年5月29日在台湾生效。由此可见，通过指定的机构负责文书送达和调查取证的协作方法是可行的，它应该推行于大陆与港澳之间，以致作为四个地区统一协作的方式和原则。

如今两岸司法互助又有了新进展。2009年4月26日，大陆海协会和台湾海基会再一次达成《海峡两岸共同打击犯罪及司法互助协议》，其中在民事司法互助方面包括送达文书、调查取证和认可及执行民事裁判与仲裁判断（仲裁裁决）。该协议对两岸司法互助的范围、提供协助时的法律适用、提供协助的条件、拒绝协助的条件、提出协助请求的程序和提供协助的程序等作出了规定。这是一个内容较为全面的司法协助协议，是两岸在共同努力之下于民事司法协助方面的一大进步。

（二）判决和裁决的承认和执行方面的协作

比较送达取证而言，判决和裁决的承认和执行的协作问题更为敏感一些，它涉及对其他法律的法律效力的承认、对不同制度的法域司法权的承认和尊重等实质性问题，所以，各地区态度都十分谨慎。而在判决的承认执行与裁决的承认执行中，判决的相互承认执行更为艰难。在中国区际司法协助的早期，四个法域之间相互承认与执行判决和裁决的状况都不乐观，也少有成例，但时至今日，通过四个法域的共同努力，四个法域间判决和裁决的相互承认执行已取得很大成果。

在仲裁裁决的承认和执行方面，1998年最高人民法院发布了《关于人民法院认可台湾地区有关法院民事判决的规定》，其中第19条规定："申请认可台湾地区有关法院民事裁定和台湾地区仲裁机构裁决的，适用本规

① 见新华通讯社《台港澳情况》，1993年4月第15期，第24页。

定。"这表明该规定可以同样适用于大陆和台湾之间仲裁裁决的相互认可和执行方面的协助。1999 年 6 月，最高人民法院发布了《关于内地与香港特别行政区相互执行仲裁裁决的安排》，2007 年 10 月，最高人民法院又公布了《关于内地与澳门特别行政区相互认可和执行仲裁裁决的安排》，这两个"安排"对申请人申请执行的程序、法院裁定执行仲裁裁决的条件、执行裁决依据的法律等作出规定，分别适用于大陆与香港之间和大陆与澳门之间相互执行仲裁裁决方面的司法协助。

在判决相互承认和执行方面，1991 年最高人民法院院长任建新曾在《最高人民法院工作报告》中指出："台湾居民在台湾地区的民事行为和依台湾地区的法规所取得的民事权利，如果不违反中华人民共和国法律的基本原则，不损害社会公共利益，可以承认其效力。对台湾地区的法院的民事判决，也将根据这一原则，分别不同情况，具体解决承认其效力问题。"1998 年 5 月，最高人民法院公布了《关于人民法院认可台湾地区有关法院民事判决的规定》，对当事人申请认可判决的程序、人民法院认可判决的条件和程序等作出规定，并规定被认可的台湾法院的民事判决需要执行的，依照《民事诉讼法》规定的程序办理。2006 年，最高人民法院分别与香港特别行政区和澳门特别行政区达成《关于内地与香港特别行政区法院相互认可和执行当事人协议管辖的民商事案件判决的安排》和《内地与澳门特别行政区关于相互认可和执行民商事判决的安排》，① 并先后于 2006 年 4 月 1 日和 2008 年 8 月 1 日生效。虽然这两个"安排"确定了不同的适用范围，如内地与澳门之间的"安排"适用于除了行政案件之外的所有民商案件，而内地与香港之间的"安排"只适用于很小范围的民商案件，且两个"安排"都存在不尽完善之处，② 但两个"安排"对请求提出的程序、法律适用、拒绝承认和执行对方判决的条件、认可和执行的程序等重要问题作出了规定，其中还包括对管辖权的间接规定和对公共秩序保留的规定。

台湾对于承认和执行大陆、香港、澳门的判决和裁决有较明确的

① 参见黄进、李庆明：《2006 年中国国际私法司法实践述评》，《中国国际私法与比较法年刊》（2007），北京大学出版社 2007 年版。
② 参见沈涓：《内地与港澳之间民商判决承认与执行新进展——浅析三地之间的两个〈安排〉》，中国社会科学院国际法研究中心主办：《国际法研究》第 3 卷，中国人民公安大学出版社 2009 年版。

规定。

　　关于承认和执行港澳判决，台湾在《港澳关系条例》中作了规定，其第 42 条指出，在香港或澳门作成之民事确定裁判，其效力、管辖及得为强制执行之要件，准用"民事诉讼法"第 402 条及"强制执行法"第 4 条之一的规定。在香港或澳门作成民事判断，其效力、声请法院承认及停止执行，准用"商务仲裁条例"第 30 条至第 34 条的规定。第 56 条还规定："台湾地区与香港或澳门司法之相互协助，得依互惠原则处理。"从上述规定可以看出，台湾是将香港、澳门回归后所作判决的承认和执行仍作为外国判决的承认和执行对待的。

　　台湾关于大陆判决的承认和执行，主要规定在《两岸人民关系条例》的第 74 条中，该条规定："在大陆地区作成之民事确定裁决、民事仲裁判断，不违背台湾地区公共秩序或善良风俗者，得声请法院裁定认可。前项经法院裁定认可之裁判或判断，以给付为内容者，得为执行名义。"另外，台湾在 1997 年 5 月对《两岸人民关系条例》进行增订和修正时，于第 74 条增订了一项，规定台湾承认和执行大陆判决和裁决，须以互惠和对等为原则。

　　尽管四个法域已有上述关于相互承认和执行民事判决的法规或司法解释，但中国区际民事判决承认和执行方面的协作至今仍不尽如人意，其中，公共秩序保留是拒绝时用得最多的理由。①

　　从单一的地区看，不承认和不执行其他地区的判决和裁决，似乎是在很多情况下维护了本地区利益，但从整体上看，在本地区拒绝承认和执行其他地区判决和裁决时，其他地区也同样在拒绝承认和执行本地区判决和裁决，这样各地区利益的损害便是相互的。若将这种拒绝和排斥演变为中国区际民商案件解决中的一种普遍趋势，无疑会使许多纠纷得不到最终解决。若以不受理判决须在其他地区承认和执行的案件作为解决被拒绝问题的消极方法，便是以放弃本地区的管辖权为代价。而关键问题是，无论哪种结果，都是以各地区当事人利益作为牺牲，这与法

---

　　① 参见陈耀祥：《论大陆地区民事确定判决之认可与执行》，《万国法律》（台湾）第 74 期；新华通讯社：《台港澳情况》1993 年 5 月第 18 期，第 8—9 页；陈东壁：《从林贤顺案谈大陆涉台离婚法律问题》，《法律评论》（台湾）第 58 卷第 9 期；范光群：《从海峡两岸人民婚姻问题评析台湾地区与大陆地区人民关系暂行条例草案》，《万国法律》（台湾）第 52 期。

律、尤其是私法维护当事人利益的宗旨大相违背，也极不利于中国区际关系的发展。所幸现在台湾对大陆判决和裁决也从不承认不执行的态度转到有条件承认和执行。

为更好调整中国区际民商事关系和法律冲突，必须协调各地相互承认和执行判决和裁决的规则，改善现有状况。各地区相互承认和执行判决和裁决规则的协调有如下几个方面：

1. 管辖权的协调。如果在管辖问题上存在分歧，一地区就有可能认为其他地区管辖不当而拒绝承认和执行其判决。只有对管辖权的行使有一致认可，才会对依法具有管辖权的法院所作判决的效力有一致认可。

2. 有利于当事人合法利益的保护和实现的共识。民事和经济案件的判决和裁决是对当事人权利和义务的确定，合理和公正的判决和裁决得不到承认和执行，会使当事人既得的合法利益得不到保护、或对正当权益的期望得不到实现。各地区应就此方面首先达成共识，将其作为考虑是否承认和执行他地区判决的首要因素。

3. "公共秩序保留"制度的一致的适用原则和限制。在其他有区际法律冲突的国家，由于多为一国一制状况下的冲突，故一法域一般不能以"公共秩序保留"为理由，拒绝承认和执行另一法域的判决。如《美国第二次冲突法重述》只规定一州可以重大利益受到不应有的干涉为由不承认和不执行另一州的判决（第103条），但不能以公共政策为由作出此种拒绝（第117条）。但中国的区际法律冲突是"一国两制"状况下的冲突，为保证"一国两制"下各地区利益不受损害，须保持"公共秩序保留"制度在各地区的效力，但此效力必须受到一定限制。"公共秩序保留"制度适用的原则应是承认和执行其他地区所作判决或裁决的结果将损害当事人利益，而仅因为他地区法院作出判决时所依据的法律与本地区法律不一致，即以"公共秩序保留"制度拒绝承认和执行该判决，这种做法应受到严格限制；否则，在中国存在一国两制期间，势必会导致这一制度的滥用。

4. "一事不再理"原则的一致认可。具有正当管辖权的地区的法院作出了公正、合理的判决，其他有关地区应对此判决表示尊重，并尽量在需要时给予承认和执行，不应因为该判决不是本地区所作而拒绝承认和执行，再重新审理案件作出判决，然后付诸执行，这样不仅会增加不必要的司法工作负担，还有可能损害当事人利益。

在"一国两制"格局下解决区际法律冲突是几十年来的新问题。研究这类法律冲突的解决并制定和完善调整这类法律冲突的区际冲突法，是中国国际私法的重要任务。在过去的30年，中国各法域都为调整区际法律冲突作出了理论、立法和司法多方面的努力，取得了重大进展，使中国区际冲突法初具体系。

第十八章

中国国际私法与统一国际私法

在讨论中国国际私法与统一国际私法之前，我们有必要对统一国际私法进行一个界定。因为各国之间以及学者之间对于国际私法的概念、对象、性质、范围、内涵与外延等存在不同的理解，导致虽然大家都使用统一国际私法这样一个概念，但实际上所指的东西可能是千差万别的，也由此导致对统一国际私法化的理解有很大的不同。

有一种观点认为，国际私法的范围限于冲突规范、有关法院管辖权的规范以及关于外国判决的承认与执行的规范，那么统一国际私法是指对传统的冲突法在国际范围内的统一。有一种观点认为，统一国际私法是对"私法"的国际统一，而所谓的私法是指作为实体法的民法、商法等法律部门，并不包括传统意义上的国际私法即冲突法。还有一种观点认为，统一国际私法是一个广泛的概念，它不仅对传统的国际私法（冲突法）的国际统一，而且包括对民法、商法甚至劳动法等的国际统一。[①]

我们认为，应该以动态、发展的眼光来看待这个问题。目前，国际私法的范围不再是传统的冲突法所能全部涵盖的，为了更好地调整国际民商事关系，不但需要通过冲突规范这样的间接方法来调整，也需要通过统一实体私法这样的直接方法来调整，国际私法的范围也不再限于冲突规范，也包括外国人法律地位规范、统一实体法规范、国际民事诉讼规范和国际商事仲裁规范。[②] 因此，我们赞同这样的观点，即认为统一国际私法是一个广泛的概念，既包括对传统冲突法的统一，也包括对民商法等实体私法

---

① 参见李双元主编：《中国与国际私法统一化进程》，武汉大学出版社 1998 年版，第 261—262 页。

② 参见韩德培主编：《国际私法》，高等教育出版社、北京大学出版社 2007 年第 2 版，第 7—9 页。

的统一。

1949 年以后，我国在很长的一段时间里游离在国际私法统一化运动之外。改革开放后，我国重新参与国际私法统一化运动。参与国际私法统一化运动，是我国改革开放之后的必然需要，也是国际私法统一化运动本身的要求。国际私法统一化运动为国际民商事关系的调整、国际交流的发展等作出了巨大的积极贡献。统一国际私法的地位在我国已经得到确立，为我国的法治事业添砖加瓦，对我国法律的发展与现代化以及整个社会的进步作出了巨大贡献。

第一节　对国际私法统一化运动的认识

一　国际私法统一化运动的积极作用

（一）国际私法统一化运动概述

在 20 世纪中叶前，国际私法主要是以各国国内的冲突规范立法作为法律渊源，虽然冲突规范有助于解决各国的法律冲突，但由于冲突规范毕竟只是一种间接调整方法，加之各国冲突规范立法并不完全统一，这样就导致冲突规范本身可能存在着冲突，在实践中会影响国际民商事关系的稳定性，也容易引起挑选法院（forum shopping），导致判决结果的不一致。①在这样的背景下，就产生了统一各国国际私法的愿望。

国际私法统一化运动，起初都是通过区域性的会议或国际组织的方式进行。

在意大利著名法学家孟西尼（Mancini）的倡导和推动下，意大利政府曾经先后两次试图发起制定多边条约的国际会议，但均未成功。1878 年11 月 9 日，秘鲁、阿根廷、玻利维亚、哥斯达黎加、智利、厄瓜多尔及委内瑞拉 7 国签订《建立国际私法统一规则条约》（American Congress of Jurists, *Treaty to Establish Uniform Rules on Private International Law*），因在利马开会又称《利马条约》。《利马条约》分 8 章，共 60 条，规定人的身份、能力、财产、法律行为、婚姻、继承、法院管辖、外国判决的承认及执行、认证以及国际刑法等事项。该条约受当时欧洲大陆本国法主义影响较

---

① 参见韩德培主编：《国际私法》，高等教育出版社、北京大学出版社 2007 年第 2 版，第 25页。

大，一些拉丁美洲国家不满意，除秘鲁外，其他各国都未批准，因之未能生效。《利马条约》虽然最后并没有生效，但是其签订还是大大推动了国际私法的统一化运动。

1889 年，由乌拉圭、阿根廷两国发起，拉美国家在乌拉圭首都蒙得维的亚召开会议，第一次通过了关于国际民法、国际商法和国际诉讼法等 9 个条约。① 进入 20 世纪，国际私法统一化运动逐渐取得更大成就，例如，1928 年 2 月第 6 届泛美会议于古巴首都哈瓦那通过的《布斯塔曼特法典》（Bustamante Code），总结了拉丁美洲国家在国际私法方面的立法经验以及这门科学在当时的研究成果，是一部全面的国际私法法典，在学术界很有参考价值。没有接受法典的国家也曾援用，对司法实践也具有一定的影响。之后，美洲国家组织通过了 30 多个国际私法方面的条约。

在区域性国际私法的统一上，欧洲是做得比较成功的。1958 年欧洲共同体正式成立，在其组织和主持下，为各成员国国际私法的统一化作出了巨大的努力和贡献，制定了一系列的国际条约：如 1968 年《关于民商事案件管辖权和判决执行的公约》（《布鲁塞尔公约》）、1968 年《关于相互承认公司和法人团体的公约》、1980 年《关于合同债务法律适用的公约》（《罗马公约》）等影响非常大的公约。欧盟成立以后，欧盟成员国内的国际私法统一化运动更加引人注目，多种可以直接适用于成员国的条例得以制定并实施，极大地促进了国际私法的统一化运动。②

除了区域性的国际私法统一化运动之外，全球性的国际私法统一化运动也异军突起，其中以海牙国际私法会议等国际组织为代表，作用巨大。海牙国际私法会议（Hague Conference on Private International Law），是国际间以逐渐统一国际私法为目的的政府间组织，因会议地址设在荷兰海牙而得名。根据荷兰著名国际法学家、诺贝尔和平奖获得者阿瑟尔的倡议于 1893 年召开第一次会议，目的是统一国际私法规则。1951 年第七次会议通过《海牙国际私法会议章程》，从而发展成为一个政府间国际组织。截至 2009 年 7 月 23 日，成员方有 69 个。③ 目前，海牙国际私法会议成了国

---

① 有学者认为，这些条约的诞生标志着国际私法统一化的开端。参见卢峻主编：《国际私法公约集》，上海社会科学院出版社 1986 年版，第 5 页。

② 关于欧盟国际私法的统一化运动，参见邹国勇：《德国国际私法的欧盟化》，法律出版社 2007 年版。该书对欧盟统一国际私法有比较详细的介绍。

③ http：//hcch. e‑vision. nl/index_ en. php? act = states. listing, last visited July 23, 2009.

际私法领域的重要政府间国际组织，它通过制定有关公约协调成员国在国际私法领域的法律规定与合作，已制定 38 项公约，[1] 涉及合同和侵权法律冲突、儿童保护、夫妻关系、遗嘱、司法文书送达、承认和执行外国判决等。海牙国际私法会议及其所制定的国际私法公约都处在发展变化中，而在这些发展变化过程中，二者能够相互促进和协调发展。一方面，海牙国际私法会议通过议事规则和组织成员资格的更新，加强了海牙会议的造法进程，促使近期的海牙国际私法公约日益呈现扩大适用、增加强制性等新的时代特征。另一方面，海牙国际私法公约的上述发展趋势也促使海牙国际私法会议需要重新审视海牙国际私法公约的实施问题，履约监督机制的设立、海牙国际私法会议这一国际组织日益具有履约监督的职能，无疑会促进海牙国际私法公约的实施。因此，海牙国际私法会议和海牙国际私法公约的相互促进和协调发展，必将极大地促进国际私法规则的统一。[2]

此外，联合国国际贸易法委员会、国际统一私法协会在国际私法统一化运动方面也曾经并且正在作出积极努力和贡献。

另一方面，非政府国际组织也积极地促进了国际私法统一化运动。例如，1920 年成立于法国巴黎的国际商会一直致力于国际私法的统一。为此，曾经参与、协助起草了 1958 年的《纽约公约》，促进了国际商事仲裁法律的统一。同时，国际商会将诸多的国际商事惯例编纂成文，其主持制定的《国际贸易术语解释通则》在结合实际需要的基础上，不断推陈出新，适应时代的变化，一直都是国际商事交易中当事人用来确定各自权利义务关系的重要依据。

（二）国际私法统一化运动的贡献

国际私法统一化运动，既是国际交往发展到一定阶段的产物，相应地也进一步促进了国际交往走向纵深。国际私法统一化运动，为法律文化的交流、法律的统一作出了积极贡献，促进了世界各国的交流与发展。

国际私法统一化运动的第一个贡献就是参与统一国际私法的国际组织及其成员越来越多。起初，国际私法统一化运动仅仅限于西欧、拉美地区，从事统一国际私法的国际组织比较少，参与的国家也比较少，成就不

---

① http：//hcch. e - vision. nl/index _ en. php? act = conventions. listing, last visited July 23, 2009.

② 田立晓：《海牙国际私法会议及其公约的发展趋势》，《政法论坛》2009 年第 3 期。

大，影响也小。随着国际私法统一化运动的不断进展，世界各国都认识到参与该运动的重要性以及可以从中获得的益处，这样各种统一国际私法的国际组织及其成员越来越多。例如，海牙国际私法会议本来并非是一个政府间的国际组织，而且参与的成员本来只限于欧美国家，随着其1951年成为政府间国际组织，其成员也越来越多，不但有单个的国家加入其中，更有欧盟这样的国际组织成为其成员。随着成员的增加，国际私法统一化运动反过来也增加了影响力，也就更能促进统一国际私法的发展。

国际私法统一化运动的第二个贡献就是统一国际私法的渊源越来越多。国际私法统一化运动产生了越来越多的统一国际私法规范。起初，各国都是通过自己国家的冲突法立法来调整国际民商事法律冲突，随着国际私法统一化运动的开展，各种国际私法条约、惯例涌现，统一国际私法不但在数量上大大增加，在范围上也不断扩大。例如，从1883年的《保护工业产权巴黎公约》这样的知识产权规范，到1924年的《统一提单若干法律规则的国际公约》、1932年的《华沙—牛津规则》这样的统一运输法公约，到1980年的《联合国国际货物销售合同公约》和各种贸易术语，再到UCP500、《托收统一规则》等结算规则。

国际私法统一化运动的第三个贡献就是减少甚至消除挑选法院现象。由于各国经济、社会、文化等各方面存在的差异，各国的法律也自然而然存在着分歧。在国际交往中，由于法律冲突的存在，给当事人带来了极大的麻烦与不便，也不利于相关政府的管理和服务功能的履行。在国际民商事交往中，每个人都是自利的也是理性的，都希望寻求自己的最大利益。这一点，反映在国际交往中就是当事人利用各国法律的不同，选择在对自己有利的法院提起诉讼，这样就产生了挑选法院的现象。挑选法院现象的存在，一方面是浪费当事人的资源，对另一方当事人产生不利的结果，另一方面也是对司法资源的极大浪费。天下没有免费的午餐，司法的运作就更是昂贵。一方当事人挑选法院，很可能会导致另一方当事人采取对抗诉讼的方式来维护自己的权利，这样导致平行诉讼的产生，导致判决结果的不稳定性、不可预见性与不一致性，也极大地浪费了本已十分珍贵的司法资源。要知道，司法资源都是有限的，挑选法院、平行诉讼这些情况挤占了司法资源，而这些司法资源本来可以用在其他地方的。统一国际私法的出现并不断发展，极大地减少了国际法律冲突，削减了挑选法院现象。

国际私法统一化运动的第四个贡献是促进沟通与交流，促进国际商事交易。当前，全球化的潮流已经势不可当，不过各国法律的差异阻碍了各国之间的沟通与交流，影响了国际商事交易的进一步发展。国际私法统一化运动的加强，统一国际私法就增加了法律的确定性，减少了法律冲突，相应地就会降低交易成本和交易风险。这样，国际的沟通与交流就能更加顺畅，国际商事交易更加发达。

二　中国参与国际私法统一化运动的必然性

我国参与国际私法统一化运动，是我国改革开放政策的必然要求，良好的法制环境在对外开放中具有十分重要的作用。① 在改革开放前，我们不重视法律的作用，而且由于实际上长期实行闭关锁国的政策，导致我们没有参与国际私法统一化运动。实践已经证明，要求生存、求发展，就不能关起门来自己搞自己的。1978 年开始，我国实施改革开放政策，以经济建设为中心，走上了对内改革、对外开放的康庄大道。改革开放政策的实行，我国与世界各国有了更多的沟通与交流，资金、技术、人员的流动就越来越多。在国际交流中，就自然而然产生了国际民商事关系，就需要有相应的法律来调整。对于国际民商事关系的调整，不但需要国内立法，而且也需要国际立法，而这都离不开国际私法统一化运动。在国内立法上，我国需要参考国际上的通常做法，借鉴和引进国际上通行的法律制度。国际私法统一化运动，有很多成果，制定出了一系列的国际条约和国际惯例，这些条约和惯例是国际社会在各国的通常实践基础上的产物，我们完全而且应该在国内立法时予以参考。在国际立法方面，我国既然打开国门实行改革开放政策，就要积极主动参与国际法律的制定，让我国的政策、立场、观点和利益得到反映，让制定出来的统一国际私法规范更好地服务于我国的国家利益。

我国参与国际私法统一化运动是我国国际地位的要求。作为联合国安理会五个常任理事国之一，作为一个负责任的大国，我国不但需要在政治、经济上积极参与国际事务，也需要在国际法律上积极参与。

我国参与国际私法统一化运动，也是我国积极参与国际法律合作与发展的意愿与要求。随着各国之间的交流越来越多，联系也就越来越紧密，很多问题的解决不能光靠单个国家，而必须靠各个国家真诚携手、共同协

---

① 韩德培：《韩德培文集》（下），武汉大学出版社 2007 年版，第 256—269 页。

作。作为负责任的大国，我国有必要参与国际法律合作与发展，一方面是为了我国国家利益的需要，另一方面也是为了人类社会共同利益的需要。有了我国的参与，许多法律问题的解决就能更加顺利，国际私法统一化运动也能开展得更好。

我国参与国际私法统一化运动也是国际私法统一化运动的必然要求。试想一下，国际私法统一化运动如果没有我国的参与，那么其代表性就是有问题的，而且制定出来的规范在实际效力上也要大打折扣，没有我国这样的人口最多、最大的发展中国家的参与，国际私法统一化运动就不能算功德圆满。虽然我国参与国际私法统一化运动并不能马上实现国际私法的统一，但是至少是距离国际私法统一的目标更近一步了。

我国参与国际私法统一化运动是实现我国法律现代化的必然要求。我们要实现现代化，不能不包括实现制度的现代化，而其中尤其重要的是法律的现代化，没有制度的现代化，四个现代化目标的实施与实现难免会受到不利影响，而且其成果也不能真正巩固。人走茶凉是我国古代社会的宿命，英明的王侯将相开创盛世，然而随着他们个人的下台、去世，没有了制度的保障，已有的成果总是容易付诸东流。我们要走出兴乱更替、"其兴也勃焉、其亡也忽焉"的宿命，就必须依靠法治，实现法律的现代化。法律现代化，不仅包括法律制度和法律运作方式的现代化，而且必然内含法律理念的现代化。无论是立法，还是司法、执法和守法，要达到最理想的现代化效果，都离不开现代法律理念的导引。[1]目前，全球化浪潮如火如荼，也必然要求调整国际民商事关系的规则的统一化，也正是这样，国际私法统一化运动不断地走上新的台阶，所取得的成果越来越多。我国要实现法律的现代化，就不能不重视国际私法的统一化运动。一方面，参与国际私法统一化运动，更好地更新我国的立法；另一方面，利用国际私法统一化运动在国际社会更好地促进我国的发展。

总之，我国参与国际私法统一化运动，是我国生存与发展的必然要求，也是国际私法统一化运动发展的必然要求。

---

① 李双元、李赞：《21世纪法学大视野——国际经济一体化进程中的国内法与国际规则》，湖南人民出版社2006年版，第68页。

三　中国与海牙国际私法会议——从旁观到参与的观念发展

（一）概述

海牙国际私法会议同中国保持着良好的合作关系。[①] 1981 年中国与海牙国际私法会议建立联系，从 1981 年至 1986 年曾多次以观察员身份参加有关会议，1986 年 10 月正式申请加入，1987 年 7 月正式成为会员，并指定外交部为负责与该组织联系的"国家机关"。中国现已参加了 1965 年的《关于向国外送达民事或商事司法文书和司法外文书公约》和 1970 年的《关于从国外调取民事或商事证据的公约》，签署了 1993 年《跨国收养方面保护儿童及合作公约》。香港和澳门回归时，已经在香港和澳门特别行政区适用的海牙公约继续适用。另外，经中国同意，香港及澳门特区代表作为中国代表团成员参加了海牙国际私法会议举办的一些会议。

（二）从旁观到参与

从 1987 年正式加入海牙国际私法会议到 2009 年的 22 年中，我国已经从一名旁观者，迅速成为一个重要的参与方。刚参加海牙国际私法会议时，由于我国改革开放政策实现没有多久，国内立法和司法实践并不完善、丰富，对海牙国际私法会议本身以及其他国家的了解并不多，所以出于各种因素的考虑，一般都是"多听少说"，并不积极参与海牙国际私法会议的活动。按照外交部官员的说法，我国那时是重在了解和借鉴外国经验，对会议讨论的重要问题，往往只表达原则意见，而较少参与实质性讨论。[②]

随着我国对外开放的不断扩大，我国与国际社会的联系日益密切，利益交织日益突出，我国在国际私法领域的地位和影响力也迅速提升。国内国际私法理论与实践的快速发展，更为我国在国际舞台上发挥作用提供了强力支持。[③] 此外，我国越来越认识到参与规则制定的重要性，不再仅仅依靠条约保留或者不参加相关的条约来维护自己的利益，而是认识到国际社会的一体化趋势不可避免，而在这样的情形下，必须事先积极介入规则的制定，让相应的国际规则能反映我国的立场、态度，使得我国的利益能

[①] 关于中国与海牙国际私法会议的关系，参见徐宏：《中国参加海牙国际私法会议二十年回顾》，《武大国际法评论》（第 8 卷），武汉大学出版社 2008 年版，第 235—246 页。

[②] 同上书，第 235 页。

[③] 同上。

在国际规则中得到反映。因此，在海牙国际私法会议中，我国积极参与外交大会或者特别委员会会议、核心起草小组、工作组。我国的参与能力和在决策中的分量也不断提高。例如，在起草《选择法院协议公约》等公约期间，欧盟和美国分别要求与我国进行磋商，我国代表团提出的一些意见也得到了采纳。①

第二节　统一国际私法在中国适用的理论基础

一般认为，统一国际私法的渊源是国际条约和国际惯例。但也有学者认为，统一国际私法的渊源非常广泛，除包括国际条约和国际惯例之外，还包括国际组织的文件、国际标准合同、法院判决、公开发表的国际商事仲裁裁决、一般法律原则以及权威法学家的学说等。② 我们这里只论述国际条约和国际惯例。

一　统一国际私法在内国的效力的认识

（一）国际条约在我国适用的方式

新中国自成立以来，先后制定了四部宪法，但是都没有就国际条约在我国的适用问题作出统一的规定，因此，学者们只能通过中国的实践情况作出推断，大体上有下列几种看法，分别是三种方式并存说、两种模式并存说、纳入说：③

"三种方式并存说"认为，根据中国现有的立法和司法实践，在中国适用国际条约有三种方式，但居于主导地位的是直接适用：第一种方式，在国内法中直接适用国际条约，例如《民法通则》第 142 条等条文都明确规定中国缔结或者参加的条约同中国法律有不同规定的，应该适用条约的规定；第二种方式，既允许直接适用有关国际条约，同时又将有关国际条约的内容制定成国内法而予以实施，例如中国在 1975 年和 1979 年分别加入了《维也纳外交关系公约》和《维也纳领事关系公约》，在相当长的时间里，中国是直

---

① 参见徐宏：《中国参加海牙国际私法会议二十年回顾》，《武大国际法评论》（第 8 卷），武汉大学出版社 2008 年版，第 235—236 页。

② 参见李双元主编：《中国与国际私法统一化进程》（修订版），武汉大学出版社 1998 年版，第 346—348 页。

③ 参见甘勇：《国际条约在国内适用之研究综述》，《中国国际私法与比较法年刊》（第 6 卷），法律出版社 2003 年版，第 181—200 页。

接适用这两个公约的，而 1986 年和 1990 年中国又分别制定了《外交特权与豁免条例》、《领事特权与豁免条例》，将上述两个公约内容制定成国内法，当然这两部国内法律并不排斥中国加入的两项公约的直接适用；第三种方式，只允许间接适用国际条约，例如在《香港特别行政区基本法》规定两个人权公约在香港的适用必须通过制定法律加以实施。①

"两种模式并存说"认为，中国对条约的适用主要有直接适用与间接适用两种模式。间接适用是将条约转化为国内法后予以实施，典型代表是中国就《维也纳外交关系公约》和《维也纳领事关系公约》实施所分别制定的《外交特权与豁免条例》、《领事特权与豁免条例》。直接适用是在立法中一般确立国际条约优先的原则，如《民法通则》第 142 条。② 当然，有的学者虽然也持两种模式并存说，但认为在转化与纳入两种模式中占主导地位的不应该是纳入模式，而应该确立转化为主要模式。③

"纳入说"以李浩培为代表，这些学者认为，"我国与外国所缔结的条约在生效时，就当然被纳入国内法，由我国主管机关予以适用，而无须另以法律予以转变为国内法"。④ 这种观点得到很多学者的支持。⑤

在全国人大常委会外事委员会办公室工作的几位专家陈寒枫、周卫国、蒋豪，曾从中国的法律、法规、司法解释和外交声明等几个方面，对

---

① 王丽玉：《国际条约在中国国内法中的适用》，《中国国际法年刊》，法律出版社 1993 年版，第 282 页。

② 参见黄进、刘益灯、粟烟涛：《国际条约在民商事审判中的地位》，《2002 年中国国际私法学会年会论文》，转引自甘勇：《国际条约在国内适用之研究综述》，《中国国际私法与比较法年刊》（第 6 卷），法律出版社 2003 年版，第 190 页。

③ 参见王勇：《中国适用国际条约的主导模式》，http：//chinalawinfo. com/fzdt/pljdft. asp? id，2009 年 9 月 27 日访问。

④ 李浩培：《条约法概论》，法律出版社 2003 年版，第 317 页；另见王铁崖：《条约在中国法律制度中的地位》，《中国国际法年刊》，法律出版社 1994 年版，第 3—18 页；王铁崖：《国际法引论》，北京大学出版社 1998 年版，第 209—211 页。

⑤ 李兆杰：《条约在我国国内法效力若干问题之探讨》，《中国国际法年刊》，法律出版社 1993 年版，第 271 页。万鄂湘等认为："我国在条约与国内法关系问题上采取的是优先适用条约规定的一般立场。"见万鄂湘、石磊、杨成铭、邓洪武：《国际条约法》，武汉大学出版社 1998 年版，第 192 页。王丽玉认为："从以上所述来看，在中国国内法中适用条约的方式虽然有三种，但属于主导地位的是直接适用。"王丽玉：《国际条约在中国国内法中的适用》，《中国国际法年刊》，法律出版社 1993 年版，第 285 页；李适时认为："可以看出，《民法通则》关于适用条约规定的原则，并不限于民事法律，实际上是中国国内法关于条约适用问题的一项基本原则。"李适时：《中国的立法、条约与国际法》，《中国国际法年刊》，法律出版社 1993 年版，第 265 页。对此，有的学者表示反对，参见刘永伟：《国际条约在中国适用新论》，《法学家》2007 年第 2 期，第 149 页。

中国关于条约与国内法关系的实践进行过较为深入的研究，认为"如果认为上述法律、法规、司法解释和外交声明的内容应是统一的、协调一致的，那么就应认为中国对条约在国内生效这一问题采用的是纳入的方法。但是，条约直接在国内适用并不排除中国根据实际国情制定不违反条约规定的国内立法"。同时，几位作者还认为，关于条约在国内的生效，将来我国应采用纳入的做法较好。①

此外，有学者主张折中说，将纳入和转化都作为条约在我国适用的方式，认为采取纳入与转化相结合的方法应是中国赋予条约以法律效力的理想模式。至于究竟哪些条约应采取纳入的方式，哪些条约应采取转化的方式获得国内法效力，那则是另外的事情，或许需要制定专门的条约法予以规范。那些纯民商事条约可采取纳入的方法给予其以国内法的效力，如《联合国国际货物销售合同公约》等；那些涉及国家管理职责或国家义务的条约，以及政治性条约或者涉及国家财政等问题的条约，就应采取转化的方式赋予其法律效力，如《联合国经济、社会及文化权利国际公约》等。对于那些既没有被纳入也没有被转化的条约，则不能获得国内法律的效力。②

在国际私法学界，有学者将条约划分为国际统一实体法条约、程序法条约、冲突法条约和 WTO 协议，分别论述它们在我国的适用。③

我们认为，从《民法通则》等法律④中可以看出，对于那些权利义务比较明确的条约，尤其是统一实体法上的国际条约，一般都是允许直接适用的，例如《联合国国际货物销售合同公约》。在国际私法范围内，相关的国际条约在我国直接适用是没有问题的。

（二）国际条约在我国国内法的效力等级

对于国际条约在我国国内法律体系中的效力等级，也即在国际条约与国内法的冲突时，谁优先的问题。中国宪法对这一问题同样没有规定，以1982 年的《民事诉讼法（试行）》为代表的国内法规定了条约如果与国际

---

① 陈寒枫、周卫国、蒋豪：《国际条约与国内法的关系及中国的实践》，《政法论坛》2000年第 2 期，第 122 页。

② 参见刘永伟：《国际条约在中国适用新论》，《法学家》2007 年第 2 期，第 149 页。

③ 参见肖永平：《国际私法原理》，法律出版社 2003 年版，第 292—307 页。

④ 如《民法通则》第 142 条第 2 款规定："中华人民共和国缔结或参加的国际条约同中华人民共和国的民事法律有不同规定的，适用国际条约的规定，但中华人民共和国声明保留的条款除外。"

法有不同规定时优先适用条约，该法第 189 条规定："中华人民共和国缔结或参加的国际条约同本法有不同规定的，适用该国际条约的规定。但是，我国声明保留的条款除外。"1991 年的《民事诉讼法》第 238 条沿用了该条规定，只是对文字略作了修改。1986 年《民法通则》第 142 条、1985 年《继承法》第 36 条、1992 年《海商法》第 268 条、1995 年《民用航空法》第 184 条等都作了类似规定。

此外，1987 年外交部等单位发布的《关于处理涉外案件若干问题的规定》（已经失效）中指出："当国内法以及某些内部规定同我国所承担的条约义务发生冲突时，应适用国际条约的有关规定。根据国内法的一般原则，我国不应以国内法规定为由拒绝履行所承担的国际条约规定的义务。这就有利于维护我国的信誉，也有利于保护我国国民在国外的合法权益。"1995 年 6 月 20 日外交部、最高人民法院、最高人民检察院、公安部、安全部、司法部联合发布的《关于处理涉外案件若干问题的规定》第 1 条第 3 项规定，处理涉外案件，在对等互惠原则的基础上，严格履行我国所承担的国际条约义务。当国内法或者我内部规定同我国所承担的国际条约义务发生冲突时，应当适用国际条约的有关规定（我国声明保留的条款除外）。各主管部门不应当以国内法或者内部规定为由拒绝履行我国所承担的国际条约规定的义务。

对此，有学者提出了不同看法，认为不能断言在我国国际条约绝对优于国内法，或笼统说条约在我国与国内法具有同等法律效力亦不够精确。由全国人大常委会批准的条约和重要协定与国内一般法律具有同等法律效力，但低于根本大法——《宪法》和基本法律；由国务院核准的条约和协定，其法律效力与国内行政法规等同；而无须全国人大常委会批准或国务院核准的协定，其法律效力与国内规章等同。①

（三）国际惯例在我国国内的适用

这里所说的国际惯例指的是国际民商事方面的通常做法，不讨论国际公法上的国际习惯。对于国际惯例，我国立法并不禁止当事人通过意思自治的方式选择适用。在司法实践中，如果当事人选择适用国际惯例，一般都是得到尊重和承认的。这样，国际惯例通过意思自治原则在我国得以

---

① 吴慧：《国际条约在我国国内法上的地位及与国内法冲突的预防和解决》，《国际关系学院学报》2000 年第 2 期，第 25 页。

适用。

除了当事人选择适用之外，国际惯例在我国也可以通过补缺的方式得以适用。《民法通则》第 142 条第 3 款规定："中华人民共和国法律和中华人民共和国缔结或者参加的国际条约没有规定的，可以适用国际惯例。"

在适用国际惯例时，我国也作出了一定的限制，那就是不能违反我国的社会公共利益。《民法通则》第 150 条规定："依照本章规定适用外国法律或者国际惯例的，不得违背中华人民共和国的社会公共利益。"《民法通则》的这个规定是比较特殊的，因为传统上的公共秩序保留原则只是限制、排除外国法的适用，而我国的这个规定不但是对外国法适用的限制，还对国际惯例的适用进行公共秩序保留的审查，这在其他国家是难以想象的。

总之，从我国的立法和司法实践来看，国际私法统一化运动促进了我国的立法和司法。当前各国受国际私法统一化运动的影响，在国内立法中确立了国际条约优先原则，同时也吸收各国的通常做法。我国也是如此，我国《民法通则》第 142 条规定："中华人民共和国缔结或者参加的国际条约同中华人民共和国法律有不同规定的，适用国际条约的规定，但中华人民共和国声明保留的条款除外。中华人民共和国法律和中华人民共和国缔结或参加的国际条约没有规定的，可以适用国际惯例。"这样，我国立法上确立了国际私法统一化运动的成果——国际条约和国际惯例在我国的地位。在实践中，我国法院也尊重国际条约和国际惯例，在涉外民商事审判中适用国际条约和国际惯例，其中，《联合国国际货物销售合同公约》、《保护工业产权巴黎公约》、《跟单信用证统一惯例》等尤其为我国法院所常用。①

---

① 相关案例参见黄进、胡炜、王青松：《2007 年中国国际私法的司法实践述评》，《中国国际私法与比较法年刊》（第 11 卷），北京大学出版社 2008 年版，第 433—481 页；黄进、李庆明：《2006 年中国国际私法的司法实践述评》，《中国国际私法与比较法年刊》（第 10 卷），北京大学出版社 2007 年版，第 371—414 页；黄进、李庆明、杜焕芳：《2005 年中国国际私法的司法实践述评》，《中国国际私法与比较法年刊》（第 9 卷），北京大学出版社 2007 年版，第 469—503 页；黄进、李庆明、杜焕芳：《2004 年中国国际私法的司法实践述评》，《中国国际私法与比较法年刊》（第 8 卷），法律出版社 2006 年版，第 76—123 页；黄进、杜焕芳：《2003 年中国国际私法的司法实践述评》，《中国国际私法与比较法年刊》（第 7 卷），法律出版社 2005 年版，第 115—172 页；黄进、杜焕芳：《2002 年中国国际私法的司法实践述评》，《中国国际私法与比较法年刊》（第 6 卷），法律出版社 2003 年版，第 3—51 页；黄进、杜焕芳：《2001 年中国国际私法的司法实践述评》，《中国国际私法与比较法年刊》（第 6 卷），法律出版社 2003 年版，第 429—464 页。

二 海牙国际私法公约对内国法的影响

海牙国际私法会议制定通过了一系列国际私法条约，而我国原来只加入了 1965 年《关于向国外送达民事或商事司法文书和司法外文书公约》（以下简称《海牙送达公约》）和 1970 年《关于从国外调取民事或商事证据的公约》（以下简称《海牙取证公约》）。我国签署了 1993 年《跨国收养方面保护儿童及合作公约》，并且于 2005 年批准了该公约，该公约对我国已经生效。对于其他国际民商事诉讼程序规范条约和冲突规范条约，我国并没有加入。虽然学术界一直都有学者呼吁，认为我国应该加入更多的海牙国际私法会议制定的冲突规范公约，但是我国政府出于各种考虑，仍然没有加入相关的条约。目前，海牙国际私法公约对我国影响最大的是《海牙送达公约》和《海牙取证公约》。

（一）《海牙送达公约》对我国国内法的影响

《海牙送达公约》于 1965 年 11 月 15 日开放签字，并于 1969 年 2 月 10 日起开始生效。该公约是迄今为止国际上关于域外送达方面最为完备的公约，对世界各国的立法和司法实践产生了深远的影响。我国于 1991 年 3 月 2 日批准加入《海牙送达公约》，为了更好地实施该公约，最高人民法院、外交部、司法部于 1992 年 3 月 4 日发布了《关于执行〈关于向国外送达民事或商事司法文书和司法外文书公约〉有关程序的通知》（以下简称《通知》）。根据该《通知》的规定，我国司法部被指定为有权接受我国通过领事途径转递的文书的中央机关。1992 年 9 月 19 日，司法部、最高人民法院和外交部又联合颁布了《关于执行海牙送达公约的实施办法》，对送达中的一些细节问题作了规定。为了简化执行《海牙送达公约》的送达程序，提高国际司法协助的效率，最高人民法院办公厅于 2003 年 9 月 23 日又发布了《关于指定北京市、上海市、广东省、浙江省、江苏省高级人民法院依据海牙送达公约和海牙取证公约直接向外国中央机关提出和转递司法协助请求和相关材料的通知》，规定由上述几个省市的高级人民法院就涉及《海牙送达公约》和《海牙取证公约》的司法协助工作进行试点，上述几个省市的高级人民法院可以依据海牙公约的规定直接向公约成员国中央机关提出和转递本院及下级法院提出的送达民事司法文书和司法外文书的请求及相关材料。

（二）《海牙取证公约》对我国国内法的影响

《海牙取证公约》旨在消除域外取证冲突，于 1970 年 3 月 18 日开放签字，并于 1972 年 10 月 7 日起开始生效，是迄今为止民商事域外取证方面最为完善的多边公约。我国也加入了该公约，该公约于 1998 年 2 月 6 日起对我国生效。

公约共分 3 章 42 条，第 1 章（第 1—14 条）规定了请求书方式这种域外取证的主要方式；第 2 章（第 15—22 条）规定了域外取证的外交或领事取证方式及特派员取证方式的条件及其限制等；第 3 章（第 23—42 条）为一般条款，主要规定公约的加入、批准、保留、效力等内容。

为配合《海牙取证公约》中请求书取证方式的实施，除由司法部作为中央机关负责转递域外取证的请求及相关材料外，最高人民法院还指定了北京、上海、广东、浙江和江苏 5 省市的高级人民法院，直接与外国中央机关之间进行请求书的转递。

（三）《跨国收养方面保护儿童及合作公约》对我国国内法的影响

《跨国收养方面保护儿童及合作公约》于 1993 年 5 月 28 日获得通过，自 1995 年 5 月 1 日起生效。公约共 7 章 48 条。第 1 章为公约的目的、宗旨和适用范围；第 2 章具体规定了跨国收养的实质要件；第 3 章规定了跨国收养的国际合作基础；第 4 章规定了跨国收养的程序要件；第 5 章规定了跨国收养的承认与效力；第 6 章规定了一般条款、联邦条款以及其他重要的实体性规范；第 7 章为最后条款。

2000 年 11 月 30 日，我国政府签署了该公约，并且于 2005 年 4 月 27 日批准了该公约，该公约目前已经对我国生效。全国人大常委会在批准时声明：中华人民共和国民政部为中华人民共和国履行《公约》赋予职责的中央机关；《公约》第 15 条至第 21 条规定的中央机关职能由中华人民共和国政府委托的收养组织——中国收养中心履行；只有在收养国政府或政府委托的组织履行有关中央机关职能的情况下，该国公民才能收养惯常居住在中华人民共和国的中国儿童；中华人民共和国涉外收养证明的出具机关为被收养人常住户口所在地的省、自治区、直辖市人民政府民政部门，其出具的收养登记证为收养证明；中华人民共和国没有义务承认根据《公约》第 39 条第 2 款所达成的协议而进行的收养。

在涉外收养方面，我国《收养法》也作了规定，其第 21 条规定："外国人依照本法可以在中华人民共和国收养子女。外国人在中华人民共和国收养子女，应当经其所在国主管机关依照该国法律审查同意。收养人应当提供由其所在国有权机构出具的有关收养人的年龄、婚姻、职业、财产、

健康、有无受过刑事处罚等状况的证明材料，该证明材料应当经其所在国
外交机关或者外交机关授权的机构认证，并经中华人民共和国驻该国使领
馆认证。该收养人应当与送养人订立书面协议，亲自向省级人民政府民政
部门登记。收养关系当事人各方或者一方要求办理收养公证的，应当到国
务院司法行政部门认定的具有办理涉外公证资格的公证机构办理收养公
证。"《跨国收养方面保护儿童及合作公约》对我国的生效，为进一步做好
涉外收养工作提供了扎实的法律基础。

（四）海牙国际私法公约对我国区际私法的影响

虽然我国参加的海牙国际私法公约比较少，但是由于我国特殊的"一
国两制三法系四法域"的国情，海牙国际私法公约在协调我国区际法律冲
突上可以发挥重要的作用。根据《中英联合声明》和《中葡联合声明》等
文件的规定，对于中华人民共和国尚未参加但已经适用于香港、澳门的国
际条约仍可继续适用。在实践中，我国法院对于涉外案件和涉港澳台案件
基本上是相同的处理程序。因此，我们就可以利用国际公约来协调我国的
区际法律冲突。①

三　中外双边协定对内国法的影响

截至 2009 年 7 月 23 日，中国已经与法国、比利时等 12 个国家签订了
民商事司法协助条约，与波兰等 16 个国家签订了民事和刑事司法协助条
约，与土耳其、埃及、塞浦路斯等 3 个国家分别签订了民事、商事和刑事
司法协助的条约。另外，我国还与一些国家签订了各种各样的纯粹的刑事
司法协助条约或协定，这里就不展开论述了。

（一）中外双边协定与海牙国际私法公约在我国的适用

在域外送达上，我国除了已经加入《海牙送达公约》外，还与许多国
家订立了双边司法协助条约和协定。与我国订立此种双边司法协助协定的
国家中，有些同时也是《海牙送达公约》缔约国，有些不是该公约缔约
国。对于我国与非《海牙送达公约》缔约国之间的送达问题，根据《民事
诉讼法》第 238 条，当然应当按照双边司法协助协定的规定办理。对于
《海牙送达公约》缔约国与我国之间的送达，如果缔约国同时与我国签订

---

① 关于国际条约用来解决我国的区际法律冲突的论述，参见黄进：《宏观国际法学论》，武
汉大学出版社 2007 年版，第 169—181 页；肖永平：《肖永平论冲突法》，武汉大学出版社 2002 年
版，第 350—353 页。

有双边司法协助协定，根据《海牙送达公约》第11条的规定和我国最高人民法院、外交部和司法部《关于执行〈海牙送达公约〉的通知》第7条的规定，应当优先适用双边司法协助协定的规定。

在域外取证上，也涉及双边协定与《海牙取证公约》的适用问题。在我国与其他国家签订的双边协助条约中，我国分别采用了综合式、专项式和民刑混合的模式对域外取证作出规定。在国际条约与国内法的关系方面，我国现行《民事诉讼法》规定了条约优先适用的原则，即优先适用公约关于域外取证的规定。同时结合我国的实际情况，对海牙取证公约中的外交或领事官员向驻在国国民及第三国国民取证、特派员取证以及"审判前调查程序"等条款予以保留。

对于与我国订立此种双边司法协助协定的国家中，有些同时也是《海牙取证公约》缔约国，有些不是该公约缔约国。对于我国与非《海牙取证公约》缔约国之间的送达问题，当然应当按照双边司法协助协定的规定办理。对于《海牙取证公约》缔约国与我国之间的送达，如果缔约国同时与我国签订有双边司法协助协定，根据《海牙取证公约》第11条的规定，应当优先适用双边司法协助协定的规定。

（二）中外双边协定对我国国内立法的促进与完善

1987年，我国首先与法国签订了双边的司法协助条约，拉开了我国积极从事双边司法协助的序幕。这样，我国在进行相关的立法时就充分考虑了这个现实，并作了积极的回应。例如，《民事诉讼法》第262条规定："根据中华人民共和国缔结或者参加的国际条约，或者按照互惠原则，人民法院和外国法院可以相互请求，代为送达文书、调查取证以及进行其他诉讼行为。"这样，我国国内立法中就更具有国际性，更能适应我国参与国际交往与合作的现实与需要，立法内容更加完善、科学。

第三篇　国际经济法学

第十九章

国际贸易法学

国际贸易是国家间经济交往的一项重要内容。然而哪里有贸易，哪里就需要管制规则来进行规范。由此，国际贸易法（政府管理贸易的法律与制度）顺势而生。如果说20世纪40年代布雷顿森林体系的建立昭示了国际经济法作为独立法律体系时代的正式到来，那么这个体系的最终形成则使国际贸易法区别于传统的国际商法，成为国际经济法一个重要的组成部分。与此同时，随着知识经济成为新经济增长的动力，随着GATT对世界政治、经济的影响越来越大，特别是WTO的建立将知识产权和服务贸易纳入传统的贸易领域，国际贸易法的知识含量和范畴大幅增加和扩展。[①]

从历史上看，对外经济交往越频繁，国际贸易成交额越高，关于国际贸易规制的法律规范就越丰富、越详细。中国关于政府管理贸易的法律与制度的发展也呈现出这一规律。新中国成立以来，中国的对外贸易发展取得了前所未有的成就，特别是在改革开放之后，中国对外贸易不断增长。与之相对应，我国关于政府管理贸易的法律制度建设及相应的学术研究也经历了一个从无到有、从粗到细、从少到多的发展过程。

第一节　新中国国际贸易法的发展（1949—1978）

一、新中国国际贸易法概况

自新中国成立之初，我国就开始逐步建立对外贸易法律制度。由于当时的西方国家对中国采取歧视与敌对态度，尤其是美国等西方国家对中国实行封锁和禁运等贸易政策，这个阶段我国的对外经济交往局限在与苏联和东欧人民民主国家的狭小范围之内。以1953年为例，当时的进出口额

---

① 黄东黎：《国际贸易法：经济理论、法律及案例》，法律出版社2003年版，第1页。

仅为数十亿美元。① 新中国成立之初，我国除了同苏联、东欧一些国家签订若干双边贸易条约和支付协定外，很少参加或批准有关国际经济贸易的条约或协定。当时的对外贸易立法并不完备，主要是以《中国人民政治协商会议共同纲领》第 37 条实行对外贸易管制并采用保护贸易政策的规定和以 1954 年宪法第 15 条等为基础制定的《对外贸易管理暂行条例》、《进出口贸易许可证制度实施办法》、《暂行海关法》等法规。这些法规仅仅是作为初步维持和管理当时少量进出口业务的基本法律依据。② 其中，1950 年 12 月政务院发布的《对外贸易管理暂行条例》奠定了中国社会主义对外贸易的基础，标志着中国社会主义对外贸易走上集中领导和统一管理的道路。

虽然新中国成立初期我国存在少量的国际贸易并制定了一定的对外贸易管理规定，但学界对国际贸易法的研究几乎处于空白状态。

二 政府实践

1949 年 10 月，国家建立中央贸易部，设国外贸易司管理新中国的对外贸易，1952 年又专门设立了对外贸易部，并且先后组建了地方对外贸易管理机构，确立了国家对对外贸易进行统一管理的机构体系，将全国对外贸易置于国家集中领导和统一管理之下。从 1950 年起，国家还先后成立了一批国营专业外贸公司，统一经营对社会主义国家的贸易及对资本主义国家重要物资的对外贸易。

新中国政府致力于民族工业化建设，按照自力更生、自给自足的经济战略发展经济。依据这一总体战略，对外贸易遵循了"互通有无、调剂余缺"的发展原则。此时的外贸政策主要体现为"贸易保护"性政策。

基于这一政策，我国在 1978 年以前建立的，是集外贸经营与管理为一体，政企不分，统负盈亏的外贸管理体制。中央以指令性计划直接管理少数专营贸易公司进行进出口贸易，目标主要是使进出口贸易在总体上达到平衡。尽管国家统制的贸易制度有利于国际收支平衡，维持较低的国际价格水平，对我国的经济发展曾起到一定的积极作用，但也割断了中国与世界市场的有机联系，使我国无论贸易范围还是规模都受到很大限制，不

---

① 《海关法》20 年见证中国发展的 20 年，http://huangpu.customs.gov.cn/publish/portal114/tab7114/module22319/info73724.htm，2009-10-20 访问。

② 卞成：《我国对外贸易法律制度发展过程》，《法制日报》2004 年 2 月 12 日。

利于国民经济的发展。据统计，1950 年我国进出口额刚刚超过 10 亿美元，进出口总额仅占世界贸易总额的 0.9% ;[1] 1978 年我国进出口总额为 206.4 亿美元，其中出口额为 97.5 亿美元,[2] 出口额仅占世界出口额的 0.8% 。[3] 可以说，这一期间的对外贸易制度存在管得过宽、统得过死、不利于调动微观主体积极性等缺陷。

第二节　改革开放与国际贸易法（1979—2001）

一　理论研究

20 世纪 70 年代末，中国走上务实与发展的经济建设道路，实行对外开放贸易政策，极大地促进了我国国际贸易法学的创立与发展。到 20 世纪 80 年代，我国加强了国际贸易法研究，从而推进了我国的对外开放和对外经济贸易法制建设。

从 1979 年到 2001 年的 22 年间，我国国际贸易法研究取得了可喜的发展，有关国际贸易法的专著、译著和学术论文相继问世。截至中国加入世界贸易组织，我国有关国际贸易法的专著、译著已达几十种。沈达明、冯大同于 1983 年编写出版的《国际贸易法》（北京大学出版社）是我国第一部国际贸易法教材，内容涉及国际货物买卖、国际技术转让、对外贸易管制、国际贸易争议的处理四个方面，是对国际贸易法学体系和内容的一个拓荒性探索。此后出版的国际贸易法教材有：沈达明、冯大同编著的《国际贸易法新论》（法律出版社 1989 年版）、冯大同所著《国际贸易法》（北京大学出版社 1995 年版）、周汉民主编的《国际贸易法》（上海教育出版社 1995 年版）、张湘兰主编的《国际贸易法理论与实务》（武汉大学出版社 1996 年版）、左海聪、陆泽峰主编的《国际贸易法学》（武汉大学出版社 1997 年版）、王传丽主编的《国际贸易法》（法律出版社 1998 年版）、刘笋主编的《国际贸易法学》（中国法制出版社 2000 年版）等。[4]

---

① 《新中国进出口贸易额增长 2000 多倍》，南方报网，2009 年 11 月 18 日。

② 中华人民共和国国家统计局编:《中国统计年鉴》2003，总第 22 期，第 22、654 页。

③ China takes 7.7 pct of world trade volume, http://www.china.org.cn/business/news/ 2008 - 10/27/content_ 16674729.htm, 2009 - 10 - 20 访问。

④ 见左海聪:《中国国际经济法学研究：世纪之交的回顾与展望》,《法学评论》2001 年第 3 期。

在此期间，其他国际贸易法的专著有：曹建明主编的《关税及贸易总协定》（法律出版社 1994 年版）、汪尧田、周汉民主编的《世界贸易组织总论》（上海远东出版社 1995 年版）、曾令良所著《世界贸易组织法》（武汉大学出版社 1996 年版）、赵维田所著《最惠国与多边贸易体制》（中国社会科学出版社 1996 年版）和《世贸组织（WTO）的法律制度》（吉林大学出版社 2000 年版）、尤先迅所著《世界贸易组织法》（立信会计出版社 1997 年版）、曹建明、贺小勇所著《世界贸易组织》（法律出版社 1999 年版）、程宝库所著《世界贸易组织法律问题研究》（天津人民出版社 2000 年版）、朱榄叶编著的《世界贸易组织国际贸易纠纷案例评析》（法律出版社 2000 年版）等。①

此期间的译著有：对外贸易经济合作部国际经贸关系司所译：《乌拉圭回合多边贸易谈判结果法律文本》（法律出版社 2000 年版），伯纳德·霍克曼迈克尔·考斯泰基的《世界贸易体制的政治经济学》（法律出版社 1999 年版），约翰·H. 杰克逊的《世界贸易体制》（复旦大学出版社 2001 年版），马克·霍伊的《国际贸易法》（法律出版社 1992 年版），施米托夫的《国际贸易法文选》（中国大百科全书出版社 1993 年版）等。其他国际经济法学者在其著作中也以专章等形式对国际贸易法作了颇有见地的专门阐述，如姚梅镇主编的《国际经济法概论》（武汉大学出版社 1989 年版）和曹建明主编的《国际经济法专论》（法律出版社 1999 年版）。此外，国际贸易法方面的论文逐渐增多，见诸于《中国国际法年刊》、《国际经济法论丛》等专门的国际法研究刊物以及《中国法学》、《法学研究》等综合类法学杂志。此外，国际贸易法的研究地位在国际经济法学术团体和学术机构中不断加强，关于国际贸易法的国际学术交流活动趋于频繁。这些也都为之后的中国国际贸易法研究增加了助力。

从 1979 年的改革开放到中国加入世界贸易组织的 2001 年期间，中国的对外贸易逐年增长，外国对我国出口商品提起反倾销调查也日渐增多。这些国家的反倾销措施阻碍了我国拓展国际市场。针对这一情势，我国学者对反倾销法作了较为深入的研究，有关著作主要有：张玉卿编著的《国际反倾销法律与实务》（中国对外经济贸易出版社 1993 年版）、彭文革与

① 见左海聪：《中国国际经济法学研究：世纪之交的回顾与展望》，《法学评论》2001 年第 3 期。

徐文芳合著的《倾销与反倾销法论》（武汉大学出版社1997年版）等。

这一时期，我国国际贸易法基本理论的研究主要有以下几个方面：

关于国际贸易法的调整范围，大多数学者认为，国际贸易法是调整跨国货物贸易、技术贸易、服务贸易法律关系和法律制度的总和。但是，关于国际贸易法、国际商法、国际商事交易法、国际贸易统一法等概念却有待进一步明晰。而在实务工作中，这一时期的国际贸易法以国际商事条约和惯例为主要研究对象。但是，也有学者提出，应将国际商事条约和惯例独立出来进行研究，并将此部分内容划分为国际法一个新的学科：国际商法。①

关于国际贸易法的渊源，有学者提出，国际条约和国际贸易惯例是国际贸易法的两个最主要渊源；也有学者提出，各国的国内法规定、标准合同和国际组织决议也是国际贸易法的渊源。此外，对于现代商人习惯法的概念，有学者指出，一般法律原则等也构成法律渊源。关于国际商事公约和惯例，我国学者对于CISG、Incoterms、URC、UCP、《国际商事合同通则》等国际公约、惯例和规则均作了不同程度的研究。有关著作主要有：张玉卿、姜韧、姜凤纹编著的《〈联合国国际货物销售合同公约〉释义》（辽宁人民出版1988年版）、冯大同主编的《国际货物买卖法》（对外贸易教育出版社1993年版）和赵承壁所著的《国际贸易统一法》（法律出版社1998年版）等。

关于国际贸易法的体系，有观点认为其既包括私法体系，也包括公法体系。即国际贸易法应该是由国际货物买卖法、国际技术贸易法、国际服务贸易法、政府管理贸易的法律制度等构成的完整法律体系；国家对贸易管理的法律制度不仅包括国内法部分，更重要的是体现在具有国际公法性质的世界贸易组织法律制度中。

上述分歧在一定程度上是由于我国传统的国际贸易法既包括国际商法又包括国际贸易法所致。

二　立法情况

从1979年的改革开放至2001年中国加入世界贸易组织这一阶段，我国的国民经济快速增长，对外贸易突飞猛进，是我国对外贸法律制度逐步

---

① 左海聪：《论国际法部门的划分》，《中国国际私法与比较法年刊》（1998年），第277—279页。

完善的阶段。在此期间，我国分别在对外贸易管理基本法、国际货物贸易管理、国际技术贸易管理、国际服务贸易管理制度和贸易救济几大方面完善了我国的国际贸易法律制度。

（一）对外贸易管理基本法

1979 年施行对外开放政策以后，虽然我国的对外贸易政策迅速发展，但也主要是通过一些条例或规定对其进行管理。为完善对外贸易管理基本法律制度，从 1983 年起，有关部门开始着手拟定对外贸易法。1994 年 5 月 12 日，第八届全国人民代表大会常务委员会第七次会议通过了《中华人民共和国对外贸易法》，并于同年 7 月 1 日生效。1994 年的《对外贸易法》共有 8 章 44 条，主要规定了总则、对外贸易经营者、货物进出口与技术进出口、国际服务贸易、对外贸易秩序、对外贸易促进、法律责任以及附则。

《对外贸易法》的颁布，对于正在蓬勃发展的中国对外贸易具有划时代的意义。它不仅为今后的对外贸易法规的制定和实施提供了必要的法律依据，更有利于建立公平、自由的对外贸易机制，有利于我国对外贸易的经营管理与国际接轨。这部法律是我国外贸管理法律制度的核心和基础。

（二）国际货物贸易管理制度

在货物进出口管理制度方面，为积极组织国内经济建设所需物资的进口、维护正常的进口经营秩序，加强出口宏观管理，中华人民共和国原对外经济贸易部曾于 1992 年 12 月 29 日和 1994 年 7 月 19 日分别颁布《出口商品管理暂行办法》和《进口商品经营管理暂行办法》。

在进出口许可证管理制度方面，针对对外贸易体制改革初期出现的抬价抢购、低价竞销、自相竞争、盲目进口、重复引进等问题，为加强对进出口货物的控制，国务院于 1979 年决定恢复对进出口商品的许可证管理制度，并先后颁布了一系列法规。1980 年 6 月，原国家进出口委员会、原对外经济贸易部联合发布《关于出口许可证制度的暂行办法》，并同时宣布从 1980 年 10 月起，对我国出口商品恢复实行出口许可证管理制度。1984 年 1 月，国务院颁布《进口货物许可制度暂行条例》。同年 5 月，原对外经济贸易部联合海关总署发布《进口货物许可制度暂行条例实施细则》。1989 年 1 月，海关总署和原对外经济贸易部发布《对违反进出口许可证管理制度的处罚规定》。重新恢复的进出口商品许可证管理制度改变了对所有进出口商品全面实行许可证管理的做法，只对部分进出口商品实行许可证管理。

在海关和关税制度方面，十一届三中全会以后，我国开始实行外贸体制改革，经营进出口商品的企业不断增多，各种灵活的贸易方式也逐步被采用，实行特殊政策的经济特区相继建立。这些变化使得海关的任务日益繁重。为使海关工作适应新形势的要求，1985 年我国制定了《中华人民共和国海关法》；1987 年制定了《中华人民共和国进出口关税条例》；1992年修订了《海关进出口税则》；2000 年 7 月 8 日的九届全国人大常委会第十六次会议通过《中华人民共和国海关法》的修订，修改后的《海关法》于 2001 年 1 月 1 日实施。2001 年的《海关法》在充分考虑我国国情及现实可行性的基础上，吸收借鉴了其他国家的海关立法和管理惯例，并就履行国际公约的义务对《海关法》作了相应的调整；吸收了海关合作理事会拟定的《京都公约》，体现了海关权利与义务的平衡；加大了打击走私的力度，赋予了海关更加明确的权力和职责；创设了新的海关法律制度，如通关中的电子数据法律问题、海关事务担保、知识产权边境保护等；完善了海关监管制度，解决了与国际公约的衔接问题以及海关权利与义务的平衡等问题。

在与贸易有关的知识产权保护制度方面，我国海关的知识产权边境保护始于 20 世纪 80 年代中期的中美政府双边贸易谈判。1995 年 7 月 5 日，国务院发布《知识产权海关保护条例》，自 1995 年 10 月 1 日起施行。为执行该条例，海关总署发布了《关于知识产权保护的实施办法》。2001年，全国人大常委会修订实施的《海关法》将知识产权边境保护作为海关的重要职责予以明确。1995 年条例的实施，对于在货物进出口环节保护知识产权发挥了重要作用。

在进出口商品检验制度方面，为适应改革开放的要求，国务院于 1984年发布了《进出口商品检验条例》。1989 年 2 月 21 日，第七届全国人大常委会审议通过了《中华人民共和国进出口商品检验法》，同年 8 月 1 日颁布施行。该法规定了商品检验的宗旨、商检机构的基本职责、法定检验的内容和标准，以及质量认证、质量许可、认可国内外检验机构等监管制度，并规定了相应的法律责任。1992 年 10 月，原国家商检局还发布实施了《进出口商品检验法实施条例》。这些法律的发布施行，标志着商检工作进入法制化阶段。

在政府采购管理制度方面，为了规范政府采购行为，加强财政支出管理，提高财政资金使用效益，促进经济和社会发展，财政部于1999年4月17日颁布《政府采购管理暂行办法》。此后又颁布了一系列其他配套法规，如《政府采购招标投标管理暂行办法》、《政府采购合同监督暂行办法》、《政府采购信息公告管理办法》、《政府采购运行规程暂行规定》、《关于进一步加强地方政府采购管理工作的通知》等。上述办法对各级国家机关、实行预算管理的事业单位和社会团体这些采购机关使用财政性资金办理的政府采购进行了统一规范。

（三）国际技术贸易管理制度

20世纪80年代以后，通过贸易途径出口的技术越来越多。为规范技术引进，国务院于1985年5月24日发布了《技术引进合同管理条例》。1988年1月2日，原对外经济贸易合作部发布《技术引进合同管理条例实施细则》，1996年3月22日发布《技术引进和设备进口贸易工作管理暂行办法》。

（四）国际服务贸易管理制度

在旅游服务方面，1996年9月国务院发布新的《旅行社管理条例》，废止1985年《旅行社管理暂行条例》，允许外商以合资、合作方式设立外商投资企业。

在广告服务业方面，国务院1991年发布《涉外广告代理条例》；国家工商行政管理局和原对外经济贸易合作部1995年1月联合发布实施《关于设立外商投资广告企业的若干规定》。

在分销服务业方面，1999年6月国家经济贸易委员会与原对外经济贸易合作部联合发布实施《外商投资商业企业试点办法》。该办法规定，在商业销售、商业批发领域，允许设立中外合资合作企业，不允许外商独资企业。总体而言，中国加入世界贸易组织以前对国际服务贸易管理制度的规定主要是决定、条例和规定等形式。

（五）贸易救济制度

在反倾销、反补贴立法方面，自1994年《对外贸易法》颁布实施之后，为了使1994年《对外贸易法》有关反倾销和反补贴的规定具有可操作性，同时也为了应对加入WTO的需要，原对外经济贸易合作部从1994年就开始草拟《反倾销条例》和《反补贴条例》。1997年3月25日，国务院发布了《反倾销反补贴条例》，为我国对国外产品反倾销反补贴提供了法律依据。

1997 年 12 月 10 日，原对外经济贸易合作部决定对来自美国、加拿大和韩国的新闻纸反倾销正式立案调查。这是国内产业第一次运用中国的反倾销法律手段主张自己的权利。1998 年 1 月，国家经贸委成立反倾销反补贴办公室。1998 年 4 月 28 日，欧盟不再将中国列入"非市场经济"名单，这一决定对处理针对中国的反倾销问题意义重大。自《反倾销反补贴条例》颁布至该条例失效的 5 年中，国家经贸委共受理反倾销申诉案件 12 起，涉案成员 14 个。在这些反倾销案件中，国家经贸委严格依照中国有关法律规定，并遵循世界贸易组织相关规则，公平公正地进行了调查和裁决。

1997 年的《反倾销反补贴条例》主要规定了反倾销制度，而在反补贴方面，只是规定了补贴的概念和补贴金额的计算原则。对补贴造成的损害、反补贴调查和反补贴措施的实施，则适用《反倾销反补贴条例》中有关反倾销的相应规定。

三 政府实践

自 1979 年改革开放以来，我国逐步从高度集中的计划经济体制向市场经济体制转轨。与此相适应，我国的对外贸易制度也从国家统制型转向开放型。1979 年以来的对外贸易制度的转型，与我国实行对外开放的基本国策紧密相连。

十一届三中全会以后，外贸体制改革成为中国经济体制改革的重要组成部分。这一阶段的主要内容是放开部分贸易经营权（包括外资企业），以及贸易公司自主化改革。为了配合外贸企业改革，国家采取了放宽外汇管制，实行出口退税政策，原对外经济贸易合作部下放部分权力等一系列配套改革措施，增强了运用经济杠杆调节宏观经济的能力，并为外贸企业利用市场机制，自主经营创造了外部环境。经过一系列制度创新，我国的对外贸易制度发生了重大转变：外贸体制从集中垄断走向放权和联合对外；外贸政策从管制走向开放、从保护走向自由；外贸运行机制从计划实施走向宏观调控和依法治贸。从整体上看，该阶段基本上建立了符合社会主义市场经济要求的开放型、相对自由化的对外贸易新制度。

从 1992 年开始，中国外贸体制的改革已经不限于贸易权和外贸企业等内容。伴随着 1986 年中国"复关"要求的提出，中国的贸易政策改革已经开始以符合国际规则为向导，涉及国内管理各个方面，具体方向是"深化外贸体制改革，尽快建立适应社会主义市场经济发展的，符合国际贸易规范的新型外贸体制"。这里所说的符合国际贸易规范,也就是要符合关贸总协定的规范。因此,改革的方向就是统一政策、平等竞争、自负盈亏、工贸结合、推行代理,以建立适应国际通行规则的外贸运行机制。

进出口管理方面,1992 年中国取消进口调节税,1994 年取消出口指令计划。此后,中国进行了多次关税降低,整体关税已与国际平均水平大为接近。此外,中国的进口配额及其他非关税措施数量也在逐年减少。

开放对外贸易经营权方面,中国进一步推进外贸放开经营,加快授予具备条件的国有生产企业、科研院所、商业物资企业外贸经营权。加入WTO 之前,中国国内已经有 30 多万家企业获得贸易经营权。与此同时,加快转换外贸企业经营机制,在外贸领域推行现代企业制度。

服务贸易方面,1992 年之后,中国服务贸易领域逐步向外资开放。国家在金融、保险、房地产、商业零售、咨询、会计师服务、信息服务、教育领域等诸多领域积极进行试点开放,并陆续颁布了一些短期或过渡性的法律法规进行规范管理。随着国内服务业改革的深入,中国的电信等敏感部门也开始同外资合作。

外汇管理体制改革方面,1994 年,中国进行了以外汇体制管理改革为核心的综合配套的新一轮外贸体制改革。中国实施汇率并轨,建立了以市场供求为基础、单一的、有管理的浮动汇率制度;实行人民币经常项目下有条件的可兑换,取消外汇流程制和上交外汇任务,并建立外汇指定银行间的外汇交易市场。

法律法规建设及透明度方面,中国于 1994 年颁布了第一部《对外贸易法》,进入系统完善的外经贸领域法律法规的改革阶段。以国际规范为目标,国家在货物贸易、外资、知识产权、反倾销等各个领域出台了一系列的法律法规,同时政府的政策透明度也不断加强。

这一轮外贸体制改革的实施,加强了市场经济机制的调节作用,促进了中国对外贸易市场化的进程。这一时期我国外贸制度的变革和创新大大促进了对外贸易的发展,取得了令世人瞩目的巨大成就。对外贸易进出口总额从 1978 年的 206.38 亿美元发展到 2001 年的 5097.7 亿美元,增长近25 倍。占世界贸易的位次由 1979 年的排名第 32 位上升到第 6 位。对外贸易增长率年平均为 15% 左右,大大高于国内生产总值年均增长 9% 的水平。随着我国改革的深入和对外开放的扩大,同时也为了实现与国际惯例的接轨，我国外贸体制改革仍然在继续。①

　　我国实行改革开放政策取得的巨大经济成就使我国经济与世界经济的联系日益紧密。从加快实行改革开放政策、进一步发展国民经济的需要出发，中央于1986年作出申请恢复我关贸总协定缔约国地位的决定。自1986年7月11日我国正式提出恢复缔约方地位后，1987年3月关贸总协定成立了"中国工作组"开始中国的"复关"谈判。1995年1月，世界贸易组织成立。从当年7月起，我国的复关谈判转为加入WTO谈判。

第三节　中国加入 WTO 与国际贸易法（2001—2009）

一　理论研究

　　自中国加入世界贸易组织，我国国际贸易法研究进入高速发展阶段，取得了很大的成绩，主要表现在：第一，有关国际贸易法的著作、教科书接连出版，基本涵盖了国际贸易法体系的各个方面，仅在 WTO 规则研究方面的著作就有100余种之多；第二，国际贸易法学科在法学教育中的地位得到大幅提升。多数开设法学本科专业的院校都将国际贸易法或世界贸易组织法列入选修甚至必修课程，国际贸易法学教育得到空前发展；第三，入世之后，我国国际贸易法领域的国际学术交流活动频繁。除中国国际法学会、中国国际经济法学会外，各院校和科研机构，以及从事国际贸易法教学和研究的学者也广泛进行着国际贸易法的学术交流；第四，理论与实践相结合是国际贸易法的一大特点。国际贸易法是一门应用型学科，它的研究成果和人才在实践中诞生、成长并发挥作用。我国原对外经济贸易合作部门、国家立法司法部门和法律服务部门已经锻炼出一支国际贸易法方面的专门人才队伍。

　　在此阶段，中国国际贸易法研究中比较突出的理论问题是国际贸易法的范畴问题。在这个问题上，法学界存在不同的观点。有学者认为，国际贸易法是调整跨越国界的贸易关系以及与贸易有密切关系的各种法律规范的总和。② 有学者认为，国际贸易法是调整各国之间商品、技术、服务的

---

　　① 王传丽主编：《国际贸易法——政府管理贸易的法律与制度》，中国政法大学出版社2002年版，第84页。

　　② 见沈达明、冯大同：《国际贸易法》，北京大学出版社1983年版。

交换以及与这种交换有关的各种法律制度与法律规范的总和。① 以上两种表述虽然不同，但都认为国际贸易法是由调整国际贸易关系的横向的交易法和纵向的管制法构成，即将国际贸易公法和国际贸易私法的内容都纳入国际贸易法的范畴。而有学者则将国际贸易法限定在国际贸易公法的范畴之内，理由是国际贸易公法和国际贸易私法在性质、调整主体、救济方式、法律渊源和适用范围上都是不同的，国际贸易私法实际上是传统意义上的国际商法。②

此外，入世后，如何处理 WTO 规则与国内法的关系；如何将 WTO 规则转化为国家法律和法规；如何从立法、司法、行政等程序方面进行调整以及兑现我国入世承诺等问题成为研究热点。

在 WTO 规则与国内法关系上，我国宪法对于国际法与国内法的关系以及具体的国际习惯法和条约在国内的效力，没有作出明确规定。这说明我国宪法本身既不排斥直接适用，也不排除转化适用。而《中国加入 WTO 工作组报告》第 67 条指出，"中国代表指出，中国始终都是以善意方式履行其国际条约义务。据宪法和条约缔结程序法，WTO 协定属于需经全国人大常委会批准的重要协定，中国将确保其有关或者影响贸易的法律和法规与 WTO 协定和中国的承诺相一致，以充分履行其国际义务。为此，将在完全遵守 WTO 协定的情况下，通过修订其现行国内法和制定新法律，以有效统一的方式实施 WTO 协定"。这段陈述表明了我国实施 WTO 协定的态度。首先，实施包括 WTO 协定在内的国际条约是中国的国家义务；其次，中国并未承诺 WTO 法律在国内的直接适用效力，而只承诺对其进行间接适用，即在遵守 WTO 的前提下，通过修订现行国内法和制定新法律的方式实施 WTO 法律。无疑，我国采取了 WTO 协定转化适用的方式，即在过渡期内修改或转化国内立法，使国内立法与 WTO 规则相一致。

入世之后，为了保证我国法律、法规与 WTO 规则的一致性，我国大幅修订了包括外资法、外贸法在内的数千个法律法规，各地清理了几十万件地方性法规、地方政府规章和其他政策措施。国务院先后分三批取消和调整行政审批项目 1806 项，各地政府取消了数 10 万件行政审批项目，取

---

① 见王传丽主编：《国际贸易法》，法律出版社 1998 年版；曾华群主编：《国际经济法导论》，法律出版社 2007 年版；刘惠荣主编：《国际商法学》，北京大学出版社 2009 年版。

② 见黄东黎：《国际贸易法：经济理论、法律、案例》，法律出版社 2003 年版，前言。

消了大量内部文件。① 同时，根据加入 WTO 后对外开放的需要，还抓紧研究起草相关的新的法律法规，以保障我国加入 WTO 后能够确保对外开放有序进行。可以认为，在遵守和保持我国现行宪法制度的前提下，根据 WTO 协定所进行的较大规模的修改、制定有关国内法律法规，是我国立法史上前所未有的重大实践。可以说，入世对于我国的意义，最终体现为促进观念的变化和体制的完善，而入世对我国法制建设最重要的影响，是使我国的法律体系既具有中国特色，又符合国际规范。

在如何从立法、司法、行政等程序方面进行调整以及兑现我国入世承诺上，透明度原则对我国的立法、司法、行政提出了新的要求。透明度原则是 WTO 的基本原则之一。根据这一原则，各成员必须公布并以统一、公开与合理的方式实施其有关外贸的法律、行政法规和政策措施。值得注意的是，长期以来，立法方面我们仍不够民主和公开；行政、司法方面，我们习惯于"内部红头文件"、"内部指导意见"的做法，虽然有了很大改变，但仍常遭外企和公众诟病，一些政策的制定、法律的执行以及业务的办理程序仍不符合透明度原则的要求。此外，有些法规和政策在各地执行时不统一，给投资者造成疑虑。一些地方政府甚至通过地方立法、执法和司法，表现出严重的地方保护主义，通过不公开的"土政策"对外地产品加以歧视，以达到保护本地企业和产品的目的。

值得注意的是，WTO 对司法决定和判决也有透明度要求。GATT 1994 第 10 条规定，与贸易有关的各项法律、规章、政策、决定包括司法判决，"均应迅速公布，以便使各成员方政府和商人充分了解"。WTO 协定关于透明度的规定，对我国司法审判提出了很高的要求。这种要求不仅体现在案件审判的质量上，也反映在判决书的写作和公布要求上。可以说，加入 WTO 进一步推动了我国国际国内贸易法的发展，也多方面促进了我国的法治进程，赋予了国内国际贸易法学者新的学术研究使命。

二　立法情况

2001 年我国加入世界贸易组织。中国加入世界贸易组织的重大意义，不仅是使中国经济逐步融入全球经济，而且使我国的法制建设，尤其是对外贸易法律制度得到了一次良性发展的机会。入世以后，我国遵照世界贸易组织规则及入世承诺，全面系统地清理了现存的经济领域的法律、行政法规和部门规章。

---

① http：//www.gov.cn/ztzl/17da/content_ 775275. htm, 2009 - 10 - 20 访问。

到 2005 年底时，在规定的期限内，我国制定、修改、废止法律、法规和部门规章就达到了 2000 多部，覆盖货物贸易、服务贸易、与贸易有关的知识产权保护以及透明度、贸易政策的统一实施等各个方面。

　　1. 对外贸易管理基本法

　　2001 年 12 月 11 日成为 WTO 成员之后，履行我国加入 WTO 的有关承诺是我国应承担的国际义务。遵守 WTO 规则，履行我国入世承诺是通过将有关入世承诺和 WTO 规则转化为我国的国内法来实现的。我国 1994 年《对外贸易法》的一些规定与我国的入世承诺和 WTO 规则不一致，这些差异要在规定的期限内进行调整。如上所述，我国在加入 WTO 前已经对与 WTO 有关的一些法律法规作出了修改，或颁布了相应的新法律。但是，作为对外贸易基本法的《对外贸易法》却没有修改。首先，1994 年《对外贸易法》制定时，我国未能恢复 GATT 缔约方地位，WTO 更未成立。因此，1994 年《对外贸易法》不可能充分反映 WTO 的要求。其次，1994 年《对外贸易法》制定后，我国的对外贸易形势发生了很大变化，1994 年《对外贸易法》的一些规定已经不能适应对外贸易的新要求，因此需要对其进行修改。基于上述原因，早在中国加入 WTO 之前的 2000 年 10 月 19 日，原对外经济贸易合作部就邀请了部分官员和国内学者进行中国入世和 1994 年《对外贸易法》修订等相关问题的研讨。其后又分别于 2001 年 8 月、2002 年 3 月和 2002 年 6 月在北京举办专家研讨会。2002 年 6 月，原对外经济贸易合作部向国家五矿化工、纺织品、机电产品等进出口商会业界征求 1994 年《对外贸易法》修改意见。2002 年中，原对外经济贸易合作部委托中国政法大学专家进行 1994 年《对外贸易法》修改第一稿的具体起草工作。2002 年底，原对外经济贸易合作部就完成的 1994 年《对外贸易法》修改稿第一稿向国内专家征询意见。2003 年 3 月，商务部、国务院法制办、全国人大法工委等部委和部分专家对 1994 年《对外贸易法》修改稿的第二稿进行研讨。在 2003 年 11 月 26 日的国务院常务会议上，国务院审议并原则通过了《对外贸易法（修订草案）》。2003 年 12 月 22 日召开的十届全国人大常委会第六次会议对《对外贸易法（修订草案）》初次提请审议。①

_____

　　① 参见原商务部部长吕福源在 2003 年 12 月 22 日第十届全国人民代表大会常务委员会第六次会议上所做的"关于《中华人民共和国对外贸易法（修订草案）》的说明"。

提请审议的《对外贸易法（修订草案）》主要从以下三个方面进行了修改：对 1994 年《对外贸易法》与我国入世承诺和世界贸易组织规则不相符的内容进行了修改；根据我国入世承诺和世界贸易组织规则，对我国享受世界贸易组织成员权利的实施机制和程序作出规定；由于《对外贸易法》自 1994 年颁布以来，对外贸易的实施情况已经发生了很大变化，草案根据《对外贸易法》实施以来出现的新情况和促进对外贸易健康发展的要求作了修改。①

2004 年 4 月 6 日，十届全国人大常委会第八次会议对《对外贸易法》进行了修订。与修订前的《对外贸易法》相比，新《对外贸易法》在立法理念上有了重要发展，其中，政府职能从原来单纯的管理职能转换为管理与服务职能并重，同时，政府功能拓展为国际通行规范框架的"适度的贸易管理、积极的市场开拓、有力的贸易促进和合理的贸易防御"四项，为保障经济安全、促进产业发展提供有力的支撑和保障。此外，新《对外贸易法》还将外贸经营主体扩展至自然人，变革了外贸经营权的取得方式，增加了保护与贸易有关的知识产权的内容和主动地贸易调查条款和贸易救济的授权条款。新的《对外贸易法》适应了对外贸易发展中出现的新情况、新变化和新要求，根据变化了的实际情况对 1994 年《对外贸易法》的相关规定进行了修改、补充和完善，调整了原有的管理手段，增加了新的管理措施，充分反映了 WTO 的要求，并且利用 WTO 规则维护我国的对外贸易利益。

2. 国际货物贸易管理制度

为履行我国承担的 WTO 义务，国务院于 2001 年 10 月 31 日第 46 次常务会议通过了《中华人民共和国货物进出口管理条例》，自 2002 年 1 月 1 日起正式实施。该条例共有 8 章 77 条，主要内容包括总则、货物进口管理、货物出口管理、国营贸易和指定经营、进出口监测、临时措施、对外贸易促进、法律责任以及附则。《条例》适用于从事将货物进口到中华人民共和国关境内或者将货物出口到中华人民共和国关境外的贸易活动。该条例的通过与实施是我国对货物进出口制度进行大调整和大统一的起点和基石，使我国过去较为零乱、散见于各处的货物进出口法律制度有了一个

---

① 参见原商务部部长吕福源在 2003 年 12 月 22 日第十届全国人民代表大会常务委员会第六次会议上所做的"关于《中华人民共和国对外贸易法（修订草案）》的说明"。

总纲性的法律文件。

在进出口许可证管理制度方面，为了履行我国应承担的 WTO 义务，国务院于 2001 年 12 月 10 日发布了《货物进出口管理条例》，对包括进出口许可证在内的进出口管理措施予以规范。此外，2001 年 12 月 20 日，原对外经济贸易合作部还发布了《货物进口许可证管理办法》以及《出口许可证管理规定》。

在进出口的配额管理制度管理方面，我国从 1979 年就已经开始对纺织品出口实施被动配额管理。1986 年又对港澳地区出口的部分商品实行主动配额管理。后来，实行配额管理的商品从部分出口商品扩大到部分进口商品。为便于管理，原对外经济贸易合作部先后颁布了大量的有关进出口商品配额管理的专门法规。原国家经贸委、原对外经济贸易合作部以及海关总署于 2002 年 10 月 11 日发布《重要工业品进口配额管理实施细则》。原对外经济贸易合作部于 2001 年 12 月 20 日发布《机电产品进口配额管理实施细则》和《出口商品配额管理办法》。

在进出口商品检验检疫制度方面，2002 年 4 月 28 日经九届全国人大常委第二十七次会议审议，通过了《关于修改〈中华人民共和国进出口商品检验法〉的决定》，并于 2002 年 10 月 1 日起施行。所作的修改主要包括：必须实施检验的进出口商品目录、关于进出口商品检验的内容、关于进出口商品检验的依据、关于认证管理、进口商品报检主体和报检地点、商检机构实施检验的期限、商检机构派出人员参与监督企业质量检验工作、提供检验服务的检验机构等。根据新修订的《商检法》，进出口商品检验应当根据保护人类健康和安全、保护动物或者植物的生命和健康、保护环境、防止欺诈行为、维护国家安全的原则，由国家商检部门制定和调整，以商品目录的形式公布必须实施检验的进出口商品。关于认证管理，中国在加入 WTO 时承诺，入世后对进口产品质量安全许可制度和国产品强制性认证制度实行"四个统一"，即统一标准、统一目录、统一标志、统一收费。因此，新修订的《商检法》规定，国家商检部门根据国家统一的认证制度，对有关的进出口商品实施认证管理。

在政府采购管理制度方面，尽管财政部 1999 年的《政府采购管理暂行办法》和之后颁布的一系列其他配套法规发挥了一定的积极作用，但是，由于它们欠缺法律的效力，只作为行业指导性文件出现，可操作性、权威性不强。1999 年 4 月，全国人大财经委员会成立政府采购法起草小组开始立法起草工作。2002 年 6 月 29 日，第九届全国人民代表大会常务委员会第二十八次会议通过《政府采购法》，自 2003 年 1 月 1 日起施行。该法在总结过去经验的基础上，规定了总则、政府采购当事人、政府采购方式、政府采购程序、政府采购合同、质疑与投诉、监督检查、法律责任和附则共九章内容，适用于在中国境内进行的政府采购。对于使用国际组织和外国政府贷款进行的政府采购，贷款方、资金提供方与中方达成的协议对采购具体条件另有规定的，适用其规定，但不得损害国家利益和社会公共利益。对因严重自然灾害和其他不可抗力事件所实施的紧急采购和涉及国家安全和秘密的采购，不适用该法。《政府采购法》的颁布意味着我国政府采购法律在全国范围内的统一。

3. 国际技术贸易管理制度

在国际技术贸易管理制度方面，为履行我国作为 WTO 成员的义务，国务院 2001 年 10 月 31 日第 46 次常务会议通过《中华人民共和国技术进出口管理条例》。该条例于 2002 年 1 月 1 日起正式施行。《条例》详细规定了对技术进出口管理的有关内容及明确的法律责任，是管理技术进出口的最主要的法规。此外，相关法规还包括与《条例》同日实施的《禁止进口限制进口技术管理办法》、《禁止出口限制出口技术管理办法》以及两个目录，即《禁止进口限制进口技术目录》和《禁止出口限制出口技术目录》。

4. 国际服务贸易管理制度

中国加入 WTO 的《中国加入世界贸易组织议定书》附件 9 承诺，我国将分阶段开放我国部分服务行业。为此，国家制定了一系列新的法规。

（1）调整服务贸易市场主体和行为的法律法规

《中外合资经营企业法》、《中外合作经营企业法》和《外资企业法》中关于国际服务贸易的规定。在没有专门法律、法规对服务贸易进行调整的情况下，《外资企业法》及其实施细则中关于设立服务业公司、企业的程序、要求及其监管、法律责任等都适用于服务贸易领域。

《外商投资产业指导目录》和《指导外商投资方向规定》中关于国际服务贸易的规定。2002 年 4 月 1 日生效实施的《指导外商投资方向规定》将外商投资项目分为鼓励、允许、限制和禁止四类，其中属于国家逐步开放的产业属于限制类。我国在服务贸易领域的开放秉承逐步、渐进的原则，因此外商在服务贸易项目上的投资在我国属于限制类别。此外，属于服务贸易领域逐步开放的外商投资项目，须按照国家有关规定审批，即不按照该规定确认的一般审批方式进行审批。这个规定体现了国家对服务贸易领域开放的审慎态度。《外商投资产业指导目录》是指导审批外商投资项目和外商投资企业适用有关政策的依据。

（2）各有关服务部门的专门立法

金融服务

由国务院修订的《外资金融机构管理条例》及其实施细则于 2002 年 2 月 1 日起正式实施。新条例及其实施细则对外资金融机构（包括银行和财务公司）的设立与登记、业务范围、监督管理、解散与清算、法律责任等作出了规定。由国务院修订的《外资保险公司管理条例》及其实施细则于 2002 年 2 月 1 日起正式实施。依据该条例，外资保险公司的业务范围覆盖了财产保险业务和人身保险业务的全部（法定保险业务除外），并可以在保监会核定的范围内经营大型商业风险和保险业务、统括保单保险业务。由中国证监会发布的《外资参股证券公司设立规则》、《外资参股基金管理公司设立规则》于 2002 年 7 月 1 日起施行。

电信服务

由国务院颁布，2002 年 1 月 1 日起生效的《外商投资电信企业管理规定》是一部专门调整电信服务对外开放的行政法规。它规定了外商投资电信企业只能采取中外合资经营形式，并规定了基础电信业务、增值电信业务的外资比例以及外商投资电信企业的中、外方资格。

运输服务

海运方面，国务院颁布的《国际海运条例》于 2002 年 1 月 1 日起施行。在道路运输方面，我国交通部、原对外经济贸易合作部于 2001 年 2 月 20 日颁布实施了《外商投资道路运输业管理规定》。在航空运输方面，由我国民航总局、原对外经济贸易合作部和国家计委联合制定的《外商投资民用航空业规定》于 2001 年 8 月 1 日起正式实施。外商投资民航业范围包括民用机场、公共航空运输企业、通用航空企业和航空运输相关项目。禁止外商投资和管理空中交通管制系统。

旅游服务

国务院于 2001 年 12 月公布《国务院关于修改〈旅行社管理条例〉的决定》，对 1996 年颁布的《旅行社管理条例》作出了相应修改。其中，"外商投资旅行社的特别规定"是新增加的一章，它对外商投资旅行社的设立条件、注册资本、中外方出资比例、分支机构设立作出了明确规定。

专业服务

根据《中华人民共和国服务贸易具体承诺减让表》，我国承诺开放的专业服务领域包括法律服务、会计、审计和簿记服务、税收服务、建筑设计服务、工程服务、集中工程服务、城市规划服务（城市总体规划服务除外）、医疗和牙医服务。

根据《律师法》和2002年2月1日实施的《外国律师事务所驻华代表机构管理条例》的规定，外国律师事务所只能在中国境内设立驻华代表机构，不允许外国律师事务所和中国律师事务所进行合资经营；其业务范围只限于除中国法律事务以外的法律咨询等非诉业务。但外国律师事务所可以就中国法律的影响进行评论；可以通过订立合同与中国律师事务所保持长期的委托关系以协调法律事务。

根据《注册会计师法》和财政部发布的《外国会计师事务所常驻代表处管理办法》、《中外合作会计师事务所管理暂行办法》、《关于允许国际会计师事务所在中国发展多个会员所的通知》以及《外国会计师事务所在中国境内临时执行审计业务的暂行规定》，外国会计师事务所可以在中国设立中外合作会计师事务所；经批准的外国会计师事务所可以在我国境内临时办理有关业务或在中国境内设立常驻代表机构。外国人申请取得中国注册会计师资格按互惠原则办理。

视听服务

由国务院颁布、于2002年2月1日实施的《电影管理条例》规定，允许以中外合资或者中外合作的方式建设、改造电影院。该条例规定，电影制片单位经国务院广播电影电视行政部门批准，可以与境外电影制片者合作摄制电影；其他单位和个人不得在中华人民共和国境内独立从事电影片摄制活动。由国务院颁布、于2002年2月1日起实施的《音像制品管理条例》规定，国家允许设立从事音像制品分销业务的中外合作经营企业。音像出版单位可以与我国香港特别行政区、澳门特别行政区、台湾地区或者外国的组织、个人合作制作音像制品。

建筑工程服务

关于建筑工程的法律、规章主要包括《建筑法》，建设部、原对外经济贸易合作部发布的《在我国承包工程的外国企业的资质管理办法》及其实施细则、《关于设立外商投资建筑企业的若干规定》及其实施意见等。

这些法律和规章对外商投资建筑企业的设立、资质等级核定以及承包工程的范围、资金等问题依据相应的监督管理作出了一整套规定。

广告服务

现行《广告法》和国务院 1991 年发布的《涉外广告代理条例》、1995年 1 月国家工商行政管理局和外经贸部联合发布实施的《关于设立外商投资广告企业的若干规定》均适用于外商投资的广告服务业。

5. 贸易救济制度

反倾销制度

2002 年 1 月 1 日施行的《中华人民共和国反倾销条例》是在原《中华人民共和国反倾销和反补贴条例》的基础上，根据我国加入 WTO 后出现的新情况、新需要修订的。2002 年《反倾销条例》共 59 条，内容包括总则、倾销与损害、反倾销调查、反倾销措施、反倾销税和价格承诺的期限与复审以及附则。从条例的结构和内容看，基本上是 WTO《反倾销协定》的翻版。与原来的《中华人民共和国反倾销和反补贴条例》相比，《反倾销条例》增加了一些条款，例如增加了对终裁裁决的监督机制，规定了对终裁等有关规定不服的，可以依法向法院提起诉讼。在调查程序方面，明确规定了调查方式以及代表国内产业申请人资格代表性的比例。在终止调查方面，明确规定了进口倾销幅度和进口数量可以忽略不计的比例。此外，条例还规定了临时反倾销措施的实施期限等。2002 年《反倾销条例》颁布后，原对外经济贸易合作部和原国家经贸委还颁布了一系列行政法规，以便为具体操作提供依据。这些行政法规包括：最高人民法院关于审理国际贸易行政案件若干问题的规定、对外贸易壁垒调查暂行规则、产业损害裁定听证规则、倾销及倾销幅度期中复审暂行规则、反倾销新出口商复审暂行规则、反倾销问卷调查暂行规则、反倾销退税暂行规则、反倾销价格承诺暂行规则、反倾销调查信息披露暂行规则、反倾销调查听证会暂行规则、反倾销调查实地查核暂行规则、反倾销调查立案暂行规则、反倾销调查公开信息查阅暂行规则、反倾销调查抽样暂行规则等。此外，后来成立的中华人民共和国商务部于 2003 年10 月 17 日发布《反倾销产业损害调查规定》。

由于《反倾销条例》是在中国加入 WTO 前夕制定，主要针对中国刚刚加入 WTO 时保护国内产业的需要，加之经验和认识的局限，此后，部分条文已经不能适应需要。为此，有关部门总结中国加入 WTO 后的反倾销实践经验对条例进行了修改。2004 年 3 月 31 日，国务院通过《关于修改〈中华人民共和国反倾销条例〉的决定》，对《反倾销条例》作出相应修改，并于同年 6 月 1 日施行。

补贴与反补贴制度

鉴于《反倾销与反补贴条例》与 WTO 规则存在差距，原对外经济贸易合作部对该条例进行了修改。2000 年，原对外经济贸易合作部完成了《反补贴条例》草案，并正式上报国务院。2001 年 10 月 31 日，国务院第 46 次常务会议通过《反补贴条例》，并于 2001 年 11 月 26 日予以公布，自 2002 年 1 月 1 日起施行。2002 年 1 月 1 日起施行的《反补贴条例》共 6 章 58 条，主要内容包括：总则、补贴与损害、反补贴调查、反补贴措施、反补贴税和承诺的期限与复审以及附则。为执行 2002 年的《反补贴条例》，原对外经济贸易合作部、原国家经贸委、最高人民法院相继发布反补贴产业损害调查与裁决规定、反补贴问卷调查暂行规则、反补贴调查听证会暂行规则、反补贴调查实地查核暂行规则、反补贴调查立案暂行规则、最高人民法院关于审理反补贴行政案件应用法律若干问题的规定。2003 年 10 月 17 日，新成立的商务部发布《反补贴产业损害调查规定》。该规定取代了原国家经贸委颁布的《反补贴产业损害调查与裁决规定》。2002 年《反补贴条例》于 2004 年 3 月 31 日再次作出修订。修订后的《反补贴条例》共 6 章 58 条，外加 1 个附件"出口补贴清单"。

保障措施制度

我国 1994 年《对外贸易法》虽然对政府主管部门可以采取保障措施作了原则性规定，但没有具体规定采取保障措施的详细条件和程序。原对外经济贸易合作部从 1994 年开始起草《保障措施条例》，于 2000 年完成《保障措施条例》草案，并正式上报国务院。2001 年 10 月 31 日，国务院第 46 次常务会议通过《保障措施条例》，并于 2001 年 11 月 26 日予以公布，自 2002 年 1 月 1 日起施行。2002 年施行的《保障措施条例》是对 1994 年《对外贸易法》第 29 条的细化，共分 5 章 35 条，包括总则、调查、保障措施、保障措施的期限与复审以及附则等内容。与其有关的配套规章由原对外经济贸易合作部 2002 年 2 月 10 日通过、2002 年 3 月 13 日实施的《保障措施调查立案暂行规则》及《保障措施调查听证暂行规则》。2004 年 3 月 31 日国务院对《保障措施条例》作了修订。修订后的《保障措施条例》共 5 章 34 条，主要涉及保障措施的调查、实施、期限和复审等。

6. 区域贸易管理制度

区域经济合作早在 20 世纪 50 年代就开始形成。80 年代以后，区域经济合作的发展更加迅速。特别是进入 90 年代后，全球掀起了新一轮区域经济一体化浪潮，地区贸易协议（RTA）的数量显著增加。

在区域贸易管理制度方面，《内地与香港关于建立更紧密经贸关系的安排》及其六个附件分别于 2003 年 6 月 29 日、9 月 29 日在香港签署。《内地与澳门关于建立更紧密经贸关系的安排》及其六个附件于 2003 年 10 月 17 日在澳门签署。这两个《安排》都于 2004 年 1 月 1 日开始实施。这一实施是我国在区域贸易合作方面的重要发展，同时也是一个主权国家与其单独关税区之间在 WTO 框架下合作的重要尝试。《安排》的内容包括货物贸易自由化、服务贸易自由化和贸易投资便利化。两个《安排》签署后送 WTO 备了案。

此外，2002 年 11 月 4 日，中国和东盟 10 国共同签署了《中华人民共和国与东南亚国家联盟全面经济合作框架协议》，标志着中国与东盟的经贸合作进入了一个新的历史阶段。《框架协议》共有 16 个条款，从总体上确定了中国—东盟自由贸易区的基本架构，例如货物贸易、服务贸易、投资和经济合作等内容。其中，货物贸易是自贸区的核心内容。除涉及国家安全、人类健康、公共道德、文化艺术保护等 WTO 允许例外的产品以及少量敏感产品外，其他全部产品的关税和贸易限制措施都将逐步取消。

三　政府实践

2001 年 12 月 11 日，我国正式加入世界贸易组织。入世后我国的对外开放进入了新的发展阶段。入世后我国对外开放新的特点体现在：由政策导向型的开放转变为与国际经济接轨的制度型开放；从有限范围和领域的开放转变为全方位、宽领域的开放；从单边、自主的开放转变为双向、多边、有法律约束力的相互开放。入世之后，中国一方面全面履行入世承诺，另一方面积极研究并行使 WTO 赋予中国的权利。遵照入世承诺，我国全力调整对外贸易管理制度与 WTO 规则保持一致，并在全国统一实施。

2001 年 12 月中国加入 WTO 至今，中国在市场准入、国内措施、外资待遇、服务贸易等各个领域均较好地履行了自身的承诺和义务，得到了WTO、世界银行等国际组织的高度评价。除此之外，中国也正在完成从WTO 规则接受者到 WTO 规则运用者的角色转变。这一阶段最明显的特征，是中国的贸易政策体系改革已经与国际贸易体制接轨并同步发展。

　　加入世界贸易组织后，中国政府的重要实践之一是积极参与到 WTO 新一轮谈判中。2001 年 11 月 14 日，WTO 第四届部长级会议作出启动新的多边贸易谈判的决定，中国作为一个新加入 WTO 的成员参与了这次谈判，并提出新多边贸易谈判的目标应当是：第一，有利于建立公平、公正与合理的国际经济新秩序；第二，有利于世界经济的发展和贸易投资便利化；第三，有利于发达国家和发展中国家利益的平衡，特别是有利于发展中国家的经济发展。① 新一轮谈判的范围十分广泛，实践证明，中国政府在此新一轮谈判中发挥了十分积极和有建设性的作用。

　　加入 WTO 之后，中国政府另一个非常重要的实践是参与 WTO 争端解决。截至 2009 年 9 月 30 日，中国政府以第三方的身份参与了超过 60 个 WTO 争端解决案件，共向 WTO 争端解决机构提起 4 个案件，并在 17 个 WTO 案件中应诉。②

　　① 龙永图首席谈判代表在 WTO 总理事会会议上的发言，http：//www. china - un. ch/chn/qtzz/chinaandwto/tl53200. htm，2009 - 10 - 20 访问。

　　② www. wto. org，2009 - 10 - 20 访问。

第二十章

国际海上货物运输法

第一节 我国国际海上货物运输法的立法历程、特点及评价

"一个有机体绝不可能自己养活自己，它要消化、吸收、分配那些得自外部的东西，而这些不可或缺的外来养分就等同于政治或经济团体的对外商业活动，它使国家获得外部资源的支持。海上商业就是这种资源的主要流通渠道。"①

海运的发展离不开海上货物运输法的支持。我国《海商法》的出台历经周折。

一 立法历程

在新中国成立初期，我国便开始着手《海商法》的起草工作，并于1951年正式成立了"中华人民共和国海商法起草小组"，周恩来总理对《海商法》的起草工作，作出了三点批示："独立自主、自力更生、适当参照国际惯例。"② 起草小组在1963年完成草案的第九稿，征求各部委意见后，交通部将第九稿上报了国务院。当时的草案共有11章160条，主要参考了苏联1929年的海商法以及当时的一些国际公约。③

从1964—1980年，期间由于"文化大革命"的影响，《海商法》的立法工作基本陷于停滞。1975年，在贸促会的建议下，由外交部、外贸部和

---

① 〔美〕马汉：《海权论》，萧伟中、梅然译，中国言实出版社1997年版，第1页。
② 司玉琢：《我国海事立法的里程碑——纪念我国海商法实施十周年》，《中国远洋航务公告》，2003年7月，第18页。
③ 朱曾杰：《朱曾杰文集》，法律出版社2007年版，第64页。

交通部联合向国务院写了请示报告，建议恢复海商法的起草工作，得到主持中央工作的邓小平同志的批准，"海商法整理小组"得以成立。在此阶段，海商法整理小组召开了两次会议，专门研究了1978年在汉堡通过的《联合国国际海上货物运输公约》（简称《汉堡规则》）。另外，中国社会科学院法学研究所召开了关于《汉堡规则》的学术讨论会议，一些杂志也对《汉堡规则》讨论过一个阶段，还请了一些日本专家作专门讲座。①

1981年5月，交通部重新组织起草委员会。恢复后的海商法起草委员会，单位由8个增加到14个，人员由25名增加到40名。历经4年的工作，于1985年1月18日，形成了《关于报审〈中华人民共和国海商法〉（送审稿）的报告》（第十五稿）。随后，由于国务院机构人员连续变动，《海商法》的起草再度受阻。1989年，《海商法》的起草再次提上日程，先后形成了《1989年8月征求意见稿》、《1991年3月31日修改稿》、《1991年8月8日草案》。

1992年的1月18—21日，邓小平同志在视察武昌、深圳、珠海、上海等地时，发表了著名的"南方讲话"："社会主义要赢得与资本主义相比较的优势，就必须大胆吸收和借鉴人类社会创造的一切文明成果，吸收和借鉴当今世界各国包括资本主义发达国家的一切反映现代社会化生产规律的先进经营方式、管理方法。"②受邓小平同志"南方讲话"精神的鼓舞，1992年6月5日，国务院常务会议审议通过了《中华人民共和国海商法（草案）》（第二十九稿）。6月23日，国务院法制局局长杨景宇同志向第七届全国人大常委会第26次会议作了国务院议案的说明。

1992年11月7日，第七届全国人大常委会第28次会议，101位全国人大常委会委员表决，98票赞成，1票反对，2票弃权，高票顺利通过了《海商法（草案）》，当时是新中国成立后的条文最多的一部法律。③1993年7月1日，《中华人民共和国海商法》正式实施。

附：中国《海商法》起草大事记一览表：④

（1）1951年，成立海商法起草委员会，主要成员有：魏文翰、朱曾

---

① 朱曾杰：《朱曾杰文集》，法律出版社2007年版，第65页。

② 中共中央党史研究室：《中国共产党大事记》（1992年），中共党史出版社；转引自中国共产党新闻网，http://cpc.people.com.cn/GB/64162/64164/4416144.html，2009-10-20访问。

③ 司玉琢：《海商法专论》，中国人民大学出版社2007年版，第1—3页。

④ 同上书，第3—6页。

杰、任继圣等;

(2) 1963 年 10 月 11 日,《中华人民共和国海商法(草案)》(第九稿)交远办(63)字第 1531 号;共 11 章 160 条;

(3) 1964—1980 年,起草工作中断;

(4) 1981 年 5 月,重新组建海商法起草委员会及办公室,起草工作由办公室承担,主要成员:朱曾杰、张既义、司玉琢、尹东年;

(5) 1982 年 5 月,《中华人民共和国海商法(草案)》(第十稿),共 17 章 232 条;

(6) 1982 年 11 月,《中华人民共和国海商法(草案)》(第十一稿),共 18 章 236 条;

(7) 1983 年 12 月 5 日,国务院法制局有关负责人随船实地考察,起草办公室人员随船介绍《中华人民共和国海商法(草案)》(第十一稿);

(8) 1984 年 5 月,《中华人民共和国海商法(草案)》(第十二稿),共 18 章 221 条;

(9) 1984 年 12 月,《中华人民共和国海商法》(送审稿)(第十五稿),(85)交办字 17 号;共计 18 章 213 条;

(10) 1985 年 7 月,《中华人民共和国海商法》(送审稿修改稿)(第十六稿),(85)交办字 1737 号;共计 18 章 170 条;

(11) 1987 年,《中华人民共和国海商法》(草案)(第十七稿),共计 15 章 144 条;

(12) 1989 年 8 月,《中华人民共和国海商法》(1989 年 8 月征求意见稿),共计 12 章 268 条;

(13) 1991 年 3 月 31 日,《中华人民共和国海商法(草案)》(1991 年 3 月 31 日修改稿),共计 16 章 321 条;

(14) 1991 年 3 月—1991 年 8 月,除听取国外专家意见外,国务院法制局、交通部、商务部、最高人民法院共同主持召开三次座谈会;第一次:交通系统、经贸系统、保险系统、中国国际贸易促进委员会;第二次:海事法院系统;第三次:海商法、民法、国际私法专家;

(15) 1991 年 8 月 8 日,《中华人民共和国海商法(草案)》,共计 15 章 305 条;

(16) 1992 年 6 月 7 日,国务院关于提请审议《中华人民共和国海商法(草案)》的议案,国函(1992)63 号,李鹏总理签署,共计 15 章

288 条；

（17）1992 年 6 月 23 日至 7 月 1 日，七届全国人大常委会第 26 次会议讨论《中华人民共和国海商法（草案）》，国务院法制局局长杨景宇同志作了国务院议案的说明，常委会委员对草案个别条款提出修改意见；

（18）1992 年 11 月 2 日至 7 日，七届全国人大常委会第 28 次会议第二次讨论《中华人民共和国海商法（草案）》（修改稿）（第 29 稿），针对常委会委员的意见对草案个别条款进行了修改，共计 15 章 279 条。

二 国际海运公约对中国的影响

考虑到国际海运的重要性以及海上风险的特殊性，国际社会统一海上货物运输法的意愿非常强烈。迄今为止，国际上同时存在着三个生效的国际海运公约：

1. 《海牙规则》

《海牙规则》（*The Hague Rules*）的全称是《关于统一提单若干法律问题规定的国际公约》（*International Convention for the Unification of Certain Rules of Law Relating to Bills of Lading*）。《海牙规则》于 1924 年 8 月 25 日在比利时首都布鲁塞尔召开的 26 国代表出席的外交会议上获得通过，并于 1931 年 6 月 2 日起生效。根据我国学者的最新统计，《海牙规则》成员方总数应该是 108 个国家或地区。[①]

我国不是《海牙规则》的缔约国。但是，在《海商法》实施以前，我国使用的远洋运输提单往往选择适用《海牙规则》。在审判实践中，对于涉外当事人选择的合同适用法律，法院通常认可其效力。[②]

2. 《维斯比规则》

《维斯比规则》（*The Visby Rules*）的全称是《修订关于统一提单若干法律规定的国际公约的议定书》（*Protocol to Amend the International Convention for the Unification of Certain Rules of Law Relating to Bills of Lading*）。经该议定书修订后的《海牙规则》称为《海牙—维斯比规则》（*The Hague-Visby Rules*）。该议定书于 1977 年 6 月 23 日生效。目前，《维斯比规则》在 33 个国家或地区生效，包括中国香港、丹麦、芬兰、法国、德国、希腊、

---

① 吴焕宁：《国际海上运输三公约释义》，中国商务出版社 2007 年版，第 396—397 页。

② 高隼来：《中国的海商法规和实践》，《中国海商法年刊（1990）》，大连海运学院出版社第 4—5 页。

意大利、荷兰、挪威、俄罗斯、新加坡、瑞典等国家和地区。①

我国不是《维斯比规则》的缔约国，但我国在起草《中华人民共和国海商法》第4章海上货物运输合同时，采用了《维斯比规则》的承运人责任体系。也就是说，中国立法者在《海商法》中引入了《维斯比规则》有关承运人的责任基础、过失责任和赔偿限制规定。例如，《海商法》第46条第2款关于货物装船前、卸货后承运人的责任可以达成任何协议的规定，第47条承运人的适航义务，第48条承运人的管货义务，第49条关于不得绕航和合理绕航的规定，第51条包括航海过失免责、火灾免责在内的承运人的免责事项规定，以及第56条承运人赔偿责任限额的规定等都是分别从《维斯比规则》第7条，第3条第1款、第2款，第4条第4款、第2款、第5款引入的，其中承运人的免责事项在引入时作出了不违背原义的项目删并。②

3. 《汉堡规则》

《汉堡规则》（*The Hamburg Rules*）的全称是《1978年联合国海上货物运输公约》（*United Nations Convention on the Carriage of Goods By Sea*, 1978)。《汉堡规则》于1978年3月31日获得通过，1992年11月1日起生效。目前，批准《汉堡规则》的国家一共有34个。德国、法国、丹麦、挪威、新加坡、美国等国家，虽然都在1978年前后在《汉堡规则》上签字，但时至今日，这些国家都没有批准《汉堡规则》。③

我国在制定《海商法》的时候，有专家认为，我国是发展中国家，应该支持经发展中国家努力才通过的《汉堡规则》；我国制定《海商法》的参照标准应该是《汉堡规则》，而不是代表发达国家利益的《海牙规则》。④ 但是，经过慎重考虑，权衡利弊，我国最终还是采取了以《维斯比规则》体系的承运人制度为基础，吸收《汉堡规则》和经中国实践证明合理的规定的混合责任制度。对照中国《海商法》第4章海上货物运输合同的规定，我们就能明显指出从《汉堡规则》引入的条款。引入《海商法》

① CMI YEARBOOK 2007—2008, pp. 387—388.

② 吴焕宁：《国际海上货物运输三公约释义》，中国商务出版社2007年版，第70—71页。

③ 联合国贸易法委员会网站，《汉堡规则》的状况：http://www.uncitral.org/uncitral/zh/uncitral_texts/transport_goods/Hamburg_status.html。

④ 叶伟膺：《回忆〈海商法〉制定过程中的两个焦点问题》，《中国远洋航务公告》2003年第7期，第23页。

的《汉堡规则》的主要条款如下：第 1 条关于承运人、实际承运人、托运人、收货人、货物、海上货物运输合同、提单等定义，分别引入《海商法》第 41 条、第 42 条和第 71 条。其中托运人的定义在引入时删去了"或"字，成为两种托运人；第 9 条舱面货引入《海商法》第 53 条；第 10 条承运人和实际承运人的责任引入《海商法》第 61—65 条；第 11 条联运引入《海商法》第 60 条第 2 款；第 12 条托运人的责任、一般规则引入《海商法》第 70 条；第 14 条提单的签发引入《海商法》第 72 条；第 16 条提单的保留和证据效力引入《海商法》第 75 条、第 76 条和第 77 条；第 18 条提单以外的单证引入《海商法》第 80 条，引入时增加了"不可转让"的规定；第 23 条合同条款第 1 款、第 2 款引入《海商法》第 44 条、第 45 条。①

三 我国海上货物运输法的特点

《海商法》的颁布实施，填补了我国海运立法中的许多空白，而且一跃成为当时国际上较为先进的海运立法，受到了广泛关注和好评，改变了我国海运立法落后的局面。② 根据有关学者的论述，我国《海商法》具有以下鲜明的特点：

第一，海商法是民法的特别法。根据我国《海商法》第 1 条的规定，《海商法》是"调整海上运输关系、船舶关系"的，"这些关系是平等民事主体之间横向的财产、经济关系，当事人的合法权益主要是通过依法订立与履行合同和依法承担违约责任、侵权责任，得到维护的。海商法调整的法律关系的性质决定，它属于民事法律范畴。同时，由于海上运输风险大，海船和所运货物的价值高，又使它有别于一般民事法律，被视为特别民事法律……在海事活动涉及的民事法律关系中，具有特殊性、有别于一般民事法律关系的，需要由海商法规定；没有特殊性、属于共性法律关系的，海商法可以不作规定"。③

第二，《海商法》与国际海运公约或航运惯例接轨。"海上运输，尤其是国际海上运输，是以世界为舞台，欲使我国的外贸运输业与国际航运市

① 朱曾杰：《朱曾杰文集》，法律出版社 2007 年版，第 278—279 页。
② 刘松金：《我国海事立法的里程碑》，中国交通报 2003 年 6 月 27 日。
③ 杨景宇：关于《中华人民共和国海商法（草案）》的说明——1992 年 6 月 23 日在第七届全国人民代表大会常务委员会第二十六次会议上，引自法律图书馆网站，http://www.law-lib.com/fzdt/newshtml/20/20050727181209.htm，2009-10-20 访问。

场接轨，调整海上运输关系的海商法就必须与国际海运公约和国际航运惯例相衔接。《海商法》虽然是国内法，但其表现形式更多的是国际海运公约和国际航运惯例……我国《海商法》以我国 40 多年海运和经贸实践为基础，吸收了目前国际上通行的国际公约和航运惯例的规定，适当考虑到国际海运立法的发展趋势，对海上运输关系和船舶关系作了比较全面、具体的规定。例如，海上货物运输合同一章，是以《海牙—维斯比规则》为基础，吸收《汉堡规则》若干符合国际海运立法发展趋势的条款……这种与现行国际通行法规和习惯做法紧密衔接的立法形式，有人称之为法律的'国际标准'。它为推进海上运输走向国际化、时代化，提供了法律条件"。①

第三，《海商法》从国际航运实际出发，以特殊的方式实现了公平这一基本原则。"表面看来，《海商法》中有许多规定与民法中一般的公平原则似乎是不一致的，例如承运人由于船长、船员的驾驶过失或管船过失对货物造成了损害，可以依法享有免责；对自己的过失造成的火灾进而导致货物损坏，却要由货方举证承运人存在本人过失，甚至承运人确应承担责任时，只要不是故意或轻率的，都可以不遵照民法中的补偿原则，对货损享有责任限制等。然而若从民法角度看来无法接受的理论，却成为众多航运大国奉行的金科玉律。实际上由于海上运输存在着特有的风险，正是考虑了这些特殊的因素，各国学者和立法者才从实际出发以折中的方法选择了一种独特的相对公平和平衡"。②

第四，我国沿海货物运输与国际货物运输施行不同的制度。《海商法》第 2 条第 2 款规定："本法第四章海上货物运输合同的规定，不适用于中华人民共和国港口之间的海上货物运输。"杨景宇先生对此作出了专门的解释，"这样规定，不同于多数国家的海商法，是从我国沿海货物运输和国际海上货物运输至今一直实行两种不同制度这一现实情况出发而拟定的。我国现行沿海货物运输与内河货物运输统称'水路货物运输'，是由《经济合同法》以及据以制定的《水路货物运输合同实施

① 司玉琢、朱曾杰：《〈中华人民共和国海商法〉的特点评述》，《中国海商法年刊（1992）》，大连海运学院出版社，第 236—237 页。
② 尹东年：《历史的考验——记〈海商法〉施行十周年》，《中国远洋航务公告》2003 年 7 月，第 18 页。

细则》和《水路货物运输规则》调整的，在许多方面实行计划管理，承运人包括两港（装货港和卸货港）一航（船方），对所运货物承担严格的赔偿责任（除因不可抗力、货物本身原因、托运人或者收货人本身过错造成的货物损失外，承运人都要负赔偿责任，并要按照货物的实际损失赔偿），使用的运输单证是不可转让的简便的'运单'。草案第四章是依照有关国际公约、国际惯例拟定的，承运人专指船方，不包括港口经营人；运输经营随行就市；实行不完全的过失赔偿责任（由于驾驶船舶或者管理船舶的过失造成的货物损坏，承运人不负赔偿责任）和赔偿责任限制制度（在法定的最高赔偿限额之内负赔偿责任）；使用的运输单证是受到国际公约严格约束的，一般都可以转让的'提单'。因此，从目前实际情况出发，草案规定沿海货物运输暂不适用本法，是适宜的；今后随着改革深化，沿海货物运输与国际海上货物运输实行同一制度的条件成熟时，通过立法程序，删去第二条第二款即可"。① 《合同法》生效以后，沿海、内河运输中签订的合同则需受《合同法》以及依据《合同法》基本原则而制定的《水路货物运输规则》的制约，确立了严格责任制的责任机制。②

四 我国海上货物运输法的整体评价

《海商法》实施后的十五年，是我国航运事业大发展的十五年。截至2008 年 7 月，中国海运船队运力规模超过一亿载重吨，位居世界第四位，占世界份额的 8.18%。③ 中远集团船舶总运力跃居世界第二位，中远、中海集装箱船队运力位居世界十强。④ 2007 年，中国船舶工业新接订单位居世界第一，占国际市场近一半的份额。⑤ 我国港口货物吞吐量和集装箱吞

---

① 杨景宇：关于《中华人民共和国海商法（草案）》的说明——1992 年 6 月 23 日在第七届全国人民代表大会常务委员会第二十六次会议上，引自法律图书馆网站，http：//www. law‐lib. com/fzdt/newshtml/20/20050727181209. htm，2009‐10‐20 访问。

② 尹东年：《历史的考验——记〈海商法〉施行十周年》，《中国远洋航务公告》2003 年 7 月，第 19 页。

③ United Nations Conference on Trade and Development：Review of Maritime Transportation（2008），p. 39.

④ 人民日报海外版，2008 年 7 月 31 日，中国成为世界海运大国船队运力规模超 1 亿载重吨，http：//www. gov. cn/jrzg/2008‐07/31/content_ 1060217. htm，2009‐10‐20 访问。

⑤ 中央电视台：振兴规划提振中国船舶，2009 年 2 月 12 日。http：//finance. sina. com. cn/stock/hyyj/20090212/08245846317. shtml。

吐量已连续五年位居世界第一，① 5 个港口进入世界港口吞吐量的前十位，上海港成为世界第一大港；② 6 个港口进入世界集装箱港口吞吐量二十强③，我国港口集装箱吞吐量占了世界集装箱吞吐量的 28.4%。④ 2008 年，我国是世界上班轮航线停靠最多的国家，世界上约有 40% 的班轮挂靠一个或多个中国港口。⑤ 自 1989 年起，我国连续 10 届当选为国际海事组织 A 类理事国，在世界海运界的地位明显提升，已成为世界海运发展的主要推动力。

实践证明，"《海商法》的立法质量是高的，国际上对它的评价是积极的。这主要表现在以下几个方面：首先，我国的海事审判与海事仲裁活动有了基本法，为调整海上运输关系、船舶关系，维护当事人的合法权益奠定了基础。其次，《海商法》的内容尽可能地与国际公约和国际惯例接轨靠拢，为确保当事人之间的法律关系的稳定和预见当事人行为的法律后果提供了保证。再者，《海商法》的立法实践，也为各国海商法的现代化提供了新鲜经验……最后，《海商法》的生效，促进了我国海商法学研究水平的提高"。⑥

但是，《海商法》在实施中也暴露出一些不足，归纳起来主要有：第一，《海商法》制定之时设立法律制度条件尚不成熟的内容，由于情势的变化而变得成熟，并且成为必要；第二，由于受《海商法》起草、论证时间的限制，对一些问题的考虑不够周全；第三，由于当时国际上缺乏广泛实施的相应条约，也没有足够的国际上成功经验可以借鉴，因此，对个别的复杂问题只作了简单的规定；第四，《海商法》使用的一些文字或者表述有待进一步明确统一。⑦ 此外，在实施期间，我国的民商事立法也有了很大的发展，国际上出现了一些新的海事条约。海商法理论界、实务界和

---

① 人民日报海外版，2008 年 7 月 31 日，中国成为世界海运大国船队运力规模超 1 亿载重吨，http：//www. gov. cn/jrzg/2008 - 07/31/content_ 1060217. htm。

② http：//space. tv. cctv. com/act/article. jsp？articleId = ARTI1217150873543848。

③ United Nations Conference on Trade and Development, *Review of Maritime Transportation* (2008), p. 95.

④ Ibid.

⑤ Ibid.

⑥ 於世成：《〈海商法〉生效十年的联想》，《中国远洋航务公告》2003 年 7 月，第 20 页。

⑦ 司玉琢、胡正良：《〈中华人民共和国海商法〉修改建议稿条文、参考立法例、说明》，大连海事大学出版社 2003 年版，序言第 3—5 页。

司法界都认为,《海商法》的修改应提上议事日程。① 2000 年, 大连海事大学和上海海事大学根据交通部的委托, 分别成立了《海商法》修改课题组, 并各自提出了完整的修改建议稿。

伴随着对外贸易的蓬勃发展, 国内也兴起了新一轮研究《海商法》的高潮。除了传统海事院校外, 北京大学、中国人民大学、中国政法大学、厦门大学、上海社会科学院法学研究所等机构先后成立了与海商法有关的研究中心; 清华大学、对外经贸大学、复旦大学、上海交通大学等院校也有了专门从事海商法教学的老师。在《中国海商法年刊》、《中国海事审判年刊》、《海商法研究》、《中国海商法协会通讯》、《海事司法论坛》等刊物上, 也时有与海上货物运输法有关的讨论, 议题涉及沿海运输与远洋运输制度的统一, 提单的性质、托运人的定义、责任期间、适航与免责的关系, 管货义务、责任限制的丧失, 无单放货, 迟延交付, 承运人识别, 记名提单, 货物留置等多个议题。

第二节　我国海上货物运输法制定及实施过程中的若干重要争论

一　适航义务是否是承运人的首要义务

国际海商法学界有一种普遍的观点认为,《海牙规则》、《维斯比规则》下承运人的适航义务系承运人的 "首要义务" (Overriding Obligation)。例如, 台特雷教授 (William Tetley) 就在其经典著作《海上货物索赔》中多次提到并强调适航义务是承运人的首要义务, 其关于货损赔偿诉讼中举证顺序也是基于这一原则而得出的。② 杨良宜先生对《海牙规则》与《维斯比规则》下适航义务的定性以及对举证责任及举证顺序的主张也持同样的观点。③ 在我国大陆, 关于承运人的首要义务是不是适航义务, 则存在着争论。朱作贤、司玉琢先生认为, "适航义务系 '首要义务' 的原则被大

---

① 胡正良:论《海商法》修改的必要性,《当代法学》, 2003 年第 12 期, 第 142 页。
② William Tetley, *Marine Cargo Claims*, 4th Edition, ch15.
③ 杨良宜:《提单及其他付运单证 (修订版)》, 中国政法大学出版社 2007 年版, 第 328—536 页。

家从容地接受与使用"。① 蒋跃川先生则认为，"自英国普通法以来，就从未产生过适航义务是承运人的唯一的首要义务这一原则，适航义务总是和管货义务一起，构成了承运人的两项基本义务或首要义务"。② 之所以如此，是因为我国在起草《海商法》的时候，参考了《海牙规则》关于承运人的适航义务、管货义务与免责事由的规定，但在表述方面又与《海牙规则》有所不同。

从条文的表述看，我国《海商法》规定的适航义务只是承运人的义务之一，违反适航义务的后果和任何其他违反合同的行为是一样衡量的。违反适航义务的后果就是承运人应对由此引起的货物灭失或损坏负责。③

我国《海商法》是参照《维斯比规则》起草的。《海商法》第 47 条规定了承运人的适航义务，第 48 条规定了承运人的管货义务，第 51 条规定了承运人的免责事项。这 3 个条款的主要内容与《维斯比规则》比较，没有任何区别。但是，这 3 个条款之间的相互关系，《海商法》没有作任何规定。《海商法》第 51 条并没有像《维斯比规则》那样在第 4 条第 1 款明确规定，承运人欲援引免责事项，必须先履行适航义务；在第 48 条中，也没有像《维斯比规则》第 3 条第 2 款那样明确规定，管货义务从属于免责事项。从《海商法》上述条款的表述看，难以看出首要义务原则的存在，从而造成承运人举证责任的混乱。④

二　谁有权向承运人请求签发提单

《海商法》第 74 条规定："货物装船前，承运人已经应托运人的要求签发收货待运提单或者其他单证的，货物装船完毕，托运人可以将收货待运提单或者其他单证退还承运人，以换取已装船提单；承运人也可以在收货待运提单上加注承运船舶的船名和装船日期，加注后的收货待运提单视为已装船提单。"结合《海商法》第 72 条和第 74 条的规定，承运人应当将提单签发给托运人。

问题是，我国《海商法》第 42 条规定："托运人"，是指：（1）本人

---

① 朱作贤、司玉琢：《论〈海牙规则〉"首要原则"——简评 UNCITRAL 运输法承运人基础条款》，《中国海商法年刊（2002）》，大连海事大学出版社，第 67 页。

② 蒋跃川：《适航义务之首要义务论考》，李海主编：《拱辰集：海商法问题研究》，大连海事大学出版社 2008 年版，第 543 页。

③ 尹东年、郭瑜：《海上货物运输法》，人民法院出版社 2000 年版，第 86 页。

④ 司玉琢：《海商法》专论，中国人民大学出版社 2007 年版，第 206—207 页。

或者委托他人以本人名义或者委托他人为本人与承运人订立海上货物运输合同的人；（2）本人或者委托他人以本人名义或者委托他人为本人将货物交给与海上货物运输合同有关的承运人的人。也就是说，我国《海商法》规定了两类托运人，一类是将货物交给承运人的人，另一类是和承运人订立运输合同的人。这样，在 FOB 价格条件下，两类托运人并存，因此将产生承运人究竟应该将提单签发给谁的问题。

第一种观点认为，应当向缔约托运人签发提单。理由如下：（1）根据合同相对性原则，承运人仅对签订海上货物运输合同的缔约托运人负有运输合同责任，包括应当向其签发提单。除运输合同明确约定或者得到合同托运人指令，或者第三方经缔约托运人特别授权以外，承运人不应向缔约托运人以外的第三人签发提单。（2）根据代理法的原理，发货人不管是以自己的名义还是缔约托运人的名义交货，代理行为的结果归于本人承担，因此提单只能签发给缔约托运人。（3）承运人和缔约托运人签订运输合同时，往往就规定了提单应该向缔约方签发。承运人和缔约托运人之间是运输法律关系，而 FOB 买卖合同则是贸易法律关系，使承运人介入贸易法律关系将不堪重负，也有违海上运输立法之本义。[1]

第二种观点认为，FOB 条件下，发货人有优先要求签发提单的权利，不论缔约托运人是否指明提单应签发给其本人，或在运输合同中有此种约定。其理由是：（1）在 FOB 条件下，如果发货人没有优先要求签发提单的权利，无疑是合法地为买方提供任意违约的机会，这对于国际贸易的正常发展和交易安全是有害的。（2）从国际贸易货物所有权转移和保护交易安全的角度出发，若无明示协议，货物所有权在付款赎单时转移。因此，凡属单证买卖，承运人都有义务向卖方签发提单。（3）FOB 卖方的对外效力是根据其实际交运货物的事实或行为而由法律直接创设的，发货人基于法律的强制性规定而成为运输法律关系的主体。当法定托运人和约定托运人发生冲突时，法定托运人的权利应优先受到保护。（4）法律创设了默示合同条款，交货人依据法律默示的规定取得托运人的地位，此乃事实契约之一种。[2]

第三种观点认为，承运人将提单签发给两个托运人中的任何一个都是

---

[1]　吴焕宁主编：《海商法》，法律出版社 1996 年版，第 101—102 页。

[2]　司玉琢：《海商法专论》，中国人民大学出版社 2007 年版，第 275—276 页。

合法的，除非缔结合同的托运人指明提单应该交给其他人，否则承运人将提单签发给交付货物的人应该视为和交付给缔结合同的托运人的效力相同。[①]

三 "不知条款"的效力问题

我国《海商法》第 75 条规定，对托运人申报的货物品名、标志、包数或者件数、重量或者体积，承运人如有适当的根据怀疑其正确性时，或无适当方法进行确认时，便没有在提单上将它们记载的义务。但是，在实务中，承运人往往仍对托运人申报的事项在提单上记载，然后再对这些记载事项批注保留字句，如"据申报重量"，"托运人装船、铅封和计数"等，这就是所谓的"不知条款"。

在我国，关于"不知条款"的效力问题，存在着两种不同的观点："肯定论"认为，在集装箱运输中，承运人在与托运人或者收货人交接货物时，只检查箱体外表是否良好，铅封是否完整，而不检查箱内所装的货物。承运人在整箱货交接时不拆箱验货的做法已成为一种国际惯例，并为承运人、货主或其他国际集装箱运输相关人员所接受。[②]"否定论"主要从两个方面否认该条款的效力：（1）"不知条款"属于格式条款，其减轻或免除了承运人的责任，排除了对方的权利，应属于《合同法》第 40 条所规定的无效条款。（2）根据《海商法》第 77 条的规定，当提单转让至善意的收货人手中时，承运人不能提出与提单所载状况不同的证据。"不知条款"违反了《海商法》的此项规定，属无效条款。[③]

四 倒签提单的民事责任属性

倒签提单，是指在货物装船后签发的，以早于货物实际装船的日期作为提单签发日期的提单。[④] 关于倒签提单的民事责任属性，法学界历来是众说纷纭，概括起来主要有以下 5 种：

1. 侵权责任说。持此说的学者将倒签提单的行为特征与侵权行为的构成要件相对照，认为：作为倒签提单行为人的承运人主观上有过错；倒签

---

① 尹东年、郭瑜：《海上货物运输法》，人民法院出版社 2000 年版，第 229—230 页。

② 李爱云：《集装箱提单上的"不知条款"批注对货物"隐蔽损害"责任的影响》，《第二届广东海事高级论坛论文集》，第 349—353 页。

③ 初北平、刘倩：《海运提单中重量不知条款的法律性质》，《人民司法》2006 年第 7 期，第 65—66 页。

④ 司玉琢主编：《海商法》，中国人民大学出版社 2008 年版，第 129 页。

提单行为违反了承运人的法定义务，具有违法性；倒签提单行为能产生一定的损害后果；倒签提单违法行为与损害后果之间具有因果关系。因此，倒签提单行为符合侵权行为的构成要件，倒签提单行为人应承担民事责任。[①]

2. 违约责任说。这种观点认为，提单是承运人与收货人、提单持有人之间的合同，基于虽然倒签提单但货物最终装船的事实，承运人倒签提单违反的是《海商法》规定的强制性义务，承运人虽然因提单合同无效丧失了提单合同项下免责与责任限制的权利，但当事人之间有提单合同的法律事实却不能否认。承运人违反的是《海商法》的行为，而不是违反侵权法的行为。因此，承运人对此种违约行为应承担无效合同责任。[②]

3. 竞合责任说。这种观点认为，倒签提单是违约责任和侵权责任的竞合。该说运用因果分析法，指出违约与侵权虽是两种不同性质的民事行为，但两者并非总是互相排斥、互不相容的。当对某些民事行为进行因果分析时，不难发现，有些侵权行为是基于违约事实而发生，违约是侵权的客观起因，侵权是违约的质的发展，倒签提单行为便不可避免地带有双重的法律特征，其行为过程是由违约行为和侵权行为结合形成，导致了两种不同的民事责任。因此，倒签提单行为的法律责任属性可以表述为违约责任和侵权责任的竞合，侵权责任是其主要特征。[③]

4. 缔约过失责任说。这种观点认为，倒签提单行为的民事责任应为缔约过失责任。因为：（1）倒签提单行为出于承运人的主观过错。承运人明知货物实际装船日期晚于信用证日期仍然倒签提单，此种行为只能出于故意而非过失，属于承运人的主观过错。（2）承运人倒签提单的行为违反了法定的诚实信用义务。依据诚实信用原则，承运人负有如实签发提单的义务，而倒签提单行为构成对收货人、提单持有人的欺诈，属于违背诚实信用义务的违法行为。（3）倒签提单行为给收货人、提单持有人造成财产损失的结果。（4）倒签提单行为与损害事实之间存在直接的必然的因果关系。[④]

①　徐孝先：《论无效提单合同的认定及处理》，《远洋运输》1994年第1、2期。
②　徐新铭：《预借、倒签提单法律性质之我见》，《海事审判》1997年第1期。
③　张希周：《试析倒签提单的法律性质及责任》，《海事审判》1994年第1期。
④　沈悦志：《试论倒签提单的缔约过失责任》，《世界海运》1998年第5期。

5. 侵害债权说。这种观点认为，倒签提单不是一种侵权行为，因为倒签提单行为本身与收货人迟延收到货物而遭受损失没有直接的因果关系。是否签发倒签提单并不会影响到收货人收货的时间，它只是要掩盖货物延迟装船的事实，收货人迟延收到货物并不是因为签发倒签提单，而是因为延迟装船。倒签提单也不是一种违约行为，因为违约行为的前提是当事人间必须存在有效的合同关系。对于运输合同之外的提单善意受让人来说，提单实际上起到了运输合同的作用，但提单并不是合同本身。因此，倒签提单本身的行为性质并不包括"违约"。根据《民法通则》第 58 条以及《合同法》第 52 条的规定，倒签提单行为应属无效的民事法律行为，倒签提单侵害了收货人的履行抗辩权，因此是一种侵害债权的行为。①

五　保函的效力

海上货物运输法中所称的保函，又称损害赔偿保证书，是一方向另一方作出的请求对方为或不为一定行为并保证承担由于对方遵守该项请求所造成的经济损失的一种书面承诺。②

关于保函，我国学者主要有以下三种观点：

第一种观点认为，海运保函常常具有欺诈的嫌疑，其效力不应得到承认。理由如下：（1）保函动摇了以提单为中心构建的航运规则，危害了提单的信用基础，使提单的可靠性大为降低，从而动摇了贸易体系的基石，扰乱了贸易和航运的正常秩序，而且还在一定程度上为海运欺诈提供了可乘之机。（2）保函使托运人间接享受了责任限制。收货人因为货物与提单不符向承运人请求赔偿，承运人最多按责任限额赔偿收货人，再凭保函向托运人追偿，托运人只用在承运人赔偿范围内补偿承运人。亦即原来无权享受赔偿责任限制的托运人利用保函享受了赔偿责任限制，而收货人或保险人则因保函而承担部分损失，这样显然对收货人和保险人不公。③

第二种观点认为，保函原则上应该有效。其理由是：保函为国际贸易运输实务的习惯做法，起源于现代国际贸易的复杂性。保函本身并非涉及道德或合法性问题，而是有关实务运作与商业的问题。保函为协调双方利益的最佳利器。实践中，大量的保函没有产生任何索赔。实际上，保函不

---

① 王婷：《倒签提单的法律性质之探讨》，《法制与社会》2007 年 8 月，第 298—299 页。
② 傅廷中：《海商法论》，法律出版社 2007 年版，第 139 页。
③ 李广辉：《海运保函问题研究》，《法律适用》2008 年第 1、2 期，第 158—161 页。

但没有破坏提单的信用和商业流通性，对提单的流通甚至还有润滑作用，因为保函只在提供与接受保函者之间发生作用，原则上不得对抗持有提单的善意第三人。[①]

第三种观点认为，从法律上讲，保函是一种特殊的保证合同。海运保函虽然是保证的一种，但有其特殊性，主要表现为：（1）保证必须是由第三人出具的；而海运保函可以由第三人出具，也可以由债务人自己出具或两者联合出具。（2）保证合同具有从属性，其存在必须以主合同的订立为前提，一般是由保证人与被担保合同的权利人订立的。但从保函的实际功效来看，并不是在运输合同订立时，为保证主合同的履行而订立的，而往往是在航程开始前或航程完成以后。从形式上看，似乎具有独立的实质性的内容，但实际上仍是有明显的从属性特点。因为其功能仍然是对运输合同权利人利益的保护，是间接地对运输合同的担保，这就是保函与一般保证合同不同的地方。特别是这种特殊的担保合同的被保证人不是运输合同的权利人而是义务人。由于这种特殊性，保函仅在承运人与保证人之间有效，而不能以保函对抗第三人。[②]

六　提单

（一）提单有无物权性

在我国，关于提单物权性的辩论从 20 世纪 90 年代中期就开始了，其主要观点有以下三种：

1. 否定提单的物权性。该观点认为，没有必要引入物权理论，也完全能够解决提单的理论和实践问题，"把提单说成是物权凭证是一场历史的误会"。[③] 持此种观点的人否定提单物权性，认为提单在任何领域都不具物权性。一般认为，这是少数派的观点。[④]

2. 肯定提单的物权性。持此种观点的学者认为，提单在任何时候都具有物权性。但着眼点则各有不同。有的学者持所有权观点，有的学者则持

① 邢海宝：《提单欺诈的形式及其效力分析》，《法制与社会发展》1998 年第 2 期，第 53 页。
② 孟于群：《中国外运法律论文集》，中国商务出版社 2004 年版，第 50 页。
③ 李海：《关于"提单是物权凭证"的反思——兼论提单的法律性质》，《中国海商法年刊（1996）》，第 41 页。
④ 司玉琢、初北平：《论无单放货引起提单物权性的争论》，《中国海商法年刊（2005）》，第 4 页。

占有权观点。①

3. 提单功能阶段论。持此种观点的人认为，提单在不同的领域，所显现的物权功能是不同的。可转让提单在不同领域其显示的物权功能概括如下：在运输领域，提单不具有物权性，只是货物收据、合同证明或提货凭证；在贸易领域和金融领域，提单是物权凭证。②

（二）记名提单能否转让

关于《海商法》第 79 条规定的"记名提单：不得转让"这一规定，学界之间存在不同的理解。

一种观点认为，对"不得转让"应作严格的解释。例如，郭瑜教授认为："法定的指示证券一定要有法律作可转让的规定，既然我国法律已经明确了'记名提单，不得转让'，要作相反或限制解释就必须有很充分的理由。收货人有权转让货物并不表明他有权仅以转让提单的方式转让货物所有权。"③ 司玉琢教授认为："记名提单除可以从托运人转让至其上载明的收货人外，一般不能用以流通转让。仅根据这种理解，无法确定在记名提单下承运人是否应凭单交货，还需参照其他的相关规定。"④

另一种观点认为，"不得转让"是指记名提单不得由托运人转让，但是可以由记名收货人通过背书的方式转让。"记名提单从签发之时起，收货人就已经特定。签发记名提单的法律意义，在于明确提单项下货物的物权归属于记名收货人。强调记名提单不得转让，旨在保护记名收货人的物权。故记名收货人以外的任何人都无权转让记名提单。从物权方面看，记名收货人可以转让记名提单。转让记名提单是记名收货人行使物权的一种表现形式。"⑤ 根据这种理解，在记名提单下，承运人必须凭单放货，否则将无法确定谁是真正有权提货的人。

（三）记名提单是否需要凭单放货

尽管理论界对记名提单是"凭证明身份放货"还是"凭正本单放货"

① 司玉琢、初北平：《论无单放货引起提单物权性的争论》，《中国海商法年刊（2005）》，第5页。

② 司玉琢、汪杰等：《关于无单放货的理论与实践》，《中国海商法年刊（2000）》，第18—29页。

③ 郭瑜：《提单法律制度研究》，北京大学出版社1997年版，第31—33页。

④ 司玉琢：《海商法专论》，中国人民大学出版社2007年版，第280—281页。

⑤ 杨运福、任雁冰：《记名提单下承运人和记名收货人的法律地位》，《第二届广东海事高级论坛论文集》，第408页。

还存在着争论，① 但长期以来，审判机关的倾向是根据我国《海商法》，记名提单，承运人也应当凭正本记名提单放货。在"栖霞市恒兴物业公司诉某货物公司记名提单无单放货"案中，青岛海事法院在一审中、山东高级人民法院在二审中均认定，记名提单，承运人应仍凭正本提单放货。在"佳裕轮货损纠纷"案中，广州海事法院和广东省高级人民法院认定，"关于转让记名提单权益的声明，违反我国法律的规定，不具有效力"。②

2002 年，最高人民法院在青岛会议的《海事审判实务解答讨论稿》第 40 条，曾采用否定记名提单物权凭证属性、肯定承运人可以无须凭正本记名提单放货的观点。2003 年，最高人民法院以（2003）民四提字 10 号"青岛海神食品有限公司诉东方海外货柜有限公司、三湖株式会社海上货物运输无单放货"案表明了其新立场，以典型案件公告的形式明确认定，根据中国《海商法》第 71 条，记名提单也需要凭单放货。③ 2004 年 9 月，在青岛举行的第 13 届全国海事审判研讨会上，与会代表达成共识，即"判断承运人在记名提单项下是否应当凭单放货，取决于支配提单关系的法律，不同国家的海商法规定各不相同，承运人的交货条件也应有所不同。无论记名提单的物权凭证性质如何以及其与可转让性的关系如何，在适用我国现行《海商法》审理的案件中，记名提单应当凭单放货，承运人向记名人交付货物的同时，应当收回正本提单"。④ 2005 年 11 月，最高人民法院在南京召开第二届全国涉外商事海事审判工作会议，其《会议纪要》第 130—151 条明确规定，承运人应当向持有正本记名提单的记名人交付货物，承运人无正本记名提单放货，应当承担违约或者侵权责任，并不得援引限制责任抗辩。2009 年 2 月 16 日，最高人民法院审判委员会第 1463 次会议正式通过了《最高人民法院关于审理无正本提单交付货物案件适用法律若干问题的规定》，以司法解释的方式，明确了在签发记名提单

---

① 姚新超：《记名提单下无单放货的责任及防范措施》，《对外经贸实务》2007 年第 9 期，第 51 页。

② 杨运福、任雁冰：《记名提单下承运人和记名收货人的法律地位》，《第二届广东海事高级论坛论文集》，第 408—409 页。

③ 刘萍：《提单运输货物交付问题国际惯例之考证》，《商场现代化》2007 年 4 月，第 27 页。

④ 郭俊莉：《记名提单应凭单放货》，《中国交通报》2004 年 9 月 23 日。

的情形下，承运人需要凭单放货。①

七　无单放货的性质

无单放货，是指在没有出示提单的情况下交付货物，即承运人违反《海商法》第71条规定的凭提单交付货物的义务，没有收回提单而交付货物。无单放货不是一个法律术语，而只是对上述情况的俗称。

就无单放货的定性问题，我国司法实践经历了四个不同的阶段：

1. 认定侵权阶段（1984—1992年）。在这个阶段，法院把提单视为绝对的物权凭证，"只认单不认人，且此单为物权单"，大都认定承运人无单放货属于侵权行为，承担侵权责任。

2. 侵权与违约并存的阶段（1993—2001年）。法院认定承运人无单放货的性质既有违约也有侵权。具体案由分三种：①当事人以什么案由起诉就定什么案由；②根据违约排斥侵权原则将案由定为违约纠纷，但并不否认提单是物权凭证；③根据提单物权凭证的性质定性为侵权纠纷。

3. 违约阶段（2001—2009年3月4日）。《2001年全国海事法院院长座谈会纪要》指出："一般情况下，合法持有提单的人向承运人主张无单放货赔偿的，应定性为违约纠纷，承运人应当承担与无单放货行为有直接因果关系的损失赔偿责任。"2004年5月，最高人民法院在《涉外商事海事审判实务问题解答》第133条就"如何认定无正本提单放货纠纷案件的性质"再次明确："根据提单的性质，无单放货纠纷既可能产生违约的民事责任，也可能产生侵权的民事责任。在审判实践中应当掌握：一般情况下，在海上货物运输中合法的提单持有人向承运人请求无单放货损害赔偿的，视为违约；提单持有人向无单提货人主张权利的，以侵权论。"②

4. 侵权与违约并存阶段（2009年3月5日至今）。2009年2月16日，最高人民法院审判委员会第1463次会议通过了《最高人民法院关于审理无正本提单交付货物案件适用法律若干问题的规定》（简称《规定》），以司法解释的形式，正式对无单放货行为进行了定性，《规定》自2009年3月5日起施行。根据《规定》第3条，承运人因无正本提单交付货物造成正本提单持有人损失的，正本提单持有人可以要求承运人承担违约责任或

---

① 《最高人民法院关于审理无正本提单交付货物案件适用法律若干问题的规定》（法释〔2009〕1号），第1条、第2条。

② 万鄂湘：《涉外商事海事审判指导》（第1期），人民法院出版社2004年版，第73页。

者侵权责任。根据权威人士的解读，正本提单持有人根据我国法律规定，有权选择依照《海商法》有关海上货物运输合同权利义务关系的规定请求承运人承担违约责任，或者基于承运人无正本提单交付货物侵害了提单持有人的提单物权，依照《民法通则》的规定请求承运人承担侵权责任。无正本提单交付货物的侵权是在履行合同中的侵权，属于合同框架内的侵权，不同于普通的民事侵权。因此，在审理无正本提单交付货物案件中所涉及的损害赔偿范围、承运人交付货物抗辩的认定以及诉讼时效的认定等问题时，应当按照特别法优于普通法的原则，首先适用《海商法》的规定。①

八 承运人责任基础

承运人责任制度，是国际海上货物运输法律制度的核心，也是海上运输中各方利益冲突的焦点。十八年前，在"中华人民共和国海商法（草案）1991 年 3 月 31 日修改稿"的讨论过程中，民法学者曾与草案的起草者之间进行过一次大辩论。

根据叶伟膺先生的回忆，在讨论会上，起草者主张：（1）制定中国海商法应参照《海牙规则》和《维斯比规则》，并适当吸收《汉堡规则》一部分合理的内容，而不应照搬《汉堡规则》的规定；（2）中国海商法不宜取消承运人对其雇员在管船方面的过失免责的规定。②

上述意见遭到了许多民商法专家的强烈反对，他们的理由是：（1）《海牙规则》是 1924 年由发达国家制定的。它偏袒发达国家的利益，忽视发展中国家的利益。因此，经发展中国家的共同努力，1978 年 3 月 6 日至 31 日在汉堡举行的联合国海上货物运输会议上，制定并通过了《汉堡规则》，并将于 1992 年 11 月 1 日生效。它是国际统一海事立法的发展趋势，我们应参照新的《汉堡规则》，而不应参照旧的《海牙规则》来制定我国的海商法；（2）谁有过失就应由谁来承担责任，但《海牙规则》却规定承运人对其雇员在驾驶船舶或管船方面的过失免责，这是很不合理的。③

针对民商法学者的观点，起草者作出了如下回应：（1）《海牙规则》

---

① 刘宁：《承运人的责任义务与收货人的诉讼权利——最高人民法院民四庭负责人详解〈规定〉》，《人民法院报》2009 年 3 月 5 日。

② 叶伟膺：《〈中华人民共和国海商法〉的制定工作回忆》，《中国对外贸易》2002 年第 5 期，第 35 页。

③ 同上。

确是多年以前制定的，但已于1968年2月23日在布鲁塞尔进行过修改并产生了《维斯比规则》。目前，《海牙规则》和《维斯比规则》已为国际航运界、保险界和贸易界所普遍接受并采用。至于《汉堡规则》的缔约国，大多数是内陆国家，其拥有的船舶总吨位仅占世界海船总吨位的1%左右。在今后相当长的时期内，《汉堡规则》不会被普遍接受。因此，在制定中国海商法时，应参照《海牙规则》和《维斯比规则》，并适当吸收《汉堡规则》的一部分合理内容，而不应照搬《汉堡规则》的规定。否则，海商法将很难实施。必须注意到，国际航运事业具有很强的国际性，它早已实现全球一体化。（2）航运有它的特殊性。在海上航行中，承运人的雇员很难做到在驾驶和管船方面没有过失，承运人对其雇员的行为也很难控制，而且由于雇员的过失，不仅给货方也给船方造成损失。因此，规定承运人对其雇员在驾驶船舶和管船方面的过失免责，也有其道理。（3）即使这些规定偏袒了船方而忽视了货方的利益，中国海商法也不应改变这种做法，因为：①目前国际航运界都采用《海牙规则》和《维斯比规则》，没有一个国家愿意扩大本国船方的责任。在此情况下，如果我国的海商法扩大承运人的责任，则对我国的航运公司极为不利，因为货方将利用中国海商法的规定，更多地向我国航运公司索赔、扣船和提起诉讼，不仅会给我国航运公司增添麻烦，而且势必增加我国航运公司对货方的赔偿额。②鉴于目前我国出口货物大部分在国外保险，因此我国航运公司给货方的赔款，仅有一小部分支付给我国的外贸公司，而大部分将赔偿给外国公司。国家的立法不应单纯考虑一个部门的利益，而应考虑国家的整体利益。[①]

经过三天的激烈讨论，最后所有与会专家达成共识，成果就是《海商法》第51条的规定。

九 航海过失免责的存废

航海过失免责，是指国际海上运输货物的承运人对于船长、船员、引航员或者承运人的其他受雇人员因驾驶船舶或管理船舶的过失所造成的货物的灭失或者损坏，不负赔偿责任。航海过失包括驾驶船舶的过失和管理

---

① 叶伟膺：《回忆〈海商法〉制定过程中的两个焦点问题》，《中国远洋航务》2003年7月，第23—25页。

船舶的过失。① 驾驶船舶的过失，是指船长、船员和引航员等，在船舶航行或者停泊操纵上的过失。管理船舶的过失，是指船长、船员等在维持船舶的性能和有效状态上的过失。② 值得注意的是，航海过失免责并不包括承运人自身的过失。如属于承运人自身的有关驾驶和管理船舶的过失，则承运人不能免责。③

在我国，作为《海商法》修改的前期工作，交通部也曾下发问题单，就航海过失免责的存废向各界广泛征求意见，共有 29 个机构对问题单进行了回复。其中，18 个机构④明确表达了反对取消航海过失免责的意见，11 个机构⑤表示了支持取消航海过失免责的意见。⑥

1. 主张保留航海过失免责的理由

（1）尽管航海技术不断进步，但目前海损事故如碰撞、搁浅等仍时有发生，而且不能忽视目前在风险分担方面，在货主和船东之间，进而在货物保险人与船东保赔协会之间，已经达成的微妙平衡。

（2）航海过失免责是基于海上货物运输的特殊风险，尽管航海技术、设备的进步在一定程度上减少了海上风险，但科技的进步在某些方面也增加了海上风险，例如：随着船舶的大型化和专业化，船舶的操纵变得更为困难和复杂，而且一旦发生事故，所造成的损失往往是灾难性的。

（3）取消航海过失免责，将可能导致承运人因恶劣天气等海上风险造成的货损、货差免责权利的丧失，因为航海过失与海上风险往往联系在一起，承运人很难证明何种损失是由于航海过失所造成的，何种损失是由于海上风险所造成的。

---

① 司玉琢主编：《海商法专题研究》，大连海事大学出版社 2002 年版，第 1 页。
② 司玉琢主编：《海商法》，法律出版社 2003 年版，第 113 页。
③ 司玉琢主编：《海商法专题研究》，大连海事大学出版社 2002 年版，第 2 页。
④ 反对取消航海过失免责的机构：广州海运（集团）有限公司、中华人民共和国连云港海事局、中国外轮代理总公司、日照港务局、大连海事法院、广西壮族自治区航务管理局、中国船东协会、中华人民共和国汕头海事局、中国海事服务中心、冼基律师行、中远集装箱运输公司、福建省交通厅、中国长江航运（集团）总公司、中国远洋运输（集团）总公司、江苏省交通厅、中国船东互保协会、中国海运集团总公司、上海海事法院。
⑤ 支持取消航海过失免责的机构：甘肃水运管理局、中华人民共和国深圳海事局、北京昌明律师事务所、湖南省航务管理局、湖北省交通厅、北京大学法学院海商法研究中心、湛江海事局、中交水运规划设计院、福建海事局、宁波市交通委员会、广州海事法院。
⑥ 这些意见，归纳自大连海事大学法学院修改《海商法》课题组整理的《修改〈海商法〉问题单反馈意见》，2001 年 10 月。

（4）目前，国际上绝大多数国家采用的是实行不完全过失责任的《海牙规则》或《维斯比规则》，而采纳《汉堡规则》的国家较少，且大多数是航运不发达的第三世界国家，《汉堡规则》并没有被任何的航运或者贸易大国所接受，如我国单方面取消航海过失免责，加重承运人的责任，只会大大削弱我国航运业的竞争力。

（5）航运业与国民经济、国防的关系密切，我国航运法规的制定、修改应该有利于促进航运的发展，我国作为世界上的航运大国之一，应切实保护船东的利益，在取消航海过失免责方面不应走得太快。①

2. 反对保留航海过失免责的理由

（1）海商法是由航运发展早期的惯例发展而成的，而这些惯例与当时的航海实践紧密相连。但是，随着科技的进步，现代科技在航海上的广泛应用大大增强了抵御海上风险的能力。早期的"海上冒险"之说法已不复存在，立法上给予船东特别保护、豁免和特权的经济基础几乎不复存在。

（2）从船东对船舶的实际控制看，设置船长、船员航海过失免责的理由之一，是由于当时的通信手段落后，船东很难控制船舶，甚至对船舶上发生的事一无所知。而随着科技的进步，船舶与岸上的通信十分便捷，船东可以有效地控制船舶。这也使航海过失免责的继续存在失去了基础。

（3）根据国际海事组织的统计，海上事故 80% 以上是人为因素造成的。经 1995 年修正后的《1978 年国际海员培训、发证和值班标准公约》和《国际船舶安全营运和防止污染管理规则》（以下简称"ISM 规则"）的实施，将使船长、船员驾驶船舶和管理船舶的过失减少。即使存在航海过失免责，但随着 ISM 规则的实施，承运人欲引用航海过失免责将变得更为困难。尽管事故的本身可能是由于航海过失所造成的，但货方可能抗辩事故是由于船东给予船舶的操作规程存在缺陷所造成的，因而属于船舶不适航，故不能引用航海过失免责。

（4）随着货物运输的集装箱化和专门化（主要是油类、散装货物等），件杂货的运输逐渐减少，使得运输程序简单化，货物的周转加快，货损、货差明显减少，船方所承担的责任和风险大大降低，现有承运人的责任归责原则使得船方和货方的利益和风险失去了平衡。

---

① 赵月林、胡正良：《我国〈海商法〉是否应该取消航海过失免责的研究》，《大连海事大学学报（社会科学版）》2003 年 3 月，第 9—10 页。

（5）从其他运输方式看，国际铁路和公路运输采取的都是严格责任制，为统一国际多式联运的责任体制，也应取消航海过失免责。

（6）航海过失免责是由西方海运发达国家所操纵，明显偏袒船方利益而设立的，严重损害了货方的正当利益。①

十、"喜马拉雅条款"的效力

我国《海商法》第 58 条第 2 款规定："前款诉讼是对承运人的受雇人或者代理人提起的，经承运人的受雇人或代理人证明，其行为是在受雇或者受委托的范围之内的，适用前款规定。"一般认为，本款的规定是"喜马拉雅条款"的法定化，目的在于解决承运人与承运人的雇用人、代理人的责任分担问题。② 但是，本条规定并未明确"承运人的受雇人或者代理人"一词是否包括独立合同人。这就产生一个问题，即"喜马拉雅条款"的界限在哪里？超出法律规定的"喜马拉雅条款"的内容是否有效？

目前，我国司法实践中，海事法院与高级人民法院在这一问题上出现了分歧。③ 例如，在 2004 年审理的"福建顶益食品有限公司诉广州集装箱码头有限公司"一案④中，广州海事法院认定广州集装箱码头有限公司作为承运人中远集装箱运输有限公司的受雇人，根据我国《海商法》第 58 条第 2 款和第 59 条第 2 款之规定，享有与承运人中远集装箱运输有限公司同样的责任限制权利。在二审中，广东省高级人民法院认为广州集装箱码头有限公司不是承运人的受雇人或代理人，无权享受责任限制权利，应适用民法和合同法的规定，赔偿福建顶益公司的实际损失。对于广州集装箱码头有限公司以提单背面的"喜马拉雅条款"中分立契约人身份要求责任限制的请求，广东省高级人民法院并没有认可，而是根据我国《合同法》第 40 条的规定，将此条款认定为无效条款。⑤

在"中国沈阳矿山机械（集团）进出口公司诉韩国现代商船有限公司、大连保税区万通物流总公司海上货物运输合同货损纠纷"一案⑥中，

---

① 赵月林、胡正良：《我国〈海商法〉是否应该取消航海过失免责的研究》，《大连海事大学学报（社会科学版）》2003 年 3 月，第 9 页。

② 司玉琢主编：《海商法》，中国人民大学出版社 2008 年版，第 116 页。尹东年、郭瑜：《海上货物运输法》，人民法院出版社 2000 年版，第 130 页。

③ 司玉琢：《海商法专论》，中国人民大学出版社 2007 年版，第 241—242 页。

④ （2004）广海法初字第 111 号民事判决书。

⑤ （2005）粤高法民四终字第 122 号判决书。

⑥ 关正义：《海事审判实务研究》，大连海事大学出版社 2006 年版，第 328—330 页。

一审、二审法院都认为，万通物流总公司是承运人的受雇人，不是实际承运人。理由是："万通物流的义务中将集装箱从码头移至堆场，是为实现存放集装箱的目的，是履行场地堆存协议的组成部分，其性质同卸货工人将集装箱从船上卸到码头上的行为并无本质的区别。韩国现代与万通物流签订的场地堆存协议虽与海上运输有关，但独立于海上运输合同之外，万通物流所从事的并非是《海商法》所界定的货物运输，不能依《海商法》的规定将其定义为实际承运人。万通物流受雇于韩国现代，是韩国现代的受雇人。"①

第三节　国际海上货物运输法的新发展
——《鹿特丹规则》

一　《鹿特丹规则》述评②

（一）起草历程

目前，已生效的国际海上货物运输公约有三个：1924年《海牙规则》、1968《维斯比规则》和1978年《汉堡规则》。还有一些国家，如中国，未加入上述任何一个公约，而在制定本国《海商法》时参照和借鉴了三个公约的部分内容。此外，还存在一些国家既没有加入任何一个公约，也没有明确的相关国内法。运输规则的不统一给国际贸易带来诸多不便，影响了货物自由转让，也增加了交易成本。这种现象，引起了国际社会的高度重视，在国际海上货物运输领域构筑一个统一规则的呼声日益高涨。

早在1996年联合国国际贸易法律委员会（UNCITRAL）召开有关电子交易示范法的第29届会议上，各有关方就曾考虑这一问题。根据提议，秘书处向各国及相关政府组织、非政府国际组织征求意见。③ 在1999年召开的第32届大会上，UNCITRAL决定将前期准备工作交由国际海事委员会（CMI）完成。根据这一委托，CMI向其下属会员——各国海商法协会发出问题调查单，并专门成立国际运输法小组委员会，对各国对问题单的答复

---

① 关正义：《海事审判实务研究》，大连海事大学出版社2006年版，第328—330页。

② 本节的部分内容，引用了笔者与大连海事大学法学院郭萍教授合作的《鹿特丹规则述评》，该文发表于《环球法律评论》2009年第3期。

③ 例如向国际海事委员会、国际商会、国际海运保险联合会、国际货运代理协会联合会、国际海运局、国际港埠协会等组织征求意见。

进行整理。① 2000 年，UNCITRAL 和 CMI 联合在纽约召开有关运输法公约制定的讨论会，广泛征询各国代表团和专家们的意见。2001 年 2 月 12—16 日，CMI 在新加坡召开国际会议，重点讨论运输法公约草案框架及门到门运输等问题。② 在同年召开的第 34 届大会上，UNCITRAL 决定成立"运输法工作组"，即第三工作组，以酝酿拟订运输法公约草案。③

2001 年底，CMI 国际小组委员会完成运输法框架最终文本草案，并将有关制定工作转交给 UNCITRAL 继续进行。自 2002 年始，第三工作组每年召开两次会议讨论运输法公约草案有关问题。从 2002 年形成的初稿 WP21 文件起，先后形成了 WP32、WP56、WP81 和 WP101 等重要文件。

2008 年 6 月 16 日至 7 月 3 日在纽约召开的 UNCITRAL 第 41 届大会上，公约文本获得通过，全称为《联合国有关全程或部分国际海上货物运输合同公约》。同年 12 月 11 日，联合国大会通过决议核准该公约，决定于 2009 年 9 月 23 日在荷兰鹿特丹港举行签字仪式，开放供各成员国签署，并建议将公约命名为《鹿特丹规则》。2009 年 2 月 2 日，联合国国际贸易法委员会在其官方网站上公布了《鹿特丹规则》的正式文本，文件号 A/RES/63/122 文件。④

（二）《鹿特丹规则》的主要内容

《鹿特丹规则》共有 18 章 96 条。⑤ 与以往的国际海运公约相比较，《鹿特丹规则》的重大变革主要体现在以下几个方面：

1. 公约的适用范围得以扩大

《鹿特丹规则》适用的地域范围由单纯"海运"变成"海运 + 其他"。根据《鹿特丹规则》的规定，即使承运人接受、交付货物的地点在内陆，即采用了非海运方式，公约依然适用。

2. 运输单证种类增多

《鹿特丹规则》明确将运输单证区分为"可转让运输单证"和"不可

---

① 参见 UNCITRAL 第三工作组 A/CN.9/476 文件。本文所提及的 UNCITRAL 文件，均见于其官方网站，http：//www. uncitral. org/uncitral/zh/commission/working_ groups/3Transport. html，最后访问于 2009 年 3 月 2 日。

② 参见 UNCITRAL 第三工作组 A/CN.9/476 文件。

③ 同上。

④ 公约网址：http：//www. uncitral. org/pdf/chinese/workinggroups/workinggroup3/convent_ c. pdf。

⑤ 《海牙规则》共有 16 条，《维斯比规则》有 17 条，《汉堡规则》则有 34 条。

转让运输单证",①并用专章规定了上述单证的内容、证据效力、单证签发等相关事项。考虑到不同法域国家，对于运输单证的称谓可能存在差异，《鹿特丹规则》并没有再使用"提单"这一术语。

3. 涉及的运输合同类型增加

现行的国际海运公约都明确排除了租船合同的适用，除非在租船合同下签发了提单且提单转让到托运人以外的第三人。②《鹿特丹规则》明确规定不适用于班轮运输中的租船合同、使用船舶或者部分舱位的其他合同。③同时，《鹿特丹规则》还排除了非班轮运输合同的适用。但是，在非班轮运输下，如果当事人之间没有订立租船合同却签发了运输单证或电子运输记录的，公约依然适用。④

4. 承运人责任相对加重

与以往公约规定相比较，《鹿特丹规则》下承运人的责任有加重趋势，但也存在一些有利于承运人责任确定和义务履行的条款。⑤具体体现为：（1）责任期间扩大，《鹿特丹规则》明确规定，责任期间自承运人或者履约方为运输而接收货物时开始，至货物交付时终止。⑥由于公约已经扩大了地域适用范围，因此承运人的责任期间可能延伸至"门到门"。（2）承运人使船舶适航义务的时间延长。《鹿特丹规则》基本保留了传统适航的内涵，明确适航义务的程度依然是谨慎处理。但是，公约将承运人使船舶适航的义务延伸到整个海上航程。⑦同时通过举证责任的分配，即索赔方举证导致货损的原因是不适航，又在一定程度上减轻了承运人的举证责任，从而找到新的平衡点。⑧（3）承运人管理货物

---

① 参见 A/RES/63/122 文件第1条第1款"运输合同"、第14款"运输单证"、第15款"可转让运输单证"、第16款"不可转让运输单证"以及第8章的相关内容。
② 参见《海牙规则》第1条（b）款，《汉堡规则》第2条第2款。
③ 使用船舶或者其中部分舱位的其他合同在实践中常常表现"舱位互租协议/合同"（slot agreement/contract）。
④ 参见 A/RES/63/122 文件第6条。
⑤ 例如 A/RES/63/122 文件第61条关于承运人责任限制的规定，明确凡是因为违反公约导致的一切货物灭失、损害，包括无单放货、倒签单证等导致的损失都在一个责任限额下。而根据各国国内法，一般这种情况不能享受责任限制。此外关于收货人接收货物义务的规定也对承运人有利。
⑥ 参见 A/RES/63/122 文件第12条第1款。
⑦ 参见 A/RES/63/122 文件第14条。
⑧ 参见 A/RES/63/122 第17条第5款。

义务从七个环节扩大到九个环节。《鹿特丹规则》明确规定，承运人应当妥善而谨慎地接收、装载、操作、积载、运输、保管、照料、卸载并交付货物，即管货义务贯穿于九个环节。但是，在海运领域以外的其他运输区段，如果存在强制性国际文书，承运人则需根据该国际文书的相关规定承担义务。①（4）承运人迟延交付货物的责任发生变化。《鹿特丹规则》仅规定了约定交付时间情况下的迟延交付问题，至于未明确约定交付货物时间是否构成"迟延交付"以及承担什么样的责任，则留给各国国内法解决。（5）承运人责任基础发生变化、举证责任分配也更加明确。《鹿特丹规则》采用了完全过错责任，承运人除了证明自己没有过错外，还可以通过证明存在一项或多项免责事项从而免除其对货物的赔偿责任，除非索赔方可以证明免责事项的产生系归因于承运人过失。（6）承运人免责事项的部分内容发生变化。《鹿特丹规则》基本沿用《海牙规则》免责条文规定，但有如下变动：第一，增加了有关"海盗、恐怖活动"的规定，以反映当今航运实践的现状和发展情况。第二，明确火灾免责仅限于在船舶上发生的火灾，不包括陆地上发生的火灾。第三，强调对于财产救助的免责必须是采取合理措施的结果。第四，增加了为避免环境损害而采取合理措施导致的货损承运人可以免责的规定。（7）承运人单位赔偿责任限制数额提高。根据《鹿特丹规则》的规定，承运人对于货物灭失、损坏的赔偿责任为每单位875特别提款权或者毛重每公斤3特别提款权。② 这一规定较之《汉堡规则》的规定大约提高了不到5%。承运人对迟延交付造成损失赔偿责任的规定则与《汉堡规则》类似，但略有不同。③（8）增加了"履约方"和"海运履约方"的概念及其责任。《鹿特丹规则》首次界定了"履约方"和"海运履约方"。实际上，上述概念的引入是对航运实践中"喜马拉雅条款"内容的确认和体现。④ 承运人、履约方等责任主体范围扩大会便利货方索赔。

---

① 详见A/RES/63/122文件第13条第2款。
② 参见A/RES/63/122文件第59条第1款。
③ 根据《汉堡规则》第6条第1款（b）项规定，承运人对于迟延交付造成损失的赔偿责任不超过该迟延交付货物应付运费的2.5倍，但是不得超过根据海上货物运输合同应付运费的总额，即规定了二次限制。《鹿特丹规则》只有一次限制，即限定为改迟延交付货物运费的2.5倍。
④ 提单或者租船合同常常订有"喜马拉雅条款"，试图将海运承运人的受雇人、代理人以及其他相关人员，例如装卸工人、港内短途运输工人等并入到合同中，从而享受承运人或者出租人的免责和抗辩。

（三）《鹿特丹规则》与我国法律之间的主要差异

在我国现行法律体系下，《海商法》第 4 章仅适用于国际海上货物运输，而沿海货物运输以及江、河、湖泊间的水上货物运输①主要依据是《合同法》第 17 章以及交通部 2000 年颁布的《水路货物运输规则》（以下简称"2000 年货规"）。

与《鹿特丹规则》相比较，我国有关海上货物运输的法律、法规规定存在如下主要不同：

1. 运输合同有关当事人的界定不同。我国《海商法》和"2000 年货规"借鉴了《汉堡规则》，只设计了承运人、实际承运人、托运人和收货人的概念，②而《鹿特丹规则》则提出了"履约方"、"海运履约方"、"托运人"、"单证托运人"和"持有人"的概念。应当看到，"海运履约方"概念的引入，在一定程度上有助于我国港口经营人法律地位的确定，但是鉴于"履约方"概念的扩张，合同相对性理论面临着重大考验。公约关于"托运人"、"单证托运人"的设计不同于我国现有"托运人"制度，将对我国 FOB 出口商的地位界定产生影响。

2. 调整的地域范围不同。《鹿特丹规则》采取的是"海运＋其他运输方式"的模式。我国《海商法》第 4 章仅涉及国际海上货物运输以及包括这种方式在内的多式联运；"2000 年货规"和《合同法》的相关规定则涉及《海商法》规定以外的其他水路货物运输及多式联运。

3. 承运人责任基础和责任期间不同。我国《海商法》参考了《海牙规则》和《维斯比规则》的相关规定，明确规定承运人的责任基础是"不完全的过错责任"；交通部"2000 货规"规定承运人的责任基础是"完全过错责任"；《合同法》关于运输合同一章的规定则依然采取严格责任。而如前所述，《鹿特丹规则》采取完全过错责任。此外，《海商法》对集装箱货物和非集装箱货物的责任期间分别规定，前者借鉴《汉堡规则》，为"港至港"；后者借鉴《海牙规则》为"钩至钩"。③与此不同，《鹿特丹规则》下承运人的责任期间已经扩大为"接受至交付"，即"门到门"。显然我国《海商法》的这种规定模式是非常独特的。

① 以上两种合同统称为"水路货物运输合同"。
② 参见《海商法》第 42 条。
③ 参见《海商法》第 46 条。

4. 承运人基本义务及履行程度不同。《海商法》及"2000 年货规"参考《海牙规则》，明确了承运人适航义务、管货义务及义务履行的程度；[①]《海商法》还规定了承运人 12 项免责，基本借鉴了《海牙规则》的 17 项免责。[②] 相比之下，《鹿特丹规则》删除了航海过失免责，将火灾免责限定于船舶上，并增加了"海盗"、"恐怖活动"等新的免责事项。这一变化在一定程度上表明承运人责任有相对加重的趋势，同时也反映了航运实践面临的新问题，值得我们思考。

5. 承运人责任限制数额不同。《海商法》规定承运人对货物、灭失损害的赔偿责任为每件 666.67 特别提款权或毛重每公斤 2 特别提款权，以较高者为准；对迟延交付造成经济损失的赔偿责任限额为该迟延交付货物运费。"2000 年货规"未规定承运人责任限额问题。而如前所述，《鹿特丹规则》规定承运人对货物、灭失损害的赔偿责任为每单位 875 特别提款权或者毛重每公斤 3 特别提款权，二者以较高者为准；对迟延交付造成经济损失的赔偿责任限额为该迟延交付货物运费的 2.5 倍。《鹿特丹规则》关于责任限额的规定都高于我国《海商法》的相关规定。中国代表团在公约讨论中曾经明确表态不能支持上述数额的规定，并表明可以接受在《维斯比规则》基础上适当提高，但不得高于《汉堡规则》规定的态度。

6. 有关控制权、权利转让等内容不同。我国《海商法》仅在第 78 条简单规定提单转让问题，对于非转让运输单证以及电子运输单证的转让问题没有规定。《合同法》第 308 条的规定类似于公约规定的控制权，但因对该权利的行使条件及程序等都不明确而缺乏可操作性。而《鹿特丹规则》则分别对上述问题予以明确。

7. 其他方面的差异。《鹿特丹规则》不局限于提单，还涉及整个运输合同，特别是对于不可转让运输单证以及电子运输单证问题作了专门规定，符合航运实践的发展情况。我国《海商法》对于这些内容基本处于空白。此外《鹿特丹规则》关于管辖权和仲裁协议的规定、诉讼时效等规定，都与我国目前的立法存在差异。

---

① 参见我国《海商法》第 47 条、第 48 条；"2000 年货规"第 30 条、第 32 条。
② 虽然免责事项的数目不同，但是实质性内容基本上与《海牙规则》的规定一致。参见《海商法》第 51 条。

二 中国对待《鹿特丹规则》的态度及对策研究

(一) 中国的态度

中国是全球第三大贸易国,中国的远洋船队规模居世界第 4 位。中国在班轮运输方面实力较强,中远集运居全球第 5 位,中海集运则排名全球第 8。① 中国对于《鹿特丹规则》的制定非常关注,商务部组团参加了公约制定过程中的历次讨论。

中国的意见主要体现在以下几个方面:②

1. 适航义务。中国认为,既然公约第 14 条第 1 款规定了承运人的管货义务,第 18 条规定了承运人的赔偿责任基础,在这种情况下,制定改变或扩展船舶适航期限的条款,就目前的航运发展状况而言,将大大加重承运人的负担,对承运人过于苛刻。中国建议,适航义务不应扩大到全航程,仍应限于开航前和开航当时。

2. 航海过失免责。中国建议,应充分考虑到航运业风险特点,保留《维斯比规则》关于承运人航海过失免责的规定。

3. 海上运输之前或之后运输的法律适用。中国指出,包括中国在内的很多海运国家,没有参加有关铁路和公路运输的国际文件,铁路和公路运输由国内法调整。因此,建议对于多式联运中涉及海运以外的运输部分,在法律适用上应当优先适用调整货物灭失或者损坏发生区段的其他国际文件或者国内法。

4. 危险货物。目前公约第 33 条"承运人或履约人又无法以其他方式知道货物的危险性或者特性"的规定,将大大加重承运人的举证责任,并使承运人承担额外的核查费用而增加船舶营运成本。中国建议,将本款修改为"承运人或履约方无法以其他合理方式知道货物危险性或者特性"。

5. 无单放货。中国认为,公约关于无单放货的立法思路是可取的,但公约的规定弱化了提单物权凭证的功能,有损提单的信用,使无单放货合法化。此规定容易造成收货人恶意利用公约无单放货的规定,实施商业欺诈,使得收货人、持单人、银行以及承运人等有关方的利益于不利或者不确定的状态。中国认为,现行第 50 条的规定既不能切实有效地帮助承运人解决可转让单证下持单人不来提货这一问题,同时与现在普遍遵循的国

---

① http://www.axs-alphaliner.com/top100/index.php, 2009-10-20 访问。
② A/CN.9/658/Add.7.

际贸易法律和惯例相差太大，会给国际贸易实践及国际贸易制度带来很大的不确定性和强烈的冲击。

6. 赔偿责任限制。公约第 61 条规定的单位赔偿责任限额为每件 875 特别提款权或每公斤 3 特别提款权，比目前适用最广泛的《维斯比规则》采用的标准每件 666.67 特别提款权或每公斤 2 特别提款权，分别提高了 31% 和 50%。中国作为世界上最大的海运贸易国家之一，长期的海运贸易实践证明，当前海运货物的平均价值仍未超过《维斯比规则》责任限制设定的水平。作为承运人责任的一揽子考虑，鉴于目前公约在船舶适航、航海过失免责等方面大大加重了承运人的责任，在赔偿责任限额方面不宜规定得太高而脱离实际需要，以免承运人与货方之间的利益平衡过度倾斜，导致公约重蹈《汉堡规则》的覆辙。

7. 批量合同的特别规定。有关海上货物运输的国际公约的主要宗旨是设立承运人义务和责任的强制性规则，保护货方尤其是第三人收货人的利益，公约中批量合同的规定使得背离强制性规则合法化。因此，对这种背离应当严格加以限制，尤其是应当限定，这种背离的有效性应建立在合同当事人协商一致的基础上。否则，将有损谈判地位与海上集装箱运输班轮公司相比悬殊的广大中小货主的利益，以及第三人收货人的利益。

（二）中国的对策

目前，《鹿特丹规则》已经正式通过，并于 2009 年 9 月 23 日在荷兰鹿特丹市开放供各国签署。就条文本身而言，已无修改的可能。面对这种局面，我们究竟是继续"韬光养晦"，还是应该"有所作为"，是一个无法回避的问题。

《鹿特丹规则》的实施，将对我国产生以下影响：（1）对我国的海运承运人来说，适航义务扩展至全程，航海过失免责被废除，责任限额大幅提高，我国航运企业的成本将大幅提高；（2）对我国的货主而言，①发货人制度没有被公约采纳；鉴于我国出口绝大多数采用的是 FOB，出口商不能取得托运人的地位，其权利难以保障；②在极端情形下，两个集装箱以上的货物都可以构成总量合同，我国中小货主面对强大的班轮公司，其命运可能重新回到《哈特法》之前。这也是欧洲托运人理事会，以及传统货主国家加拿大、澳大利亚不支持公约的原因所在。（3）对我国的保险公司和船东互保协会来说，货物险市场将进一步萎缩，而船舶险和保赔保险的市场又为欧美国家所垄断，我国的保险人也并未从《鹿特丹规则》中得利。

　　面对这样的局面，笔者认为，中国政府应该及时表明中国的立场，并通过中国的表态影响他国的决策，以延缓或阻止《鹿特丹规则》的生效。我们不能阻碍公约的通过，但或许我们可以通过行动延缓或阻止公约的生效，至少我们可以禁止公约在中国的实施。目前，最直接有效的办法，就是完善我国《海商法》的规定，仿照美国和其他海运大国的做法，给我国《海商法》装上"牙齿"，使《海商法》强制适用于进、出中国港口的海上货物运输。

第二十一章

国际投资法

国际投资是国际间资金流动的一种重要形式，是投资者为获得一定经济效益而将其资本投入国外的一种经济活动。对特定国家而言，国际投资包括本国的海外投资和本国接受的外国投资。[①]

国际投资法的产生，是基于国际经济发展的客观需要，是资本主义发展到垄断阶段的产物。[②] 从国内层面来看，当资本主义进入垄断阶段，商品输出发展到资本输出，垄断资本就与国内政权结合起来，作为国家统制经济手段的经济法（投资法）应运而生，逐渐发展为一支独立于民商法之外的体系；从国际层面来看，随着资本主义世界市场的形成和资本输出的增加，各国垄断资本从控制国内市场发展到跨越国境而形成国际垄断联盟，经济上控制世界市场，在竞相争夺原料产地、销售市场、投资场所等商业竞争中达成均势，进而签订世界性的协议，最终引起国际经济法出现萌芽，在国际投资领域上也开始出现了国际投资法。

新中国成立 60 多年来，我国国际投资法学经历了从无到有的发展历程。作为国际经济法的一个分支，国际投资法是调整国际私人直接投资关系及有关外国投资保护与鼓励的国内法规范和国际法规范的总称，其内容包括国际投资的内容、效力，对外国投资的保护、鼓励与限制，关于解决投资争议的程序和规则以及海外投资保险等。[③]

本书以国际投资法学在我国产生、形成和发展为线索，从国际投资法理论在中国、新中国成立 60 多年以来我国国际投资法学的发展以及新中国成立 60 多年以来投资法领域的实践活动三个方面对国际投资法在我国

---

① 参见陈安主编：《国际投资法》，北京大学出版社 1999 年版，第 1—6 页。
② 参见余劲松主编：《国际投资法》，法律出版社 1994 年版，第 2—6 页。
③ 参见姚海镇：《国际投资法》，武汉大学出版社 1985 年版，第 32—39 页。

的发展历程进行回顾。

第一节　国际投资法理论在中国

一般认为，国际投资是国际贸易的纵深发展和延续，因此，适用于国际贸易的理论大多也适合于国际投资。① 自 20 世纪中叶，西方经济学家提出了各种理论，其中对我国国际投资法学教学和研究具有一定影响的学术理论主要包括：

一　垄断优势理论

垄断优势理论，又称所有权优势理论或公司特有优势理论，是最早研究对外直接投资的独立理论。该理论由对外直接投资理论的先驱，美国麻省理工学院教授海默（Stephan Hymer）于 1960 年在其博士论文《国内公司的国际经营：对外直接投资研究》中首先提出的，后经麻省理工学院金德贝格教授进行了补充和发展。垄断优势理论是一种阐明当代跨国公司在海外投资具有垄断优势的理论。该理论认为，考察对外直接投资应从"垄断优势"着手，垄断优势是对外直接投资的决定因素。②

垄断优势理论认为，跨国公司进行直接投资的动机源自市场缺陷。首先，不同国家的企业常常彼此竞争，但市场缺陷意味着有些公司居于垄断或寡占地位，因此，这些公司有可能通过同时拥有并控制多家企业而谋利；其次，在同一产业中，不同企业的经营能力各不相同，当企业拥有生产某种产品优势时，就自然会想方设法将其发挥到极致。这两方面都说明跨国公司和直接投资出现的可能性。

海默进一步指出，一个企业之所以要对外直接投资，是因为它有比东道国同类企业有利的垄断优势，从而在国外进行生产可以赚取更多的利润。从消除东道国市场障碍的角度看，跨国公司的优势有一种补偿的作用，亦即它们足以抵消东道国当地企业的优势。这种垄断优势可以划分为两类：一类是包括生产技术、管理与组织技能及销售技能等一切无形资产在内的知识资产优势；一类是由于企业规模大而产生的规模经济优势。

金德伯格教授对垄断优势理论作了进一步补充，列出了各种可能的补

---

① 王贵国：《国际投资法》，北京大学出版社 2001 年版，第 5 页。
② 参见余劲松主编：《国际投资法》，法律出版社 1994 年版，第 3 页。

偿优势，如商标、营销技巧、专利技术和专有技术、融资渠道、管理技能、规模经济等。他指出，垄断优势可以概括为：实行横向一体化和纵向一体化的优势，前者使跨国公司对价格有一定的控制能力，后者使跨国公司获得外部规模经济的优势；拥有市场的优势，如获得营销技术、专利、商标等优势；跨国公司资金雄厚、技术先进和实行全球性经营战略使其在生产和管理技能、方式上占有绝对优势；由于面向发展中国家投资，所以具有获得廉价劳动力的优势；实行限制政策也给对外直接投资带来优势。

海默和金德尔伯格认为，不完全竞争导致不完全市场，不完全市场导致国际直接投资。他们提出并发展了"结构性市场非完美性理论"，不完全竞争问题表现为四个方面：商品市场的不完全竞争；要素市场的不完全竞争；规模经济所造成的不完全竞争；以及经济制度与经济政策所造成的不完全竞争。

垄断优势理论提出了研究对外直接投资的新思路，明确了直接投资与证券投资的区别，主张从不完全竞争出发来研究美国企业对外直接投资，并将资本国际流动研究从流通领域转入生产领域，从而为其他理论的发展提供了基础。

然而，该理论仍然存在一定的局限性。垄断优势理论缺乏动态分析，无法解释为什么拥有独占技术优势的企业一定要对外直接投资，而不是通过出口或技术许可证的转让来获取利益。此外，它无法解释自 20 世纪 60 年代后期以来，日益增多的发达国家的许多并无垄断优势的中小企业及发展中国家企业的对外直接投资活动；也不能解释物质生产部门跨国投资的地理布局。

二　产品生命周期理论

1966 年，美国哈佛大学教授雷蒙·维农（R. Vernoon）从动态角度，根据产品的生命周期过程，提出了"产品生命周期"的直接投资理论。①

根据产品生命周期理论，跨国公司建立在长期性技术优势基础上的对外直接投资经历的过程有三个阶段：产品的创新阶段、产品的成熟阶段和产品的标准化阶段。在第一阶段，具有影响力的因素是包含高技术研究与开发技能和潜在高收入的市场条件；在第二阶段，市场对产品的需求量急剧增大，但产品尚没有实行标准化生产，因而追求产品的异质化仍然是投

---

① 参见余劲松主编：《国际投资法》，法律出版社 1994 年版，第 4 页。

资者避免直接价格竞争的一个途径；第三阶段意味着企业拥有的专利保护期已经期满，企业拥有的技术诀窍也已成为公开的秘密，因此市场上会充斥着类似的替代产品，竞争加剧，而竞争的核心是成本问题。

维农认为：任何新产品的发明与制造均首先在企业所在国开始，服务于本国市场；然后，该新产品从国内销售转为出口；当产品的出口地位受到威胁时，他们就在国外建立分公司，在国外生产和销售同类产品，以更好地利用其优势；这种状况可以维持一段时间，直至领先地位被完全侵蚀。①

在维农的产品周期三阶段模型基础上，美国学者约翰逊进一步分析和考察了导致国际直接投资的各种区位因素，认为它们是构成对外直接投资的充分条件，这些因素主要包括：劳动成本、市场需求、贸易壁垒以及政府政策。②

产品生命周期理论从应用范围来讲不能解释非代替出口的工业领域方面投资比例增加的现象，也不能说明对外投资的发展趋势。该理论没能解释清楚发展中国家之间的双向投资现象。此外，该理论对于初次进行跨国投资，而且主要涉及最终产品市场的企业较适用，对于已经建立国际生产和销售体系的跨国公司的投资，它并不能作出有力的说明。

三　资源国际转移理论

1969 年，费耶韦瑟（John Fayerwheather）首次提出了资源国际转移理论。③ 该理论是根据赫克歇尔和俄林有关国际贸易的要素禀赋论推导而来的，事实上是国际贸易理论关于资源转移的延伸与发展。与国际贸易理论中的资源转移不同，国际投资的资源转移包括技术、公司管理、企业发展的技巧、自然资源、资金以及劳工等方面的转移。④

费耶韦瑟认为，由于各国间对于资源的需求关系的差别，使得资源在各国间相互流通并为跨国公司的投资创造了机会；国家政府在制定政策或者采取措施时往往会打破这种自然存在的供求关系，改变各国间资源方面需求关系的不同，从而制造或者抑制国际投资的机会；对于不同的投资环

---

① 王贵国：《国际投资法》，法律出版社 1990 年版，第 31 页。
② 同上书，第 31 页。
③ 转引自王贵国：《国际投资法》，北京大学出版社 2001 年版，第 9 页。
④ 王贵国：《国际投资法》，法律出版社 1990 年版，第 34 页。

境，跨国公司需要作出的抉择是采取何种方式转移资源，选择国家进行投资；总的来说，决定跨国公司正常选择的因素包括不同国家的资源，国家政府的政策以及相关企业所具有的竞争优势和劣势。[①]

资源国际转移理论突出了跨国公司的生产活动以及国际市场的促进作用。从某种程度上讲，资源国际转移说具有宏观性，不十分强调跨国公司在转移资源方面的内部决策，亦不分析解释公司为何在一定时期一定条件下必须进行国际投资。[②]

四 内部化理论

1972 年麦克纳斯在继承和利用科斯的产权理论的基础上对跨国企业集团的形成机制进行了研究，首次提出了内部化理论。1976 年，英国里丁大学的巴克利（Peter J. Buckley）和卡森（Mark C. Casson）以发达国家跨国公司（不含日本）为研究对象，沿用了美国学者科斯（R. H. Coase）的新厂商理论和市场不完全的基本假定，在《跨国公司的未来》一书中系统阐述了内部化理论，他们试图在垄断优势理论基础上进一步阐明跨国公司对外直接投资的利益所在。该理论后经加拿大学者鲁格曼（Alan M. Rugman）等加以发展。[③]

内部化理论强调企业通过内部组织体系以较低成本，在内部转移该优势的能力，并把这种能力当作企业对外直接投资的真正动因。在市场不完全的情况下，企业为了谋求整体利润的最大化，倾向于将中间产品、特别是知识产品在企业内部转让，以内部市场来代替外部市场。

内部化理论建立在三个假设的基础上，即：企业在不完全市场上从事经营的目的是追求利润的最大化；当生产要素特别是中间产品的市场不完全时，企业就有可能以内部市场取代外部市场，统一管理经营活动；内部化超越国界时就产生了跨国公司。

内部化理论的主要观点可概括为：由于市场的不完全，若将企业所拥有的科技和营销知识等中间产品通过外部市场来组织交易，则难以保证厂商实现利润最大化目标；若企业建立内部市场，可利用企业管理手段协调企业内部资源的配置，避免市场不完全对企业经营效率的影响。企业对外

① 王贵国：《国际投资法》，法律出版社 1990 年版，第 9 页。

② 同上书，第 10 页。

③ 参见王贵国：《国际投资法》，北京大学出版社 2001 年版，第 7—8 页。

直接投资的实质是基于所有权之上的企业管理与控制权的扩张，而不在于资本的转移。其结果是用企业内部的管理机制代替外部市场机制，以便降低交易成本，拥有跨国经营的内部化优势。

内部化理论从国际分工不通过世界市场而通过跨国公司内部进行出发，研究了世界市场的不完全性以及跨国公司的性质，并由此解释了跨国公司对外直接投资的动机与决定因素，其中市场不完全性及企业的性质是内部化理论的核心。

内部化理论是西方学者研究跨国公司理论的一个重要转折。以前的理论主要研究美国企业海外投资的动机与决定因素，而内部化理论则研究包括美国等主要发达国家企业之间产品交换形式与企业国际分工与生产的组织形式，认为跨国公司正是企业国际分工的组织形式。此外，内部化理论有助于说明包括发展中国家跨国公司在内的各种类型跨国公司形成的基础，解释跨国公司在出口、直接投资与许可证安排这三种方式之间选择的根据。

值得注意的是，与其他理论相比，内部化理论属于一般理论，它能解释大部分对外直接投资的动因。而其他国际直接投资理论仅从产品或生产要素等某个侧面来分析跨国公司对外直接投资的原因，因此内部化理论不同程度地包含了其他理论，有助于对跨国公司的成因及其对外投资行为的进一步深入理解。

五　寡头垄断行为理论

1973 年，美国学者尼克博克（Frederick T. Knickerbocker）出版了《垄断性反应与跨国公司》一书，从垄断企业战略竞争角度出发，提出了寡占反应理论，也称为寡头垄断行为理论。① 寡头垄断行为理论对海默和金德尔伯格的"垄断优势论"作了进一步发展。通过分析美国和加拿大 187 家跨国公司的投资行为，尼克博克发现，在一些寡头垄断性行业中，外国直接投资很大程度上取决于竞争者之间相互的行为约束和反应；寡头企业采取任何一项活动，其他企业都会效仿，力求缩小差距，降低风险，保持双方力量均衡，这种跟随策略就是寡占反应。

寡头垄断行为理论认为，市场结构应分为完全竞争市场、紧张型寡占市场和宽松型寡占市场三大类。在一个完全竞争市场上，任何一家公司都

---

① 参见余劲松主编：《国际投资法》，法律出版社 1994 年版，第 3 页。

无法操纵市场价格，公司的最佳策略是依据市场信号来生产，因此某家企业的投资行为，一般不会影响其他竞争者的投资行为；在一个紧张型寡占市场上，每家公司都拥有相当程度的垄断力量，因而公司相互之间会倾向于共谋而非竞争；而在一个宽松型寡占市场上，各个竞争者的战略性行为就会互相制衡或产生激烈的反应。①

寡头垄断行为理论进一步指出，企业依据市场作出的战略性行为反应，又可分为三种类型，即跟随领导者、交换威胁和动态竞争。② 在第一种情况下，如某一竞争者率先投资进入某区域，其余的投资者就会跟随而来；在第二种情况下，各个竞争者会相互侵入对方市场或威胁对方的市场地位，因而导致投资互动现象；在第三种情况下，一旦市场竞争均衡被打破，就会诱发一个动态的连锁反应，直到形成新的均衡。③

寡头垄断行为理论还指出，企业进行国际直接投资的主要原因是垄断企业模仿领头企业的竞争策略。为了与领头企业瓜分市场，在领头企业对外直接投资的刺激下，其他竞争企业也会模仿其战略相继到同一市场上进行直接投资。④

此外，该理论提出，对外直接投资应区分为"进攻性投资"与"防御性投资"，决定这类投资的因素是各不相同的，防御性投资是由寡占反应行为所决定的。⑤

寡头垄断行为理论用寡占反应行为较好地解释了经济发达国家之间相互投资的现象。该理论对 20 世纪 70 年代美国和加拿大出现的"蜂拥效应"进行了论证，说明寡头企业之间存在一种既竞争又依存的关系。然而，由于该理论主要是通过分析 187 家美国跨国公司的投资行为得出，因此它不能解释发展中国家对外投资增加的现象，也不能解释没有垄断优势的中小企业对外投资增加的现象。

六 边际产业扩张理论

20 世纪 70 年代中期，日本一桥大学教授小岛清总结了日本战后对外

---

① 参见王贵国：《国际投资法》，法律出版社 2008 年版，第 5—6 页。
② 同上书，第 5 页。
③ 同上书，第 6 页。
④ 同上。
⑤ 同上。

直接投资的经验，提出了边际产业扩张论。[1]

　　小岛清认为，对外直接投资应该从投资国已经处于或即将陷于比较劣势的产业部门，即边际产业部门依次进行，其目的是为了规避产业劣势，或者说是为了扩张边际产业；而这些产业又是东道国具有明显或潜在比较优势的部门，但如果没有外来的资金、技术和管理经验，东道国这些优势又不能被利用。[2]

　　通过比较日、美对外直接投资的异同，小岛清提出了日本式贸易导向型和美国式跨国企业型两种对外直接投资模式，并进一步明确了后发型发达国家与先发（成熟）型发达国家对外直接投资的差异。[3]

　　小岛清认为，各国经济情况均有特点，所以根据美国对外直接投资状况研究出来的理论无法解释日本的对外直接投资。他认为，日本对外投资之所以成功，主要是由于对投资企业能够利用国际分工原则，把国内失去优势的部门转移到国外，建立新的出口基地；在国内集中发展那些具有比较优势的产业，使国内产业结构更趋合理，促进对外贸易的发展。由此，他总结出"日本式对外直接投资理论"，即对外直接投资应该从投资国已经或即将陷于比较劣势的产业，即边际产业依次进行。[4]

　　小岛清的"边际产业扩张论"运用了国际贸易理论中的赫克歇尔—俄林的资源禀赋差异导致比较成本差异的原理，在分析日本对外直接投资基础上所提出来的。[5] 其主要内容包括，对外直接投资不单是货币资本的流动，而是资本、技术、经营管理知识的综合体由投资国的特定产业部门的特定企业向东道国的同一产业部门的特定企业的转移；对外直接投资应该从本国的边际产业开始依次进行；对外直接投资应与东道国技术差距最小的产业或领域依次进行投资，不以技术优势为武器，不搞拥有全部股份的"飞地"式的子公司，而采取与东道国合营形式，或者采用产品分享方式等非股权安排方式；在投资的国别选择上，应积极主张向发展中国家工业的投资，并要从差距小、容易转移的技术开始，按次序地进行；对外投资目的在于振兴并促进东道国的比较优势产业，特别是要适应发展中国家的

---

①　参见慕刘伟：《国际投融资理论与实务》，西南财经大学出版社 2004 年，第 50—70 页。

②　同上书，第 50—70 页。

③　参见陈玲：《现代国际投资》，厦门大学才出版社 2004 年，第 23—32 页。

④　同上书，第 23—32 页。

⑤　同上书，第 25 页。

需要，依次移植新工业、转让新技术，从而分阶段地促进其经济的发展；此外，在投资与贸易的关系上，"日本式"的对外直接投资所带来的不是取代贸易，而是互补贸易、创造和扩大贸易。也就是说这种投资不会替代投资国国内同类产品的出口，反而会带动相关产品的出口，是一种顺贸易导向型的对外直接投资。

小岛清的"边际产业扩张论"，是在当时的国际对外直接投资理论无法解释和指导日本的对外投资活动的背景下提出的。实践证明，它对日本的对外直接投资的确起到了积极的促进作用。

根据边际产业扩张理论，对外投资应能同时促进投资国和东道国的经济发展。因此，小岛清从宏观经济角度来考虑，把对外直接投资划分为自然资源导向型、劳动力导向型、市场导向型以及交叉投资型。

小岛清的边际产业扩张理论比较符合日本的国情和 20 世纪六七十年代特定历史条件下日本对外直接投资的实践，较有说服力地解释了日本企业对外直接投资的动因，也较好地说明了当时美国出口贸易条件恶化和出口量减少的原因。该理论无疑是对传统对外直接投资理论的一次冲击。然而，需要注意的是，边际产业扩张理论无法解释发展中国家的对外直接投资，也无法解释 20 世纪 80 年代之后日本对外直接投资的实践。20 世纪 80 年代以来，日本对北美发达国家制造业的对外直接投资迅速增加，且以进口替代型为主，这表明日本与美国企业的直接投资模式有趋同的趋势。

七　国际生产折中理论

1977 年，英国经济学家约翰·邓宁（John Dunning）教授在《贸易、经济活动的区位和跨国企业：折中理论方法探索》中提出了国际生产折中理论。1981 年，他在《国际生产和跨国企业》一书中对折中理论又作了进一步阐述。[①]

国际生产折中理论的核心是所有权特定优势、内部化特定优势和区位特定优势。[②]

所有权特定优势包括两个方面，一是由于独占无形资产所产生的优势，另一是企业规模经济所产生的优势。[③]

---

① 参见王贵国：《国际投资法》，北京大学出版社 2001 年版，第 10—11 页。
② 金润圭：《国际企业管理》（第 2 版），中国人民大学出版社 2009 年版，第 39—50 页。
③ 同上书，第 43—45 页。

内部化特定优势，是指跨国公司运用所有权特定优势，以节约或消除交易成本的能力。内部化的根源在于外部市场失效。邓宁把市场失效分为结构性市场失效和交易性失效两类，结构性市场失效是指由于东道国贸易壁垒所引起的市场失效，交易性市场失效是指由于交易渠道不畅或有关信息不易获得而导致的市场失效。[①]

区位特定优势是东道国拥有的优势，企业只能适应和利用这项优势。它包括两个方面：一方面是东道国不可移动的要素禀赋所产生的优势，如自然资源丰富、地理位置方便等；另一方面是东道国的政治经济制度，政策法规灵活等形成的有利条件和良好的基础设施等。[②]

邓宁认为，企业必须同时兼备所有权优势、内部化优势和区位优势才能从事有利的海外直接投资活动。如果企业仅有所有权优势和内部化优势，而不具备区位优势，这就意味着缺乏有利的海外投资场所，因此企业只能将有关优势在国内加以利用，而后依靠产品出口来供应当地市场。如果企业只有所有权优势和区位优势，则说明企业拥有的所有权优势难以在内部利用，只能将其转让给外国企业。[③] 如果企业具备了内部化优势和区位优势而无所有权优势，则意味着企业缺乏对外直接投资的基本前提，海外扩张无法成功。[④]

国际生产折中理论的分析过程与主要结论可以归纳为以下四个方面：一是跨国公司是市场不完全性的产物，市场不完全导致跨国公司拥有所有权特定优势，该优势是对外直接投资的必要条件；二是所有权优势还不足以说明企业对外直接投资的动因，还必须引入内部化优势才能说明对外直接投资为什么优于许可证贸易；三是仅仅考虑所有权优势和内部化优势仍不足以说明企业为什么把生产地点设在国外而不是在国内生产并出口产品，必须引入区位优势，才能说明企业在对外直接投资和出口之间的选择；四是企业拥有的所有权优势、内部化优势和区位优势，决定了企业对外直接投资的动因和条件。

邓宁的国际生产折中论可以说是几乎集西方直接投资理论之大成，是

---

① 金润圭：《国际企业管理》（第 2 版），中国人民大学出版社 2009 年版，第 43—45 页。
② 同上书，第 40—45 页。
③ 同上书，第 40—50 页。
④ 同上。

在吸收过去国际贸易和投资理论精髓的基础上提出来的。它克服了传统的对外投资理论只注重资本流动方面的研究不足，将直接投资、国际贸易、区位选择等综合起来加以考虑，使国际投资研究向比较全面和综合的方向发展。此外，该理论既肯定了绝对优势对国际直接投资的作用，也强调了诱发国际直接投资的相对优势，在一定程度上弥补了发展中国家在对外直接投资理论上的不足。

八　小规模技术理论

1977 年，美国经济学家刘易斯·威尔斯（Louis J. Wells）在题为《发展中国家企业的国际化》一文中提出"小规模技术理论"。1983 年，威尔斯在其专著《第三世界跨国公司》中，对小规模技术理论进行了更详细的论述。[①]

威尔士认为，发展中国家跨国公司的竞争优势主要表现在三方面：[②]

1. 拥有为小市场需要服务的劳动密集型小规模生产技术。低收入国家商品市场的一个普遍特征是需求量有限，大规模生产技术无法从这种小市场需求中获得规模效益，许多发展中国家正是开发了满足小市场需求的生产技术而获得竞争优势。

2. 在国外生产民族产品。发展中国家对外投资主要是为服务于国外同一种族团体的需要而建立。根据威尔士的研究，以民族为纽带的对外投资在印度、泰国、新加坡、马来西亚以及中国台湾、香港地区的投资中都占有一定比例。

3. 产品低价营销战略。与发达国家跨国公司相比，生产成本低、物美价廉是发展中国家跨国公司形成竞争优势的重要原因，也是抢占市场份额的重要武器。

小规模技术理论被西方理论界认为是发展中国家跨国公司研究中的早期代表性成果。威尔士把发展中国家跨国公司竞争优势的产生与这些国家自身的市场特征结合起来，在理论上给后人提供了一个充分的分析空间，对于分析经济落后国家企业在国际化的初期阶段怎样在国际竞争中争得一席之地是颇有启发的。

---

① 卜伟、叶蜀君、杜佳、刘似臣：《国际贸易与国际金融》，清华大学出版社 2005 年版，第 136 页。

② 同上。

　　然而，从本质上看，小规模技术理论是技术被动论。威尔斯显然继承了维农的产品生命周期理论，认为发展中国家所生产的产品主要是使用"降级技术"生产在西方国家早已成熟的产品。再有它将发展中国家跨国公司的竞争优势仅仅局限于小规模生产技术的使用，可能会导致这些国家在国际生产体系中的位置永远处于边缘地带和产品生命周期的最后阶段。同时，该理论很难解释一些发展中国家的高新技术企业的对外投资行为，也无法解释当今发展中国家对发达国家的直接投资日趋增长的现象。

　　九　技术地方化理论

　　1983 年，英国经济学家拉奥（Sanjaya Lall）在其出版的《新跨国公司：第三世界企业的发展》一书中提出了用"技术地方化理论"来解释发展中国家对外直接投资的行为。①

　　拉奥深入研究了印度跨国公司的竞争优势和投资动机，认为发展中国家跨国公司的技术特征尽管表现为规模小、使用标准化技术和劳动密集型技术，但这种技术的形成却包含着企业内在的创新活动。②

　　在拉奥看来，导致发展中国家能够形成和发展自己独特优势的主要因素有以下四个：首先，发展中国家技术知识的当地化是在不同于发达国家的环境中进行的，这种新的环境往往与一国的要素价格及其质量相联系；其次，发展中国家通过对进口的技术和产品进行某些改造，使他们的产品能更好地满足当地或邻国市场的需求，这种创新活动必然形成竞争优势；再次，发展中国家企业竞争优势不仅来自于其生产过程和产品与当地的供给条件和需求条件紧密结合，而且来自于创新活动中所产生的技术在小规模生产条件下具有更高的经济效益；最后，从产品特征看，发展中国家企业往往能开发出与名牌产品不同的消费品，特别是当东道国市场较大、消费者的品位和购买能力有很大差别时，来自发展中国家的产品仍有一定的竞争能力。③

　　拉奥的技术地方化理论，对于分析发展中国家跨国公司的意义在于它不仅分析了发展中国家企业的国际竞争优势是什么，而且更强调形成竞争优势所特有的企业创新活动。在拉奥看来，企业的技术吸收过程是一种不

---

① 参见綦建红：《国际投资学教程》，清华大学出版社 2005 年版，第 52 页。
② 同上。
③ 同上。

可逆转的创新活动，这种创新往往受当地的生产供给、需求条件和企业特有的学习活动的直接影响。

与威尔斯的小规模技术理论相比，拉奥更强调企业技术引进的再生过程，即欠发达国家对外国技术的改进、消化和吸收不是一种被动的模仿和复制，而是对技术的消化、引进和创新。正是这种创新活动给企业带来新的竞争优势。虽然拉奥的技术地方化理论对企业技术创新活动的描述是粗线条的，但是它把发展中国家跨国公司研究的注意力引向微观层次，以证明落后国家企业以比较优势参与国际生产和经营活动的可能性。

十　技术创新产业升级理论

20 世纪 80 年代中期以后，发展中国家对外直接投资出现了加速增长的趋势，特别是一些新兴工业化国家和地区的对外直接投资投向了发达国家，并成为当地企业有力的竞争对手。如何解释发展中国家对外直接投资的新趋势，是国际直接投资理论界面临的重要挑战。

20 世纪 90 年代初期，英国学者坎特韦尔（John A. Cantwell）和托兰惕诺（Paz Estrella Tolentino）共同提出了"技术创新产业升级理论"，用以解释 20 世纪 80 年代以来发展中国家和地区对经济发达国家的直接投资加速增长的趋势。[1]

坎特韦尔和托兰惕诺主要从技术累积论出发，解释发展中国家和地区的对外直接投资活动，从而把这一过程动态化和阶段化了。他们提出了两个基本命题：首先，发展中国家和地区产业结构的升级，说明了发展中国家企业技术能力的稳定提高和扩大，这种技术能力的提高是一个不断积累的结果；其次，发展中国家和地区企业技术能力的提高是与其对外直接投资的增长直接相关的。现有的技术能力水平是影响其国际生产活动的决定因素，同时也影响发展中国家跨国公司对外投资的形式和增长速度。[2]

在上述两个命题的基础上，技术积累产业升级理论的基本结论是，发展中国家和地区对外直接投资的产业分布和地理分布是随着时间的推移而逐渐变化的，并且是可以预测的。

坎特韦尔和托兰惕诺认为，对外直接投资技术创新产业升级理论是以

---

[1]　卜伟、叶蜀君、杜佳、刘似臣：《国际贸易与国际金融》，清华大学出版社 2005 年版，第137 页。

[2]　同上。

技术积累为内在动力，以地域扩展为基础的；随着技术积累固有能量的扩展，对外直接投资逐步从资源依赖型向技术依赖型发展，而且对外投资的产业也逐步升级，其构成与地区分布的变化密切相关。[①]

坎特韦尔等人还分析了发展中国家跨国公司对外直接投资的产业特征和地理特征。[②] 根据他们的研究，发展中国家跨国公司对外直接投资受其国内产业结构和内生技术创新能力的影响。在产业分布上，首先是以自然资源开发为主的纵向一体化生产活动，然后是进口替代和出口导向为主的横向一体化生产活动。从海外经营的地理扩展看，发展中国家跨国公司在很大程度上受"心理距离"的影响，其对外直接投资遵循以下的发展顺序：首先是在周边国家进行直接投资，充分利用种族联系；其次，随着海外投资经验的积累，种族因素的重要性下降，逐步从周边国家向其他发展中国家扩展直接投资；最后，在经验积累的基础上，随着工业化程度的提高，产业结构发生了明显变化，开始从事高科技领域的生产和开发活动。同时，为获得更先进复杂的制造业技术，开始向发达国家投资。如中国台湾的跨国公司在化学、半导体、计算机领域，新加坡的跨国公司在计算机、生物技术、基因工程、电子技术领域，韩国、中国香港特区企业在半导体、软件开发、电信技术等领域都占有一席之地。这些国家和地区对发达国家的投资也表现出良好的竞争力。

技术创新产业升级理论解释了 20 世纪 80 年代以来发展中国家，尤其是新兴工业化国家和地区对外投资的结构由发展中国家向发达国家、由传统产业向高技术产业流动的轨迹，对于发展中国家通过对外投资来加强技术创新与积累，进而提升产业结构和加强国际竞争力具有普遍的指导意义，受到了西方经济理论界的高度评价。

第二节　新中国成立 60 年以来国际投资法学的发展

新中国成立以来，特别是改革开放以来，我国国际投资法学得到了长足的发展，这主要表现在对国际投资法学基本原则、国际投资法学的国内

---

① 卜伟、叶蜀君、杜佳、刘似臣：《国际贸易与国际金融》，清华大学出版社 2005 年版，第 138 页。

② 同上。

法规范和国际投资法学的国际法规范三个方面的深入探讨上。

一　国际投资法学的基本原则

（一）国家对自然资源的永久主权原则

国际投资法作为国际经济法的一个分支，当然适用国际经济法的基本原则。因此，国家对自然资源永久主权原则自然成为国际投资法的重要基石。此项原则也是最早为我国国际投资法学界所普遍认可的一项法律原则。[①]

国家对自然资源的永久主权特别表现为国家的国有化的权利。联合国大会通过的《关于自然资源永久主权的决议》、《各国经济权利与义务宪章》以及《建立国际经济新秩序宣言》和《行动纲领》等文件都一致明确承认，每个国家对自己的自然资源和一切经济活动，拥有充分的永久主权。为保卫自然资源，每一国家有权对本国资源及其开发实行有效的控制，包含有权实行国有化或把所有权转移给自己的国民。这种权利是国家充分的永久主权的一种表现。任何国家都不应遭受经济、政治和其他任何形式的胁迫，以致不能自由和充分地行使这一不容剥夺的权利。国家基于公益采取国有化、征收或者征用措施，应当按照本国现行法规以及国际法的规定给予适当赔偿。因赔偿发生争执，原则上由采取国有化措施的国家通过国内司法裁判解决，也可以通过国际仲裁或国际司法裁判解决。该原则肯定了国有化行为的合法性、合理的补偿原则和国内管辖权原则。

国家对经济活动的主权原则还表现在"各国有权按照其法律和规章并依据其国家目标和优先次序，对在其国家管辖范围内的外国投资加以管理和行使权利，任何国家不得被迫对国外投资给予优惠待遇"。各国有权管理和监督其国家管辖范围内跨国公司的活动，并采取措施保证跨国公司的活动遵守其法律、规章和条例，以及符合其经济和社会政策。

（二）平等互利原则

平等互利是国际投资法的一项基本原则，普遍适用于国际投资各主体间的关系。该原则一直以来为我国国际投资法学界所接受。

平等互利中的平等是指法律地位上的平等、权利和义务的平等，互利是指在相互关系中要兼顾双方的利益，不能以损害对方的利益来满足自己的要求，应对双方都有利。平等和互利不可分割，真正的平等是与互利相

---

① 余劲松主编：《国际投资法》，法律出版社 1994 年版，第 15 页。

联系的，平等必然要求互利，不平等不会有互利，只有互利才是真正的、实质上的平等。①

平等互利原则在国际投资上既适用于国家间关系，也适用于不同国家的投资者间以及国家与外国投资者间的关系。② 对涉及国际投资的国家间关系而言，各国必须坚持国家主权平等、互利互惠，不能以损害他国的利益来满足本国的要求，更不能以牺牲他国、压榨他国为手段，谋取本国单方的利益。对于不同国家的私人投资者间的投资合作关系来说，双方当事人法律地位平等、权利义务相互对等是其合作的基础，在投资合同中，任何一方都不可强加片面性义务的条款，损害一方权益的投资合同应属无效或不应予以批准的合同，这已为各国外资法或者相关法律所肯定。对于国家与外国投资者间关系来说，其投资协议也应以权利义务相互对等为基础，投资合同不得含有损害国家主权和利益的条款；在投资管理关系上，外国投资者必须尊重东道国主权，受东道国法律管辖，而东道国也应对外国投资者的合法权益予以法律保护。

总而言之，平等互利原则是国际投资法律关系的基础。③ 任何违反平等互利的合同和法律规定都不应具有法律效力。

（三）最惠国待遇和国民待遇原则

最惠国待遇和国民待遇原则源自国际贸易。④ 最惠国待遇和国民待遇原则成为国际投资法的一项重要原则主要是第二次世界大战以后国际经济关系发展的结果。

最惠国待遇通常指的是缔约国双方在通商、航海、关税、公民法律地位等方面相互给予的不低于现时或将来给予任何第三国的优惠、特权或豁免待遇。条约中规定这种待遇的条文称"最惠国条款"。根据《关贸总协定》第1条，各缔约方应无条件立即给予其他缔约方最惠国待遇，使它成为多边国际贸易制度的基本原则。世界贸易组织承袭了《关税贸易总协定》的规定和实践，也将最惠国待遇视为基本原则，但其适用范围远远超出了前者。在世界贸易组织框架内，最惠国待遇还适用于服务贸易和知识

---

① 余劲松主编：《国际投资法》，法律出版社1994年版，第16页。
② 同上。
③ 同上。
④ 参见王贵国：《国际投资法》，法律出版社2008年版，第102页。

产权保护等方面。①

国民待遇是指，一国给予外国公民、企业、船舶在民事方面以本国公民、企业、船舶所享有的同等待遇。各国通常以国民待遇条款的形式列入贸易条约。《关贸总协定》第3条规定："国内税和其他国内费用，影响产品的国内销售、推销、购买、运输、分配或者使用的法令、条例和规定，以及对产品的混合、加工或者使用须符合特定数量或比例要求的国内数量限制条例，在对进口产品或者国产品实施时，不应用来对国内产品提供保护……一缔约方领土的产品输入到另一缔约国领土时，不应对它直接或者间接征收高于对相同的国产品所直接或者间接征收的国内税或其他国内费用。"在国际投资中，国民待遇原则主要是针对投资东道国的法律、行政规章和其他措施。简而言之，根据国民待遇原则，东道国有义务保证其法律、法规以及其执行对本国人和外国人一视同仁，而不论相关的法律、法规属于何种性质或者涉及何种经济领域。需要注意的是，国际投资中的国民待遇原则存在一定的例外。根据《经济合作与发展组织理事会决议》和《国际投资与跨国企业宣言》，公共秩序和国家基本安全是公认的例外。此外，《经济合作与发展组织理事会决议》和《国际投资与跨国企业宣言》允许在特别情况下给予外国投资企业的分支机构、非法人机构等不同于当地企业的待遇，条件是此类歧视性措施是由于各企业的特殊性以及出于谨慎原则的考虑，且所采取的措施不超过实际需要。②

二 国际投资法学的国内法规范

（一）资本输入国的外资立法

一般而言，资本输入国（即东道国）国内法所提供的保护是最直接和最广泛的法律保护措施。一方面，一国要利用外资发展本国经济，就必须创造一个良好的投资环境，对外资采取鼓励与保护措施；另一方面，为了消除外资可能产生的消极影响，发挥其积极作用，维护国家主权和利益，对外资又必须有目的地予以引导，进行管理，实现一定的限制。③

新中国成立以来，特别是改革开放以来，我国国际投资法学在介绍和分析资本输入国外国投资法时均以经济发展水平进行分类，分为发达国家

---

① 参见王贵国：《世界贸易组织法》，法律出版社2003年版，第39—61页。
② 同上书，第61—87页。
③ 参见余劲松主编：《国际投资法》，法律出版社1994年版，第129—136页。

的外资立法和发展中国家的外资立法。

在发达国家外资立法中，根据发展程度的不同，主要分为三种类型，包括始终开放的、从开放到实行某些限制的以及从保守到逐步开放的。其中，始终自由开放的国家主要涉及美国、德国和英国等；从开放到实行某些限制的国家主要包括加拿大等；从保守到逐步开放的国家以日本为典型。①

作为始终保持开放的美国，其投资立法一直受到学界的关注。美国的外资管理法律体系包括投资申报审查方面的立法、国民待遇和部门限制的立法以及对外签订的与投资有关的协定。美国的外资政策主要涉及联邦政府的外资政策与州和地方一级政府的外资政策。在外资管理制度上，美国在外国直接投资领域长期奉行自由政策，基本不设限制。但在航空、通信、原子能、金融、海运等相对敏感行业中，存在一些具体的国民待遇和市场准入限制规定。美国基于国家安全、统计等需要，在投资领域确立了投资报告制度，对某些投资有权进行审查，并在某些领域实行有限的国民待遇和市场准入。美国对外国直接投资没有专门的审批程序。外国直接投资的设立事宜参照适用所有公司的法律法规进行。但是，美国存在大量影响投资的联邦政府、州政府及地方法律，这些法律的大部分适用于任何国籍的投资者，其中包括管辖反垄断、并购、工资和社会保障、出口控制、环保和健康安全方面的内容。在税收问题上，美国联邦政府对外资没有特别的优惠鼓励规定，然而根据收入来源原则，美国常向内陆投资提供优惠，例如，从美国银行、储贷机构、保险公司获得的收入和股票及证券交易所得与美商业无关可以免税。美国联邦政府为了履行双边条约的义务，在红利和利息的预扣所得方面也提供减免的优惠。对于落后地区，美国政府也实行税收优惠，主要是鼓励外资流向这些地区，帮助这些落后地区增加就业与收入。美国内收入法也规定了许多旨在鼓励外资的条款，包括特殊的鼓励外资投向基础设施的刺激措施、允许全部减免外国投资者的资产收益税、允许某些资产加速折旧以鼓励基础设施投资、利息和某些税收以及研究与开发费用在现行基础上可以普遍获得全部减免、建设期间产生的利息和税收扣除并资本化等。②

---

① 参见余劲松主编：《国际投资法》，法律出版社 1994 年版，第 132 页。

② 参见姚海镇：《国际投资法》，武汉大学出版社 1985 年版，第 42—57 页。

在对发展中国家投资立法的介绍和评析中，非洲国家、亚洲中东及北非国家、亚洲国家以及拉丁美洲国家等热点地区是国际投资法学界关注的焦点，主要涉及包括投资审查、外资政策、投资报告和审查等管理制度、投资产业政策、准入程序以及税收和鼓励措施。[1]

我国外资立法一直是学界研究的重中之重。党的十一届三中全会在总结国内外历史经验的基础上，根据我国的基本国情，作出了对外开放、发展对外经济关系、利用外资的战略决策，确立了我国社会主义现代化建设要利用国内和国外两种资源，开拓国内和国外两个市场的战略思想。在此战略方针的指导下，我国利用外资工作取得了重要成果，一个适合中国国情、具有中国特色的外资法体系逐步形成。

我国外资立法主要涉及宪法、各种单行法规、地方性法规、我国与有关国家签订的双边国际协定以及我国加入的多边协定。[2]

1982年我国《宪法》第18条规定，"中华人民共和国允许外国的企业和其他经济组织或者个人依照中华人民共和国法律的规定在中国投资，同中国的企业或者其他经济组织进行各种形式的经济合作。在中国境内的外国企业和其他外国经济组织以及中外合资经营的企业，都必须遵守中华人民共和国的法律。它们的合法的权利和利益受中华人民共和国法律的保护"。我国《宪法》的这一规定为我国制定各种有关外国投资单行法规，以及签订国际双边投资协定提供了最高的法律依据。这是我国外资法的核心层次。

1979年7月1日通过的《中外合资经营企业法》是我国最早出现的涉及外国投资的单行法规，该法分别于1990年4月和2001年3月作了修正。法规对我国吸收外资的原则和目的、合营企业的法律地位、组织形式、出资比例、经营管理、税收、利润、外汇一级争端解决等问题都作了原则性的规定，从而为以后我国有关利用外资的各项专门立法提供了基本的指导原则。我国在颁布《中外合资经营企业法》之后，相继颁布了一系列与之相关的法律和法规，从而使我国有关合资企业的立法逐步趋于完善。这类法规主要有：《中外合资经营企业法实施条例》（1983年发布、1986年、1987年和2001年修订）、《外资企业法》（1986年通过、2000年修正）、《中外合作经营企业法》（1988年通过、2000年修正）、《中外合作经营企

---

① 参见陈安主编：《国际投资法》，北京大学出版社1999年版，第69—125页。
② 参见孙南申：《国际投资法》，中国人民大学出版社2008年版，第25—26页。

业法实施细则》（1995 年国务院批准）、《外资企业法实施细则》（1990 年
国务院批准、2001 年修订）、《关于外商投资举办投资性公司的规定》
（2004 年施行）等。[1]

　　地方性法规是我国国家制定的外资法在当地的具体化，是我国外资法
的依附层次。地方性法规的代表有 1980 年广东省人民代表大会通过、并
报中华人民共和国全国人民代表大会常务委员会批准后施行的《广东省经
济特区条例》。

　　为了鼓励外国投资和保护投资者的利益，我国从 1982 年开始，陆续
与外国签订投资保护协定；并就避免双重征税问题与一些国家谈判签订达
成避免双重征税协定；此外，我国政府还与外国政府签订了一系列涉及外
国投资的贸易协定、经济合作协定、技术转让协定。

　　2001 年 11 月，我国在多哈举行的世界贸易组织第四次部长级会议上
签署了中国加入世贸组织的法律文件，完成了中国加入世界贸易组织的全
部法律程序，《与贸易有关的投资措施协定》当然成为了调整我国投资问
题的法律规范。

　　（二）资本输出国的海外投资立法

　　对于资本输出国而言，本国私人海外直接投资，不仅关系到投资者的
私人利益，而且也关系到本国国家利益与本国的经济发展，因此，资本输
出国也制定有一些法律或者规定以调整海外私人直接投资的问题，主要涉
及海外投资的鼓励措施、管理措施。[2] 海外投资的鼓励措施包括税收鼓励
和保护措施以及政府资助与服务；管理措施主要涉及要求海外投资企业公
开情报、防止海外投资企业逃税以及基于保护本国市场竞争、国家安全以
及外汇管理和金融制度等为目的的有关法律措施。

　　在资本输出的海外投资立法中，海外投资保证（或保险）制度一直是
关注的重点。[3] 海外投资保险制度是资本输出国政府对海外投资者在国外
可能遇到的政治风险，提供保证或者保险，投资者向本国投资保险机构申
请保险后，若承保的政治风险发生，致使投资者遭受损失，则由国内保险
机构补偿其损失的制度。其中，这里的政治风险是指与东道国政治、社

---

① 参见孙南申：《国际投资法》，中国人民大学出版社 2008 年版，第 25 页。
② 参见陈安主编：《国际投资法》，北京大学出版社 1999 年版，第 138—143 页。
③ 同上书，第 138 页。

会、法律有关的人为的、非投资者所能控制的风险，这些风险主要包括征收险、外汇险、战争和内乱险，不包括商业风险。

美国是世界上最早和最广泛实行投资保证制度的国家，因此美国的投资保证制度是改革开放以来我国国际投资法学研究的重点内容之一。美国自 1948 年创设投资保险制，并于 1969 年依据修订的《对外援助法》设立了海外私人投资公司，承担美国私人海外投资保证和保险业务。① 作为美国的同时也是世界上首家海外投资保险机构，海外私人投资公司具有公、私两方面性质。一方面，法律明文规定该公司是"在美国国务院政策指导下的一个机构"，其法定资本由美国国库拨款；另一方面，该公司作为法人，完全按照公司的体制和章程经营管理。根据美国法的要求，申请投资保险的投资者必须满足一定条件，才能作为合格的投保人，这些条件包括美国公民、美国公司、合伙或者其他社团以及资产的全部或至少95％为美国公民、公司、合伙或社团所有的外国公司、合伙以及社团。美国对于保险对象的要求主要涉及投资合格和投资的东道国合格。② 投资合格主要包括：承保一项投资时必须考虑该投资项目最终是否有利于美国经济，包括对美国工人就业、国际收支平衡以及美国经济发展目标有利的影响；海外投资必须经东道国事先批准同意投保才视为合格；投资项目仅限于新投资项目，包括对现有海外投资项目的扩建、现代化、技术改造和发展等；鼓励投资者采用新颖的投资方式，如通过提供资金、服务、签订协议、合资企业、技术转让、特许权转让、承包合同、产品分享等进行投资，以减少风险。投资的东道国合格是指私人投资者在人均国民收入在 3887 美元以下的国家进行投资才有可能取得海外私人投资公司的保险。美国海外私人投资公司要求投资者至少承担10％的风险，也就是说，投资者最大投保额为其投资的90％。此外，该公司提供保险的最长期限为 20 年，分为 3 类，包括货币兑换险、国有化或征收险以及战争、革命、暴力和内政险。③

与美国相比，我国的海外投资起步较晚但发展迅猛。截至 2006 年底，我国从事跨国经营的各类企业已经发展到 3 万多家。④ 目前，我国投资海

① 参见陈安主编：《国际投资法》，北京大学出版社 1999 年版，第 143 页。
② 同上书，第 158—161 页。
③ 同上书，第 161—163 页。
④ 资料来源：商务部网站，http：//mep128. mofcom. gov. cn/mep/xwzx/jmxx/189932. asp，2009 - 10 - 20 访问。

外主要通过 3 种途径：中国公司在海外投资、通过允许金融机构在境外投资的合格境内机构投资者计划以及 2007 年设立的旨在利用部分外汇储备投资的中国投资公司。①

我国海外投资审批与管理的法律和相关规定主要涉及 2004 年修订后的《对外贸易法》、1992 年原对外经济贸易部发布的《关于在境外举办非贸易性企业的审批和管理规定》（试行）、2004 年国家发展和改革委员会发布的《境外投资项目核准暂行管理办法》以及 2009 年商务部发布的《境外投资管理办法》。此外，还有包括但不限于《外汇管理条例》、《境外投资外汇管理办法》、《境外投资外汇管理办法实施细则》、《境外投资财务管理暂行办法》、《境外外汇账户管理规定》、《合格境内机构投资者境外证券投资管理试行办法》、《保险外汇资金境外运用管理暂行办法》等。

当前在我国承担海外投资非商业风险保险的机构是 2001 年底成立的中国出口信用保险公司。该机构以鼓励中国企业的海外投资为目标，不以营利为目的，其主要业务范围包括短期、中长期出口、信用保险、担保业务、保单融资等。出口信用保险公司为我国政府全资所有，性质上属于国家海外投资保险机构，但有独立的法律地位，按照公司的章程进行经营管理，类似于美国的海外私人投资公司，其承保的投资风险范围包括汇兑限制、征收、战争及政治暴乱、政府违约以及承租人违约。

三　国际投资法学的国际法规范

国际投资法学的国际法规范主要涉及双边和多边投资保护条约及其安排。②

（一）双边条约

双边投资保护协定是保护国际投资的一种重要法律形式，属于投资法体系中国际法治方面的重要法律规范。双边投资保护协定是资本输入国与资本输出国之间签订的，旨在鼓励、保护、保证以及促进国际私人投资的双边条约。这些双边投资保护协定名称繁多，如"投资保险和投资保证协议"、"相互保护投资协议"、"促进和保护投资协定"以及"相互鼓励和保护投资"等。

关于保护国际投资的双边条约、协定、换文种类繁多，但按照其内

① 孙南申：《国际投资法》，中国人民大学出版社 2008 年版，第 122 页。
② 参见余劲松主编：《国际投资法》，法律出版社 1994 年版，第 242—331 页。

容,可以分为以下3种类型:

1. 友好通商航海条约

友好通商航海条约不仅为相关缔约国间的海运和贸易关系提供了制度保障,同时亦直接规范一国国民或公司在对方国家投资利益的保护标准。友好通商航海条约中涉及投资的内容大致有:外国投资者的入境、旅行与居留;个人基本自由权;关于投资者的待遇标准;关于外国投资者财产权的保护和尊重;管理与经营企业的权利;对外国投资者的税收待遇;外汇管制与资金转移;关于争议的处理与管辖权。

友好通商航海条约并不是专门的关于国际投资保护的双边条约,因而对于投资保护而言难免存在不足。此类条约涉及范围太广,内容十分繁杂,不易推行,亦不符合国际经济条约专门化、具体化发展的趋势;其带有"结盟"性质的政治意味使不少发展中国家戒心深重;而其中有关保护外资的条文相对笼统且"门槛"过高,又无程序上的保障,使实体性规定难以得到严格执行。第二次世界大战后,由于此类条约涉及范围广、内容多,关于投资保护的规定太简略,远远不能适应实际的需要。因此,国际社会便开始寻求别的缔约形式,以求更有利地保护国际投资。

2. 投资保证协定

投资保证协定是指缔约国一方保证其在缔约国对方的投资而与缔约国对方缔结的条约。投资保证协定是美国首创并推行,故称为美国式的投资保证协定,这种协定通常采用换文的方式。

"二战"之后随着美国对外投资的不断扩大,特别是为了配合马歇尔计划的实施,美国开始实行其海外投资保险制度,并以国家间订有双边投资保证协定为实施其海外投资保险制度的前提。因此,从20世纪50年代开始,美国除了签订综合性的友好通商航海条约以外,还签订了专门的投资保证协定,对美国投资者在海外的投资实行双重保护,后来发展为以双边投资保证协定为主。这种规定因为和美国海外投资保险、保证结合在一起,也叫"投资保险和保证协定"。目前美国所使用的是2004年修订后的投资保证协定样本。[①]

投资保证协定的核心在于让对方缔约国正式确认美国国内的承保机构在有关的政治风险事故发生并依约向投保的海外投资者理赔之后,享有海

---

① 参见王贵国:《国际投资法》,法律出版社2008年版,第153页。

外投资者向东道国政府索赔的代位权和其他相关权利及地位。协定还规定了双方政府因索赔问题发生纠纷时的处理程序。条约规定的目的在于使美国国内的海外投资保险合同的法律效力，能够通过双边协定延伸到美国境外，取得对方缔约国的正式认可，从而使双方承担了具有国际法约束力的履约理赔义务。于是，美国国内保险机构行使的代位求偿权就此"国际化"和"公法化"了。

美国式的投资保证协定主要特点是，所保护的投资范围广，包括投资者直接或间接拥有或控制的任何具有投资性质的资产，包括有关投资或资源的承诺，对收入和利润的预期以及风险的承担；重在政治风险的保证，特别是着重于代位求偿权及处理投资争议程序的规定；着重强调国民待遇和最惠国待遇的适用，协定中的国民待遇和最惠国待遇除了适用于投资的管理运营，同样也适用于新设、收购和扩张。

3. 促进与保护投资协定

促进与保护投资协定是欧洲一些发达国家与发展中国家签订的双边投资条约，其中以德国最为典型，故称为德国式的双边投资协定。[①] 从 20 世纪 50 年代末开始，德国、瑞士等欧洲国家认识到单纯依靠友好通商航海条约难以有效地保护其海外投资，就创立了促进与保护投资协定这一新的双边投资条约模式。这种协定提取了传统友好通商航海条约中有关外国投资的内容加以具体化，并融合以美国式投资保证协定中有关投资保险、代位求偿及争端解决的规定，兼采两者之长，为资本输出国的海外投资提供切实有效的保护，因而一问世便得到发达国家的竞相仿效和大力推行。除了欧洲国家大量签订此类协定之外，发展中国家之间也签订促进与保护投资协定。当前我国与外国签订的双边投资条约也是以这种协定为主。

促进与保护投资协定的内容主要涉及：外国投资者的待遇；受保护的投资和投资者；国有化与征收；货币的汇兑与转移；代位求偿权；争议的解决。其特点是签约程序正式、内容具体全面和适用范围广泛。这类协定的结构较为严谨，通常由序言、正文和结尾三部分构成，其签订一般需要通过正式立法程序，以政府的名义签订，由最高权力机关批准；协定既含有促进与保护投资的实体性规定，如关于外资待遇的标准、政治风险的保证等，又包含有关于代位求偿、解决投资争议的程序性规定，内容具体详

---

① 参见余劲松主编：《国际投资法》，法律出版社 1994 年版，第 244—246 页。

尽，实体性规定与程序性规定融为一体、相辅相成；协定保护的是缔约双方相互的投资，是双向的保护；与友好通商航海条约相比，协定属于专门性投资协定，技术性较强，政治性较弱，不致因国家之间的态度而影响经济上的相互合作。①

自 1979 年实行改革开放以来，我国对签订双边投资保护协定一直持积极态度，在坚持主权原则和平等互利原则的基础上，积极与有关国家谈判磋商，缔结双边投资协定。根据联合国贸易和发展会议 2007 年 9 月公布的《2007 年全球直接投资趋势与展望》，自 1982 年我国与瑞典政府签订了第一个双边投资保护协定以来，迄今已经签署了 112 个双边投资保护协定，签约数量仅次于德国。② 回顾中国签订双边投资保护协定的历史，这一百多个协定中的绝大部分是在 1982—1998 年间签订的。在中国加入世界贸易组织前后，双边投资保护协定的谈判一度搁置。2003 年以后，中国开始商谈或重新修订某些先前签订的双边投资保护协定。2004 年至 2005 年底，中国又与几个国家商签了 8 个双边投资保护协定。2006 年至 2007 年，中国分别与瓦努阿图、俄罗斯、印度、塞舌尔签订了关于促进和相互保护投资的协定。其中，以中俄、中印双边投资保护协定的内容相对完备。2008 年 6 月，我国正式宣布与美国启动双边投资保护协定谈判，这是中美经济关系发展过程中的重要事项，两国政府对此高度重视。此后双方就协定的具体条款进行了多轮深入磋商，提出了各自的文本。③ 截至 2008 年 1 月底，我国已与 123 个国家签订了双边投资保护协定，美国也已与将近 40 个国家签有双边投资保护协定。④

与 20 世纪 80 年代到 90 年代签署的双边投资协定相比，我国新一代双边投资协定的适用范围进一步扩大，对投资和投资者的解释更为宽泛，更多地采用了国民待遇和最惠国待遇原则，也更为灵活地适用国际仲裁解决投资争端。例如，2003 年《中德关于促进和相互保护投资的协定》规定，投资系指缔约一方投资者在缔约另一方境内直接或间接投资的各种财产，

① 参见余劲松主编：《国际投资法》，法律出版社 1994 年版，第 247—267 页。

② 资料来源：商务部网站，http://yzs.mofcom.gov.cn/accessory/200901/1231398261750.doc.另见 http://www.cs.com.cn/xwzx/03/200905/t20090518_1930205.htm，2009-10-20 访问。

③ 资料来源：商务部网站，http://mep128.mofcom.gov.cn/mep/xwzx/schj/247633.asp.2009-10-20 访问。

④ 同上，http://mep128.mofcom.gov.cn/mep/xwzx/schj/247633.asp.2009-10-20 访问。

包括但不限于：动产、不动产及抵押、质押等财产权利；公司的股份、债券、股票或其他形式的参股；金钱请求权或其他具有经济价值的行为请求权；知识产权、特别是著作权、专利和工业设计、商标、商名、工艺流程、商业秘密、专有技术和商誉；法律或法律允许依合同授予的商业特许权，包括勘探、耕作、提炼或开发自然资源的特许权。与1983年中德协定仅适用最惠国待遇相比，该协定提出对投资以及与投资有关的活动适用国民待遇和最惠国待遇。①

（二）多边条约

20世纪60年代以来，国际经济合作的发展和国际性经济组织的兴起促使国际上越来越感到有通过国家间签订多边投资条约建立国际投资法典及多国投资保证制度的必要。

1.《关于解决国家与他国国民间投资争端公约》

1965年在世界银行的倡导下通过了《关于解决国家与他国国民间投资争端公约》（简称《1965年华盛顿公约》）。此后，基于公约成立了解决投资争端国际中心。②

《1965年华盛顿公约》规定，争端当事人如果想将有关争端提交解决投资争端国际中心调解或仲裁，必须同时满足3个条件：有关争端是直接因投资而产生的法律争端；争端当事人必须分别是公约缔约国和另一缔约国国民；争端当事人同意将争端提交解决投资争端国际中心管辖。

尽管解决投资争端国际中心运作之初处理的国际投资争端案件并不多，但它所独具的特殊体制和功能，毕竟为外国投资者提供了一个可以到东道国以外去控告东道国政府的一个特殊场所和专设机构，从而成为外国投资者在海外投资的重要精神支柱或希望所托。

晚近以来，解决投资争端国际中心的仲裁体制功能不断扩大，主要体现在：有更多的发展中国家，直接在本国颁布的外资法规中明文规定，把本国境内的涉外投资争端提交解决投资争端国际中心调解或仲裁；有越来越多的双边投资保护条约，直接规定了解决投资争端国际中心仲裁条款；有日益增多的国际经济组织作出规定，与解决投资争端国际中心联手协作；在日益增多的东道国与外国投资者订立的投资合同中直接明文规定，

① 参见王贵国：《国际投资法》，法律出版社2008年版，第161页。
② 参见陈安主编：《国际投资法》，北京大学出版社1999年版，第570—573页。

将日后有关投资的行政争端提交解决投资争端国际中心仲裁解决；有日益增多的国际性仲裁机构与解决投资争端国际中心开展互助合作，增强了后者的工作效率和功能。在这 5 个因素的综合作用下，20 世纪 90 年代以来，解决投资争端国际中心受理的国际投资争端案件增长的幅度和速度，颇令人瞩目。截至 2005 年底，公约的签字国达到 155 个，其中缔约国 142 个。我国于 1993 年正式成为公约的缔约国。[①]

2.《多边投资担保公约》

当前，最主要的多边投资担保制度是多边投资担保机构，它因此也成为我国投资法学界自改革开放以来关注的重点。《多边投资担保公约》于 1985 年世界银行年会通过。我国于 1988 年 4 月 30 日批准了该公约，成为该公约和该机构的创始会员国。[②]

根据《多边投资担保公约》的规定，多边投资担保机构的目标是鼓励在其会员国之间，尤其是向发展中国家会员国融通生产性投资，以补充世界银行、国际金融公司和其他国际开发金融机构的活动。为达到这些目标，机构应在一会员国从其他会员国得到投资时，对投资的非商业性风险予以担保，包括共保和分保；开展合适的辅助性活动，以促进向发展中国家会员国和在发展中国家会员国间的投资流动；并且为推进其目标，行使其他必要和适宜的附带权力。

多边投资担保机构的业务主要是承保非商业性风险和提供促进性和咨询性服务。该机构承保 4 种非商业风险，包括货币汇兑险、征收或类似措施、违约和战争内乱。在承保非商业性风险时，为了防止发生不必要的赔偿而使机构蒙受损失，《多边投资担保公约》规定机构所承保的必须是合格的投资。所谓合格的投资，必须满足以下几个条件：[③]

（1）合格的投资应包括股权投资，其中包括股权持有者为有关企业发放或担保的中长期贷款；和董事会确定的其他形式的直接投资；以及董事会的特别多数票通过的其他任何中长期形式的投资。

（2）合格的投资必须是在要求机构给以担保的申请注册收到之后才开始执行的投资，包括更新、扩大或发展现有投资所进行的任何外汇转移；

---

① 孙南申：《国际投资法》，中国人民大学出版社 2008 年版，第 168 页。

② 同上书，第 172 页。

③ 同上书，第 176 页。

现有投资产生的、本可汇出东道国的收益。

（3）合格的投资必须在经济上是合理的，对东道国的发展有所贡献；符合东道国的法律条令；与东道国宣布的发展目标和重点相一致；此外，该投资在东道国将受到公正、平等的待遇和法律保护。

根据《多边投资担保公约》的规定，合格东道国也必须符合3个条件，即必须是一个发展中国家，必须是一个同意机构承保特定投资的特定风险的国家，必须是一个对担保的投资给予公正与平等待遇和法律保护的国家。

3. WTO 体系下的多边投资协定

（1）《与贸易有关的投资措施协定》

一般而言，投资措施是指东道国通过外资政策或立法对外国投资企业的投资、生产与经营活动进行投资管理的各项措施。其中，凡是能够对国际贸易产生影响的投资措施，被称为与贸易有关的投资措施。

考虑到某些投资措施可能会对贸易产生限制与扭曲的作用，各国在乌拉圭回合多边贸易谈判中确立了当地含量要求、贸易平衡要求、出口实绩要求、外汇限制要求、外汇平衡要求、国内销售要求、当地股权要求、技术转让要求、利润汇出限制、当地制造要求、当地制造限制、授权经营要求、许可要求 13 项典型的不符合关贸总协定第 3 条或者第 11 条与贸易有关的投资措施，并最终达成了《与贸易有关的投资措施协定》，禁止各成员实施这些违反关贸总协定第 3 条或第 11 条的与贸易有关的投资措施。关贸总协定的这两个条款分别规定了国民待遇原则和不得采用数量限制的原则。为了明确哪些投资措施应被禁止使用，《与贸易有关的投资措施协定》包含了一个附件，该附件规定了不符合关贸易总协定第 3 条或第 11 条的投资措施"例示清单"。①

2001 年 12 月，我国正式加入世界贸易组织。根据《中国加入工作组报告书》的规定，我国代表确认自加入世贸组织起，按议定书所列，将全面遵守《与贸易有关的投资措施协定》，不援用第 5 条过渡期安排，并将取消外汇平衡要求、贸易平衡要求、当地含量要求和出口实绩要求。在入世前后，我国已经对外资立法进行了全面修改与补充，取消了含有不符合WTO 协议规定的投资措施的条款的规定。

（2）《服务贸易总协定》

---

① 孙南申：《国际投资法》，中国人民大学出版社 2008 年版，第 178—179 页。

　　《服务贸易总协定》是世界贸易组织管辖的一项多边贸易协议。该协定由 3 部分组成，协定条款本身、部门协议和各成员市场准入承诺单。由于《服务贸易总协定》中国际服务贸易由跨境交付、境外消费、商业存在以及自然人流动 4 种具体方式组成，因此，直接投资成为协定无法回避的重要问题。实践中，《服务贸易总协定》所确立的一系列规则与承诺对国际投资立法具有重要意义，它们已经适用于各国投资服务领域。

　　《服务贸易总协定》的适用范围涵盖了所有服务部门的贸易活动，包括金融业、劳工流动、航运、通信、建筑工程、专业服务、旅游业与视听服务等多个部门。作为重要的例外，凡行使政府职权时提供的服务不受协定规则的调整，如中央银行服务和社会保障服务。[①]

　　我国加入世界贸易组织以后，很快就公布了《服务贸易具体承诺减让表》。承诺表分为两个部分，水平承诺部分和具体承诺部分。[②]

　　承诺表的第一部分是水平承诺部分。在此部分，我国政府所作出的承诺，适用于服务贸易的所有部门。在市场准入限制、国民待遇限制和其他承诺方面，主要就服务贸易的 4 种基本形式：跨境交付、境外消费、商业存在、自然人流动中的商业存在和自然人流动两种服务提供方式作出了规定，所涉及的内容在有关具体部门或分部门承诺中不再重复。

　　承诺表的第二部分是具体承诺部分。这部分按部门或分部门叙述，在市场准入限制、国民待遇限制和其他承诺方面，就 4 种服务提供方式有无限制及限制的内容分别作出了规定。

　　我国服务贸易承诺表具有以下几个特点：首先，在服务贸易的 4 种服务方式中，我国政府对"跨境交付"和"境外消费"两种服务方式大多没有作出限制或很少作出限制，而对"商业存在"和"自然人流动"作出了较多的限制，这是符合我国国情的，对于保护我国幼稚的服务业发展有积极意义；其次，在市场准入和国民待遇方面所作的限制是暂时的、有条件的、有时间限制的，遵循了循序渐进、逐步开放的原则；最后，水平承诺适用于服务贸易的所有部门，具体承诺按部门或分部门叙述。

---

① 孙南申：《国际投资法》，中国人民大学出版社 2008 年版，第 180 页。
② 同上书，第 180—189 页。

第二十二章

国际金融法

国际金融法是国际经济法的重要分支。现代意义上的国际金融法的开始形成，大抵是在 20 世纪二三十年代。[①] 1944 年在美国新罕布什尔州布雷顿森林召开的联合国国际货币金融会议制定了《国际货币基金协定》和《国际复兴开发银行协定》，统称布雷顿森林协定，在此基础上确立了所谓布雷顿森林体系，奠定了"二战"以后国际金融法律秩序的基石，标志着作为一个法律体系的国际金融法的最终形成。而作为一门学科的国际金融法学，则一般认为产生于 20 世纪 50 年代，因为从那时起，国际金融法这一概念开始出现在法学家们的学术论文和著作中；特别是 1952 年国际法协会（International Law Association）成立"国际货币法委员会"（Committee on International Monetary Law），更是被普遍视为国际金融法学科产生的标志。[②]

国际金融法学在中国是一门新兴学科，是改革开放的产物。事实上，包括国际金融法学在内的国际经济法学，在中国的正式产生是在 20 世纪 70 年代末和 80 年代初，距今不过 30 年。鉴于这一实际情况，笔者在此不采取以改革开放为界的"前三十年"与"后三十年"的写作方法，而是以世纪之交为界加以沿革；同时，考虑到当前这场国际金融危机对国际金融法律制度已经和将会产生的巨大影响，特设专节概览学者的相关反思与探索。

---

① 参见李泽锐：《国际货币金融法概论》，经济管理出版社 1997 年版，第 1 页。

② 参见盛愉：《国际货币法概论》，法律出版社 1985 年版，前言第 1 页。关于"国际金融法"与"国际货币法"的关系，下文将专门述及。

第一节　奠基与发展（1949—1999）

一　国际经济新秩序与国际金融法

国际货币金融制度是国际经济秩序的重要支柱。在 20 世纪六七十年代发展中国家呼吁建立国际经济新秩序的浪潮中，国际货币金融制度被明确提及。1974 年通过的《建立国际经济新秩序宣言》中声明"改革国际货币制度，保证这种制度的主要目标之一是促进发展中国家的发展进步，并且促使足够的实际资金源源流入这些国家"；同年通过的《建立国际经济新秩序行动纲领》（联合国大会第 3202 号决议）则在第二部分"国际货币制度与资助发展中国家的开发事业"中进一步阐明了改革国际货币制度的目的和措施，并强调保证"在制定一种公正和持久的货币制度的过程中，发展中国家能够充分和有效地参加一切决策阶段"。[①]

在改革国际货币制度，捍卫发展中国家权益的过程中，国际金融法的研究和实践扮演着极为重要的角色。当时中国已经恢复在联合国的合法席位，作为发展中国家的重要一员参与和推动了《宣言》和《行动纲领》的通过。尽管中国国际金融法学当时尚未产生，但上述文件所包含的基本目标和原则无疑为早期的中国国际金融法学研究提供了重要的依据。

二　代表人物与著述

（一）奠基时期

20 世纪 80 年代是中国国际金融法学的奠基时期。1984 年盛愉教授撰写的《国际货币法的理论与实践》一文，是笔者了解范围内最早的公开出版的国际金融法研究成果。[②] 这一时期的主要著作有盛愉所著《国际货币法概论》（1985 年）、沈达明和冯大同编写的《国际资金融通的法律与实务》（1985 年）、陈安主编的《国际货币金融法》（1987 年）、王贵国所著的《国际金融与银行法》（1987 年）和《国际货币金融法》（1996 年）及董世忠主编的《国际金融法》（1989 年）。在上述著作中，盛愉专论国际

---

① 《建立国际经济新秩序宣言》和《建立国际经济新秩序行动纲领》的中文文本均见于陈安主编：《国际经济法学资料选萃》，高等教育出版社 2007 年版，第 6—24 页。

② 参见盛愉：《国际货币法的理论与实践》，国际经济法研究会编：《国际经济法专题讲座》，1984 年，第 170 页。

货币法律制度，并有少量篇幅涉及国际金融组织及跨国银行；沈达明和冯大同主要讨论国际借贷（包括银行贷款、国际债券、项目融资等）中的法律问题；陈安与董世忠则既涉及国际货币法律制度，也涉及其他国际金融法律制度和问题。上述著作初步勾勒出了中国国际金融法学的轮廓，为后续研究奠定了基础。

（二）发展时期

进入 20 世纪 90 年代以后，随着中国经济的发展和对外开放的深入，中国国际金融法研究有了较大发展。不仅老一辈学者有新的著作问世，还涌现出一批中青年学者，其著述为国际金融法研究注入了新的活力。这一时期的主要著作有刘丰名所著《巴塞尔协议与国际金融法》（1994 年）和《国际金融法》（1996 年）、王贵国所著《国际货币金融法》（1996 年）、李泽锐所著《国际货币金融法概论》（1997 年）、赵一民主编的《国际金融法》（1998 年）、吴志攀主编的《国际金融法》（1999 年）、董安生所著《国际货币金融法》（1999 年）、李仁真主编的《国际金融法》（1999 年）及李国安主编的《国际货币金融法学》（1999 年）。其中，除吴志攀书专论国际金融交易法律制度，几乎不涉及国际货币法律制度外，其余著作均既涉及国际货币法律制度，也涉及其他国际金融法律制度和问题，无论其是以"国际金融法"还是"国际货币金融法"为名。此外，这一时期还有学者发表了"论国际金融法的概念与体系"①、"国际金融法界说"②、"国际金融法的现状与发展趋势"③ 等基础性论文。

三 重要问题与观点

（一）国际金融法基本理论

1. 国际金融法的名称、概念和范围

纵观这一时期的相关著述，名称并不统一：有的称为"国际货币法"，有的称为"国际金融法"，还有的称为"国际货币金融法"。这种名称上的差别实际上反映了学界对于国际金融法的概念与范围这一问题的分歧。概而言之，有"广义说"和"狭义说"之分。

广义说认为，国际金融法是调整国际金融关系的法律规范的总称，而

---

① 参见李仁真：《论国际金融法的概念与体系》，《中国法学》1999 年第 1 期。
② 参见李仁真、何焰：《国际金融法界说》，《武汉大学学报》1999 年第 3 期。
③ 参见隋伟：《国际金融法的现状与发展趋势》，《南开学报》1997 年第 5 期。

国际金融关系泛指人们在一切与货币和银行信用有关的跨国金融活动中所结成的关系；在这个意义上，国际金融法律制度包括国际货币法律制度，后者是前者的一个重要组成部分。广义说的代表人物是刘丰名教授。他在其所著的《国际金融法》一书中提出，国际金融法是以货币的法律问题为基石，调整国际投资领域和国际贸易领域的金融法律关系；因此，该法律部门应体现为"三足鼎立"之势，即国际货币金融法、国际投资金融法和国际贸易金融法。① 另有学者虽未作出如此明确的划分，但在论述中也将国际货币法作为国际金融法的一个组成部分来处理。②

狭义说认为，国际金融法是与国际货币法平行的一个法律部门。国际金融法主要调整自然人、法人之间的跨国金融交易关系，属于私法范畴；国际货币法则是规范和调整国家之间的货币关系，包括国际货币合作、国际汇兑、国际储备、国家货币管制等关系，以及国家与国际货币基金组织之间的关系。例如，盛愉教授在1984年的《国际货币法的理论与实践》一文明确指出，国际货币法与国际金融法属于不同的范畴，但当时的国际货币法包含了一部分金融方面的内容，如资金的融通问题、借贷问题和债务问题等，并认为未来是否会单独形成国际金融法，还是仍属于国际货币法，尚待实践发展。③ 这种提法的背景是国际货币法已经形成，而国际金融法作为一个整体法律部门和学科尚未最终成型，其思路对后续研究产生了显著影响。例如，董世忠教授主编的《国际金融法》虽然以"国际金融法"之名统摄全书，并在开篇即讨论国际货币法律制度，从编排形式上看倾向于广义说，但却在绪言部分专门解释说，国际金融法与国际货币法不同，但因为两者关系密切，所以作者在论述国际金融法律规范之前，先对国际货币法律规则加以介绍。④ 李泽锐教授的立场则更为鲜明。他的专著以"国际货币金融法"为名，体例上鲜明地分为"国际货币法"和"国际金融法"两编，并明确指出，国际货币金融法包括国际货币法和国际金融法两级法律，前者是规定和调整国际一级的国际货币交往关系的法律，后者则是规定和调整个人（自然人、法人）之间跨国金融交易关系的法律

---

① 参见刘丰名：《国际金融法》，武汉大学出版社1996年版，第10页。

② 参见李仁真：《国际金融法》，武汉大学出版社1999年版，第1—8页；李仁真：《论国际金融法的概念与体系》。

③ 参见盛愉：《国际货币法的理论与实践》，第173页。

④ 参见董世忠主编：《国际金融法》，法律出版社1989年版，序言第1页。

规则的总称。①

　　有的学者则采取了较为模糊的处理方式，直接讨论国际金融法律制度中的相关内容，而不对国际货币法与国际金融法的关系作过多讨论。例如，王贵国教授所著的《国际金融与银行法》称，以国际货币基金组织、世界银行、亚洲开发银行等国际组织的规则和实践为背景，研究探讨国际金融关系的法律问题，同时对国际金融中心及国际信贷的重要法律规范、惯例、实践等亦予以评析。② 从内容安排上看，实际上是以国际货币法律制度为主体，兼及国际金融交易法律制度的一些内容。又如，吴志攀教授主编的《国际金融法》认为，从研究角度看，国际金融法中存在"公法"与"私法"两种体系，前者主要包括国家作为主体的国际资金流动的法律与国际公约或地区性公约，其中最重要的是国际货币基金组织和世界银行的公约；后者则是调整以金融机构和商业机构为主体的资金国际流通关系的法律规范的总称。③ 尽管从内容安排上看，该书仅讨论国际金融交易法律制度，而不涉及国际货币法律制度的内容，但这似乎只是表明编者的研究侧重点，并不表明其采用了"狭义说"。④ 沈达明和冯大同教授则干脆回避了这两个概念，以"国际资金融通的法律与实务"来为其合著命名。⑤

　　在笔者看来，尽管"国际货币法"出现和引入中国先于"国际金融法"，⑥ 而国际货币法律制度也确实有其自成一体的特殊性，但以发展的眼光看，将二者作为泾渭分明的两个法律部门既不必要，也不合理。首先，国际货币制度中的很多内容，如汇率制度、外汇管制、货币主权等，实际上是进行国际金融交易和建立国际金融关系的基础，二者密不可分。其次，如果说在早期以"公"和"私"来划分国际货币法和国际金融法尚有其合理性，因为那时除国际货币制度外，其他国际金融法律关系中并无多少公法性或者说国家调控性内容的话，那么此后国际银行监管法律规则、国际证券监管法律规则等金融监管法律制度的出现和发展，则使得"公法

---

① 参见李泽锐：《国际货币金融法概论》，经济管理出版社 1997 年版，第 1—3 页。
② 参见王贵国：《国际金融与银行法》，法律出版社 1987 年版，前言。
③ 参见吴志攀：《国际金融法》，法律出版社 1999 年版，第 2 页。
④ 同上书，前言。
⑤ 参见沈达明、冯大同编：《国际资金融通的法律与实务》，对外贸易教育出版社 1985 年版。
⑥ 在笔者所知的范围内，"国际金融法"这一概念在中国的兴起，始于英国学者菲利普·伍德的名著《国际金融法律与实务》的引入。关于伍德及其著作的影响，下文有进一步讨论。

性"不再是国际货币法专属的性质。如果继续坚持国际货币法和国际金融法的两分法，并以"公"和"私"作为划分标准的话，那么已经出现的国际金融监管法、国际金融组织法等新兴分支，以及将来可能会进一步出现的其他新的分支，就将处于难以归类的尴尬处境。

因此，笔者赞成广义说，即国际金融法是以包括国际货币关系在内的一切国际金融关系为调整对象的法律规范的总称，既包括国际货币法，也包括国际金融交易法（国际融资法），还包括国际金融监管法、国际金融组织法等其他法律制度。至于名称，以统称"国际金融法"为佳，基于习惯或突出国际货币法重要性的考虑而称为"国际货币金融法"也未尝不可，但两者所指向的应当是同一概念。用一个简单的公式来表达就是：

国际金融法＝国际货币金融法＞国际货币法

2. 国际金融法的对象和体系

国际金融法是以国际金融关系为调整对象的法律规范的总称。对于"国际金融关系"这一概念的理解，直接决定着不同研究者眼中的国际金融法学研究对象的区别。在"公"、"私"两分法的理念下，一些学者主要从公法角度对国际货币法律制度进行研究，关注国际货币基金组织、世界银行等国际金融组织，《国际货币基金协定》等多边或区域性国际法律文件，以及国家之间、国家和国际金融组织之间及国际金融组织相互之间的关系和行为。上述盛愉书、王贵国书均是如此。另一些学者则主要从私法角度对国际金融交易或者说国际融资法律制度进行研究，关注自然人和法人在跨国进行资金流通过程中所涉及的法律规则和惯例。上述沈达明和冯大同书、吴志攀书均是如此。在这个方面不可不提的是英国学者菲利普·伍德（Philip Wood）。他的专著《国际金融法律与实务》①是世界范围内从私法角度研究国际金融法的奠基和经典之作，其方法、体例乃至风格深刻地影响了整整一代中国国际金融法学人。最明显的例子便是上述沈达明和冯大同书。其他著作中的国际融资法律制度的内容也几乎都能看到伍德的印迹。还有一些学者对两方面的法律制度均给予研究，如董世忠、刘丰名、李泽锐、李仁真等人的著作。

国际金融法的体系是指国际金融法作为一门法律学科所应具有的基本结构形式和内容安排，亦即统摄国际金融法的总体框架，其实质是现行各

---

① Philip Wood, *Law and Practice of International Finance*, London: Sweet & Maxwell, 1980.

类国际金融法律制度的有机组合。如果说对国际金融法的概念和对象的认知反映了学者的基本立场，那么国际金融法的体系的构建则反映了学者更为具体的侧重和偏好。关于国际金融法的体系建构，学者们见仁见智，并无公认的模式。可以说，不同的模式安排反映了不同时期国际金融法的发展状况，也反映了学者对国际金融法内容和范围的不同看法。有的学者较为注重体系的严整和内部逻辑性，如李仁真书分为"国际货币制度"、"国际银行制度"、"国际借贷及其担保制度"、"国际证券制度"、"国际结算与贸易融资制度"及"国际金融组织制度"等章，体系整齐有序；有的学者则更为注重实用性，以甄别和解决实践中的相关问题为构建体系的出发点，如吴志攀书分为"国际商业银行贷款规则"、"国际债券法律制度"、"国际股票法律制度"、"国际保险法律制度"、"国际金融交易中的担保"、"跨国融资中的税收问题"、"国际金融交易中的法律选择和适用"、"国际金融交易中的法律选择"及"外汇管理与外汇市场"等章。有的学者集中于国际货币法律制度和国际融资法律制度，如董世忠书分为"国际货币法律制度"、"国际货币兑换中的法律问题"、"国际证券发行与流通的法律问题"、"国际借贷协议"、"国际商业银行贷款中的法律问题"、"国际项目贷款中的法律问题"、"政府和国际金融机构贷款中的法律问题"、"国际贷款的管制"、"国际融资担保"及"国际票据的法律问题"等章；有的学者则将体系覆盖货币、投资和贸易领域，如刘丰名书分为"国际投资金融法"、"国际贸易金融法"和"国际货币金融法"三篇，内容较为广泛。

在笔者看来，国际金融法的内涵可以从两个方面或者说两个研究角度加以审视，即交易的角度和管理的角度。从交易的角度看，国际金融法调整平等主体之间围绕国际金融交易合约所产生的法律关系。诸如国际商业贷款、国际债券融资、国际股票融资、国际衍生产品交易等金融交易合约的订立、履行和强制执行过程中涉及的一系列法律问题，都需要相应的法律规则加以解决，这些法律规则构成交易方面的国际金融法。国际金融法的这一部分可以称之为国际金融交易法，本质上属于私法范畴，在其中扮演主要角色的是跨国公司和国际商业银行、国际证券公司等国际金融中介机构。从管理的角度看，国际金融法调整主权国家对跨国金融活动进行规制和监管所产生的法律关系，以及主权国家之间、主权国家同国际金融组织之间直至国际金融组织相互之间因国际金融交往和协作而产生的法律关系。诸如一国的汇率制度和外汇管制、国家对跨国银行和证券公司等金融机构的监管、国家间在双边或多边金融条约下相互承担的职责和义务、各国金融监管机构之间的协调机制、国际金融机构的组织和运作规则等，都构成国家金融法的另一个维度，即管理方面的国际金融法。国际金融法的这一部分可以称之为国际金融管理法，本质上属于公法范畴，在其中扮演主要角色的是主权国家和国际金融组织。简言之，国际金融法是一个"公""私"兼顾、"纵""横"统一的法律体系。

遵循这一思路，国际金融法的体系可以大致划分如下：国际货币法、国际金融交易法（或者说国际融资法，包括国际商业贷款、国际证券发行和交易、国际票据制度、金融服务贸易等）、国际金融监管法（包括国际银行监管制度、国际证券监管制度、国际保险监管制度等）和国际金融组织法。

（二）国际货币法律制度

1. 国际货币法的基本原则

盛愉教授对国际货币法进行了开创性的研究。他提出要客观评价布雷顿森林体系，有所取舍，对《国际货币基金协定》中仍有积极意义的内容如促进国际货币合作、避免竞争性外汇贬值、利用国际组织的资金帮助有困难国家调整政策和平衡收支等加以保持和发扬，而对严厉苛刻的贷款条件、不合理的份额制度等规定进行重大修改。[①] 在此基础上，他提出了国际货币法的四项基本原则，即尊重国家货币主权、平等与补偿相结合、协商一致以及国际货币体系为发展服务。[②]

2. 国际货币新秩序

盛愉教授针对布雷顿森林体系解体以后的国际货币"无体系"状态，探讨了建立新货币秩序的几种设想，分析了建立新货币秩序的前提条件和妨碍因素，并强调了国际货币法对于建立国际货币新秩序的重要作用。[③]值得一提的是，他所列出的妨碍建立国际货币新秩序的几个因素，即超级大国对国际金融事务的控制和干扰、国际游资的冲击和投机、世界范围内

---

① 应该说，这些论断直至今天仍然适用。全球金融危机爆发后改革国际货币基金组织的呼声日益高涨，而核心内容其实依然是这些。

② 参见盛愉：《国际货币法概论》，法律出版社 1985 年版第 229—236 页。

③ 同上书，第 237—244 页。

货币汇率的不稳定以及国际收支状况的普遍恶化，在今天看来仍然具有借鉴意义。

3. 国际货币基金组织与《国际货币基金协定》

有学者对国际货币基金组织的法律体系进行了研究，将《国际货币基金协定》中涉及国际货币体制的有关规定即国际货币本位制度、汇率制度和国际收支调节制度确定为主体规范（其中前者为核心规范，后两者为外围规范），而将国际货币基金组织的组织制度、提款制度和监督磋商机制确定为对主体规范加以支持的支撑规范，从而揭示出建立在各规范内部结构及相互关系基础上的国际货币基金组织法律体系。他在此基础上认为，现行国际货币体制是一种残缺不全的"有限秩序"，国际货币基金组织形式上完整的法律体系在实际上已经处于严重的病态之中，主要表现为核心规范残破、外围规范宽松、支撑规范紧张。[1]

有学者对用语含混的《国际货币基金协定》第8条第2节第2款进行了解释，并结合相关案例指出，一国的外汇管制法在一定条件下可以具有域外效力，外国法院不得轻易以公共政策为理由排除其适用。[2]

关于国际货币基金组织贷款的"条件性"，有学者认为，基于条件性而产生的安排并非基金与借款国的国际协议，但具有一定的法律效力；基金条件性的平衡性，实质是国际货币基金组织、贷款国、借款国三方权利、义务的协调与平衡，中国应当在条件性的这种平衡中寻找利用基金贷款的途径。[3]

（三）《巴塞尔协议》与国际银行监管法律制度

刘丰名教授所著的《巴塞尔协议与国际金融法》对《巴塞尔协议》进行了深入研究。他认为，《巴塞尔协议》对国际金融关系的主体特别是从事跨国业务的国际银行资格提出了法律要求，同时对国际金融关系的客体确定了国际监管对象，从而在一定程度上结束了这一国际金融领域下无法

---

[1] 参见余元洲：《论国际货币基金组织的法律体系》，《武汉大学学报》（哲学社会科学版）1998年第2期。

[2] 参见张庆麟：《析外汇管制法的域外效力》，《中国国际私法与比较法年刊》第1卷，法律出版社1998年版，第112—125页。

[3] 参见杨松：《国际货币基金组织贷款"条件性"法律问题分析》，《国际经济法论丛》第1卷，法律出版社1998年版，第352—370页。

律秩序的历史。① 关于巴塞尔协议的性质，有学者认为属于"带约束性的建议"，② 其所阐发和确立的基本原则具有国际惯例的性质，并且具有即时生成的特点。③ 有学者还以《巴塞尔协议》所包含的基本原则为基础，对国际银行监管制度进行了拓展研究，内容涉及东道国的准入管制、母国的并表监管以及国际监管合作等方面。④

（四）亚洲金融危机的相关法律思考

关于亚洲金融危机，有学者认为，国际货币基金组织在汇兑安排、外汇管制、国际收支平衡和国际储蓄法律制度方面都需要改革以适应新的世界经济和金融情势。⑤ 另有学者认为，经济风险包括市场性风险和机制性风险，亚洲金融危机更多的是反映了机制性风险，因此健全金融法制是加强我国经济建设及金融安全的关键。⑥ 还有学者对危机后国际货币基金组织的援助计划的法律性质进行了分析，认为援助计划是国际货币基金组织行使职权的体现，是该组织按照其与受援国之间通过平等协商达成的协议（国际条约）向后者提供巨额贷款的对等条件，本身并不侵犯受援国的经济主权；而受援国接受国际货币基金组织的经济改革方案恰恰是受援国行使主权的体现，也是这些国家基于自身利益，为维护和巩固主权的需要而接受的。⑦

第二节 新世纪与新成果（2000—2009）

进入 21 世纪以来，中国国际金融法学研究可以用"突飞猛进"四字来形容。不仅从事国际金融法研究的学者人数和成果数量大大增加，研究的领域更为广泛，而且在相关问题的研究深入程度和研究方法的多样化方

---

① 参见刘丰名：《巴塞尔协议与国际金融法》，武汉测绘科技大学出版社 1999 年版，第 26—28 页。

② 参见刘丰名：《国际金融法》，第 8 页。

③ 参见李仁真主编：《国际金融法》，第 153 页。

④ 同上书，第 89 页以下。

⑤ 参见杨松：《国际货币基金协定的变革与中国货币金融法》，余劲松主编：《中国涉外经济法律问题新探》，武汉大学出版社 1999 年版，第 647—676 页。

⑥ 参见赵秀文、韩立余：《1998 年国际经济法学研究的回顾与展望》，《法学家》1999 年第 1—2 期。

⑦ 参见张国元：《IMF 援助计划之法律性质分析》，《政治与法律》1998 年第 4 期。

面也有显著发展。可以说，在经过 20 世纪 80 年代的奠基阶段和 90 年代的初步发展阶段后，中国国际金融法学研究在新世纪进入了加速上升通道。

一 主要著作①

（一）教材和通论性著作

这一时期的国际金融法教材和通论性著作主要有徐冬根主编的《国际金融法律与实务研究》（2000 年）、范剑虹编著的《国际金融法导读》（2001 年）、张桂红主编的《国际货币金融法学》（2001 年）、赵威所著的《最新国际货币金融法》（2002 年）、龚柏华所著的《国际金融法新论》（2002 年）、邓瑞平主编的《国际金融法》（2002 年）、刘金科主编的《国际金融法学》（2003 年）、李仁真主编的《国际金融法》（2005 年）、范晓波主编的《国际金融法》（2005 年）、伏军编著的《国际金融法》（英文版，2005 年）、万国华和隋伟主编的《国际金融法学》（2006 年）、徐冬根所著的《国际金融法》（2006 年）、韩龙主编的《国际金融法》（2007 年）及韩龙等所著的《国际金融法要论》（2008 年）。从体例上看，"广义说"已经被学界广泛接受，"国际金融法"也已逐渐成为通用名称。

（二）专论性著作

这一时期的专论性著作主要有杨松所著的《国际货币基金协定研究》（2000 年）和《国际法与国际货币新秩序研究》（2002 年）、余元洲所著的《国际货币基金组织法律制度改革研究》（2001 年）、邹立刚和张桂红所著的《对外资金融机构的法律监管》（2001 年）、郭洪俊所著的《国际银团贷款中的法律问题研究》（2001 年）、缪建文和罗培新编著的《WTO与国际金融法律实务》（2001 年）、彭冰所著的《资产证券化的法律解释》（2001 年）、李仁真主编的《欧盟银行法研究》（2002 年）、张庆麟所著的《欧元法律问题研究》（2002 年）、齐绍洲所著的《欧盟证券市场一体化》（2002 年）、沈达明编著的《国际金融法上的次级债权》（2002 年）、岳彩申所著的《跨国银行法律制度研究》（2002 年）、马卫华所著的《WTO与中国金融监管法律制度研究》（2002 年）、贺小勇所著的《金融全球化趋势下金融监管的法律问题》（2002 年）、朱怀念所著的《国际项目融资法律问题研究》（2002 年）、潘攀所著的《票据的法律冲突》（2002 年）、胡继红所著的《全球化视野下的国际金融监管法律制度》（2003 年）、吴志

---

① 因这一时期的国际金融法著作较多，此处所列仅为基于笔者检索范围的不完全统计。

攀主编的《市场转型与规则嬗变——WTO 条件下中国证券市场法制环境面临的挑战与完善》（2004 年）、杨勇所著的《金融集团法律问题研究》（2004 年）、郭雳所著的《美国证券私募发行法律问题研究》（2004 年）、洪艳蓉所著的《资产证券化法律问题研究》（2004 年）、卫新江所著的《欧盟、美国企业合并反垄断规制比较研究》（2005 年）、徐冬根所著的《信用证法律与实务研究》（2005 年）、曾筱清所著的《金融全球化与金融监管立法研究》（2005 年）、李国安主编的《国际融资担保的创新与借鉴》（2005 年）、王春阁所著的《内地公司香港上市及两地监管合作研究》（2005 年）、钟志勇所著的《跨国银行总行与海外分行法律关系论》（2005年）、韩龙所著的《金融服务贸易规制与监管研究：基于入世过渡期后银行业局势的探讨》（2006 年）、曾文革所著的《外资银行风险控制法律问题研究》（2007 年）及罗国强所著的《离岸金融法研究》（2008 年）。

此外，中国国际金融法学者在此期间还发表了大量论文。由于数量众多，在此不予一一罗列，仅在下文涉及相关内容时注明。

二 重要问题与观点

（一）金融全球化与国际金融法

金融全球化是当今世界一大潮流，已经并将继续带来国际金融关系的深刻变革。在全球化背景下，金融资产跨界转移和流通的规模和速度都大大增加，从而使得以之作为调整对象的国际金融法的面貌发生深刻变化。注意到这一问题，中国国际金融法学者从不同角度开展了研究。

有学者对金融全球化背景下国际金融法的新发展进行了专门研究，认为金融全球化是经济全球化的核心内容和高级发展阶段，是不同国家和地区的金融主体所从事的金融活动在全球范围内不断扩展和深化的过程，也是各国在金融业务、金融市场、金融政策与法律等方面跨越国界而相互依赖、相互影响和相互融合的过程；金融全球化对国际金融法的影响主要表现在凸显了国际金融法的地位，拓展了国际金融法的发展空间，推动了各国金融法的统一化和国际金融法的制度创新，并开拓了国际金融法研究的新视野；在此影响下，国际金融法呈现出诸多新的特点，如内容和范围有较大拓展、与相关部门法的交融进一步加深、效力明显提升、在价值取向上更注重效率、区域金融法蓬勃发展、相关规则的科技含量和市场导向性日益增强等；国际金融法是国际金融秩序的基础和象征，国际金融法的发展和完善是优化国际金融环境的关键所在，是建构公平合理、有利发展之

国际金融新秩序的基础性和主导性因素；在建立国际金融新秩序的过程中
应当贯彻两个基本原则，即平等性原则和国际金融协调与合作原则。①

有学者对全球化趋势下的金融监管法律问题进行了研究，分析了金融
全球化的法律特征及其影响、亚洲金融危机的法律成因和当前国际金融监
管立法的特点及趋势以及世界贸易组织金融服务贸易法律制度背景下的中
国金融监管立法架构，认为金融全球化是世界各国和地区金融法律理念的
趋同化，这种法律理念的趋同化使得金融全球化这种经济现象具有质上的
稳定性；在此基础上，强调中国的金融监管必须适应中国融入金融全球化
的需要，要在强调政府监管的同时充分发挥市场监管的力量，并且必须兼
顾金融安全与金融效率。②

还有学者分析了全球化背景下国际金融监管制度的局限，认为金融全
球化使防范金融风险特别是系统性风险成为一个国际化的课题；现有的国
际金融监管法律制度是以巴塞尔体制为范本建立起来的，其显著特点是非
正式性，各监管合作委员会所发布的法律文件都不具有“应然”的国际法
效力；这种非正式性虽然在国际监管领域具有很强的生命力和适应性，但
随着系统性金融危机的发生，这种非正式性又成为现有国际金融监管法律
制度的主要局限之所在；解决之道是建立多边法律框架，加强国际金融监
管方面的协调与合作。③

（二）金融服务贸易与国际金融法

世界贸易组织的成立及其《服务贸易总协定》和《金融服务协定》的
签订，使得贸易和金融开始以前所未有的紧密程度结合在一起，国民待
遇、最惠国待遇等自由贸易原则通过“金融服务贸易”这一中介，越来越
多地渗透进国际金融活动、国际金融关系和国际金融法。而随着中国加入
世界贸易组织，这些变化和发展也日益对中国产生影响。在此背景下，中
国国际金融法学者对世界贸易组织的金融服务贸易规则及其同国际金融法
的相互作用和影响进行了研究。

有学者对国际金融服务贸易的多边法律框架进行了研究，认为就国际

---

① 参见李仁真、何焰：《金融全球化与国际金融法的晚近发展》，《武大国际法评论》第 1
卷，武汉大学出版社 2003 年版，第 240—268 页。
② 参见贺小勇：《金融全球化趋势下金融监管的法律问题》，法律出版社 2002 年版。
③ 参见胡继红：《全球化视野下现有国际金融监管法律制度的局限及其克服》，《法学评论》
2003 年第 3 期。

金融服务贸易而言，世界贸易组织的重要性在于将金融服务贸易首次纳入多边贸易体制，并制定了一系列与金融服务有关的协定，其主要内容包括国际金融服务贸易自由化的规则和纪律，影响国际金融服务贸易的国内法规的协调、承认和实施，以及国际金融服务贸易争议的解决；这一框架是20世纪以来国际金融法领域最重要的制度创新，是具有约束力的国际协议，以效率为其基本价值取向。[1]

有学者对金融服务自由化与金融监管的关系问题进行了研究，认为以《服务贸易总协定》和《金融服务协定》为中心的一系列金融服务多边规则的达成，创造性地采用了以最惠国待遇和承诺表为主轴的金融服务自由化多边生成机制，使全球金融服务贸易自由化取得了实质性的进展；但金融服务自由化的推行并未禁止成员方基于审慎目的或特定的国内财政金融困难而实施必要的监管，关键在于摆正金融服务自由化与金融监管之间的关系，即应以推进金融服务自由化为主线，金融监管应服务于金融服务自由化的目标，而不能成为金融服务自由化进程中的障碍。[2]

有学者以中国在入世过渡期结束后对外资银行放松限制、实行国民待遇为切入点，试图在世界贸易组织规制金融服务贸易的框架内，寻求我国对金融服务贸易进行规制和监管的法律依据。该学者在其专著中辨析了世界贸易组织有关金融服务贸易的制度对我国金融业的直接与间接影响，提出并阐述了世界贸易组织规制金融服务贸易的法律架构与阶梯，探讨了我国对国际金融服务贸易进行规制和监管的依据与理念等基本问题，并分别从市场准入监管、经营监管、资本监管、市场退出监管和国际监管合作等方面，分析和探讨了入世过渡期之后我国完善对国际金融服务贸易的监管所需要解决的主要问题。[3]

还有学者对欧盟金融服务法中的相互承认原则、设立自由原则等重要原则进行了深入研究。[4]

---

[1]　参见李仁真、温树英：《国际金融服务贸易的多边法律框架：WTO与金融服务贸易有关的协议评析》，《政法论坛》2001年第6期。

[2]　参见李国安：《全球金融服务自由化与金融监管法律问题研究》，《法商研究》2002年第4期。

[3]　参见韩龙：《金融服务贸易规制与监管研究——基于入世过渡期后银行业局势的探讨》，北京大学出版社2006年版。

[4]　参见李仁真、刘轶：《论欧盟金融服务法中的相互承认原则》，《法学论坛》2006年第4期；刘轶：《论欧盟金融服务法中的设立自由原则》，《欧洲研究》2008年第3期。

（三）国际货币法律制度

1. 国际货币新秩序

有学者对国际货币新秩序的法律要求、法律构成和法律功能进行了系统研究，分析了国际货币秩序的缘起及其发展、现行国际货币秩序面临的问题、现行国际货币秩序存在的缺陷、国际货币秩序改革的理论观点评析及国际货币新秩序的目标及其机制，探讨了国际货币新秩序的法律影响和法律要求，进而分别分析了国际货币基金组织的法律制度、世界贸易组织的金融服务规范和以欧盟和北美自由贸易区为中心的区域法律制度，在此基础上提出对国际法体系进行根本改造和重构，以适应建立国际货币新秩序的要求。①

2. 国际货币基金组织与《国际货币基金协定》

有学者对《国际货币基金协定》进行了系统研究，探讨了协定的法理基础，分析了国际收支平衡的法律制度、国际储备的法律制度、汇兑安排的国际法律制度、外汇管制的法律问题以及协定的监督与磋商机制，并对协定的实施及其发展进行了评论和展望。该学者认为，作为国际货币基金组织主要成员国之一的中国，国内金融立法完善的根本在于货币金融制度的构建；为此，应当加强资本项目的外汇管制法，严格规范国际储备法，协调其与国际收支政策和汇率制度的冲突，建立有效的金融预警机制，为人民币实现自由化创造良好法律环境，以适应建立国际货币新秩序的要求。②

还有学者对国际货币基金组织的贷款条件进行了分析，认为贷款条件是国际货币基金组织及时周转资金的重要保证，也是基金组织和借款国利益平衡的结果。作者讨论贷款条件在理论和实践中引起的一些争论，包括对借款国主权的侵犯、以不变应万变、贷款条件实施效果不佳和贷款条件缺乏可信度和透明度等，认为要克服现行贷款条件存在的问题，关键在于贷款条件的制定程序的修改，并建议从法律上确立借款国的申请程序、修改评审程序和答辩磋商程序。③

---

① 参见杨松：《国际法与国际货币新秩序研究》，北京大学出版社 2002 年版。

② 参见杨松：《国际货币基金协定研究》，法律出版社 2000 年版。

③ 参见温树英：《国际货币基金组织贷款条件改革的法律分析》，《山西大学学报》（哲学社会科学版）2006 年第 4 期。

3. 汇率制度

有学者对世界贸易组织对成员国汇率争端的管辖权问题进行了探讨，认为世界贸易框架内的现行外汇机制排除了该组织对成员国之间汇率争端的管辖权，而由于《国际货币基金组织协定》规定得过于笼统以及对成员国义务的软约束，不同国家间的汇率争端陷于无法在国际法层面解决而只能诉诸政治方式解决的困境；将特定汇率问题，即影响贸易平衡的汇率问题纳入世界贸易组织框架解决具有足够的合理性与可行性，为此应尽快确立世界贸易组织对相关汇率问题的管辖权。[①] 该学者还指出，尽管世界贸易组织相关协定在外汇争端管辖安排方面的规定存在着相当程度的模糊性，但这种模糊性并非立法疏漏或失误，而是寓含着深刻的现实理性；世界贸易组织关于外汇争端管辖安排的现行框架为日后该组织扩张其外汇争端管辖权留下了充分法律空间；透过这种制度安排以及目前汇率争端解决的政治化困境，可以预期世界贸易组织未来将不断扩张其外汇争端管辖权。[②]

还有学者针对美国对中国操纵人民币汇率的指控，从国际货币法的角度进行了反驳，认为在现行牙买加体系下，国际货币基金组织成员国有权选择汇率安排，有权确定和管理其货币汇率，条件是遵守《国际货币基金协定》所规定的义务，不得通过操纵汇率取得对其他成员国的不公平竞争优势；为了防范各国选择汇率安排的自由可能给国际货币体系带来的危害，国际货币基金组织强化了对其成员国政策的监督职能，并辅之以相应的执行措施；《国际货币基金协定》所规定的汇率义务及国际货币基金职权构成衡量成员国汇率义务的基准，以此审视，人民币汇率制度符合国际货币基金组织的规定和要求，不存在汇率操纵。[③]

4. 欧元法律问题

目前除全球性的国际货币体系外，许多国家还不断加强区域性货币经济关系的协调，谋求建立区域性货币体制，直至实现区域货币一体化。其中最引人注目的就是欧洲货币联盟的建立和欧元的诞生。有学者对欧元的

---

① 参见伏军：《WTO 汇率机制的困境及其解决思路》，《法学》2006 年第 7 期。

② 参见伏军：《WTO 外汇争端管辖权安排：模糊性及其现实理性》，《河北法学》2007 年第 5 期。

③ 参见韩龙：《一国汇率义务与 IMF 职能：国际货币法视角下的人民币汇率问题》，《现代法学》2006 年第 1 期。

货币属性进行了论证，指出欧元是一种在欧盟成员国范围内正式发行、具有独立性和法定地位的超国家性质的区域性货币，是欧洲联盟国家为建立一个联合起来的强大欧洲而采取的共同经济和货币政策的产物，具备目前各国所通行的主权货币的特征，同时又具有自己的特有性质；具体而言，欧元是以其自身的权力成为货币，是欧元区内流通的唯一的法偿货币，是欧元区各参与国的货币和欧洲货币单位的替代者，而不是它们的继承者。①该学者还对国际货币主权和区域货币联盟及其相互关系，欧洲货币联盟的创建和发展阶段，欧洲中央银行体系的建构和作用，欧元的法律属性及其产生的合同连续性问题，以及欧元的诞生对中国经济的影响和由此带来的受中国法律管辖的合同的连续性问题进行了系统研究。②

（四）国际融资法律制度

国际融资法律制度是国际金融法的传统内容，也是国际金融法"私法"性质和"横向"特征的主要体现。进入新世纪以来，随着金融全球化的深入及中国对外金融往来的增多，这一传统领域的重要法律问题也继续得到中国国际金融法学者的关注和研究。

1. 国际借贷法律问题

有学者对国际银团贷款中的法律问题进行了系统研究，分析了国际银团贷款的概念、特点、起源、发展以及贷款程序和相关法律文件，讨论了国际银团贷款中的法律关系及贷款协议的主要条款，论述了国际银团贷款中的担保、违约、救济、管辖及法律适用，并对我国参与国际银团贷款和开展国内银团贷款业务进行了探讨。③

有学者对国际项目融资的相关法律问题进行了系统研究，重点讨论了项目融资的参与人及其法律地位、项目融资中的风险和分散风险的法律措施、项目融资中直接投资的法律问题、项目贷款和项目债券融资的法律问题以及项目融资中的担保法律问题。④另有学者运用平衡论对国际项目融资架构中当事人各方的权益进行了分析，认为应在正视项目融资法律关系矛盾双方对立性的同时，顾及矛盾双方的合作性，并探讨了实现各方权益

---

① 参见张庆麟：《论欧元的货币属性》，《法学评论》2003 年第 4 期。
② 参见张庆麟：《欧元法律问题研究》，武汉大学出版社 2002 年版。
③ 参见郭洪俊：《国际银团贷款中的法律问题研究》，法律出版社 2001 年版。
④ 参见朱怀念：《国际项目融资法律问题研究》，武汉大学出版社 2002 年版。

动态平衡的方式。①

有学者对作为融资担保手段的备用信用证进行了研究,指出备用信用证的本质是银行对受益人承担偿付的直接允诺,具有不可撤销性、独立性、单据性和强制性等特征;备用信用证与银行独立保证和跟单商业信用证在诸多方面存在区别。② 另有学者对国际融资浮动担保中的限制性条款制度进行了专门研究,认为这些限制性条款为贷款银行创设的是合同权利,如果后续固定担保权人知晓浮动担保中有限制性条款,那么其受偿序位劣后于浮动担保权人,反之则优先于浮动担保权人;在浮动担保结晶前,限制性条款不能阻止第三人按照法院判决执行浮动担保物,但在浮动担保结晶转化为固定担保后,浮动担保权人则比包括申请法院强制执行的债权人在内的其他债权人享有优先受偿的权利;但限制性条款不能对抗法定的留置权,也不能对抗担保人为购买财产而在所购财产上设立的抵押权。③

还有学者就次级债权问题作了比较研究,汇集了若干国家关于次级债权的法律,并在此基础上进行了综合说明。④

2. 跨境间接持有证券的法律问题

间接持有已经成为投资者持有证券的国际主流方式,由此形成有别于传统所有权的新型权益形式。由于各国对这种权益的性质及其他相关法律事项的规定不一,使得投资者在跨境间接持有证券时面临潜在的法律冲突和权益保护障碍。

有学者专门对跨境间接持有证券的法律问题进行了研究,分析了各国关于这一问题的立法规定以及国际统一私法委员会起草证券间接持有统一规则过程中的几个关键问题(转让手续、证券存托、非正式存托、善意取得、净清算、最终性和不可撤销性、临时信贷的可能性、不足分担、清盘保护),在此基础上探讨了我国目前证券登记结算制度的特点及其所存在的问题(法律规定的空白、法律规定相互之间的冲突以及法律规定与操作

① 参见徐冬根:《论项目融资架构中的权益平衡》,载《武大国际法评论》第 2 卷,武汉大学出版社 2004 年版,第 20—35 页。

② 参见李双元、周辉斌:《备用信用证法律特征之考察》,《法律科学》2001 年第 3 期。

③ 参见徐冬根、范锡琴:《融资浮动担保中的限制性条款研究》,《政法论坛》2005 年第 3 期。

④ 参见沈达明编:《国际金融法上的次级债权》,对外经济贸易大学出版社 2002 年版。

的不吻合等），进而提出在当前我国已经加入世界贸易组织、金融市场进一步开放的情况下，应该做好本国证券直接持有制度与外国证券间接持有制度的相关衔接与协调工作。①

还有学者对间接持有证券的权益性质及跨境间接持有证券的法律适用问题进行了综合研究，认为在间接持有证券的权益性质界定方面，主要存在两种方式：一是将其纳入经过扩展的所有权范畴，包括对实际证券集合的共有权和对名义证券集合的共有权；二是专门为其创制新的权利形式，即所谓"证券权"；在跨境间接持有证券的法律适用方面，相关中间人所在地原则（PRIMA）正获得日益广泛的接受；随着中国证券市场逐步对外开放，间接持有尤其是跨境间接持有将日益增多，但目前对权益性质和法律适用等关键问题尚无明确规定，亟须完善，建议将权益性质界定为权益人对证券中间人（在我国目前为证券登记结算公司）电子簿记上的虚拟证券集合享有的共有权，同时采用 PRIMA 作为跨境间接持有证券的法律适用原则。②

3. 资产证券化法律问题

资产证券化作为一种新兴的国内和国际融资方式，已经引起中国学者的高度关注和不同角度的研究。

有学者对资产证券化进行了法律解释，认为在几种具有代表性的资产证券化法律分析（"炼金术"理论、信息成本减少理论、促进分工理论和破产隔离理论）中，破产隔离理论最具说服力，并以此为基础研究了破产隔离的最主要手段即风险隔离机制，包括资产转移和"特殊目的载体"（SPV）的构造两个方面，进而探讨了风险隔离机制中存在的问题。该学者还分析了资产证券化的潜在负面影响，并利用经济学上解决外部性的方法，建议适当扩大发起人公司董事的信义义务，将资产证券化的外部性内部化。该学者最后认为，资产证券化在中国适用的理论基础是避免中国担保制度中存在的缺陷，但由于中国法律的不确定性，资产证券化的风险隔离机制在中国能否成功也存在极大的不确定性。③

---

① 参见吴志攀：《证券间接持有跨境的法律问题》，《中国法学》2004 年第 1 期。

② 参见廖凡：《间接持有证券的权益性质与法律适用初探》，《环球法律评论》2006 年第 6 期。

③ 参见彭冰：《资产证券化的法律解释》，北京大学出版社 2001 年版。

有学者对资产证券化的相关法律问题进行了比较全面的研究，内容涉及与拟证券化资产风险隔离相关的法律问题、与资产担保证券发行和交易相关的法律问题、与资产证券化税收处理相关的法律问题、与银行参与资产证券化活动相关的法律问题、与资产证券化国际运作相关的法律问题以及中国开展资产证券化活动的法律框架构想等。[①]

还有学者对信托型资产证券化进行了专门研究，指出尽管我国目前选择了"信托"作为唯一的 SPV 形式，但信托作为普通法的遗产，其财产转移方式的特点与证券化的破产隔离要求之间存在一定冲突，而我国作为大陆法系国家对信托制度短暂的移植历史使得该问题更加突出。通过对融资实践中信托方式的考察，该学者提出自益信托是资产证券化交易中信托的基本形态，存在融资人信托和投资人信托两种基本模型；尽管融资人信托最符合资产证券化交易的实际运作方式，但是在现有的制度约束条件下，投资人信托可能是更现实的选择。[②]

（五）国际金融监管法律制度

随着金融全球化的深入，金融风险尤其是系统性风险的范围和程度在不断加大加深，从而对国际金融监管不断提出新的要求。有鉴于此，中国国际金融法学者在银行监管、证券监管、保险监管和金融集团监管等不同方面开展了研究。

1. 银行监管法律制度

有学者对跨国银行法律制度进行了系统研究，重点讨论了跨国银行的内部管理法律制度、跨国银行的监管法律制度、跨国银行的准入法律制度、跨国银行的业务法律制度及跨国银行的竞争与经营法律制度，并结合中国加入世界贸易组织的背景，对中国的外资银行法律制度进行了探讨并提出了相关立法建议。[③]

有学者对巴塞尔银行监管合作模式进行了批判性研究，认为其存在着若干缺陷，包括该模式的条件性、该模式所推崇的"双重钥匙"方法在实施中的困难、东道国和母国监管责任的重合、最后贷款人的空缺和该模式

---

① 参加洪艳蓉：《资产证券化法律问题研究》，北京大学出版社 2004 年版。
② 参见楼建波、刘燕：《论信托型资产证券化的基本法律逻辑》，《北京大学学报（哲学社会科学版）》2006 年第 4 期。
③ 参见岳彩申：《跨国银行法律制度研究》，北京大学出版社 2002 年版。

适用的地方主义倾向等，从而在很大程度上限制了该模式作用的发挥；而通过在外资银行准入的审批过程中东道国和母国签订监管合作协议的方法，可以消除上述缺陷，使该模式有效地发挥作用。①

有学者对欧盟银行法进行了系统研究，以欧共体条约和一系列欧共体银行指令为依据，分析了欧盟银行法的基本理念、历史演进、基本原则和主要特征，论述了欧盟银行法的主要制度，包括单一执照制度、资本充足管制制度、并表监管制度、银行业务风险管理制度、银行保密与防止洗钱制度、第三国银行的待遇制度、金融企业集团监管制度以及市场退出管制制度等，并就欧盟银行法的晚近发展趋势及其特点、欧盟银行法与世界贸易组织及北美自由贸易区金融服务贸易规则的关系等前沿问题进行了专题探讨。②

还有学者以"法国兴业银行交易员违规交易案"为例对跨国银行风险监管中的法律问题进行了分析，认为该案主要涉及跨国银行风险监管中的违法风险、声誉风险和内控机制问题，而这些问题恰恰也正是我国跨国银行风险监管法制建设的盲点或软肋所在；我国目前的跨国银行风险监管法制，比较注重防范和避免信用风险、流动性风险和市场风险，而对其他风险的管理问题则关注不够；在内控机制方面，我国强调跨国银行内部控制系统的独立性，并主要针对防范关联交易的问题作了具体规定，但这离巴塞尔协议所建议的较为全面和完善的内控机制还存在一定的距离。③

2. 证券监管法律制度

有学者对美国证券私募发行进行了研究，指出美国证券私募发行法律相当完善，以联邦证券法为主，配合各州相关规范；其本源是 1933 年《证券法》发行注册制下的"豁免交易"，骨干包括该法第 4（2）条、SEC 颁布之 D 条例、规则 144、规则 144A 以及法院若干重要判例，枝节则触及包括《证券交易法》、《投资公司法》、《全国证券市场促进法》等几乎整个证券法律体系；其制度优越性和最大特点在于均衡和协调，即均衡筹资便利和投资者保护、均衡效率与公平、均衡市场与监管，协调发行

---

① 参见周仲飞：《巴塞尔国际银行监管合作模式的缺陷及完善》，《法学评论》2003 年第 1 期。

② 参见李仁真：《欧盟银行法研究》，武汉大学出版社 2002 年版。

③ 参见罗国强：《跨国银行风险监管中的法律问题：评"法国兴业银行交易员违规交易案"》，《法学》2008 年第 3 期。

环节和流通环节、协调业界要求和学者观点、协调联邦规范和各州规范。①

有学者对欧盟证券市场一体化问题进行了研究，探讨了欧盟证券市场一体化的经济基础（经济一体化）、货币条件（欧元）、物质技术基础（计算机网络技术）、运行机制（竞争）和协调机制（监管），在监管部分重点分析了证券监管与合作的理论基础、交易所治理结构与监管、成员国多元化的监管模式及法规的冲突与协调以及成员国监管机构间的合作等问题。②

有学者对内地公司在香港上市及由此而来的两地证券监管合作问题进行了系统研究，分析了内地公司在香港上市的整体状况、仓促形成的两地监管合作模式及其制度缺陷、香港证券监管体制改革对两地监管合作的影响、内地证券监管体制及其对两地监管合作的影响以及如何借鉴国际监管合作经验完善两地监管合作制度等问题。③

还有学者对香港证券执法制度进行了研究，较为全面地介绍了香港证监会执法流程中的立案、调查、处分、检控等相关制度，对市场失当行为审裁处这一特色性安排加以专门讨论，并在此基础上总结了香港证券执法制度的一些总体特点：在实施证券法律和维护证券市场秩序方面，主导地位由司法向行政转移；证券执法程序中引入司法元素，以确保执法过程的有效和公正；证监会拥有广泛的调查权力和多样化的调查手段；对于内幕交易、操纵市场等情况复杂、手段先进、牵涉市场整体的不当行为，主要不依赖于刑事检控，而是通过设立专门的市场不当行为审裁处，采用民事案件的证据原则进行裁断，以降低举证难度、提高审理效率、增强执法实效性。④

3. 保险监管法律制度

有学者对欧盟保险市场一体化的法律问题进行了专门研究，指出为实现建立单一保险市场的目的，欧共体理事会分阶段地分别在非寿险和寿险业务方面发布了一系列不同指令，不仅涉及保险公司授权条件和保险业务条件的协调，还涉及分支机构的设立、跨境服务的通知程序、信息的强制

① 参见郭雳：《美国证券私募发行法律问题研究》，北京大学出版社 2004 年版。
② 参见齐绍洲：《欧盟证券市场一体化》，武汉大学出版社 2002 年版。
③ 参见王春阁：《内地公司香港上市及两地监管合作研究》，北京大学出版社 2005 年版。
④ 参见廖凡：《香港证监会执法机制研究》，《环球法律评论》2007 年第 3 期。

提供、保险合同的法律适用等与设立权利和提供服务自由有关的方面，以及总机构位于共同体外的保险公司的代表处和分支机构等。该学者认为，相互承认原则、母国控制原则和最低限度协调原则是欧盟保险市场一体化的主要法律原则；在保险服务贸易自由化方面，欧盟采取的是共同市场的方法；就保险服务指令的未来发展而言，法典化是必然趋势。[1]

4. 混业经营与金融集团监管法律制度

有学者对金融混业经营及由此产生的监管法律问题进行了早期研究，认为监管、创新、再监管是金融监管法中的辩证规律；在金融混业经营（金融业务综合化）的条件下，既有监管体制和方法面临法律挑战，为此应当从国内法与国际法的角度加以改革，确立功能型监管优先、内控优先化与法制化等法律原则；这一领域的国际监管也应坚持功能型监管优先，正视国际监管合作方面的矛盾和局限，并强化作为合作基础的各国监管当局信息共享。[2]

有学者对作为混业经营载体的金融集团的相关法律问题进行了系统研究，在揭示金融集团的内涵及金融集团化趋势的基础上，对世界各主要金融市场国家中多元业务联营与监管的法律制度及其发展变化进行了比较分析，在此基础上对我国金融分业法律体制的改革及金融集团监管和立法问题提出了建议，认为我国应以制定金融控股公司法为起点，构建自己的金融集团法律制度。[3]

有学者从金融监管竞争、冲突与协调的角度探讨了混业经营的模式选择问题，认为金融竞争有其自身价值，不可一概而论，而应对金融冲突也需要注意到其深层背景；金融集团的发展强化了金融监管竞争与冲突，也使得金融监管协调更为必要；综合监管与功能监管基础上的伞形监管是金融监管协调的两种路径，而从我国的现实情况出发，借鉴伞形监管经验，建立分业监管基础上的协调机制，是更为可取的选择。[4]

还有学者对欧盟关于金融集团监管的基本法律文件——《金融集团指

---

① 参见温树英：《欧盟保险市场一体化的法律问题》，《法学论坛》2004年第1期。
② 参见李仁真、黎四齐：《论金融业务综合化下的有效监管》，《武汉大学学报》（哲学社会科学版）2001年第5期。
③ 参见杨勇：《金融集团法律问题研究》，北京大学出版社2004年版。
④ 参见廖凡：《竞争、冲突与协调：混业监管的模式选择》，《北京大学学报》（哲学社会科学版）2008年第3期。

令》进行了专门研究，指出其首次对金融集团进行了全面界定，在既有的单独监管和部门监管两级体系基础上引入了集团层面的补充监管，形成了三级监管体系，并创设了协调人制度以促进信息共享和监管合作；《指令》的补充监管涉及资本充足、风险集中、内部交易和内控机制四个方面，特别是对于资本充足要求作了较为详细的规定；遵循"最低限度协调"这一欧盟金融服务法基本原则，《指令》赋予成员国监管机构高度自由裁量权；在涉及国际金融集团时，欧盟采用"等效方法"来确定是否及如何适用《指令》的补充监管要求，并强调同第三国监管机构的合作。[①]

（六）国际金融法研究的新角度与新方法

关于国际金融法的研究方法，有学者指出研究法学应以法律文件为基本线索和依据，认为国际金融法可以具体划分为国际投资金融法、国际贸易金融法和国际货币金融法三个部分。其中在国际投资金融法领域应以巴塞尔委员会诸文件尤其是《巴塞尔资本协议》为核心，在国际贸易金融法领域应以世界贸易组织《服务贸易总协定》及其《金融服务附录》和《有关金融服务承诺谅解》等文件为核心，在国际货币金融法领域则应以《国际货币基金协定》为核心，从而形成了以三大文件为核心、以三大领域为基本结构并辅之以辐射国际经济法其他领域的国际金融法理论体系。该学者还强调了数学对于研究国际金融法的重要性。[②]

有学者从法哲学角度对银行在信用证审单过程中所采用的精确性、模糊性和原则性标准及它们分别对应的镜像标准理论、实质相符理论和严格相符原则进行了分析，认为原则性审单标准克服了镜像标准僵硬、刻板的缺点，同时也避免了实质相符标准的随意性，既给开证行提供了一个"单单相符、单证相符"的具体审单尺度，同时又给开证行提供了一定的灵活操作空间，是灵活性和规范性相结合的典范，使信用证审单标准能够与时俱进，符合时代发展需要。[③]

还有学者对国际金融法的社会功能进行了分析，认为随着世界经济进

---

① 参见廖凡：《论欧盟对金融集团的监管：以〈金融集团指令〉为中心》，《国际法研究》第 2 卷，中国人民公安大学出版社 2008 年版，第 148—165 页。

② 参见刘丰名：《国际金融法研究的切入点与数学方法》，《武汉大学学报》（哲学社会科学版）2007 年第 1 期。

③ 参见徐冬根：《银行信用证审单标准的法哲学思考：精确性、模糊性还是原则性》，《现代法学》2004 年第 5 期。

入金融化和全球化阶段，各国纷纷加强本国金融法治建设并积极寻求国际金融合作，在此过程中国际金融法的统一进程不断加快，从而使其建立和维护国际金融秩序、保障国际金融安全、促进国际金融发展等社会功能发挥得更加淋漓尽致。①

第三节   全球金融危机背景下的反思与探索

由美国 2007 年次贷危机引发的全球金融危机，暴露出国际金融法律体制，特别是国际货币法律体制和国际金融监管法律体制中的若干深层次的矛盾和问题，引起了学界对既有体制的反思和对未来改革的探索。中国学者从不同角度对此问题进行了研究。

一   关于危机的法律原因和启示

有学者认为美国次贷危机的法律诱因在于金融监管法律法规存在缺陷，具体表现在法律监管的逐步放松为次贷危机提供了孕育环境；放贷人无视消费者信贷权益保护的规定为借款人日后违约埋下隐患；《社区再投资法》以"公平"为名制造了大量的次级债务，而一些社区组织乘机"合法地敲诈"银行等信贷机构；所有权与财产权混淆，"零首付"贷款方式导致抵押转移风险的期望破灭；放贷人对抵押贷款经纪商实施不正当的激励，而法律又对抵押贷款经纪商人缺乏约束等。该学者认为，次贷危机对我国的启示是必须加强金融监管立法，包括加快完善社会信用系统包括个人征信系统的法规建设，改变银行与消费者之间信息不对称的状况；加强对经营货币的非吸收存款类金融机构的监管，防范风险蔓延；强化信息披露，确保披露的充分性；积极探索消费者信贷权益保护法制建设，尽快制定自然人破产法等。②

有学者指出，现代金融技术的发展使住房抵押贷款市场形成了很长的交易链条和复杂的交易关系；美国金融法律对住房抵押贷款关系的主体、客体和内容规制皆存在严重问题，在这样的法制条件下，次贷危机的爆发是必然的；在住房信贷领域，只有对每个子市场的金融交易关系和金融管

---

①   参见何焰：《国际金融法的社会功能析论》，《湖北省社会主义学院学报》2003 年第 4 期。
②   参见孙天琦、孙晓东：《美国次贷危机：法律诱因、立法解危及其对我国的启示》，《法商研究》2009 年第 2 期。

理关系施行严密的主体、客体和内容规制，才能实现对金融风险的有效控制。[1]

有学者将次贷危机的法律诱因总结为美国按揭法律结构上的缺陷和资产证券化设计上的缺陷，并认为后者的最重要根源是作为现代经济学和法学上公认的最大难题的信息不充分和不对称，表现在资产证券化中各当事人可能都无法获得其他相关当事人的信息，以致道德风险无法防范，其结果就是次级贷款数量快速上涨而质量却迅速下滑，从而导致危机爆发。该学者认为，次贷危机的法律启示是，金融创新是一把双刃剑，要把握好度，即不管市场是处于繁荣时期还是萧条时期，都不能使权利义务关系过多地偏离公平正义的要求。[2]

有学者认为，本次金融危机最根本的原因不在于金融风险监管规则的不完善，而在于有关的金融风险监管规则未能得到有效的贯彻执行，因此目前最紧迫的问题并不在于修改以巴塞尔协议为代表的国际金融风险监管规则，而在于尽快纠正不守规则的错误做法，落实既有的国际金融风险监管规则；引发此次美国次贷危机的是典型的信用风险，以信用风险为代表的各种金融风险无孔不入，金融市场所在国必须高度重视风险监管法制的建设和实施；中国的离岸金融试点在经历了初期的快速发展之后遭遇到了较为严重的失败，而我国在相关法制特别是风险监管法制构建上的缺陷，是导致失败的根本原因。[3]

有学者对金融危机和金融监管的关系进行了研究，认为金融监管不力往往是金融危机发生的原因之一，因此为克服金融危机，必须加强金融监管，提高监管的有效性；加强金融监管，渡过金融危机后，经济一繁荣，往往会出现放松监管的趋势，这一逻辑可以归纳为监管不力—金融危机—加强监管—克服危机—金融创新、放松管制—经济繁荣、盛极而衰—金融危机——新一轮加强监管；这种"松久必紧，紧久必松"的循环不是简单的历史循环，而是呈螺旋式上升；面对全球金融危机，我国应加强金融监管，包括建立统一的金融监管体系，加强对评级机构的监管，加大证券执

---

[1]　参见徐孟洲、周宇知：《美国次贷危机的金融法分析》，《江西社会科学》2009 年第 3 期。

[2]　参见侯思贤：《美国次贷危机的法律诱因探讨》，《深交所》2008 年 3 月号。

[3]　参见罗国强：《论中国离岸金融风险监管法制的构建与完善：从次贷危机的风险失控谈起》，《学海》2009 年第 4 期。

法、司法力度，建立防止高管薪酬过高的长效机制等。①

　　还有学者对金融危机之后完善信用评级机构的法律责任问题进行了研究，认为信用评级机构虽然发挥着弥补市场缺陷、强化金融产品信用的功能，但由于巨大的利益冲突，其所提供的预警和信用评估功效离期望值相去甚远，为此亟须通过引入过错推定及市场欺诈法理，强化信用评级机构的法律责任，并将其一体纳入金融监管的范畴，从而使投资者得以像分享阳光般地分享信息。②

二　关于现行国际金融法律体制的缺陷及其改革

　　有学者对金融危机所反映出的国际金融法的缺陷进行了分析，认为从金融危机的成因以及各国政府和国际组织救治金融危机的实践可以看出，现行国际金融法的发展已经严重滞后于金融全球化和自由化发展的实况，存在着种种缺陷与不足，表现在效力不足、缺乏明确而权威的国际金融监管者、缺乏针对金融危机的一整套彼此联系的法律应对机制、缺乏有效的国际金融政策与制度的协调机制、缺乏对资本跨国流动的有效监管以及缺乏维系国际监管合作机制的惩戒制度；要克服这些缺陷，必须全面梳理现行国际金融法律制度，在此基础上整合资源、查漏补缺，并围绕当代金融危机的主要特征进行有关制度设计。③

　　有学者指出，布雷顿森林体系崩溃后的国际金融秩序存在内在缺陷，在一定程度上诱发了金融危机并加剧了危机的全球性扩散；现行监管体制未能发挥防范危机的应有作用，而国际货币基金组织的救助机制也存在问题；在全球化背景下，国际金融危机必然对我国造成冲击，为此我国应加强金融监管，审慎放开资本管制，并拓展双边及区域合作机制。④

　　有学者对此次金融危机（金融海啸）所包含的不同阶段和形式进行了分析，指出金融海啸包含了三重危机，即次级贷款危机、金融衍生品危机以及金融全球化危机，它们分别处于基础金融环节、金融衍生品市场以及国际金融市场；三种危机之间有联动效应，但可以分别进行分析；相应

---

　　① 参见李喜莲、邢会强：《金融危机与金融监管》，《法学杂志》2009 年第 5 期。
　　② 参见罗培新：《后金融危机时代信用评级机构法律责任之完善》，《法学杂志》2009 年第 7 期。
　　③ 参见何焰：《从金融危机看国际金融法的缺陷》，《武汉大学学报》（哲学社会科学版）2007 年第 1 期。
　　④ 参见张智勇：《国际金融危机与国际金融秩序的法律思考》，《新视野》2009 年第 3 期。

地，它们对法律提出的挑战也各不相同，涉及国内法和国际法两个层面，覆盖金融监管（公法）与金融商法（私法）两类完全不同的法律领域；法律对金融海啸的回应也应当三条进路并行，包括国际层面的新布雷顿森林体系建设、金融监管立法的改进，以及目前尚为人所忽略的金融商法/私法秩序的重构。①

有学者以国际货币基金组织的制度缺陷为切入点对现行国际货币体制进行了批判性研究，指出由于在意识形态、价值取向、治理结构和决策机制等方面的内在局限，国际货币基金组织并未随着金融全球化的深入而与时俱进地发展，反而问题重重；全球金融危机的爆发和迅速蔓延表明国际货币基金组织以华盛顿共识和新自由主义为核心、以金融自由化为导向的基本政策存在重大缺陷，改革势在必行；可能的改革方向和重点包括遵循更为开放和包容的指导原则，实行对发达国家和发展中国家真正一视同仁的监督机制，采取更加民主、利益更为平衡的份额和投票权制度，以及建立更为多元化的国际储备体系；中国在此过程中应秉持"有所为，有所不为"的立场，既不盲目追求国际金融体系领导者的地位，又要在国际金融秩序的恢复和国际金融体系的重构过程中扮演更为积极的角色，发挥与其经济实力相称的更大影响力。②

还有的学者从发展中国家的视角对国际货币基金组织的投票权制度及其改革进行了研究，认为投票权的分配直接关涉成员国在国际货币基金组织中发言权的大小，而现有投票权分配制度未能跟上不断变化的国际经济现实，亦未能给发展中国家参与决策提供有效的保障；推动国际金融组织改革，改革国际金融组织决策层产生机制，提高发展中国家在国际金融组织中的代表性和发言权，是有效地稳定国际货币金融秩序和应对国际金融风暴的必由之路；国际货币基金组织晚近通过的份额和投票权改革方案虽然具有积极意义，但对于保障和扩大发展中国家在该组织中的发言权而言仍然远远不够，应当在基本投票权和份额计算公式等方面继续推动改革。③

---

① 参见楼建波：《金融海啸中的三重危机与法律应对》，《社会科学》2009 年第 6 期。
② 参见廖凡：《建立更加公平的国际货币体制：以国际货币基金组织改革为视角》，《国际法研究》第 3 卷，中国人民公安大学出版社 2009 年版，第 81—92 页。
③ 参见余锋：《国际货币基金组织投票权分配制度及其改革：发展中国家的视角》，《环球法律评论》2009 年第 4 期。

主要参考文献

1. 周鲠生：《国际法》（上、下册），商务印书馆 1976 年版，武汉大学出版社 2007 年再版。

2. 陈体强：《国际法论文集》，法律出版社 1985 年版。

3. 倪征噢：《国际法中的司法管辖问题》，世界知识出版社 1964 年版。

4. 李浩培：《李浩培文选》，法律出版社 2000 年版。

5. 李浩培：《条约法概论》，法律出版社 1987 年版。

6. 李浩培：《国际法的概念和渊源》，贵州人民出版社 1994 年版。

7. 李浩培：《国籍问题的比较研究》，商务出版社 1979 年版。

8. 王铁崖：《周鲠生国际法论文集》，海天出版社 1999 年版。

9. 王铁崖：《国际法引论》，北京大学出版社 1998 年版。

10. 朱奇武：《中国国际法的理论与实践》，法律出版社 1998 年版

11. 王铁崖主编：《国际法》，法律出版社 1995 年版。

12. 梁西主编：《国际法》，武汉大学出版社 2001 年版。

13. 梁西：《国际组织法》，武汉大学出版社 2001 年版。

14. 杨泽伟：《宏观国际法》，武汉大学出版社 2001 年版。

15. 白桂梅：《国际法》，北京大学出版社 2006 年版。

16. 赵建文：《论和平共处五项原则》，中国社会科学出版社 1996 年版。

17. 赵理海：《海洋法问题研究》，北京大学出版社 1996 年版。

18. 赵理海主编：《当代海洋法的理论与实践》，法律出版社 1987 年版。

19. 刘楠来、王可菊等：《国际海洋法》，海洋出版社 1986 年版。

20. 萧建国：《国际海洋边界石油的共同开发》，海洋出版社 2006 年版。

21. 高健军：《国际海洋划界论—有关等距离/特殊情况规则的研究》，北京大学出版社 2005 年版。

22. 张良福：《中国与邻国海洋划界争端问题》，海洋出版社 2006 年版。

23. 傅崐成：《海洋法专题研究》，厦门大学出版社 2004 年版。

24. 李双元、蒋新苗主编：《现代国籍法》，湖南人民出版社 1999 年版。

25. 梁淑英：《外国人在华待遇》，中国政法大学出版社 1997 年版。

26. 万鄂湘等：《国际条约法》，武汉大学出版社 1998 年版。

27. 朱晓青、黄列主编：《国际条约与国内法的关系》，世界知识出版社 2000 年版。

28. 王勇：《条约在中国的适用》，北京大学出版社 2007 年版。

29. 饶戈平主编：《国际组织法》，北京大学出版社 1996 年版。

30. 朱文奇：《国际刑法》，中国人民大学出版社 2007 年版。

31. 朱文奇：《国际人道法概论》，香港建宏出版社 1997 年版。

32. 林欣、李琼英：《国际刑法新论》，中国人民公安大学出版社 2005 年版。

33. 林欣、刘楠来：《国际刑法问题研究》，中国人民大学出版社 2000 年版。

34. 高燕平：《国际刑事法院》，世界知识出版社 1999 年版。

35. 凌岩：《跨世纪的审判》，法律出版社 2002 年版。

36. 贺其治：《国家责任法及案例浅析》，法律出版社 2003 年版。

37. 叶兴平：《和平解决国际争端》，武汉测绘科技大学出版社 1994 年版，法律出版社 2008 年再版。

38. 韩德培主编：《国际私法》，武汉大学出版社 1989 年版。

39. 韩德培主编：《中国冲突法研究》，武汉大学出版社 1993 年版。

40. 韩德培主编：《国际私法新论》，武汉大学出版社 1997 年版。

41. 韩德培主编：《国际私法》，高等教育出版社、北京大学出版社 2007 年第 2 版。

42. 李双元：《国际私法（冲突法篇）》，武汉大学出版社 1986 年版。

43. 李双元主编：《中国与国际私法统一化进程》，武汉大学出版社 1998 年版。

44. 李双元、徐建国：《国际民商新秩序的理论建构——国际私法的重新定位与功能转换》，武汉大学出版社 1998 年版。

45. 肖永平：《肖永平论冲突法》，武汉大学出版社 2002 年版。

46. 肖永平：《国际私法原理》，法律出版社 2003 年版。

47. 黄进：《宏观国际法学论》，武汉大学出版社 2007 年版。

48. 黄进主编：《区际司法协助的理论与实务》，武汉大学出版社 1994 年版。

49. 唐表明：《比较国际私法》，中山大学出版社 1987 年版。

50. 刘振江、张仲伯、袁成弟主编：《国际私法教程》，兰州大学出版社 1988 年版。

51. 董立坤：《国际私法论》，法律出版社 1988 年版。

52. 沈涓：《中国区际冲突法研究》，中国政法大学出版社 1999 年版。

53. 沈涓：《合同准据法理论的解释》，法律出版社 2000 年版。

54. 沈涓：《冲突法及其价值导向》（修订本），中国政法大学出版社 2002 年版。

55. 章尚锦主编：《国际私法》，中国人民大学出版社 1992 年版。

56. 徐冬根：《国际私法趋势论》，北京大学出版社 2005 年版。

57. 宋晓：《当代国际私法的实体取向》，武汉大学出版社 2004 年版。

58. 许军珂：《国际私法上的意思自治》，法律出版社 2006 年版。

59. 冯霞：《中国区际私法论》，人民法院出版社 2006 年版。

60. 卢峻主编：《国际私法公约集》，上海社会科学院出版社 1986 年版。

61. 中国国际私法学会：《中华人民共和国国际私法示范法》，法律出版社 2000 年版。

62. 陈安：《国际经济法学》，北京大学出版社 1994 年版。

63. 陈安：《国际经济法学》，北京大学出版社 2007 年第 4 版。

64. 沈达明、冯大同：《国际贸易法》，北京大学出版社 1983 年版。

65. 王传丽主编：《国际贸易法》，法律出版社 1998 年版。

66. 王传丽主编：《国际贸易法——政府管理贸易的法律与制度》，中国政法大学出版社 2002 年版。

67. 黄东黎：《国际贸易法：经济理论、法律、案例》，法律出版社 2003 年版。

68. 曾华群主编:《国际经济法导论》法律出版社 2007 年版。

69. 刘惠容主编:《国际商法学》北京大学出版社 2009 年版

70. 司玉琢:《海商法专论》,中国人民大学出版社 2007 年版。

71. 朱曾杰:《朱曾杰文集》,法律出版社 2007 年版。

72. 尹东年、郭瑜:《海上货物运输法》,人民法院出版社 2000 年版。

73. 傅廷中:《海商法论》,法律出版社 2007 年版。

74. 杨良宜:《提单及其他付运单证（修订版）》,中国政法大学出版社 2007 年版。

75. 吴焕宁:《国际海上运输三公约释义》,中国商务出版社 2007 年版。

76. 姚梅镇:《国际投资法》,武汉大学出版社 1987 年修订版。

77. 陈安主编:《国际投资法》,北京大学出版社 1999 年版。

78. 余劲松主编:《国际投资法》,法律出版社 1994 年版。

79. 王贵国:《国际投资法》,北京大学出版社 2001 年版。

80. 孙南申:《国际投资法》,中国人民大学出版社 2008 年版。

81. 盛愉:《国际货币法概论》,法律出版社 1985 年版。

82. 刘丰名:《国际金融法》,武汉大学出版社 1996 年版。

83. 吴志攀:《国际金融法》,法律出版社 1999 年版。

84. 杨松:《国际货币基金协定研究》,法律出版社 2000 年版。

85. 王贵国:《国际货币金融法》（第 3 版）,北京大学出版社 2007 年版。

86. 张庆麟:《欧元法律问题研究》,武汉大学出版社 2002 年版。

87. 贺小勇:《金融全球化趋势下金融监管的法律问题》,法律出版社 2002 年版。

后　　记

本书撰写分工如下：

赵建文：第一章、第四章

刘楠来：第二章

王可菊：第三章

王翰灵：第五章

孙世彦、范宇文：第六章

刘敬东：第七章

孙世彦、毛杭林：第八章

朱晓青：第九章

董　斌：第十章

杨力军：第十一章

戴瑞君：第十二章

谢新胜：第十三章、第十六章

沈　涓：第十四章、第十七章

李庆明：第十五章、第十八章

甘文霄　黄东黎：第十九章

张文广：第二十章

黄　晋：第二十一章

廖　凡：第二十二章

全书由陈泽宪、赵建文统改定稿。